RÉPUBLIQUE FRANÇAISE

DOCUMENTS RELATIFS À LA GUERRE
1914-1915-1916-1917

RAPPORTS
ET
PROCÈS-VERBAUX D'ENQUÊTE
DE LA COMMISSION
INSTITUÉE

EN VUE DE CONSTATER LES ACTES COMMIS
PAR L'ENNEMI
EN VIOLATION DU DROIT DES GENS
(DÉCRET DU 23 SEPTEMBRE 1914)

VI-VII-VIII-IX

PARIS
IMPRIMERIE NATIONALE

MDCCCCXVII

2

DOCUMENTS RELATIFS À LA GUERRE
1914-1915-1916-1917

———

COMMISSION
INSTITUÉE
EN VUE DE CONSTATER LES ACTES COMMIS
PAR L'ENNEMI
EN VIOLATION DU DROIT DES GENS

———

RAPPORTS
ET
PROCÈS-VERBAUX D'ENQUÊTE
VI-VII-VIII-IX

RÉPUBLIQUE FRANÇAISE

DOCUMENTS RELATIFS À LA GUERRE

1914-1915-1916-1917

1900

RAPPORTS

ET

PROCÈS-VERBAUX D'ENQUÊTE

DE LA COMMISSION

INSTITUÉE

EN VUE DE CONSTATER LES ACTES COMMIS

PAR L'ENNEMI

EN VIOLATION DU DROIT DES GENS

(DÉCRET DU 23 SEPTEMBRE 1914)

VI-VII-VIII-IX

PARIS

IMPRIMERIE NATIONALE

MDCCCCXVII

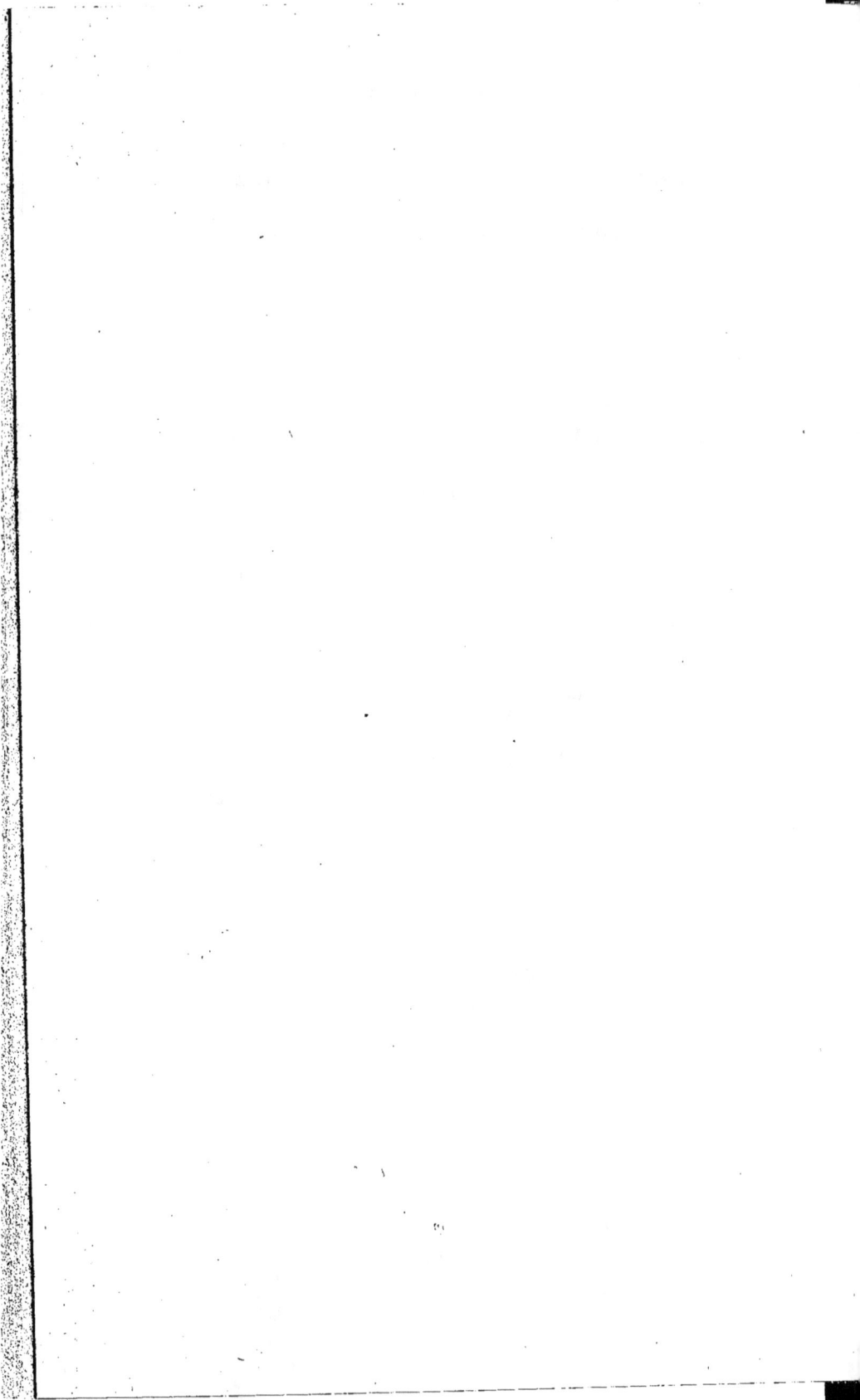

RAPPORTS

PRÉSENTÉS PAR LA COMMISSION

À M. LE PRÉSIDENT DU CONSEIL

(8 OCTOBRE 1916 — 6 FÉVRIER 1917 — 12 AVRIL 1917 — 24 MAI 1917)

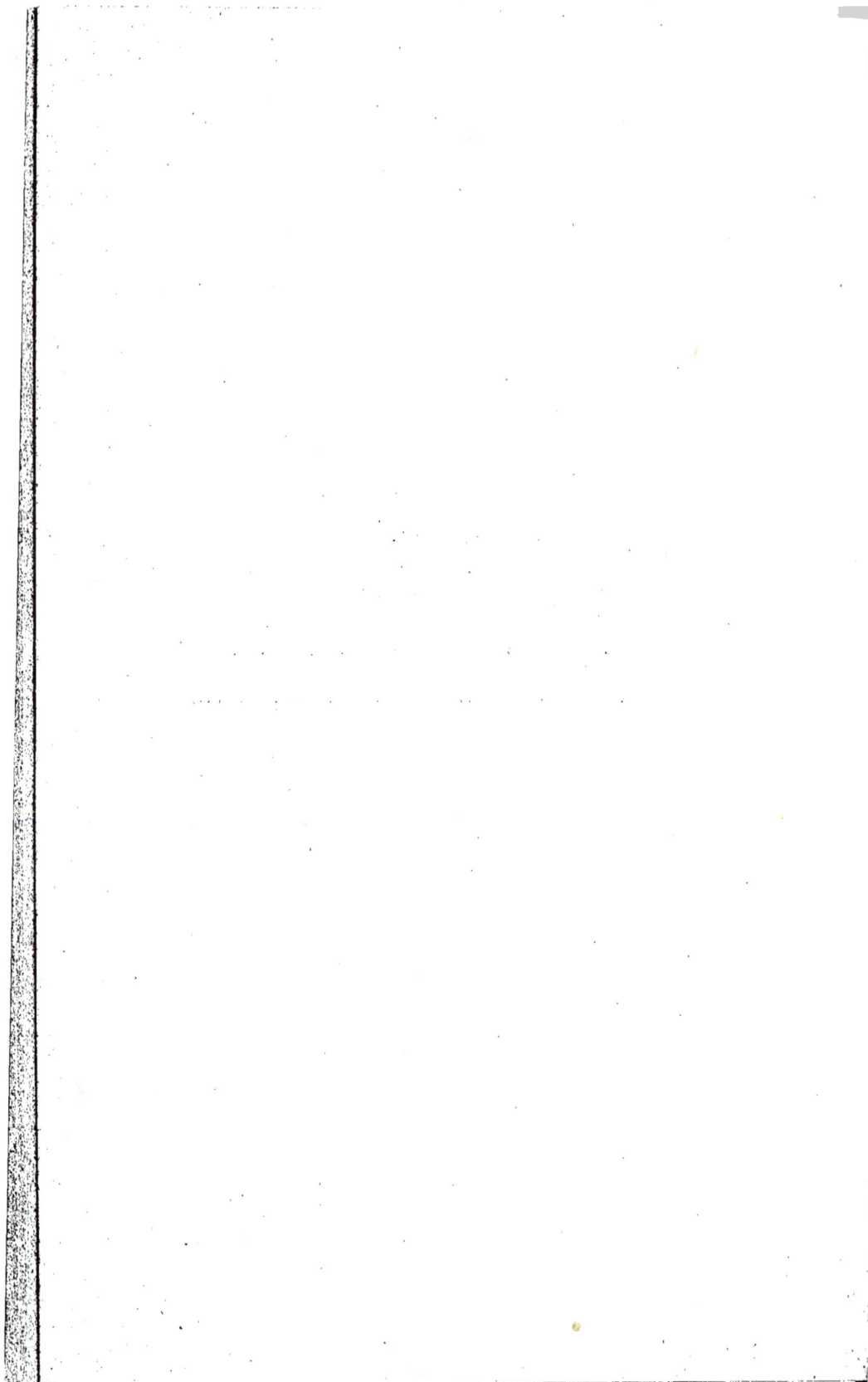

RAPPORTS

PRÉSENTÉS

À M. LE PRÉSIDENT DU CONSEIL

PAR LA COMMISSION

INSTITUÉE

EN VUE DE CONSTATER LES ACTES COMMIS

PAR L'ENNEMI

EN VIOLATION DU DROIT DES GENS

(DÉCRET DU 23 SEPTEMBRE 1914.)

SIXIÈME RAPPORT

DÉPORTATION DES HABITANTS DE LILLE EN AVRIL 1916

MM. *Georges* PAYELLE, *Premier Président de la Cour des Comptes; Armand* MOLLARD, *Ministre plénipotentiaire; Georges* MARINGER, *Conseiller d'État, et Edmond* PAILLOT, *Conseiller à la Cour de Cassation, à* M. LE PRÉSIDENT DU CONSEIL DES MINISTRES.

MONSIEUR LE PRÉSIDENT DU CONSEIL,

Le 25 juillet dernier, le gouvernement de la République, en adressant aux Puissances neutres une protestation contre les procédés inhumains de l'Allemagne envers les populations françaises du territoire envahi, dénonçait spécialement la violence dont furent victimes les habitants du département du Nord, arrachés en grand nombre à leur foyer et à leur famille, et transportés dans des régions plus ou moins éloignées pour y être contraints au travail.

Les procès-verbaux ci-joints (1), que notre Commission tient de l'autorité militaire, se rapportent à cette nouvelle et si grave violation du droit des gens. Aux éléments de certitude que fournissaient déjà les documents annexés à votre Note, ils ajoutent le poids de témoignages d'autant plus convaincants, qu'ils émanent des exécuteurs mêmes de la mesure si implacablement prise par l'ennemi.

L'examen du carnet d'un prisonnier allemand ayant révélé le numéro du régiment

---

(1) Les documents sur lesquels la Commission a établi son VI° Rapport consistant essentiellement en interrogatoires de prisonniers allemands, elle a décidé, pour des raisons que tout le monde comprendra, que la publication en serait différée. Les originaux de toutes ces pièces, texte allemand et texte français, certifiés et signés par les soldats interrogés, par l'officier de police judiciaire présent, par les officiers interprètes et interprètes stagiaires, restent entre ses mains.

qui avait été employé aux enlèvements de Lille; M. le général Micheler a fait procéder à l'interrogatoire d'hommes de ce régiment, qui sont internés au camp de Cayeux-en-Santerre. Quarante-huit soldats ont été entendus et leurs déclarations recueillies, en présence d'un capitaine de gendarmerie, par des officiers interprètes ou des interprètes stagiaires.

Cette enquête révèle un fait frappant et significatif : le commandement allemand, peu confiant sans doute dans la fermeté des pères de famille qui composaient en grande partie les troupes de Landsturm cantonnées à Lille, a, pour le moment fixé, fait venir tout exprès de Cambrai un régiment prussien de la Garde, le 64ᵉ de réserve, du recrutement de Berlin.

Des affiches apposées sur les murs de la ville avaient auparavant demandé des volontaires parmi la population civile, pour aller, dans les campagnes, aider aux travaux agricoles. Personne ne s'étant présenté, la Kommandantur ordonna que, sur la porte ou dans le vestibule de chaque maison, fût placardée la liste des habitants de l'immeuble, avec l'indication du sexe, de l'âge et de la profession. Toutes les portes devaient être tenues ouvertes.

Le 22 avril et les jours suivants, de grand matin, des barrages étaient établis en travers des rues avec un appareil militaire menaçant; un officier ou un sous-officier, accompagné d'un soldat de police, pénétrait dans les maisons et en faisait sortir, ne leur donnant que le temps strictement nécessaire pour la préparation d'un mince bagage, les personnes condamnées à l'exil. Celles-ci étaient alors dirigées sur un lieu de rassemblement, où elles attendaient que la rafle fût achevée dans leur quartier. Puis elles étaient emmenées à la gare et, après une nouvelle attente plus ou moins longue, réparties, trente par voiture, sous la garde de deux soldats, dans des fourgons de marchandises à destination d'Hirson, de la Capelle et de Laon.

Les personnes déportées, parmi lesquelles se trouvaient des jeunes filles, étaient âgées de dix-huit à cinquante-cinq ans. Un certain nombre pleuraient; beaucoup chantaient *la Marseillaise;* d'autres affectaient une attitude indifférente ou narquoise : manifestations diverses du caractère français, qui devaient demeurer impénétrables pour la mentalité allemande, ainsi que le montrent les commentaires des soldats interrogés.

Dans les premiers jours du mois de mai, le 64ᵉ régiment de réserve, sa honteuse besogne faite, était renvoyé dans son cantonnement.

Vous aviez la plainte des victimes; la présente enquête vous apporte l'aveu des bourreaux.

Veuillez agréer, Monsieur le Président du Conseil, l'expression de notre respectueux dévouement.

Paris, le 8 octobre 1916.

Signé : G. PAYELLE, *président;*
Armand MOLLARD;
G. MARINGER;
PAILLOT, *rapporteur.*

SEPTIÈME RAPPORT

VIOLATIONS PAR L'ENNEMI DES CONVENTIONS INTERNATIONALES DANS LA CONDUITE DE LA GUERRE SUR MER

MM. Georges PAYELLE, *Premier Président de la Cour des Comptes; Armand* MOLLARD, *Ministre plénipotentiaire;* Georges MARINGER, *Conseiller d'État, et Edmond* PAILLOT, *Conseiller à la Cour de Cassation, à* M. LE PRÉSIDENT DU CONSEIL DES MINISTRES.

MONSIEUR LE PRÉSIDENT DU CONSEIL,

Au moment où, par sa Note en date du 31 janvier 1917, relative à l'extension de la guerre sous-marine, l'Allemagne vient de jeter un nouveau défi à la conscience universelle, il nous paraît utile de rappeler, en un rapport d'ensemble, la série des attentats dont la navigation française n'a cessé d'être victime de la part de la marine allemande, depuis le commencement des hostilités jusqu'à ce jour. Dans cette période de trente mois, les sous-marins ennemis n'ont pas détruit moins de deux cent vingt-deux navires français de commerce ou de pêche, dont soixante-six vapeurs, deux chalutiers, deux cotres et cent cinquante-deux voiliers (1). Les moyens de destruction sont différents suivant la nature et le tonnage des bâtiments. Tantôt l'agression a lieu par canonnade ou à la torpille, sans avertissement. C'est ainsi qu'ont été attaqués des navires qui, comme l'*Amiral-Gantcaume* et le *Sussex*, portaient de nombreux passagers. Tantôt, et le plus souvent, la destruction s'effectue de la manière suivante :

Dès que le navire semoncé ou canonné est évacué par son équipage, l'embarcation qui porte le capitaine est mise en demeure d'accoster, et celui-ci, avec une partie de l'armement, reçoit l'ordre de monter à bord. Un gradé et deux ou trois marins allemands prennent ensuite place dans le canot et se font conduire sur le bâtiment abandonné, où, après s'être emparés des instruments de navigation, des montres et des vivres, ils disposent des bombes. L'opération terminée, le capitaine français, qui, pendant ce temps, a été soumis à un interrogatoire, remonte dans le canot et s'éloigne avec ses matelots, tandis que son navire s'engloutit. Si le naufrage est trop lent au gré de l'ennemi, quelques coups de canon à la ligne de flottaison activent la destruction (2).

Lorsqu'il s'agit de couler une goëlette chargée de matières combustibles, les marins allemands, au lieu de se servir de bombes, répandent du pétrole dans les cales et y mettent le feu (3).

---

(1) V. *infra*, Procès-verbaux d'enquête et Documents divers : n° 1 ; — (2) n°ˢ 64 et 65 ; — (3) n°ˢ 61 à 63.

Ce qui rend de telles pratiques particulièrement odieuses, c'est qu'à deux ou trois exceptions près, les naufrageurs, au mépris des devoirs d'humanité les plus élémentaires et des règles du droit international les plus incontestées, ne se sont jamais préoccupés d'assurer la sauvegarde des équipages ou des passagers. On conçoit l'horreur des souffrances morales et physiques que doivent endurer, dans de petites embarcations non pontées, des malheureux abandonnés en pleine mer, exposés à toutes les intempéries, rongés par la soif et la faim, exténués de fatigue et obligés de ramer, pendant des jours et des nuits, pour lutter contre la mort à laquelle un ennemi barbare les a voués.

Vous avez reçu communication, en temps utile, des documents de l'enquête à laquelle nous avons procédé relativement au torpillage du paquebot le *Sussex*, alors que le gouvernement allemand élevait encore des contestations, devenues bientôt impossibles, sur les circonstances de la catastrophe.

Le 24 mars 1916, ce vaisseau effectuait, par un beau temps et une mer calme, son trajet régulier de Folkestone à Dieppe, quand, vers deux heures cinquante de l'après-midi, le capitaine Mouffet et ses deux officiers aperçurent, à cent cinquante mètres environ par bâbord devant, le sillage d'une torpille. Immédiatement, le capitaine donna l'ordre de mettre toute la barre à droite et de stopper la machine tribord. La manœuvre commençait à s'exécuter, quand la torpille, faisant explosion, arracha l'avant du navire sur une longueur de vingt mètres. La troisième cloison étanche ayant heureusement résisté, le *Sussex*, secouru par le chalutier *Marie-Thérèse* et par un vapeur anglais, qui tous deux opérèrent le sauvetage des passagers survivants, put être remorqué dans le port de Boulogne.

Sans l'habileté et le sang-froid du commandant, le paquebot eût été atteint en plein flanc et aucun des passagers n'eût échappé à la mort. Pourtant, on doit évaluer encore à une centaine le nombre des victimes : hommes, femmes et enfants. Certaines d'entre elles ont été tuées par l'explosion; plusieurs ont été emportées en même temps que l'avant du navire; d'autres enfin ont péri entassées dans des baleinières qui ont sombré. On a retrouvé à bord treize cadavres. L'un d'eux était suspendu par les pieds à la déchirure du plafond de la salle à manger des premières. Cette pièce, dont les parois étaient éclaboussées de sang et de débris de cervelle, présentait un aspect épouvantable.

Vous savez comment l'expertise à laquelle ont été soumis des éclats de la torpille a permis d'établir, d'une façon évidente, que l'engin était de fabrication allemande.

Le *Sussex*, qui appartient à l'administration des Chemins de fer de l'État, était exclusivement affecté, depuis une vingtaine d'années, au transport des voyageurs et aux messageries. L'aménagement de ses cales ne permettait pas l'embarquement des marchandises de fort tonnage, et jamais il n'avait été armé. Le pirate qui l'a torpillé ne pouvait ignorer ces particularités; d'ailleurs, la route suivie, ainsi que l'heure du passage, indiquaient suffisamment quel était le service du paquebot, dont la silhouette est connue de tous les marins [1].

---

[1] V. *infra*, Procès-verbaux et Documents : n°s 2 à 36.

Déjà, le 26 octobre 1914, le cargo *Amiral-Ganteaume*, parti de Calais avec deux mille deux cents réfugiés, avait été, sans avertissement, torpillé par un submersible allemand à huit milles de Gris-Nez. Le sauvetage avait pu être opéré par le paquebot *The Queen*, de la ligne Boulogne-Folkestone. Une vingtaine de personnes n'en avaient pas moins péri. Le 15 janvier 1915, le gouvernement de la République a porté à la connaissance des Puissances cet attentat, que la marine impériale a commis : « 1° sans oser montrer ses couleurs; 2° sans visite, arrêt ou semonce; 3° sur un navire de commerce sans défense, chargé de femmes, d'enfants et de vieillards; 4° sans aucune utilité militaire, stratégique ou navale; sans autre résultat possible que le meurtre d'individus inoffensifs et la destruction d'un navire de commerce, en dehors de toute capture et de toute possibilité ultérieure de procédure et de jugement de prise. »

« Jamais, » ajoutait le même document, « fût-ce aux époques les plus barbares de l'histoire navale, aucune marine n'avait souillé son pavillon d'un crime semblable à celui de la marine impériale. » (1)

Cette sentence si juste peut s'appliquer d'une manière générale aux procédés de guerre maritime qu'emploient journellement nos ennemis.

Le 15 mai 1916, à quatre heures quarante-cinq de l'après-midi, par 37°05 latitude N. et 16°07 longitude O., un sous-marin allemand attaquait à coups de canon le vapeur français *Mira*. Au premier coup, le capitaine fit hisser le pavillon national, mettre la machine à toute allure et commencer un tir de défense avec l'unique pièce qu'il possédait. A six heures vingt, les munitions étant épuisées, il fallut abandonner le bâtiment, qui ne devait pas tarder à sombrer. Le sous-marin s'étant alors approché, l'officier qui le commandait fit signe aux embarcations d'accoster, ordonna au capitaine Castaldi de monter à son bord, puis insulta les hommes de l'équipage, les traita de « pirates » et de « vampires », leur reprocha « d'avoir violé le droit des gens en se défendant par le canon », et leur déclara que leur chef serait emmené en Allemagne, pour y être jugé et fusillé (2).

Cette menace, il est vrai, n'a pas été mise à exécution. D'après les derniers renseignements recueillis, le capitaine français se trouverait actuellement dans un camp de prisonniers. Quant aux matelots du *Mira*, conduits par le second dans la direction de la Sicile, ils ont été recueillis par des chalutiers.

Le vapeur *Socoa*, de la Compagnie des Chargeurs français, qui transportait du charbon à destination de Bizerte, fut torpillé sans avis préalable, le 25 août 1916, vers trois heures trente du soir, à environ trente milles du cap Carbon, par un sous-marin en plongée. Les baleinières furent immédiatement mises à la mer, et l'équipage, s'y étant embarqué, s'amarra au vapeur espagnol *Pelayo*, qui avait été témoin de l'agression. Le submersible, émergeant alors, tira trois coups de canon par le travers du bâtiment abandonné; mais un yacht anglais fit à son tour feu par deux fois sur le pirate, qui s'empressa de plonger, et le torpilleur *Tramontane*, attiré par les détonations, prit à son bord les marins du *Socoa*, tandis que leur navire s'engloutissait (3).

---

(1) V. *infra*, Procès-verbaux et Documents : n°ˢ 37 à 40; — (2) n° 41 ; — (3) n° 42.

Le 29 août dernier, vers sept heures du soir, le capitaine Leandri Lucchino, qui conduisait de Beni-Saf (Algérie) au port Saint-Louis-du-Rhône un chargement de bois sur le brick-goëlette *François-Joseph*, à soixante milles dans le nord de l'île Dragonera (Espagne), entendit une détonation et aperçut peu après un sous-marin allemand. Il venait de faire amener le canot à toute éventualité, quand, de nouveau, un coup de canon retentit. Comme le sous-marin n'était qu'à une très faible distance, les hommes montèrent dans leur légère embarcation. A peine s'y étaient-ils installés, que le brick recevait deux projectiles à bâbord avant, et que le sous-marin, s'approchant du canot, saisissait les papiers du bord et ordonnait à nos marins de s'éloigner. Abandonné sur une mer houleuse dans les conditions les plus critiques, l'équipage du *François-Joseph* put néanmoins aborder à Saint-Elme, au bout de trente-neuf heures de mortelles angoisses. Les hommes étaient accablés de fatigue et tombaient presque d'inanition. C'est miracle qu'ils n'aient pas succombé (1).

Si abominables que soient de pareils actes, il en est de plus révoltants encore. Ce sont les agressions commises par les submersibles allemands à l'égard de pêcheurs inoffensifs, qu'ils envoient implacablement à la mort en les abandonnant en pleine mer sur les plus frêles esquifs, après avoir coulé leur bateau.

Le 6 avril 1916, le patron au bornage Monard, qui se rendait à la pêche au maquereau sur le voilier la *Jeannette*, du port de Boulogne, avec dix-sept matelots et deux mousses, se trouvait à douze milles au sud-ouest de la pointe Sainte-Catherine (île de Wight), quand un sous-marin allemand, qui faisait route vers l'est, virant brusquement, vint l'accoster. Deux hommes montèrent à son bord et ordonnèrent à l'équipage de quitter le bateau. Monard fit alors embarquer tous ses compagnons dans son canot et partit avec eux, par une mer heureusement calme. Dix minutes plus tard, on entendait une détonation : c'était la *Jeannette* qui sautait. Les pêcheurs ramèrent pendant cinq heures et purent atteindre enfin la côte anglaise, vers une heure du matin (2).

Le 1er mai dernier, à cent soixante milles environ de la côte d'Irlande, le trois-mâts de pêche *Bernadette*, parti de Fécamp le 26 avril à destination de Terre-Neuve, se trouva subitement, au commencement de l'après-midi, en présence d'un grand submersible allemand qui, émergeant à tribord, donna par signaux l'ordre d'évacuer le navire. On mit alors une chaloupe et neuf doris à la mer. Trois de ces derniers, contenant des provisions de pain et d'eau, coulèrent immédiatement, tandis que d'autres, dans lesquels des matelots s'étaient réfugiés, s'éloignaient en toute hâte. Le capitaine Daussy, s'approchant du sous-marin, essaya de parlementer avec le commandant pour lui demander le temps de prendre quelques vivres; mais celui-ci lui enjoignit de se retirer et, peu d'instants après, coula la *Bernadette* à coups de canon.

Toutes les barques prirent la route de l'est et naviguèrent de conserve jusqu'à ce que, pendant la nuit, la mer fût devenue mauvaise. Elles furent alors contraintes de

---

(1) V. *infra*, Procès-verbaux et Documents : n° 43; — (2) n°s 44 et 45.

se séparer. Sur trente-quatre hommes de l'équipage, vingt-quatre seulement réussirent à se sauver. Ils furent recueillis, après un temps plus ou moins long, par des navires de différentes nationalités. Quelques-uns avaient été pendant cinq ou six jours ballottés par les flots au milieu des plus grands dangers, souffrant de la soif et de la faim, et voyant parfois un de leurs compagnons emporté par un coup de mer. D'après l'avis du vice-amiral de Bon, chef de l'État-Major Général de la Marine, « il est extraordinaire que ces hommes aient pu tenir la mer aussi longtemps dans des embarcations plates et légères telles que des doris. En les abandonnant ainsi, le commandant du sous-marin devait escompter qu'il les envoyait à une mort certaine. » (1)

Le 7 septembre 1916, sur le plateau des Triagoz, côte nord de Bretagne, un sous-marin ennemi s'attaquait à quatre bateaux de pêche : l'*Emma*, la *Léo-Nine*, la *Jeanne-d'Arc* et le *Farfadet*, dont le plus fort ne jaugeait pas plus de vingt tonneaux. Il les coulait successivement, après les avoir fait évacuer, sans se préoccuper aucunement du sort des pêcheurs, abandonnés sur de très petits youyous, à six ou sept milles de la côte, dans une région où règnent de forts courants (2).

Un sinistre tout récent, qui unit dans la mort plusieurs matelots d'un bateau norvégien torpillé et six des sauveteurs français qui s'étaient portés à leur secours, offre un exemple particulièrement émouvant des tortures auxquelles la férocité allemande expose ses victimes. Le 26 janvier dernier, le canot de sauvetage de l'île d'Yeu, monté par le patron Devaud et onze hommes, partit à la recherche des naufragés, qui venaient d'être signalés. Il les retrouva sur une baleinière, au nombre de sept (cinq Norvégiens, un Suédois et un Hollandais), et se mit en devoir de les ramener au port. La marée n'étant pas propice, il fallut mouiller au large de cette côte dangereuse. Au milieu de la nuit, la tempête se déchaîna, l'ancre cassa et l'embarcation partit à la dérive. Au jour, la terre n'était plus en vue ; le vent soufflait si violent et si froid que les voiles étaient gelées, et qu'il fut impossible, à aucun moment, de les dérouler. A cinq heures de l'après-midi, un des Français et deux Norvégiens mouraient ; dans la nuit suivante, un Norvégien, et dans la matinée, trois Français et deux des marins étrangers succombaient à leur tour. Le 28, à midi, le canot abordait enfin à la presqu'île de Raguenez, où deux sauveteurs encore, les frères Pillet, expiraient en débarquant (3).

Ce drame, où l'on voit nos marins donner leur vie pour sauver celle de matelots étrangers froidement sacrifiés par les pirates, fait apparaître une fois de plus l'abîme qui sépare le caractère français de la mentalité allemande.

Nous répéterions indéfiniment des récits presque identiques, si nous voulions relater tous les naufrages qui nous ont été signalés, soit par des témoignages directs, soit par les documents sobres et concluants que nous a communiqués l'État-Major Général de la Marine ; mais nous annexons à notre rapport un relevé des navires français contre lesquels la piraterie allemande a, jusqu'à la date du 31 janvier dernier,

---

(1) V. *infra*, Procès-verbaux et Documents : nos 46 à 51 ; — (2) nos 52 et 53 ; — (3) nos 54 et 55.

exercé sa rage destructrice (1). Nous ne saurions d'ailleurs affirmer qu'aucun nom ne manque à cette liste, car il se peut que plus d'un sinistre se soit accompli sans laisser de traces, ni d'autres témoins que les naufrageurs eux-mêmes.

Il ne nous appartient pas de dénoncer les violations du droit des gens dont tant de navires appartenant à des nations amies ou neutres ont été victimes au cours des hostilités, et dont les plus tragiques : la perte de l'*Ancona*, celle de la *Lusitania*, l'assassinat du capitaine Fryatt, sont dans toutes les mémoires. Nous ne pouvons toutefois nous empêcher de rappeler que l'Allemagne, qui proclame aujourd'hui qu'à l'avenir elle ne reculera pas devant le torpillage même des navires-hôpitaux, n'a pas attendu cette phase de la guerre maritime pour commettre ce crime sans nom. Déjà, le 17 mars 1916, le monde civilisé a appris avec indignation la destruction du *Portugal*, vaisseau-hôpital mis par la France au service de la Russie et commandé par le capitaine français Duvat. Dans ce sinistre ont péri, parmi les quatre-vingt-cinq personnes assassinées, dix-neuf de nos compatriotes. La Commission extraordinaire d'enquête instituée par le gouvernement russe a rapporté d'une façon très complète et très saisissante les circonstances de cet acte abominable. Elle a irréfutablement établi que le sous-marin, qui a torpillé le bâtiment après l'avoir reconnu, savait à n'en pouvoir douter qu'il s'attaquait à un navire uniquement affecté à un service sanitaire. Le *Portugal*, peint en blanc, portait en effet, visibles à une distance considérable, tous les signes distinctifs de sa mission ; sur ses cheminées, également blanches, se détachaient des croix rouges très apparentes, et un grand pavillon de la Convention de Genève flottait à son mât (2).

Le gouvernement impérial allemand se déclare « décidé à abolir les restrictions qu'il s'était imposées jusqu'ici dans l'emploi de ses moyens de combat sur mer » ; mais de quelques attentats que doive être suivie cette menace, il semble que nul forfait ne pourra surpasser en horreur ceux dont s'est déjà souillé, sur mer comme sur terre, le haut commandement allemand.

Veuillez agréer, Monsieur le Président du Conseil, l'assurance de notre respectueux dévouement.

Paris, le 6 février 1917.

> Signé : G. PAYELLE, *président*;
> Armand MOLLARD ;
> G. MARINGER ;
> PAILLOT, *rapporteur*.

---

(1) V. *infra*, Procès-verbaux et Documents : n° 1 ; — (2) n°° 56 à 60.

HUITIÈME RAPPORT

VIOLATIONS DU DROIT DES GENS COMMISES PAR L'ENNEMI
PENDANT L'OCCUPATION DES TERRITOIRES LIBÉRÉS EN MARS 1917

MM. Georges Payelle, Premier Président de la Cour des Comptes; Armand Mollard, Ministre plénipotentiaire; Georges Maringer, Conseiller d'État, et Edmond Paillot, Conseiller à la Cour de Cassation, à M. le Président du Conseil des Ministres.

MONSIEUR LE PRÉSIDENT DU CONSEIL,

Nous venons de parcourir une partie des régions de l'Oise, de l'Aisne et de la Somme qui, après avoir subi pendant plus de trente mois la domination allemande, ont été récemment délivrées du joug le plus lourd et le plus odieux.

Tout, dans le spectacle de dévastation que nous avons eu devant les yeux, décèle une méthode si implacable et d'une si frappante uniformité, qu'il est impossible de n'y pas voir l'exécution d'un plan rigoureusement établi. Réduction des citoyens en servitude, enlèvement des femmes et des jeunes filles, pillage des foyers, anéantissement des villes et des villages, ruine de l'industrie par la destruction des usines, désolation des campagnes par le bris des instruments de culture, l'incendie des fermes et l'abatage des arbres, tout a été mis en œuvre au même moment et avec la même férocité, pour créer la misère, inspirer la terreur et faire naître le désespoir.

Dans la plupart des localités où nous nous sommes transportés, il ne semble pas qu'au début de l'occupation l'ennemi se soit livré à des excès sanglants comparables en nombre à ceux qui ont marqué sa ruée à travers la Champagne et la Lorraine. Nous n'en avons pas moins relevé en plusieurs endroits des meurtres ou des violences graves envers les personnes (1).

A Noyon, lors de l'arrivée des Allemands, le 30 août 1914, les deux adjoints, MM. Jouve et Félix, contraints par un officier de se rendre avec le maire, M. Noël, sénateur de l'Oise, au-devant d'une colonne qui s'approchait, et ramenés dans la ville à l'étrier du commandant, ont été frappés à coups de bois de lance, parce qu'ils avaient peine à suivre le pas des chevaux. Un autre habitant, M. Devaux, désigné pour rester avec eux comme otage à l'hôtel de ville, a été tué d'un coup de fusil par un soldat, au moment où il sortait pour aller chercher un mouchoir. Le même jour, M. Momeux, concierge de la mairie, sans avoir manifesté la moindre velléité de rébellion, a essuyé le coup de revolver d'un officier et a été ensuite brutalisé au point

---

(1) Outre les faits cités dans le Rapport, v. *infra*, Procès-verbaux et Documents divers : nᵒˢ 102, 117, 119, 120, 123, 124, 137, 138 et 139, 140 à 142, 143 et 144, 148, 209, 212, 213, 217, 221, 222, 225, 235.

que sa santé, déjà ébranlée, ne s'est jamais rétablie. Il est mort assez longtemps après, mais très certainement des suites de la commotion qu'il avait éprouvée.

A Noyon également, la dame Delbecq a été tuée d'un coup de feu par un soldat ivre auquel elle refusait du vin, et M. Richard, boulanger, a reçu, à la fin du mois de septembre 1914, une balle qui l'a mortellement frappé, tandis qu'il causait tranquillement avec un de ses confrères, devant la porte de celui-ci. Les Allemands ont prétendu qu'il avait été victime de l'imprudence d'un de leurs hommes; mais cette version n'a jamais été sérieusement établie (1).

Le 6 ou le 7 septembre de la même année, à Roye, pendant la nuit, deux soldats abattirent successivement à coups de fusil MM. Colombier et Lesage, chez qui ils étaient entrés pour demander un renseignement et qui, pris de frayeur, cherchaient à s'esquiver (2).

Au commencement d'octobre 1914, des habitants de Verpillières, arrêtés sous le prétexte insoutenable qu'ils auraient entretenu des communications téléphoniques avec l'armée française, furent conduits à Avricourt, où siégeait un conseil de guerre. A la suite de leur comparution, douze d'entre eux furent marqués d'une croix bleue sur la joue droite. Nous ne sommes pas encore renseignés sur le sort de tous ces prisonniers. Nous savons seulement que M. Poizeaux, âgé de quarante-sept ans, et M. Vasset, vieillard de soixante-dix-huit ans, ont été ramenés à Verpillières et fusillés le soir même (3).

Enfin, vers la même époque, M. Denicourt, de Muille-Villette, chez qui avaient été découverts quelques pigeons voyageurs, a été exécuté dans un des fossés du château de Ham, malgré l'intervention du maire de cette ville, qui attestait en vain que ce malheureux n'était ni éleveur, ni membre d'aucune société colombophile (4).

Si les massacres ne paraissent pas avoir été plus nombreux dans les pays que nous avons pu visiter jusqu'ici, l'occupation s'y est, en tout cas, affirmée fort rigoureuse. Partout les réquisitions ont été continuelles. Les communes, devant subvenir aux frais d'entretien des troupes cantonnées sur leur territoire, ont été frappées de contributions énormes. Pour y satisfaire, elles se sont vu imposer l'obligation, quand leurs ressources pécuniaires ont été épuisées, de former entre elles des unions en vue d'émettre du papier-monnaie sous forme de bons. Ceux des maires qui refusaient de se prêter à cette combinaison étaient emprisonnés et envoyés en Allemagne. L'ennemi mettait lui-même en circulation ces billets, auxquels il avait donné cours forcé (5). Les habitants, soumis à des vexations de tout genre, assistaient journellement au vol des quelques denrées alimentaires qu'ils possédaient et des objets mobiliers qui leur étaient le plus nécessaires. Dans les magasins, chefs et soldats prélevaient comme un dû ce qui tentait leur convoitise. C'est ainsi qu'à Ham, dans la quincaillerie Gronier, un personnage d'un grade élevé, qu'on dit être le grand-duc de Hesse, vint choisir diverses marchandises pour le payement desquelles il se contenta de promettre un bon, qui ne fut jamais délivré (6).

---

(1) V. *infra*, Procès-verbaux d'enquête et Documents divers : n°ˢ 66, 69, 85, 86 ; — (2) n°ˢ 209, 221 ; — (3) n°ˢ 120, 207, 208 ; — (4) n°ˢ 192, 193, 200 ; — (5) n°ˢ 79, 80, 92, 152, 178, 201, 202, 235 ; — (6) n° 196, et, pour des faits analogues, n°ˢ 198, 90, 221.

A chaque instant, nos infortunés concitoyens avaient à endurer de nouvelles restrictions à leurs droits et de nouvelles atteintes à leur dignité : ordre de rentrer chez eux le soir à sept heures et de n'en sortir qu'à huit heures du matin ; défense d'entretenir de la lumière pendant la nuit dans les demeures ; injonction de saluer les officiers chapeau bas ; astreinte aux travaux dans les champs, le tout sanctionné par des peines d'emprisonnement et par des amendes, auxquelles les plus légères infractions à d'innombrables règlements donnaient continuellement prétexte. Mais rien ne saurait égaler en abomination ce qui s'est passé dans certaines communes, comme Fréniches, où, un jour du mois de mai 1915, toutes les jeunes filles du village, convoquées dans la maison affectée aux consultations du médecin militaire, ont dû subir l'examen le plus brutal et le plus révoltant, malgré leurs protestations et leurs cris (1).

C'est à partir du milieu de février dernier, c'est-à-dire du moment où les Allemands ont commencé à préparer leur repli, qu'ont été commis les actes de déprédation sauvage qui, connus aujourd'hui du monde entier, révoltent la conscience universelle.

Il avait été déjà procédé antérieurement à la déportation de nombreux habitants, que l'envahisseur, séparant sans pitié les familles, envoyait travailler en Allemagne ou dans le nord de la France. Cette mesure est devenue générale et a frappé toute la partie valide de la population des deux sexes, de seize à soixante ans, à l'exception des femmes ayant de jeunes enfants. Dans toutes les communes, elle a été appliquée avec la même dureté, donnant lieu aux scènes les plus déchirantes. A Ham, parmi les six cents personnes emmenées, se trouvaient quatre malades de l'hospice (2). A Noyon, huit jours après un premier convoi, expédié le 18 février, les Allemands ont choisi une cinquantaine de jeunes filles qui, évacuées de la région de Saint-Quentin, avaient été internées dans la ville. Elles ont toutes été envoyées dans le nord, malgré les larmes et les supplications de leurs parents, dont la douleur était affreuse (3).

Ainsi qu'en bien d'autres endroits, les médecins, les pharmaciens et les prêtres avaient été des premiers désignés pour l'exil, et comme il ne restait rien dans la pharmacie de l'hôpital ni dans la salle d'opérations, indignement pillées, les nombreux malades et infirmes amenés des régions voisines n'ont pu recevoir, malgré les efforts de la charité, les soins et les secours dont ils avaient d'autant plus besoin qu'ils étaient épuisés par le froid, les privations et les angoisses. Tous ces malheureux étaient arrivés dans un état lamentable, et il en mourait sept ou huit par jour. C'étaient des gens qu'on avait arrachés de leur lit et auxquels on n'avait laissé le temps de rien emporter. Il y avait parmi eux des paralytiques, des agonisants, plusieurs nonagénaires et jusqu'à une femme de cent deux ans. Beaucoup de départs avaient eu lieu dans des conditions atroces. Mᵐᵉ Deprez, propriétaire du château de Gibercourt, l'une des victimes de ces ordres impitoyables, était atteinte d'une grave maladie de cœur et obligée de garder le lit. Un officier a exigé qu'elle se levât et s'habillât en sa présence, bien qu'elle l'eût prié de s'éloigner. Elle est morte une

(1) V. infra, Procès-verbaux et Documents divers : nᵒˢ 94 et 95, et, sur un fait analogue relevé à Guiscard, nᵒ 93 ; — (2) nᵒˢ 194, 195, 197 ; — (3) nᵒˢ 66, 69, 73, 81 à 84.

dizaine de jours après. Une femme de Flavy-le-Martel, âgée de trente-sept ans, Mme Bègue, qui souffrait également d'une affection cardiaque, avait demandé qu'on lui permît d'emmener ses enfants, âgés l'un de sept ans et l'autre de quatre ans, qui se cramponnaient aux roues de la voiture. On lui a refusé cette grâce, et les pauvres petits sont restés sur la route. Une autre femme de la même commune était malade et alitée quand on vint la prévenir que les Allemands allaient emmener son mari. Elle se leva aussitôt, et, malgré l'opposition d'un officier, parvint à se jeter dans les bras du prisonnier. Celui-ci partit sans avoir embrassé son enfant. Évacuée sur Noyon et conduite à l'hôpital, la jeune femme n'a cessé de manifester le désespoir le plus violent. Le jour de son arrivée, elle s'est précipitée, avec sa petite fille, sous les roues d'une automobile. Les religieuses ont heureusement pu la relever à temps (1).

Tous ces départs ont fourni à une armée, qui a fait de la guerre une entreprise de brigandage, des facilités spéciales pour s'approprier à loisir ce qui avait échappé à ses pillages précédents. « Nos compatriotes n'étaient pas encore à quatre kilomètres, nous a dit M. Dacheux, conseiller municipal faisant fonctions de maire à Guiscard, que les camions arrivaient devant leurs portes pour tout enlever. » (2) A Ham, où le chef de la Kommandantur s'est bien gardé de restituer une table ancienne, de grande valeur, qu'il avait empruntée à la mairie, le général von Fleck a déménagé tout le mobilier de la maison Bernot, dans laquelle il était logé. L'opération a été accomplie avec une telle perfection que le général, à la fin de son séjour, n'ayant plus rien pour s'asseoir, a dû faire demander des chaises à la municipalité (3).

A Noyon, pendant tout le temps de l'occupation, le vol a été pratiqué d'une façon permanente. De nombreuses maisons ont été mises à sac, et l'intérieur en a été ignoblement dégradé. Dans la cathédrale, le commandement a fait enlever les cloches et les tuyaux du grand orgue. Les coffres-forts des particuliers ont été fracturés à coups de revolver tirés dans les combinaisons. Les 26 et 27 février dernier, deux soldats, accompagnés de deux officiers, sont venus ouvrir à l'aide d'un chalumeau les coffres de la Société Générale et en ont emporté le contenu. Il a été opéré de la même manière à la banque Chéneau et Barbier et à la banque Brière. La comptabilité de chaque établissement a été saisie en même temps que les valeurs. Comme M. Brière s'étonnait qu'on lui prît jusqu'à ses archives et faisait observer qu'elles ne pouvaient être utiles qu'à lui-même, l'officier auquel il s'adressait, et qui se disait délégué de la Trésorerie de Berlin, se borna à lui répondre : « On m'a donné l'ordre de vider les coffres : je vide les coffres » (4).

A Sempigny, un des rares endroits où les maisons soient encore debout, on peut se faire une idée de ce qu'ont dû être les scènes de pillage qui se sont produites partout. Depuis le 1er mars, date à laquelle ce qui restait d'habitants valides a été évacué, jusqu'au départ des troupes d'invasion, ce malheureux village n'a cessé d'être saccagé. On dirait qu'une horde de fous furieux a passé là. Les Allemands, en effet, y ont détruit, avec une sorte de frénésie, tout ce qu'ils ne pouvaient em-

(1) V. infra, Procès-verbaux et Documents: n° 74; — (2) n° 92; — (3) n°⁵ 191, 194, 198, 199. Des déménagements analogues de mobiliers de valeur et d'objets d'art sont relatés dans les pièces n°⁵ 89, 103, 131, 155, 156, 176, 187, 188, 222, 234. — (4) V. infra, Procès-verbaux et Documents : n°⁵ 66, 69 à 73, 88, 151.

porter, démolissant à coups de pioche ou de maillet les lits et les armoires, pulvérisant la vaisselle et les glaces, brisant les instruments aratoires et les outils de jardinage, dispersant les graines et les semences, volant dans l'église toute la garniture du maître-autel, souillant d'ordures les tiroirs et les placards et laissant des excréments jusque dans les ustensiles de ménage. La majeure partie de ces exploits a été accomplie par le 368e régiment d'infanterie (1).

On se demande avec stupeur comment l'armée d'une nation qui se prétend civilisée a pu commettre de tels actes; mais combien n'est-il pas plus déconcertant encore d'avoir à constater que ses soldats ont violé des tombeaux! Dans le cimetière de Carlepont, la porte de la chapelle sépulcrale de la famille suisse de Graffenried-Villars a été enlevée. Il n'en reste que les paumelles en cuivre. Une pierre du caveau a été descellée et, par l'orifice ainsi pratiqué, on aperçoit des ossements. La tombe de la famille Caillé a été également profanée. La pierre qui la recouvre est brisée, et des restes humains sont à découvert (2). A Candor, deux témoins ont surpris des Allemands en train de fracturer les tombes des familles Trefcon et Censier, et d'examiner l'intérieur de la sépulture Mazier, dont ils avaient fait glisser le couvercle. L'église, qu'entoure le cimetière, a été honteusement pillée; les christs en argent fixés aux croix ont été arrachés, et la dame Collery a enlevé elle-même les oripeaux dont les soldats avaient, par dérision, affublé la statue d'un saint (3). A Roiglise, une large déchirure dans le dallage de la chapelle Derreulx permet de voir ouverts les compartiments du caveau. On aperçoit un cercueil dans une des cases et des ossements dans une autre. Tous ces dégâts sont, à n'en pouvoir douter, le résultat d'entreprises criminelles, car on ne voit, sur les sépultures ou à leurs abords, aucune trace de bombardement.

Après le pillage, la destruction des maisons, des châteaux et des fermes a été effectuée par les explosifs, l'incendie, ou la démolition à la pioche. A Margny-aux-Cerises, elle a été opérée en partie à l'aide d'un puissant bélier. Annois, Flavy-le-Martel, Jussy, Frières-Faillouel, Villequier-Aumont n'existent plus. Chauny, ville industrielle qui comptait près de onze mille âmes, n'est qu'un vaste monceau de décombres, à l'exception du faubourg du Brouage (4).

Après l'évacuation des habitants valides, le reste de la population, comprenant mille neuf cent quatre-vingt-dix personnes, avait été parqué, le 23 février 1917, dans ce faubourg, avec environ trois mille hommes et femmes de treize communes de la région. Le 3 mars, un ordre de la Kommandantur a enjoint à tout ce monde de se réunir le lendemain, à six heures du matin, dans une rue. Les malades et les infirmes n'ont pas été exemptés de cette mesure, et il a fallu en porter un certain nombre au lieu du rassemblement, qui s'étendait sur une longueur dépassant un kilomètre. Il a été fait alors un appel général; puis, au cours d'une revue qui n'a pas duré moins de six heures, un officier a prélevé encore trois hommes, trente et une femmes et un jeune garçon de treize ans, pour les déporter dans le nord. Le froid était intense; aussi, le jour suivant, vingt-sept personnes sont-elles mortes (5).

---

(1) V. *infra*, Procès-verbaux et Documents : n°° 96, 97; — (2) n°° 104, 107; — (3) n°° 98, 99; — (4) n°° 100, 161 à 163, 167, 168, 172, 182; — (5) n°° 167, 169 à 171.

Dès l'internement des Chaunois au Brouage, les Allemands se sont livrés dans la ville à un pillage effréné, enlevant les meubles, éventrant les coffres-forts, saccageant les églises ; et pendant quinze journées, ils ont procédé méthodiquement, par la mine et par l'incendie, à la destruction des maisons. Comme ils avaient relevé depuis deux mois les dimensions de toutes les caves, ils savaient d'une façon exacte quelle quantité d'explosifs leur était nécessaire pour exécuter leur œuvre infâme.

Il ne subsiste de l'église Saint-Martin que des pans de mur. A Notre-Dame, atteinte en partie seulement par l'explosion, les trois troncs sont brisés et les traces des instruments ayant servi à l'effraction restent très apparentes. Les serrures des placards disposés parmi les boiseries du transept sont forcées. Dans la sacristie, le désordre est indescriptible : les armoires sont fracturées, les tiroirs ouverts, et des ornements sacerdotaux maculés couvrent le sol (1).

Le 20, l'ennemi, qui s'était retiré, a commencé, avec des batteries occupant les hauteurs de Rouy, à tirer sur le Brouage. Le bombardement s'est poursuivi pendant deux jours et demi, visant particulièrement l'Institution Saint-Charles, dont les Allemands eux-mêmes avaient fait un asile pour les vieillards et les malades, et sur le toit de laquelle ils avaient peint d'énormes croix rouges. Quelques personnes ont été tuées et plusieurs autres blessées plus ou moins grièvement (2).

Même dans les villes et les villages qu'ils n'ont pas complètement rasés, les Allemands se sont acharnés à faire disparaître les usines et à ravager les exploitations agricoles. C'est ainsi, par exemple, qu'à Roye, où la bataille n'avait causé que des dégâts réparables, ils ont incendié les sucreries, et organisé la ruine systématique de toutes les industries en arrachant d'abord le bronze, le zinc, le plomb, le cuivre et le laiton, en enlevant ensuite les pièces mécaniques qui pouvaient avoir quelque valeur, en brisant enfin toutes les parties en fonte (3). C'est ainsi encore qu'à Ham, où ils ont fait sauter le beffroi et le château, ils ont anéanti par explosion les deux sucreries Bocquet et Bernot, la distillerie de « Sébastopol », la fabrique d'huile Dive et la brasserie Serré (4). Ils ont agi de même en bien d'autres endroits, notamment à Flavy-le-Martel et à Ourscamps, qui sont des modèles de dévastation (5). Presque partout, les arbres fruitiers, dans la campagne et dans les jardins, ont été abattus, profondément entaillés ou écorcés de manière à les faire périr. Des files entières de grands peupliers, sciés à leur base, jonchent les champs le long des routes. Les abords des villages sont encombrés d'instruments agricoles irrémédiablement détériorés. Près de ce qui fut la gare de Flavy-le-Martel, nous avons vu un immense verger, entièrement saccagé, dans lequel étaient réunis en grande quantité des charrues, des herses, des faucheuses, des moissonneuses, des râteaux mécaniques et des semoirs, rendus inutilisables et endommagés de telle sorte qu'ils ne pussent être réparés. Çà et là, un certain nombre de ces machines avaient été entassées sur des foyers d'incendie. Les roues en fer étaient faussées, les pignons et les engrenages fracassés, les parties en bois rongées par le feu.

Il suffit de regarder toutes ces ruines pour se rendre compte qu'elles n'ont pas été accumulées seulement dans un intérêt militaire, et que le dessein de nuire en a été

(1) V. infra, Procès verbaux et Documents : n°s 168, 172 ; — (2) n°s 161 à 167, 180 ; — (3) n°s 209, 211, 214 à 216, 222 ; — (4) n° 195 ; — (5) n°s 88, 146, 201, 204, 225, 227, 235, 242, 253.

la cause essentielle. Le médecin militaire professeur Bennecke a dit un jour à la sœur Saint-Romuald, supérieure de l'hospice de Noyon : « Vous n'avez pas voulu de la paix ; maintenant nous avons ordre de faire la guerre aux civils », et un sous-officier, qui paraissait intelligent et instruit, a tenu à Guiscard le propos suivant : « L'offre de paix de l'Allemagne ayant été repoussée, la guerre va entrer dans une phase nouvelle. Désormais, nous ne respecterons plus rien » (1).

De telles paroles révèlent une bien misérable psychologie. Nulle part, en effet, nous n'avons remarqué, chez ceux qui viennent de supporter de si rudes épreuves, un indice de lassitude ou de découragement ; nous n'avons rencontré d'autre sentiment que l'exaltation patriotique et la volonté farouche d'obtenir, par la victoire, la réparation de tant de crimes.

Veuillez agréer, Monsieur le Président du Conseil, l'assurance de notre respectueux dévouement.

Paris, le 12 avril 1917.

G. PAYELLE, *président* ;
Armand MOLLARD ;
G. MARINGER ;
PAILLOT, *rapporteur*.

---

(1) V. *infra*, Procès-verbaux et Documents : n°⁸ 74, 92.

NEUVIÈME RAPPORT

VIOLATIONS DU DROIT DES GENS COMMISES PAR L'ENNEMI
PENDANT L'OCCUPATION DES TERRITOIRES LIBÉRÉS EN MARS 1917

MM. Georges PAYELLE, Premier Président de la Cour des Comptes; Armand MOLLARD, Ministre plénipotentiaire; Georges MARINGER, Conseiller d'État, et Edmond PAILLOT, Conseiller à la Cour de Cassation, à M. LE PRÉSIDENT DU CONSEIL DES MINISTRES.

MONSIEUR LE PRÉSIDENT DU CONSEIL,

Depuis le 12 avril, date de notre dernier rapport, nous avons poursuivi nos constatations dans les territoires récemment libérés, et cette nouvelle enquête n'a pu que nous confirmer dans la conviction que toutes les violations du droit des gens dont les armées allemandes se sont rendues coupables au moment de leur retraite, ont été commises sur des ordres généraux donnés par le haut commandement. Dans toutes les communes, les mêmes mesures d'injuste rigueur et de cruauté envers les personnes, les mêmes procédés de dévastation et de brigandage ont été employés simultanément et dans des conditions identiques. Partout les populations ont été rançonnées et déportées, les usines détruites, les maisons démolies ou incendiées, les meubles volés ou saccagés, les arbres abattus, les puits contaminés, les instruments agricoles brisés ou emportés.

Il n'est pas une seule localité dont les habitants des deux sexes, de seize à soixante ans, arrachés à leurs foyers, n'aient été envoyés en Allemagne ou dans le nord de la France, sans plus d'égard pour la douleur des familles que pour la moralité des jeunes filles livrées ainsi aux hasards les plus inquiétants. Les scènes auxquelles les déportations donnaient lieu étaient si déchirantes, que des Allemands mêmes s'en montraient parfois émus. C'est ainsi qu'à Nesle, d'où cent quatre-vingts femmes ou jeunes filles et cent soixante-quatre hommes ont été enlevés le 17 février dernier, un officier disait « n'avoir pu assister au départ, parce que c'était un spectacle trop triste » (1). Il est vrai que tous n'étaient pas si sensibles, comme en témoignent, entre bien d'autres, les deux faits suivants :

A Douilly, une jeune femme, accouchée l'avant-veille d'un enfant mort, a dû quitter son lit pour partir. Comme elle passait, tout en larmes, devant la porte de la dame Wager, cette dernière, la voyant à peine vêtue, lui jeta un châle sur les épaules pour la préserver du froid, et la regarda s'éloigner avec la certitude que la malheureuse ne reviendrait pas (2).

Un jour de novembre 1915, après l'évacuation d'une partie de la population,

---

(1) V. *infra*, Procès-verbaux et Documents : n° 235; — (2) n° 226.

une femme affolée se présenta à l'hôtel de ville de Chauny; elle poussait des cris de désespoir et s'arrachait les cheveux en réclamant sa fille, une enfant de quinze ans, qui avait été envoyée dans une direction inconnue. Le maire la conduisit auprès de l'officier de réserve Bergschmidt, avocat à Berlin, représentant de la Kommandantur; mais celui-ci la repoussa, lui disant qu'elle l'agaçait et qu'elle troublait tout le monde. Puis, s'adressant au magistrat municipal qui essayait de le fléchir: « Monsieur le maire, s'écria-t-il, vous le savez pourtant; je vous l'ai dit et répété plusieurs fois, et j'entends que dorénavant vous n'insistiez plus: les mots *pitié*, *humanité*, sont rayés du dictionnaire. C'est entendu, n'est-ce pas? » (1)

On ne saurait trop mettre en relief le caractère profondément outrageant pour la dignité humaine de ces pratiques abominables, qui ne sont autre chose que le rétablissement, au profit de l'Allemagne, de l'esclavage sous sa forme la plus dure et la plus révoltante. La « Notice concernant les colonnes des travailleurs civils », qui a été rédigée par le commandant de colonne Kugemann (Form. 5 v. 28. 4. 16. ZAK) et dont nous possédons une copie, dépasse, dans cet ordre d'idées, toute imagination. Elle contient de longues instructions, dont voici les principales:

I. — *Considérations générales.*

Les individus appartenant à la colonne des travailleurs civils sont employés à la construction des routes, aux travaux agricoles ou d'autres natures. Il est interdit de les faire travailler dans la zone des opérations proprement dites.

Tous les travailleurs de ladite colonne portent à la partie du bras gauche (*sic*) un brassard rouge solidement cousu; le brassard est pourvu d'un A noir extérieur qui doit être apparent. Les travailleurs dont la conduite est mauvaise ou qui ont été punis pour tentative d'évasion portent le brassard aux deux bras.

II. — *Devoirs des travailleurs.*

Les travailleurs habitent en commun dans des locaux gardés. A titre exceptionnel, l'autorisation de loger en dehors du camp peut être accordée à des travailleurs âgés dont la conduite est particulièrement bonne ou qui ont volontairement sollicité leur admission dans la colonne des travailleurs.

Au cours du travail et pendant le trajet pour se rendre au travail, les travailleurs sont gardés par des soldats. Au commandement de « Achtung », donné par le soldat surveillant, les équipes de travailleurs doivent, en passant devant les officiers, comme marque de respect, enlever leur casquette. Le travail ordonné doit être exécuté avec empressement et bonne volonté.

En présence d'insubordination ou de tentative d'évasion, on ferait, le cas échéant, sans aucun ménagement, usage des armes.

III. — *Payement, nourriture et habillement.*

Tout travailleur reçoit un salaire journalier de 2 fr. 25, dont sont déduits 1 fr. 50 pour nourriture et 25 centimes pour habillement, soit au total 1 fr. 75. Des cinquante centimes restants, vingt-cinq sont payés comptant, vingt-cinq passent au fonds de réserve. Tous les dix jours, chaque travailleur sérieux reçoit 2 fr. 50.

Ceux qui sont mis aux arrêts ne reçoivent que du pain et de l'eau; toutefois, en cas d'arrêts moyens, la nourriture complète est donnée tous les deux jours, et tous les trois jours en cas d'arrêts de rigueur. Les travailleurs doivent apporter des vêtements, du linge et des souliers. L'administration ne s'occupe que de l'entretien et du renouvellement des chaussures et vêtements que le travail aura mis hors d'usage.

---

(1) V. *infra*, Procès-verbaux et Documents: n° 103.

IV. — *Punitions.*

Les travailleurs civils sont avertis que, en cas d'infraction de quelque nature que ce soit, et en particulier lorsqu'il s'agit de tentative d'évasion, de désobéissance, d'insubordination, de vol ou de tromperie, ils peuvent être punis de simple police, — si la loi allemande ne prévoit pas de peines plus graves, — d'un emprisonnement pouvant aller à trois mois ou d'une amende pouvant s'élever à 1.000 marks. En cas d'acte délictueux commis à l'égard d'un sujet de l'armée allemande, le coupable sera traduit devant le conseil de guerre et pourra être puni de mort.

Des peines de détention, arrêts moyens, arrêts de rigueur, prison jusqu'à trois mois, et des amendes de 1.000 marks au maximum peuvent être infligées par le commandant de l'endroit où se trouvent cantonnées les équipes de travailleurs. La détention doit s'accomplir de telle façon que l'homme ne soit pas distrait de son travail, mais retenu en dehors du temps destiné au travail. En outre, le salaire, pendant ce temps, n'est pas versé.

Les travailleurs dont l'attitude donne lieu à des plaintes continuelles peuvent être versés dans une section de discipline.

Ainsi, toute cette population d'hommes libres, de femmes et de jeunes filles habituées à la vie familiale, qu'au mépris des règles les plus formelles du droit des gens les Allemands enlèvent par troupeaux des régions envahies, est astreinte, dans une impitoyable servitude, à exécuter pour l'ennemi les travaux les plus pénibles. Par la seule volonté d'un commandant, les moindres infractions à des règlements draconiens sont punies d'une détention qui peut aller jusqu'à trois mois, et pendant la durée de laquelle les victimes, obligées de peiner durement du matin au soir, ne reçoivent, deux jours sur trois, pour toute nourriture, qu'un peu de pain et d'eau.

Si tel est le régime des déportés, celui des habitants non évacués n'est guère plus tolérable. C'est ce que montre notamment la proclamation suivante, qui fut affichée à Holnon (Aisne), le 20 juillet 1915 (1) :

Tous les ouvriers et les femmes et les enfants de quinze ans sont obligés de faire travaux des champs tous les jours, aussi dimanche, de quatre heures du matin jusque huit heures du soir (temps français). Récréation une demi-heure au matin, une heure à midi et une demi-heure après-midi. La contravention sera punie à la manière suivante :

1° Les fainéants ouvriers seront combinés pendant la récolte en compagnie des ouvriers dans une caserne, sous l'inspection des corporaux allemands. Après la récolte, les fainéants seront emprisonnés six mois ; le troisième jour, la nourriture sera seulement du pain et de l'eau.

2° Les femmes fainéantes seront exilées à Holnon pour travailler. Après la récolte, les femmes seront emprisonnées six mois.

3° Les enfants fainéants seront punis de coups de bâton.

De plus, le commandant réserve de punir les fainéants ouvriers de vingt coups de bâton tous les jours.

Les ouvriers de la commune Vendelles sont punis sévèrement.

Signé : Gloss,
Colonel et commandant.

Les affiches apposées par l'ennemi sur les murs des communes envahies sont d'ailleurs innombrables : témoignage irrécusable de la dureté du joug qui pesait sur nos infortunés compatriotes, de la rigueur et de la continuité des réquisitions. On y voit, formulés dans les termes les plus impératifs et avec menace de sanctions, l'obligation

---

(1) V. *infra*, Documents photographiques.

de saluer les officiers, l'injonction de se priver de lumière et de tenir toutes les portes ouvertes pendant la nuit, la défense de sortir des maisons à certaines heures et l'ordre de mettre à la disposition de l'autorité militaire jusqu'aux produits des jardins (1). Une ordonnance du général commandant en chef von Below, en date du 1er octobre 1915, paraît n'avoir été édictée que pour donner un semblant de légalité aux exécutions les plus arbitraires. Il nous suffira de reproduire la disposition qui la termine :

« Dans chaque commune, un certain nombre de notables, dont les noms seront publiés, répoudront *par leur vie* de la sûreté des chemins de fer sur le territoire dépendant de la commune. En outre, toute commune, sur le territoire de laquelle une ligne de chemin de fer aura été endommagée ou détruite, devra payer une contribution ou subir une autre peine. Dans certaines circonstances, la commune entière pourra être évacuée, les hommes conduits dans un camp de prisonniers, et le reste de la population réparti dans d'autres localités. » (2)

Une des plus odieuses prescriptions de l'autorité allemande enjoignait de livrer les soldats français qui avaient pu trouver un abri dans le pays. Une affiche publiée à Chauny, le 6 mars 1915, par la Kommandantur, « interdit sévèrement à tous les habitants d'héberger ou de secourir d'une manière quelconque de tels soldats dispersés ». « Tous les habitants, ajoute-t-elle, qui connaissent la retraite de pareils dispersés devront l'indiquer sans délai au maire de leur commune; les maires devront aviser l'autorité militaire. Tout habitant qui hébergerait ou secourrait des dispersés sans faire immédiatement la déclaration ordonnée sera fusillé. En outre, la commune sera frappée d'une forte amende. » (3)

Ce n'étaient pas là de vaines menaces : sur la partie restante d'un placard dont la moitié supérieure n'a pas été retrouvée, et qui a été affiché à Amigny-Rouy (Aisne), on lit un avertissement ainsi conçu (4) :

5° Léon Oudart, cultivateur et maire de Flaignes, parce que ce dernier n'a pas porté immédiatement à la connaissance des autorités allemandes les plus proches le séjour connu des soldats ennemis.

En vertu du jugement, les condamnés ont été fusillés le 3 août (*ou avril*) 1916, à cinq heures trois quarts du matin.

(*Suivent des mentions relatives à sept personnes condamnées à des peines d'emprisonnement ou de réclusion.*)

Comme, dans les communes de La Vallée et Flaignes, une grande partie des habitants avaient sans doute connaissance de la conduite criminelle des personnes nommées ci-dessus, la moitié de tous les hommes des communes de La Vallée et de Flaignes sont, en outre, incorporés pour la durée de la guerre dans une section de travailleurs.

Signé : V. Bockelberg,
Etappen-Kommandantur Chauny-Land.

L'officier Bergschmidt disait au maire de Chauny que les mots *pitié* et *humanité* doivent être rayés du dictionnaire. Ce ne sont pas, hélas! les seules expressions qui soient supprimées du vocabulaire allemand. Il en est de même de toutes celles qui représentent une idée généreuse ou simplement honnête, et l'esprit se refuserait à

(1) V. *infra*, Procès-verbaux et Documents : nos 75 à 80, 90, 137, 167, 169, 176, 177, 189 ; — 2) no 173 et, pour une affiche analogue, no 78 ; — (3) no 174 ; — (4) V. Documents photographiques.

admettre, s'il n'y était contraint par l'évidence, à quel point l'armée d'une nation civilisée a pu pousser la frénésie du vol et la fureur de la destruction. Dans toutes les localités envahies et pendant toute la durée de l'occupation, les municipalités ont été scandaleusement exploitées et les biens des particuliers continuellement pillés. Dès le début, Nesle a été frappée d'une contribution de 13.000 francs, et en attendant que la somme fût versée, M. Obry, adjoint faisant fonctions de maire, deux conseillers municipaux et un propriétaire ont été enfermés dans une cave pendant six heures. Quelque temps après, la ville a dû payer 3.000 francs parce que quelques vieilles armes de panoplie avaient été trouvées dans une maison abandonnée, et 30.000 francs comme sanction de la découverte de trois fusils de chasse chez un habitant. En mars 1915, l'intendance s'empara d'une grande quantité de blé, qui avait été mise en réserve pour les besoins de la population, et elle obligea ensuite le maire à lui acheter de la farine contre argent comptant. Dans la même année, après avoir exigé le versement d'une somme de 6.896 francs pour travaux de labour et fourniture de semences, elle saisit la totalité de la récolte, et il en fallut racheter une partie pour la nourriture des chevaux. La municipalité fut, en outre, contrainte d'entrer dans un consortium institué en vue de l'émission de bons régionaux. Cette mesure était d'ailleurs générale, comme nous l'avons indiqué dans notre précédent rapport, et à Réthonvillers, où elle n'avait pas été exécutée assez vite au gré de l'autorité allemande, un officier fit savoir que, si dans le délai d'une heure le conseil municipal ne s'était pas réuni pour s'y soumettre, le maire, les notables et leurs familles seraient immédiatement arrêtés et déportés en Allemagne [1].

A la fin de leur séjour à Nesle, les Allemands, qui s'étaient déjà livrés à de nombreux actes de pillage, ont achevé le déménagement des maisons et fait des opérations particulièrement fructueuses dans celles qu'occupaient les officiers supérieurs et les généraux [2]. Dans l'église, ils ont enlevé les tuyaux des grandes orgues, et après avoir brisé les cloches en les jetant du haut du clocher, ils en ont emporté les morceaux. Le docteur Braillon, âgé de soixante-six ans, qui pendant quatre mois s'était prodigué pour soigner les blessés ennemis, avait été mis en état d'arrestation et transféré en Allemagne sous un prétexte grossier. Sa femme eut à loger un état-major et les secrétaires du service central téléphonique. Avant leur départ, ses hôtes saccagèrent la maison, brisant les marbres des meubles, les vitres et les glaces, crevant les sièges à coups de couteau, coupant dans le jardin quatre-vingt-dix poiriers et autant de pieds de vigne, et contaminant le puits avec du fumier. Cette besogne fut accomplie par le cuisinier, le chauffeur et les ordonnances des officiers, avec l'aide des secrétaires. Comme Mme Braillon protestait contre la destruction des toitures de petits bâtiments dépendant de son habitation, un lieutenant se contenta de lui répondre : « C'est l'ordre ! » [3]

Partout, comme nous l'avons maintes fois répété, des déprédations incessantes ont été commises cyniquement. La quantité de coffres-forts éventrés que nous avons vus au cours de notre enquête est véritablement inouïe, et nous avons pu constater aussi que l'ennemi n'éprouve aucun scrupule à pratiquer le vol jusque sur les personnes.

---

(1) V. *infra*, Procès-verbaux et Documents : n° 235 ; — (2) n°s 235, 239, 240 ; — (3) n°s 227, 238.

Beaucoup de gens, en effet, ont été dépouillés des objets de prix, des valeurs et du numéraire qu'ils portaient sur eux. A Vraignes, notamment, les Allemands, la veille du repli, ont fouillé de nombreux habitants des villages voisins, parqués dans des fermes et dans des écuries (1). Ils ont agi de même à Tincourt, où la dame Vancopenolle, après avoir reçu l'ordre de se déshabiller, s'est vu enlever un titre de rente représentant 1.500 francs (2). Un vieillard de Roisel, M. Villain, a été ruiné par un vol important, commis dans des conditions bien caractéristiques. Le 4 mars, lors de la dernière évacuation des habitants, on l'avait fait rester avec le boulanger, pour le ravitaillement. Il possédait alors 150.000 francs de titres, dont l'autorité ennemie connaissait l'existence. Le 15 mars, M. Villain fut avisé qu'on l'appelait à la Kommandantur. Il s'y rendit. On le fit attendre fort longtemps, pour lui dire finalement que le chef ne pourrait le recevoir ; et quand il put rentrer à la boulangerie, il constata la disparition de la valise qu'il avait dissimulée sous les couvertures de son lit et qui contenait sa fortune. Depuis quelques jours, il avait, suivant sa propre expression, remarqué que les Allemands tournaient autour de ses valeurs. Plusieurs fois, les secrétaires de la Kommandantur étaient venus le trouver sous des prétextes futiles, et la veille du vol, après le départ de l'un d'eux, qui s'était tenu assez longtemps auprès de la porte de la maison, on s'était aperçu que la clef de cette porte avait été enlevée. Déjà, vers la fin du mois de février, un officier de pionniers, s'étant rendu chez M. Villain, avait fait main basse sur le linge, sur la vaisselle et sur différents autres objets, et avait envoyé à la gare le tout soigneusement emballé. Le propriétaire n'ignorait pas que la plus timide protestation eût été non seulement inutile, mais dangereuse. Un ouvrier de Roisel, qui avait cassé une de ses chaises pour ne pas la voir emporter, avait été emprisonné ; et la dame Boinet, pour s'être exprimée un peu vivement au moment où l'on déménageait son piano, avait été condamnée à la prison ainsi qu'à une amende de deux cents marks (3).

Dans beaucoup d'endroits, les Kommandantur usaient de moyens plus expéditifs encore pour rançonner les habitants et les évacués. Elles leur enjoignaient simplement de venir déposer leurs valeurs mobilières. Elles ont employé ce procédé, notamment, à Mesnil-Saint-Nicaise et à Voyennes, où de nombreuses personnes en ont été victimes ; à Rouy-le-Petit, où l'ennemi a récolté pour 330.000 francs de titres ; à Offoy, où l'on a eu la prudence de ne lui remettre que des papiers insignifiants, et à Nesle, où le maire s'est nettement refusé à transmettre l'ordre donné (4).

Il n'est pas sans intérêt d'ajouter qu'à Vraignes et à Nesle, les Allemands se sont approprié une partie des denrées du ravitaillement hispano-américain (5).

Dans notre rapport du 12 avril, nous signalions des destructions totales de villes et de villages opérées à l'aide du feu ou des explosifs. Nous venons d'en constater de nouvelles, en quantité effrayante. Cette mesure, appliquée d'une manière méthodique et générale, n'a guère épargné que les communes dans lesquelles l'ennemi rassemblait, avant de se replier, les habitants d'un certain nombre d'autres localités. Encore, par-

---

(1) V. *infra*, Procès-verbaux et Documents : n°° 229 à 231 ; — (2) n°° 204, 205 ; — (3) n° 204 ; — (4) n°° 226, 235, 241, 242, 244, 245 ; — (5) n°° 229, 234, 235, et, pour des faits analogues, n°° 87, 90, 118, 130, 148, 151, 153, 154, 183, 184.

fois, les Allemands se sont-ils donné, en se retirant, la satisfaction de canonner les malheureux qu'ils y avaient consignés eux-mêmes. Nous avons déjà relaté le bombardement du Brouage, faubourg de Chauny. Rouy-le-Petit, où étaient entassés des gens de Douchy, d'Omissy, de Matigny, de Morcourt, de Sancourt et de Villers-Saint-Christophe, a subi le même sort. Le 18 mars, la dernière unité partie, l'artillerie allemande a tiré sur le village, avant que s'y pût trouver aucun soldat allié. Trois personnes ont été blessées; une petite fille, une femme et un homme ont été tués (1).

Sur trente-sept communes que comprenait le canton de Roye, il n'en subsiste que trois : celles de Roye même, d'Ercheu et de Moyencourt; toutes les autres ont été incendiées. Dans le canton de Nesle, seize communes ont été brûlées; celles de Nesle, de Languevoisin, de Rouy-le-Grand, de Rouy-le-Petit, de Mesnil-Saint-Nicaise ont seules échappé à la dévastation. Enfin, dans le canton de Ham, sur vingt et une communes, il ne reste que le chef-lieu, Estouilly, Saint-Sulpice et Eppeville. Comme nous l'avons indiqué plus haut, les localités épargnées servaient d'asile aux derniers habitants des villages condamnés aux flammes.

Quant au surplus de la population de l'arrondissement de Péronne, les Allemands en avaient accumulé une partie à Tincourt, à Vraignes et à Bouvincourt, dans un état de misère lamentable. Des autres habitants, il ne demeure aucune trace; mais il semble déjà résulter de renseignements que nous aurons à contrôler, qu'ils auraient subi, en 1914, d'effroyables atrocités. A Vraignes, deux quartiers ont été incendiés, malgré la présence d'un grand nombre d'évacués de la région environnante. Beaucoup de ces malheureux, tandis que des maisons flambaient autour d'eux, voyaient s'allumer dans le lointain l'incendie de leurs propres villages. Les Allemands avaient dit, la veille de leur départ, à des gens de Monchy-la-Gache : « Demain, vous regarderez votre Monchy! » Et le lendemain, en effet, Monchy était en feu (2).

Bien entendu, dans les endroits même où la totalité des habitations n'a pas été anéantie, l'ennemi s'est du moins acharné à ruiner le pays par tous les moyens en son pouvoir, et partout il a ravagé les usines. A Bernes et à Hervilly, communes limitrophes, il existait deux importantes fabriques de sucre, appartenant, l'une à M. Busignies, l'autre à M. Carpeza. Les soldats en ont fait sauter les bâtiments, qu'ils avaient précédemment pillés (3). Toutes les destructions d'immeubles ont été, du reste, exécutées avec une implacable minutie. Pour démolir les maisons, les Allemands pratiquent d'abord dans les murs des excavations, ou des entailles longues et étroites, destinées à favoriser l'écroulement lors de l'explosion de la mine. C'est ainsi qu'ils ont procédé à Roisel et à Péronne. Cette dernière ville a été laissée par eux dans un état lamentable. Les meubles une fois emportés ou brisés, un grand nombre d'édifices ont sauté. On a retrouvé dans les décombres des matelas crevés, des sommiers fendus d'un bout à l'autre, des voitures d'enfant et des machines à coudre fracassées, des armoires défoncées et des coffres-forts, notamment ceux de la Banque de France, fracturés et vidés. Sur l'un des murs de l'hôtel de ville, qui est presque entièrement détruit, s'étalait un large panneau de bois portant, peinte en caractères énormes,

(1) V. *infra*, Procès-verbaux et Documents: nos 244, 247; — (2) no 228; — (3) no 227.

l'inscription suivante : « Nicht ärgern, nur wundern! (Ne pas se fâcher, admirer seulement!) » et nous avons pu photographier, fixé à une poutre dans la toiture effondrée du monument, un engin non explosé, auquel adhéraient encore les fils destinés à provoquer la déflagration (1).

A Nesle, après avoir obligé les habitants du faubourg à s'installer dans l'intérieur de la ville, les troupes ont démoli à coups de hache les maisons qu'elles leur avaient fait quitter. Elles ont également détruit l'usine à gaz, la distillerie Lesaffre, la fabrique de produits chimiques Evence Coppé, et la malterie Tabary (2).

A Offoy, deux jours avant la retraite, elles ont consigné dans une partie du village tout ce qu'il restait de la population, avec défense de sortir avant quarante-huit heures ; puis elles ont fait sauter et livré aux flammes le quartier abandonné. La minoterie Damay a été brûlée (3).

Bapaume a été complètement dévastée; et le 25 mars dernier, à onze heures et demie du soir, une explosion produite certainement par une bombe à action retardée, a, en pulvérisant l'hôtel de ville, causé la mort de deux membres du Parlement, MM. Briquet et Tailliandier, députés du Pas-de-Calais, qui s'étaient installés dans cet édifice pour y passer la nuit (4). La catastrophe de Bapaume n'est d'ailleurs pas la seule qui se soit produite depuis le départ de l'ennemi ; car celui-ci, avant de se replier, a semé dans les pays qu'il était contraint de nous rendre nombre de pièges tendus aussi bien à la population civile qu'aux armées alliées (5). C'est ainsi que les églises de Sapignies et de Béthencourt ont sauté, la première le 18, et la seconde le 22 avril, c'est-à-dire plus d'un mois après la retraite allemande (6).

Les mesures ayant pour objet de détruire les arbres fruitiers et de rendre les puits inutilisables ont été généralisées dans tous les endroits que nous avons visités. A Rouy-le-Petit, les Allemands, après avoir voulu contraindre les habitants à contaminer eux-mêmes les eaux avec du fumier, ont, sur leur refus, fait faire cette besogne par les enfants (7). A Bernes, dans le courant du mois de février dernier, deux soldats, accompagnés d'un gradé qui se disait architecte, sont venus chez Mme Payen et lui ont demandé si elle avait fait sa provision d'eau, en la prévenant qu'ils allaient boucher sa citerne avec du fumier. L'un de ces hommes a ajouté : « C'est malheureux d'être obligé de faire cela (8) ». A Mesnil-Saint-Nicaise, un Allemand a dit à la dame Wager, en lui montrant le puits de la ferme où elle avait été internée après son départ de Douilly : « Nicht boire : coliques ! » (9).

L'état-major de la 5e Armée britannique a eu entre les mains un ordre donné par le commandant des avant-postes, le 14 mars 1917, et où se trouve cette phrase : « La fraction du 6e cuirassiers veillera à ce que du fumier soit disposé en quantité suffisante auprès des puits ». Un autre document, intitulé : « Ordre relatif aux destructions », et portant en tête la mention : « streng geheim » (strictement secret), nous a été également communiqué. On y lit, dans le chapitre III :

Le commandant des pionniers dirigera la destruction des localités. Les dernières grandes destructions dans Grévillers, Biefvillers, Aubin et Avesnes commenceront à l'heure X + 2. Pour

---

(1) V. *infra*, Procès-verbaux et Documents : n°s 250, 251 ; — (2) n°s 235, 239 ; — (3) n° 242 ; — (4) n° 258 ; — (5) n°s 144, 153, 185, 186, 191 ; — (6) n° 249 ; — (7) n° 244 ; — (8) n° 227 ; — (9) n° 226.

couvrir les équipes de mise de feu, chacun des commandants de secteurs fournira deux sous-officiers et vingt hommes des bataillons B et deux brancardiers avec brancards. Les destructions de Favreuil, Beugnâtre et Frémicourt commenceront le deuxième jour de marche à l'heure X + 3. La destruction de Morchies sera exécutée le matin du troisième jour de marche ; elle devra être terminée pour cinq heures. L'incendie sera allumé le troisième jour de marche vers cinq heures... La destruction de Louverval, Boursies, Demicourt, commencera le troisième jour de marche. Pour ces destructions, le commandant des pionniers s'entendra avec le commandant des avant-postes de la division S du secteur III, major von Uechtritz, à Doignies, de manière que toutes les destructions non effectuées sur la demande de ce commandant d'avant-postes soient effectuées plus tard par la division S.

L'allumage des incendies sera exécuté sous le commandement des officiers par les différentes équipes. La destruction de tous les puits est importante.

Signé : Tiede (F. de R.),

Baessler, *Oberleutnant.*

Par un communiqué émanant de sa légation à Berne, l'Allemagne, en présence de l'émotion qu'a soulevée dans le monde entier la révélation des derniers crimes de ses armées, a cru devoir affirmer que « les mesures prises par le commandement à son propre regret s'étaient bornées aux strictes nécessités militaires et n'avaient poursuivi d'autre but que la défense et la sécurité de ses troupes ». A l'appui de cette affirmation, elle a invoqué un ordre du jour qui aurait été rédigé dans les termes suivants, le 11 mars 1917, par un général de division « opérant dans la région de Bapaume », et qui ne porte d'autre signature que les initiales v. O. :

Les destructions auxquelles on procède actuellement dans les terrains abandonnés sont destinées à anéantir le matériel qui pourrait être utile à l'ennemi, les arbres, et les couvertures dans la mesure où elles peuvent servir à l'artillerie ennemie. Tout ce qui dépasse ce but militaire doit être évité. J'invite toutes les personnes occupées à cette besogne à veiller sévèrement à ce que rien ne soit détruit qui n'entre pas dans ce programme, et à ce qu'on épargne particulièrement les arbres et les plantes autour des cimetières, les jardins de peu d'élévation et toutes les croix.

Si cet ordre du jour n'est pas apocryphe, il prouve simplement que, parmi les généraux ennemis, il s'en est trouvé un moins brutal et moins inhumain que les autres. En tout cas, il faut convenir que ses prescriptions ont été bien méconnues. Le gouvernement allemand, au surplus, paraît estimer que l'intérêt militaire excuse tout ; mais n'est-ce pas précisément pour interdire les abus dont cet intérêt pourrait être le prétexte, qu'il existe un droit international public et que des conventions, auxquelles l'Allemagne elle-même a formellement adhéré, ont été passées entre les nations civilisées ? Est-ce d'ailleurs dans un intérêt militaire qu'ont été brûlés des villages situés bien au delà des routes, et dont l'incendie ne pouvait retarder la marche d'une troupe poursuivante ; que les citoyens, leurs femmes et leurs enfants ont été réduits en servitude ; que leurs biens ont été volés ; que leurs meubles ont été détruits ; que les puits ont été empoisonnés ; que les machines agricoles ont été brisées, et que des arbres ont été entaillés ou écorcés, par milliers, de manière à les faire périr lentement sur pied ? Ce qui est vrai, c'est que le commandement allemand a voulu, dans un sentiment de colère et de haine, ruiner et terroriser une population sans défense. Telle était dès le début de la guerre et telle est restée la mentalité de ses plus hauts représentants. La déposition faite devant nous par M. Fabre, président de chambre à la Cour d'appel de Paris, nous en a donné une preuve saisissante. Ce magistrat se trouvait, avec sa famille, à Lassigny, chef-lieu du canton qu'il représente au conseil général de l'Oise, quand y arrivèrent les premières troupes du général von Kluck. Dès le 31 août 1914, sa propriété fut occupée par des officiers de l'état-major. Un officier supérieur, qui parlait très bien français, le fit alors appeler, ainsi que Mme Fabre et les autres personnes de la maison. « Vous ne connaissez pas les nouvelles, leur dit-il : je vais vous les apprendre. Vous êtes battus partout : en Alsace, dans l'est, au nord, à Saint-Quentin ; vos amis les Russes sont anéantis ; la flotte anglaise n'existe plus ; les troupes anglaises sont dispersées. Nous sommes les maîtres. Nous voulons anéantir la France. Il faut qu'elle disparaisse. Dans trois jours, nous serons à Paris, nous nous en emparerons, nous enlèverons toutes ses richesses artistiques et commerciales, nous le pillerons et le dévasterons : il n'en restera que cendres et ruines. Paris ne doit plus exister. »

Ce discours, qui devait être encore répété quelques heures plus tard, était certainement le reflet de la pensée du grand chef. Arrivé peu après, le général von Kluck, furieux d'avoir trouvé la commune presque déserte, proféra, en présence de M. et de Mme Fabre, des imprécations terribles : « Malheur ! s'écria-t-il, malheur aux autres habitants, qui ont quitté leurs maisons. Ce village sera châtié ; tout sera pillé, détruit : il ne restera rien. Nous le voulons. Malheur ! Malheur à cette triste population ! »

Ces menaces devaient être bientôt suivies d'effet. Le lendemain, 1er septembre, cent quarante-quatre camions arrivent : les hommes qui les montent se répandent dans le bourg, qu'ils mettent au pillage ; ils enlèvent tous les objets de quelque valeur, les emballent et les placent dans les voitures, qu'ils rangent ensuite en convoi après les avoir bâchées. Tout l'après-midi se passe dans le vacarme et dans l'orgie ; la horde tue les animaux de basse-cour, abat les fruits des arbres et apporte sur la place des monceaux de victuailles. Pour faire cuire son repas et pour entretenir des feux de joie, elle brûle tous les meubles qu'elle a dédaigné d'emporter. Des soudards, affublés de vieux uniformes français ou de vêtements de femmes, parcourent les rues en vociférant, sous le regard bienveillant des officiers (1).

Que croire, devant les faits, des intentions soi-disant humanitaires du commandement ennemi et des scrupules qu'affiche l'ordre du jour invoqué dans le communiqué de la légation de Berne ? D'après le texte que nous avons cité, cet ordre du jour aurait spécialement prescrit qu'on épargnât les arbres et les plantes autour des cimetières ; mais c'est au respect des sépultures elles-mêmes qu'il aurait fallu rappeler les soldats allemands, car l'asile sacré des morts a été maintes fois violé. Aux horreurs de ce genre que nous avons relatées dans notre dernier rapport s'en ajoutent malheureusement beaucoup d'autres (2). Le cimetière de Péronne a été indignement ravagé, et de nombreuses tombes y ont été profanées. A Hervilly, cinq caveaux ont été fouillés ; l'autel du monument funéraire de la famille Paux a été fracturé. A Cartigny, les Allemands ont ouvert, en descellant les pierres, cinq caveaux surmontés chacun d'une chapelle. Ils ont opéré de même à Ronssoy, à Becquincourt, à Dompierre, à Bouvin-

(1) V. *infra*, Procès-verbaux et Documents : n° 103 ; — (2) n°^{s} 126, 134 à 136, 145, 232, 252 à 257.

court et à Herbécourt. A Nurlu, à Roisel, à Bernes, ils ont même brisé des cercueils. Dans le terrain clos servant de cimetière privé à la famille de Rohan, à Manancourt, ils ont enterré un grand nombre de leurs soldats, et, chose inconcevable, installé à la fois une cuisine à l'intérieur du mausolée des Rohan et des latrines au milieu de leurs propres tombes. Dans la crypte, où règne un désordre indescriptible, presque toutes les cases sont béantes. Un cercueil d'enfant, sorti de l'un des compartiments, a été déplombé. Un lourd cercueil en plomb, à demi tiré d'une autre case, porte sur son couvercle des traces de coups de ciseau. Un bloc de marbre, au milieu duquel se voit une petite excavation, a été jeté parmi les décombres ; on y lit cette inscription : « Ici repose le cœur de Mme Amélie de Musnier de Folleville, comtesse de Boissy, décédée à Paris, le 16 juillet 1830, à l'âge de 32 ans et 10 mois » (1).

A quel mobile attribuer ces profanations monstrueuses? L'ennemi espérait-il trouver des valeurs et de l'or placés par les familles sous la protection des morts, ou dans les cercueils quelques bijoux? Il est à remarquer que les sépultures riches ont particulièrement souffert. Quoi qu'il en soit, la répétition des mêmes actes dans tant de cimetières donne le droit d'affirmer que les chefs allemands ont pour le moins toléré ces forfaits, s'ils ne les ont pas ordonnés.

Veuillez agréer, Monsieur le Président du Conseil, l'assurance de notre respectueux dévouement.

Paris, le 24 mai 1917.

> G. Payelle, *président* ;
> Armand Mollard ;
> G. Maringer ;
> Paillot, *rapporteur.*

NOTA

Postérieurement à l'envoi des deux derniers rapports ci-dessus, la Commission a encore recueilli un certain nombre de dépositions relatives, soit aux actes criminels qu'elle avait déjà relevés, soit à d'autres actes graves du même ordre, commis par l'ennemi dans les mêmes régions. Ces pièces établissent notamment les circonstances tragiques dans lesquelles a succombé M. Sébline, sénateur de l'Aisne (2), celles du martyre de cent cinquante à deux cents vieillards hospitalisés à Babœuf (3), et du combat de Carlepont, où l'ennemi se fit un rempart des vieillards, des femmes et des enfants du village contre le feu de nos troupes (4) ; comment, enfin, ont été mis à sac les châteaux d'Avricourt (5), du Frétoy (6), de Carlepont (7), de Larbroye, etc. (8).

On trouvera ces importants témoignages classés par ordre de dates et de lieux parmi les documents annexés au présent volume.

---

(1) V. *infra*, Procès-verbaux et Documents : n°s 252, 253 ; — (2) n° 177 ; — (3) n°s 129 à 133 ; — (4) n°s 104 à 107 ; — (5) n°s 110, 111, 113 à 117, 120 ; — (6) n°s 108 à 112 ; — (7) n° 104 ; — (8) n°s 91, 88, 97, 146, 147, 153, 223 à 225, 252 et 253.

PROCÈS-VERBAUX D'ENQUÊTE

ET DOCUMENTS DIVERS

À L'APPUI DU RAPPORT DU 6 FÉVRIER 1917

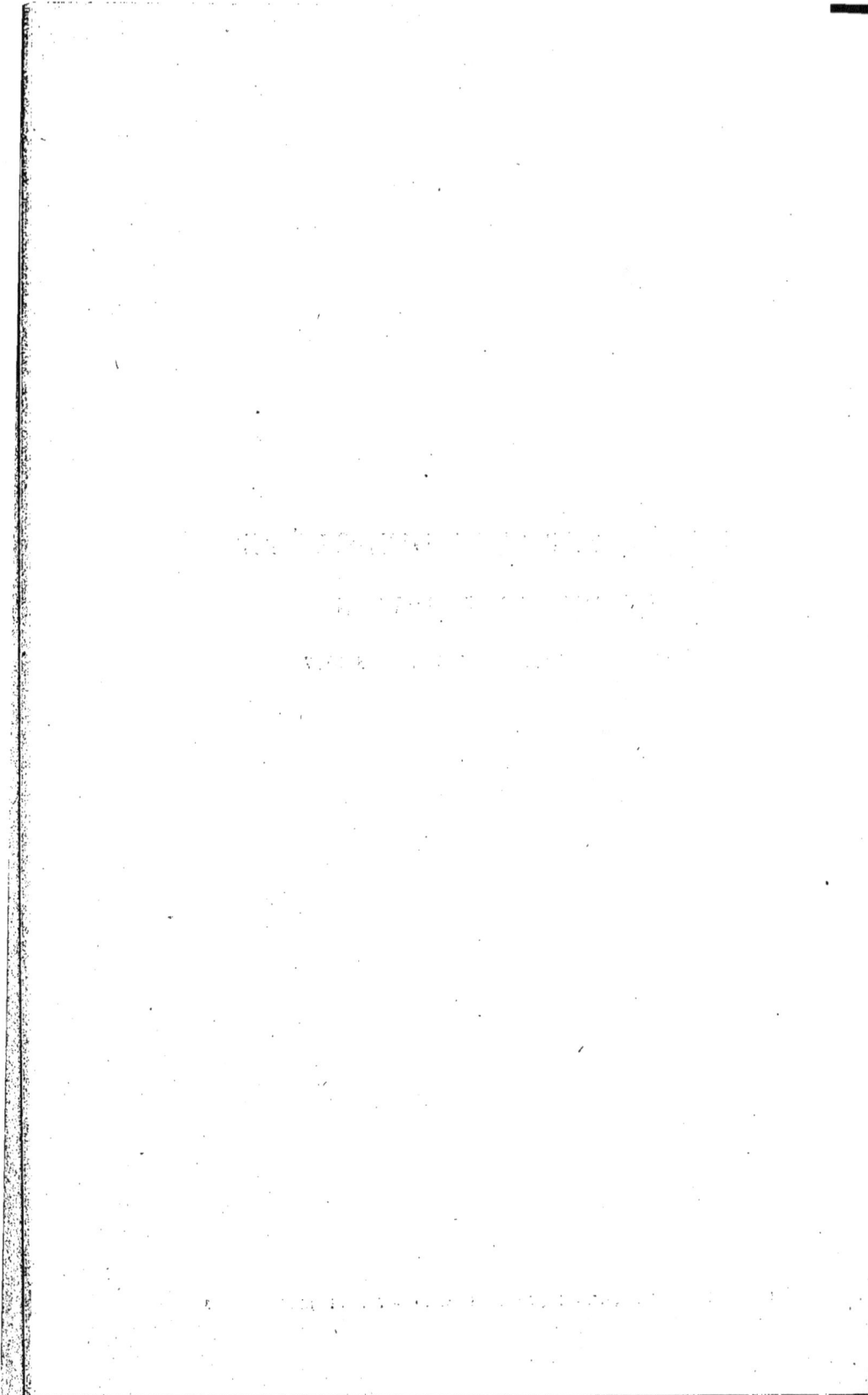

VIOLATION PAR L'ENNEMI
DES CONVENTIONS INTERNATIONALES
DANS LA CONDUITE DE LA GUERRE SUR MER

N° 1.

LISTE, communiquée par le Ministère de la Marine, des navires français de la flotte commerciale et de pêche détruits par des sous-marins ennemis, depuis le début des hostilités jusqu'au 31 janvier 1917.

Date	Navire	Type	Lieu
16 février 1915	Ville-de-Lille	Vapeur	Large de Barfleur.
9 mars 1915	Gris-Nez	Chalutier	20 milles S. de Beachy Head.
28 mars 1915	Auguste-Conseil	Vapeur	22 milles au large de Start Point.
31 mars 1915	Emma	Idem	Au large de Beachy Head.
2 avril 1915	Pâquerette	Voilier	Au large du cap Antifer.
8 avril 1915	Chateaubriand	Idem	A 30 milles S. de Rye.
1er mai 1915	Europe	Vapeur	3 milles N.-O. de Bishop.
3 juin 1915	Penfeld	Idem	50 milles au large d'Ouessant.
8 juin 1915	Liberté	Voilier	36 milles N. 52 O. de Fastnet.
13 juin 1915	Diamant	Idem	48 milles N. de Longship.
2 juillet 1915	Hirondelle	Idem	50 milles N. 18 O. d'Ouessant.
4 juillet 1915	Carthage	Vapeur	Sous le cap Hellès.
23 juillet 1915	Danaé	Idem	80 milles N.-O. cap Wrath.
10 août 1915	François	Voilier	60 milles O.-S.-O. de Fastnet.
6 septembre 1915	Guatemala	Vapeur	50 milles S.-O. de Belle-Isle.
7 septembre 1915	Bordeaux	Idem	12 milles S.71 O. de la pointe de la Coubre.
9 septembre 1915	Aude	Idem	45 milles N.-N.-E. d'Oran.
9 septembre 1915	Ville-de-Mostaganem	Idem	70 milles N. 30 O. de Mostaganem.
17 septembre 1915	Ravitailleur	Idem	145 milles S. 38 E. du cap Matapan.
23 septembre 1915	Saint-Pierre	Chalutier	N. feu flottant du Dyck.
1er octobre 1915	Provincia	Vapeur	50 milles S. de Matapan.
2 octobre 1915	Sainte-Marguerite	Idem	38 milles S. de Matapan.
3 octobre 1915	Antonie	Idem	60 milles S. 83 O. de Cerigotto.
7 octobre 1915	Amiral-Hamelin	Idem	170 milles S. 76 O. du cap Matapan.
4 novembre 1915	Calvados	Idem	22 milles N.-O. du cap Ivi.
4 novembre 1915	Dahra	Idem	20 milles N. d'Arzew.
5 novembre 1915	Sidi-Ferruch	Idem	37 milles N. d'Alger.
6 novembre 1915	Yser	Idem	Près du cap de Fer.
7 novembre 1915	France-III	Idem	Sud de la Sardaigne.
25 novembre 1915	Algérien	Idem	Sud de la Sardaigne.
27 novembre 1915	Omara	Idem	Près de Zambre.
24 décembre 1915	Ville-de-la-Ciotat	Idem	100 milles S. 73 O. de la Crète.
23 février 1916	Roubine	Voilier	30 milles S.-E. de Porquerolles.
6 mars 1916	Trois-Frères	Idem	44 milles S.-O. d'Ouessant.
7 mars 1916	Ville-du-Havre	Vapeur	60 milles N. 70 O. d'Ouessant.
9 mars 1916	Louisiane	Idem	Rade du Havre.
20 mars 1916	Nominoé	Idem	Mouillage de Lowestoft.
22 mars 1916	Bougainville	Voilier	Canal de Saint-Georges.
24 mars 1916	Sussex	Vapeur	Manche.
30 mars 1916	Saint-Hubert	Voilier	104 milles S. 60 O. d'Ouessant.
30 mars 1916	Portugal	Navire-hôpital	Mer Noire.
6 avril 1916	Jeannette	Voilier (160 tonnes)	10 milles de l'île de Wight.
6 avril 1916	Binicaise	Voilier (150 tonnes)	37 milles N. 47 O. des îles Scilly.
7 avril 1916	Marguerite	Voilier (155 tonnes)	20 milles N. 22 O. de la Hève.

7 avril 1916.......	Sainte-Marie.........	Voilier (142 tonnes)...	35 milles O. de Bishop.
12 avril 1916......	Vega.............	Vapeur............	80 milles E. de Barcelone.
22 avril 1916......	Chanarale..........	Voilier............	60 milles O. des îles Scilly.
1er mai 1916.......	Bernadette.........	Idem.............	180 milles S. 75 O. des îles Scilly.
2 mai 1916........	Le Pilier...........	Idem.............	98 milles S. 62 O. d'Ouessant.
3 mai 1916........	Marie-Molinos.......	Idem.............	150 milles S. 40 O. d'Ouessant.
15 mai 1916.......	Mira............	Vapeur...........	35 milles N. 62 E. du cap Passero.
20 mai 1916.......	Languedoc........	Idem.............	50 milles E. du cap Creux.
21 mai 1916.......	Myosotis..........	Voilier............	35 milles N. de Pollensa (Majorque).
18 juin 1916......	Olga.............	Vapeur...........	104 milles N. 48 E. de Port-Mahon.
19 juin 1916......	France-et-Russie....	Voilier............	50 milles N. de Soller.
21 juin 1916......	Françoise-d'Amboise.	Idem.............	50 milles N. 50 O. de North Ronaldsbay.
23 juin 1916......	Hérault...........	Vapeur...........	45 milles N. du cap Saint-Antonio.
24 juin 1916......	Checchina..........	Voilier tunisien......	25 milles S. E. de Barcelone.
25 juin 1916......	Fournel...........	Vapeur...........	60 milles du cap Caballeria (Minorque).
18 juillet 1916....	Ville-de-Rouen......	Idem.............	20 milles O. de Matapan.
20 juillet 1916....	Cettois...........	Idem.............	50 milles N. de Cherchell.
2 août 1916.......	Neptune..........	Voilier (152 tonnes).	39 milles S. 3 O. de l'île San Pietro.
3 août 1916.......	Jacques-Cartier.....	Voilier............	14 milles N. 7 O. de la Hague.
9 août 1916.......	Henri-Elisa........	Vapeur...........	19 milles E. de la pointe de Barfleur.
10 août 1916......	Annette-Marie......	Voilier............	25 milles S. 70 E. de Barfleur.
10 août 1916......	Marie...........	Vapeur...........	12 milles E.-N.-E. de Barfleur.
10 août 1916......	Saint-Pierre.......	Voilier (149 tonnes).	18 milles N. 35 E. de Barfleur.
12 août 1916......	Saint-Gaétan......	Voilier (125 tonnes).	3 milles S. de l'île Saint-Honorat.
25 août 1916......	Socoa...........	Vapeur...........	30 milles N. 50 E. du cap Carbon.
29 août 1916......	François-Joseph.....	Voilier (114 tonnes).	55 ou 60 milles de Dragonera.
31 août 1916......	Bacchus..........	Vapeur...........	6 milles N. de Cherchell.
2 septembre 1916...	Uranie...........	Voilier............	15 milles O. du cap de Fer.
3 septembre 1916..	Général-Archinard....	Idem.............	30 milles N. 12 O. du cap Antifer.
3 septembre 1916....	N.-D.-des-Victoires....	Voilier (161 tonnes)...	25 milles S. 48 O. du bateau-feu Royal Sovereign.
5 septembre 1916...	Saint-Marc..........	Charbonnier-vapeur...	58 milles S. 82 E. de Malte.
6 septembre 1916...	Yvonne............	Voilier (163 tonnes)...	25 milles S. 60 E. du cap Lizard.
7 septembre 1916...	Alcyon............	Voilier (165 tonnes)...	30 milles N. 50 O. de Créach.
7 septembre 1916	Emma............. Jeanne-d'Arc........ Léo-Nine........... Farfadet.............	Bateaux de pêche (20 tonnes environ).	N.-O. de Triagoz, près de la Fouillic.
7 septembre 1916....	Marguerite.........	Voilier............	57 milles S. 6 E. du feu de Sevenstone (îles Scilly).
7 septembre 1916....	Alice............	Idem.............	30 milles N. d'Ouessant.
8 septembre 1916....	Marie-Louise........	Idem.............	23 milles N. 19 O. d'Ouessant.
8 septembre 1916....	Jeune-Union........	Idem.............	28 milles N. 80 O. d'Ouessant.
9 septembre 1916....	Europe...........	Idem.............	30 milles O. de l'île de Sein.
9 septembre 1916....	Georges-André......	Idem.............	30 milles sud de Bishop's Rock.
9 septembre 1916....	Myosotis..........	Bateau de pêche (25 t.).	30 milles sud de Bishop's Rock.
9 septembre 1916...	Rémora..........	Voilier............	Au large d'Ouessant.
10 septembre 1916...	Maréchal-de-Villars...	Idem.............	47 milles S. 8 E. de Bishop's Rock.
13 septembre 1916...	Ariel............	Idem.............	Environ 35 milles N.-N.-O. des Sept-Îles.
24 septembre 1916...	Océanien.........	Bateau de pêche (20 t.).	34 milles S.-O. de Start Point.
25 septembre 1916...	Afrique..........	Vapeur...........	38 milles S. de Longship.
30 septembre 1916...	Irma............	Idem.............	25 milles du feu de Wolf Rock.
1er octobre 1916...	De Villebois-Mareuil.	Bateau de pêche (20 t.).	33 milles S. 25 O. de Longship.
1er octobre 1916....	Musette..........	Voilier............	44 milles N. 13 O. d'Ouessant.
1er octobre 1916....	Le Pélerin........	Bateau de pêche (20 t.).	40 milles S. 15 E. de Longship.
1er octobre 1916....	Le Blavet........	Charbonnier-vapeur...	25 milles S. de Longship.
1er octobre 1916....	Cap-Mazaghan......	Vapeur...........	31 milles S. 12 O. de Longship.
3 octobre 1916.....	La Fraternité......	Voilier............	20 milles N.-O. de l'île Vierge.
4 octobre 1916.....	Cantatrice.........	Idem.............	14 milles sud de Wolf Rock.
21 octobre 1916....	Condor..........	Idem.............	10 milles N.-O. des Casquets.
21 octobre 1916....	Brizeux..........	Idem.............	12 milles N.-N.-O. des Casquets.
21 octobre 1916....	Julia............	Idem.............	15 milles N.-N.-E. d'Ouessant.
22 octobre 1916....	Maris-Stella.......	Vapeur...........	5 milles N. de l'île Vierge.

23 octobre 1916.....	Félix-Louis..........	Vapeur.............	120 milles O. de Bischop's Rock.
23 octobre 1916.....	Saint-Pierre.........	Idem................	5 milles S. de Guilvinec.
24 octobre 1916.....	Antoine-Allosia......	Bateau de pêche (20 t.).	21 milles S.-O. de l'île Groix.
24 octobre 1916.....	Canebière...........	Voilier..............	20 milles S.-S.-O. de Bischop's Rock.
25 octobre 1916.....	Saint-Yves..........	Idem................	15 milles O. de la pointe des Poulains (Belle-Isle).
26 octobre 1916.....	Iduna...............	Voilier (165 tonnes)...	50 milles S. 34 O. de Start Point.
26 octobre 1916.....	Saint-Charles........	Voilier.............	30 milles S. 29 E. du cap Lizard.
27 octobre 1916.....	Marie-et-Sophie......	Idem................	35 milles E. du cap Palos.
29 octobre 1916.....	Marie-Thérèse.......	Idem................	20 milles S.-O. de Colombretes.
4 novembre 1916....	Mogador............	Vapeur.............	38 milles N.-N.-O. de Port-Soller.
6 novembre 1916....	Fanelly.............	Voilier.............	18 milles S.-O. de Beachy Head.
12 novembre 1916...	Lilloise.............	Voilier (165 tonnes)...	12 milles O. d'Ouessant.
13 novembre 1916...	Saint-Nicolas........	Voilier.............	30 milles N. de Fécamp.
13 novembre 1916...	Riquette............	Voilier (124 tonnes)...	27 milles N. 47 E. de Barfleur.
13 novembre 1916...	Marie-Thérèse.......	Voilier.............	30 milles O. de Sein.
14 novembre 1916...	Salangane...........	Voilier (93 tonnes)....	18 milles O.-S.-O. d'Ar-Men.
14 novembre 1916...	N.-D.-de-Bon-Secours..	Voilier.............	10 milles S. 5 O. de la Jument.
14 novembre 1916...	Nominoé............	Idem................	23 milles S.-O. d'Ouessant.
14 novembre 1916...	La Rochejaquelein....	Idem................	18 milles O.-S.-O. du cap Lizard.
14 novembre 1916...	Professeur-Jalaguier..	Idem................	25 N. 61 E. de Barfleur.
14 novembre 1916...	Alcyon..............	Idem................	25 milles N.-N.-O. d'Ouessant.
16 novembre 1916...	Eugénie.............	Idem................	34 milles S. du cap Lizard.
16 novembre 1916...	Lélia...............	Idem................	14 milles N.-O. de l'île de Bas.
17 novembre 1916...	Saint-Rogatien.......	Idem................	32 milles S. 70 E. de Sainte-Catherine.
17 novembre 1916...	Petit-Jean..........	Idem................	3 milles de Rumelstone (Land's End).
21 novembre 1916...	Alice...............	Vapeur.............	20 milles E. de Beachy Head.
21 novembre 1916...	Cap-Lihou...........	Voilier.............	20 milles N.-N.-O. des Sept-Îles.
22 novembre 1916...	Houlgate...........	Vapeur.............	23 milles S. 9 E. du bateau-feu Owers.
		(acheté en Amérique).	
25 novembre 1916...	Alfred-de-Courcy.....	Voilier.............	22 milles N.-N.-O. d'Ouessant.
25 novembre 1916....	Malvina.............	Idem................	25 milles N.-N.-O. d'Ouessant.
27 novembre 1916...	Karnak.............	Paquebot...........	Torpillé à 85 milles S. 62 E. de Malte, il a coulé à 60 milles au S. 40 E. de Malte.
28 novembre 1916...	Auguste-Marie.......	Voilier.............	30 milles N. d'Ouessant.
29 novembre 1916...	Saint-Philippe.......	Vapeur.............	15 milles O. de Guernesey.
30 novembre 1916...	Gaéte...............	Voilier.............	10 milles O.-N.-O. de Créach.
30 novembre 1916...	Thérèse.............	Voilier (160 tonnes)...	Au large d'Ouessant.
30 novembre 1916...	Marie-Marguerite....	Voilier (136 tonnes)...	23 milles N. de Land's End.
30 novembre 1916...	Saint-Ansbert........	Voilier.............	10 milles N. 85 O. de Trevose Head.
1er décembre 1916...	Jeanne-d'Arc........	Idem................	15 milles N. 11 O. de l'île de Bas.
1er décembre 1916...	Saint-Joseph........	Idem................	6 milles N.-E. de Trevose Head.
1er décembre 1916...	Indiana.............	Idem................	10 milles N.-O. de Trevose Head.
1er décembre 1916...	René-Montrieux......	Idem................	10 milles N.-O. d'Ouessant.
2 décembre 1916....	Robinson............	Idem................	15 milles S.-O. d'Ouessant.
3 décembre 1916....	Kanguroo...........	Vapeur.............	En rade de Funchal.
3 décembre 1916....	Louise..............	Voilier.............	49 milles N. 10 O. d'Ouessant.
3 décembre 1916....	Aiglon	Idem................	35 milles N. 30 O. d'Ouessant.
3 décembre 1916....	Primevère..........	Idem................	12 milles N. du feu de Stiff.
4 décembre 1916....	Algérie-III.	Vapeur.............	145 milles S. 85 E. de Malte.
4 décembre 1916....	Verdun.............	Voilier.............	53 milles S. 60 O. de Penmarch.
7 décembre 1916....	Marguerite-Dollfus...	Idem................	27 milles S. de Start Point.
10 décembre 1916...	Emma-Laurens.......	Idem................	70 milles de l'île d'Hiéro.
11 décembre 1916...	Magellan............	Vapeur.............	10 milles S. 10 E. de Pantellaria.
11 décembre 1916...	Sinaï...............	Idem................	3 milles S. de Pantellaria.
17 décembre 1916...	Prosper-Léon	Voilier (43 tonnes)....	15 milles S. 33 O. de Chassiron.
17 décembre 1916....	Alerte..............	Voilier (176 tonnes)...	40 milles O. des Casquets.
17 décembre 1916...	Immaculée-Conception	Voilier.............	20 milles de la Coubre.
17 décembre 1916...	Saint-Yves..........	Idem................	20 milles de la Coubre.
18 décembre 1916...	Quo-Vadis..........	Voilier (109 tonnes)...	23 milles S. 15 E. de Lizard.
18 décembre 1916...	Eugène-Gaston......	Voilier (183 tonnes)...	9 milles N. 51 O. de l'île Vierge.
18 décembre 1916...	Maria-Louis	Voilier (108 tonnes)...	40 milles N. 10 E. du Four.
18 décembre 1916...	Vague..............	Voilier.............	35 milles N. de l'île Vierge.

18 décembre 1916 ...	**Hirondelle**	Voilier (148 tonnes) ...	13 milles N. 13 O. de l'île Vierge.
19 décembre 1916 ...	**Océan**	Voilier	40 milles O.-N.-O. d'Ouessant.
20 décembre 1916 ...	**St-Antoine-de-Padoue.**	*Idem*.	30 milles O.-N.-O. de la Coubre.
20 décembre 1916 ...	**Otarie-II.**	Voilier (109 tonnes) ...	24 milles S. 40 O. de la Coubre.
22 décembre 1916 ...	**Amédée**	Voilier (130 tonnes) ...	35 milles N.-O. des Roches, Douvres.
24 décembre 1916 ...	**Goulfar**	Vapeur de pêche	14 milles N.-E. de la Estaca.
25 décembre 1916 ...	**Marie-Pierre**	Voilier (166 tonnes) ...	105 milles S. 50 O. de la Coubre.
25 décembre 1916 ...	**Courlis**	Voilier (181 tonnes) ...	25 milles N.-N.-O. de l'île Vierge.
27 décembre 1916 ...	**Maud**	Voilier (176 tonnes) ...	80 milles S. 85 O. des îles Cies.
1er janvier 1917	**Léon**	Vapeur.	15 milles N.-O. de Triagoz.
1er janvier 1917	**Aconcagua**	Voilier.	148 milles N. 4 E. du cap Ortegal.
2 janvier 1917	**Omnium.**	Vapeur.	120 milles O.-S.-O. de Penmarch.
2 janvier 1917	**Notre-Dame-du-Verger**	Voilier	12 milles O. du cap Roca.
3 janvier 1917	**Capricieuse**	Voilier (156 tonnes) ...	14 milles du cap Saint-Vincent.
3 janvier 1917	**J.-Mathilde.**	Voilier (40 tonnes) ...	10 milles S.-S.-O. du phare d'Yeu.
3 janvier 1917	**Saint-Jacques.**	Voilier (35 tonnes). ...	18 milles S. 11 O. du phare d'Yeu.
3 janvier 1917	**Pierre-le-Grand**	Voilier (42 tonnes). ...	18 milles S. 11 O. du phare d'Yeu.
3 janvier 1917	**Petit-Émile.**	Voilier (50 tonnes). ...	Près de l'île de Ré.
3 janvier 1917	**Onze bateaux de pêche**	Voiliers	20 milles O. de Chassiron.
4 janvier 1917	**Liberté.**	Voilier (166 tonnes) ...	35 milles O. du cap Spartel.
6 janvier 1917	**Ville-du-Havre**	Vapeur.	145 milles N. 15 O. du cap Villano.
6 janvier 1917	**Alphonse-Conseil**	*Idem*.	180 milles O.-N.-O. de la Corogne.
12 janvier 1917	**Émeraude**	Voilier (182 tonnes) ...	90 milles N.-O. du cap Finisterre.
12 janvier 1917	**Saint-Michel.**	Voilier.	40 milles N. 33 O. de Barfleur.
14 janvier 1917	**Sydney.**	Vapeur.	100 milles O.-N.-O. du cap Finisterre.
15 janvier 1917	**Indépendant.**	Voilier (153 tonnes) ...	20 milles N.-O. d'Ouessant.
15 janvier 1917	**Bernadette**	Voilier (128 tonnes) ...	8 milles S.-S.-E. de Penfret.
16 janvier 1917	**Brénn.**	Voilier.	105 milles N. du cap Ortegal.
17 janvier 1917	**Jeune-France**	Voilier (126 tonnes) ...	N.-O. d'Ouessant.
18 janvier 1917	**Louise**	Voilier (87 tonnes). ...	14 milles S. 25 O. de Penfret.
18 janvier 1917	**Louis-Joseph.**	Voilier (198 tonnes). ...	5 milles S.-E. de Guilvinec.
18 janvier 1917	**Joseph-Rosalie.**	Voilier (138 tonnes). ...	60 milles N.-E. du phare de Pontusval.
21 janvier 1917	**Léontine**	Voilier (124 tonnes). ...	4 milles N. bouée à sifflet (entrée Gir.)
21 janvier 1917	**Saint-Pierre**	Voilier (138 tonnes). ...	8 milles N.-O. de la Coubre.
22 janvier 1917	**Anna**	Voilier (150 tonnes). ...	13 milles N. 22 E. d'Aurigny.
22 janvier 1917	**Gaulois.**	Voilier (77 tonnes). ...	52 milles S. du cap Lizard.
22 janvier 1917	**Duc-d'Aumale.**	Voilier.	90 milles N. de la pointe Estaca.
22 janvier 1917	**Aurélie.**	Voilier (87 tonnes). ...	44 milles O. de Guernesey.
22 janvier 1917	**Précurseur**	Voilier.	16 milles S. 78 O. de la Coubre.
22 janvier 1917	**Béarnais**	*Idem*.	12 milles S. 56 O. de la Coubre.
23 janvier 1917	**Ophélia**	Voilier (159 tonnes). ...	50 milles S. des Scilly.
24 janvier 1917	**Marie-III.**	Cotre (20 tonnes).	1 mille S.-O. du sémaphore de Talud (Belle-Isle).
24 janvier 1917	**Gladiateur.**	Voilier.	7 milles S.-S.-O. de la pointe Kerdonis.
24 janvier 1917	**Loire-III.**	Cotre (30 tonnes).	3 milles S. de la pointe d'Arzic (Belle-Isle).
25 janvier 1917	**Amiral-Magon.**	Vapeur armé.	135 milles S. 78 O. de Matapan.
25 janvier 1917	**Sylvie.**	Vapeur.	190 milles S. 80 O. de Matapan.
31 janvier 1917	**Saint-Léon.**	Voilier.	12 milles N.-N.-O. de Penden (côte nord de Cornouailles).

N° 2.

RAPPORT de M. le contre-amiral A. GRASSET, sous-chef d'état-major général, à Monsieur le vice-amiral, chef d'état-major général.

Boulogne, le 30 mars 1916.

AMIRAL,

Conformément à vos ordres, je me suis rendu à Boulogne, où j'ai procédé à une enquête relativement au *Sussex*.

Le 24 mars, le *Sussex*, de la Compagnie des Chemins de fer de l'État, effectuant le service régulier d'Angleterre en France, quitta Folkestone à 13 h. 25, à destination de Dieppe. Ce bâtiment portait environ trois cent vingt-cinq (1) passagers de toutes nationalités, dont un grand nombre de femmes et d'enfants, ainsi que la malle des Indes ; *il ne possédait aucun armement.* L'équipage comprenait cinquante-trois hommes.

Dès le départ, la vitesse fut réglée à seize nœuds. Après être passé à un mille de Dungeness, le capitaine mit le cap au S. 3° E. Le temps était très beau, la mer presque calme. La plupart des passagers étaient sur le pont. Brusquement, sans que rien eût pu éveiller l'attention, le capitaine, qui était sur la passerelle, aperçut à cent cinquante mètres du bord, par bâbord devant, le sillage d'une torpille. Il était alors 14 h. 50 : les pendules du bord, en s'arrêtant, ont enregistré exactement l'heure de la catastrophe. L'officier en second et le maître d'équipage, qui étaient sur la passerelle, virent aussi très nettement la torpille. Avec beaucoup de sang-froid et d'à-propos, le capitaine ordonna de mettre toute la barre à droite et de stopper la machine tribord, pour pivoter sur la droite et éviter la torpille. Ces deux ordres furent exécutés immédiatement : les dépositions des mécaniciens de quart en font foi. L'évolution commençait à se dessiner lorsque, huit secondes (2) environ après que la torpille eut été aperçue, une explosion formidable se produisit, soulevant une énorme gerbe d'eau. Le navire fut sectionné à la hauteur de la passerelle. La partie avant disparut entièrement. La partie arrière du bâtiment, grâce à la solidité des cloisons étanches, continua de flotter.

Sur le pont, plusieurs passagers qui se trouvaient en avant aperçurent la torpille au moment où elle arrivait près du bord ; l'un d'eux dit même à son voisin de regarder « le gros poisson qui se dirigeait vers le bord ». Toutes les personnes qui se trouvaient à l'avant disparurent avec la partie du bâtiment engloutie, entre autres les passagers qui se trouvaient sur le pont avant et dans les salons des premières ; les hommes de l'équipage qui étaient sur le gaillard, l'homme de veille de l'avant, la vigie du nid de pie du mât de misaine disparurent également.

Le capitaine, qui avait été renversé par la gerbe d'eau produite par l'explosion, commanda à l'équipage de se rendre aux postes de sauvetage. Les chauffeurs et les mécaniciens montèrent à leurs postes après avoir stoppé la machine bâbord et fermé les portes des cendriers des chaudières. En même temps, l'opérateur de T. S. F. essaya de lancer le signal de détresse, mais sans y parvenir, l'antenne étar. tombée avec le mât de misaine. L'équipage se rendit aux postes prévus pour mettre à la mer les embarcations et les radeaux (3) ; mais l'encombrement qui régnait alors sur le pont rendait très difficile toute circulation.

Cette terrible explosion entraîna chez les passagers une panique, qui, heureusement, fut d'assez courte durée : on vit une mère jeter son enfant à la mer et s'y précipiter ensuite ; plusieurs passagers se jetèrent également à la mer ; d'autres enfin purent être retenus par les hommes de l'équipage. La plupart des passagers se précipitèrent vers les embarcations, les surchargeant. On dut faire redescendre une partie de ceux qui étaient dans les baleinières ; mais quand on amena ces embarcations, deux d'entre elles furent de nouveau envahies au

---

(1) Ce chiffre approximatif est donné par le capitaine. D'après la Compagnie, il y aurait eu trois cent quatre-vingt-trois passagers. Le commissaire chargé du contrôle des billets a été gravement blessé et transporté à Douvres : il n'est pas en état de fournir des renseignements.

(2) D'après la distance où la torpille a été aperçue et le temps qui s'est écoulé jusqu'au moment de l'explosion, la vitesse de la torpille aurait été de trente-six nœuds, ce qui est une vitesse normale pour ces engins.

(3) Il y avait six embarcations pouvant embarquer cent quatre-vingt-quatre personnes, et vingt-deux radeaux pouvant embarquer deux cent soixante-quatre personnes ; en outre, huit cent seize ceintures de sauvetage. Il résulte de dépositions que ces ceintures étaient dans le faux-pont, et un certain nombre en mauvais état.

moment où elles passèrent à la hauteur du pont, et elles coulèrent, par suite de leur surcharge, en arrivant à la mer (1). Les deux autres baleinières et les deux canots restèrent à flot, remplis de passagers ; dans chaque embarcation se trouvaient deux hommes de l'équipage.

Les officiers mécaniciens s'assurèrent que les portes étanches étaient solidement fermées et, à tout événement, ouvrirent les soupapes de sûreté des chaudières. Les blessés furent transportés dans les cabines ; le coffre à médicaments, qui se trouvait à l'avant, ayant disparu dans l'explosion, des pansements furent faits avec des serviettes de table, et un passager inconnu, probablement un médecin anglais, donna ses soins avec le plus grand dévouement. Parmi les blessés, un homme avait les deux jambes coupées ; un autre, une cuisse sectionnée ; plusieurs, portant des blessures graves, étaient dans le coma.

Le bâtiment restait à flot, sans inclinaison latérale, l'arrière étant déjaugé de trente centimètres. Le capitaine et l'équipage rassurèrent les passagers qui étaient restés à bord, en leur faisant constater que le bâtiment ne coulait pas. Vers cinq heures, la brise fraîchissant de plus en plus et la mer se creusant, le capitaine rappela les embarcations et fit embarquer les passagers, qui se rendirent compte qu'ils seraient plus en sûreté à bord du *Sussex*. Les femmes et les enfants furent réunis à l'abri dans le salon des secondes, à l'arrière, où on les réchauffa avec des couvertures et des réconfortants ; les hommes restèrent sur le pont.

L'opérateur de T. S. F. s'occupa de réparer son antenne et l'établit entre le grand mât et le bossoir : le travail ne fut terminé que vers 16 h. 30, et c'est alors qu'il put annoncer la catastrophe.

Les mécaniciens ayant constaté que la machine était en état de fonctionner, le capitaine réunit le second, le maître d'équipage, deux officiers de marine anglais passagers, et leur proposa de mettre les machines en marche arrière et de faire ainsi route à petite vitesse vers la côte d'Angleterre. Sur l'avis des officiers anglais, il y renonça ; à vingt heures, il décida d'envoyer une baleinière prévenir le bateau-feu du *Colbart*, qui était en vue et qu'il supposait relié à la terre par le télégraphe ; neuf hommes de bonne volonté embarquèrent dans la baleinière.

Cependant, par un concours malheureux de circonstances, les secours tardaient à arriver. La position envoyée par le message sans fil était erronée d'une quinzaine de milles ; en outre, pendant le temps qui s'écoula entre le moment de l'explosion et celui où fut lancé l'appel de détresse, le bâtiment dériva. Aussitôt que le signal parvint à Boulogne, à 16 h. 30, les bâtiments en surveillance à la mer reçurent l'ordre de se rendre au secours du navire en danger : ils se portèrent au point indiqué, et ne trouvant rien, se livrèrent à des recherches dans les environs. Ce n'est qu'à 22 h. 40 que la *Marie-Thérèse*, dont le capitaine conduisit la recherche avec méthode et initiative, arriva près du *Sussex*. La brise était alors forte du S.-O. et la mer grosse. Le transbordement par embarcations eût été dangereux. Le capitaine de la *Marie-Thérèse* se décida à accoster le *Sussex*. L'embarquement eut lieu dans le plus grand calme : les femmes et les enfants passèrent par un sabord de charge du *Sussex* ; les hommes s'affalèrent avec des cordes. Malgré l'état de la mer, aucun accident ne se produisit, et à 23 h. 45, la *Marie-Thérèse* mit en route sur Boulogne avec cent quatre-vingt-douze passagers.

Pendant cette opération, de nombreux bâtiments anglais ou français avaient rallié. Un contre-torpilleur anglais prit la place de la *Marie-Thérèse* et embarqua le restant des passagers, au nombre de quarante-neuf. Les blessés, étendus dans des hamacs, furent déposés sur l'échelle de passerelle, que le capitaine du *Sussex* avait fait scier en deux ; ce tréteau, soulevé

---

(1) Le maître d'équipage, un marin et trois passagers ont pu remonter sur la quille d'une baleinière chavirée ; ces personnes furent recueillies par la suite.

par, un bossoir, permit de transborder les blessés sans leur occasionner de trop grandes souffrances. Le contre-torpilleur anglais transporta ses passagers en Angleterre.

Après le débarquement des passagers, un contre-torpilleur anglais prit le *Sussex* à la remorque par l'arrière et fit route sur Boulogne ; mais, trois quarts d'heure plus tard, la remorque cassa. Peu après, des remorqueurs de Boulogne arrivèrent et conduisirent le *Sussex* à Boulogne, où il arriva à quatorze heures.

De nombreux débris provenant de la torpille ont été retrouvés à bord du *Sussex* : plusieurs d'entre eux ont été remis à la délégation américaine venue à Boulogne ; les autres seront adressés au Département par l'autorité maritime.

Le sous-marin qui a torpillé le *Sussex* ne pouvait ignorer qu'il s'attaquait à la malle effectuant le service régulier entre la France et l'Angleterre. Non seulement la silhouette de ces bâtiments est connue de tous les marins, mais la route du *Sussex* et l'heure de son passage indiquaient son service : c'est donc bien un attentat prémédité contre un navire marchand non armé, exécuté sans le moindre avertissement.

Un dernier fait mettra encore en lumière la préméditation et l'acharnement du sous-marin. Ainsi qu'il a été dit plus haut, une baleinière a été expédiée, à vingt heures, au bateau-feu du *Colbart* pour annoncer la catastrophe. Cette baleinière arriva au bateau-feu à 23 h. 45. Son équipage fut recueilli par un contre-torpilleur anglais à trois heures du matin ; pendant ce transbordement, une torpille fut lancée sur le contre-torpilleur et passa à quelques mètres de son arrière. Ce fait a été confirmé par l'Amirauté anglaise. Or, d'après le chemin parcouru par la baleinière à l'aviron, le bateau-feu devait se trouver à six ou sept milles au maximum du *Sussex*. Il en résulte que le sous-marin était resté dans les environs du *Sussex* pour torpiller un des bâtiments qui viendraient au secours de sa victime.

J'ajouterai en terminant qu'avant de quitter Boulogne, je me suis rendu dans la salle où ont été conduits les cercueils des victimes ; ils y reposent sous des plantes vertes et sous la garde d'un détachement armé.

Des photographies représentant le *Sussex* dans son état actuel vous seront envoyées par un prochain courrier.

Signé : A. GRASSET.

N° 3.

DÉPOSITION faite, le 13 avril 1916, à BOULOGNE-SUR-MER, devant la Commission d'enquête instituée par décret du 23 septembre 1914.

MOUFFET (Auguste), 46 ans, capitaine au cabotage, commandant le *Sussex* :

Je jure de dire la vérité.

Le *Sussex*, que je commande, est exclusivement affecté au service des voyageurs et à celui de la poste. Il n'a jamais été armé. Le 24 mars, il est parti de Folkestone à 13 h. 25, avec cinquante-trois hommes d'équipage et un nombre de passagers que je ne puis préciser d'une façon rigoureuse, car, en dehors des trois cent vingt-cinq qui m'avaient été signalés au départ du train de Londres, il y en avait certainement encore qui avaient séjourné à Folkestone ou qui étaient arrivés par d'autres voies, et la catastrophe a empêché le commis du bord d'achever le contrôle.

A 14 h. 50, j'étais sur ma passerelle, à environ vingt et un milles de la côte française, vers laquelle nous nous dirigions, quand j'ai aperçu, à cent cinquante mètres environ du navire, par bâbord avant, le sillage d'une torpille. Mes deux officiers l'ont vu comme moi.

Immédiatement j'ai commandé : « La barre, tribord toute ; stoppez la machine tribord » ; puis, pour activer l'évolution, j'ai mis la machine en arrière à toute vitesse. Dix secondes après, une explosion formidable se produisit à l'avant, et je fus projeté de bâbord à tribord sur la passerelle. M'étant relevé et m'étant rendu compte que l'avant de mon navire était sectionné, j'ai pris en toute hâte les dispositions nécessaires pour assurer le sauvetage. Heureusement, la troisième cloison étanche avait résisté, et le bâtiment a continué à flotter. Malgré tout ce que nous avons pu faire et dire pour empêcher la panique, les passagers se sont affolés et se sont précipités dans les chaloupes. Deux de ces embarcations ont chaviré. Six hommes d'équipage, dont le chef mécanicien, qui se trouvaient à l'avant du bateau, ont été emportés avec la partie arrachée par l'explosion, qui a également tué beaucoup de voyageurs dans la salle à manger et dans le dortoir de première classe des hommes. Il y a eu aussi de nombreux blessés, parmi lesquels mon second et mon maître d'équipage. J'ai été moi-même atteint à la tête, au bras gauche et au genou droit.

Après avoir fait réparer mes appareils de télégraphie sans fil et avoir envoyé des appels, j'ai autorisé neuf de mes hommes à se rendre sur une baleinière jusqu'au bateau-feu du *Colbart*, à environ sept milles. Enfin, à 22 h. 40, est arrivé à notre secours le chalutier *Marie-Thérèse*. Il a embarqué une partie de mes passagers ; le surplus a été recueilli par un contre-torpilleur anglais. Pour moi, je suis resté à mon bord avec quelques hommes d'équipage, et le navire a été remorqué jusqu'à Boulogne.

J'ai appris, par les hommes qui s'étaient rendus au *Colbart* sur la baleinière, qu'au moment où le contre-torpilleur anglais stoppait pour les recueillir, une nouvelle torpille avait été lancée sur ce navire et ne l'avait manqué que de peu.

Des éclats de la torpille qui a atteint le *Sussex* ont été ramassés dans les différentes parties du bateau. J'en ai remis un au commandant du front de mer, M. de Balincourt. Il a reconnu qu'il provenait d'un engin allemand.

Après lecture, le témoin a signé avec nous.

N° 4.

DÉPOSITION faite, le 13 avril 1916, à BOULOGNE-SUR-MER, devant la Commission d'enquête.

DEMOLIÈRE (Paul), 39 ans, administrateur de première classe de l'Inscription maritime, à Boulogne-sur-Mer :

Je jure de dire la vérité.

Le 26 mars dernier, je me suis rendu à bord du *Sussex*, qui avait été torpillé le 24 et qui, depuis le 25, se trouvait échoué dans le petit port, où il avait été ramené par des remorqueurs. J'y ai fait les constatations suivantes :

Le navire avait été sectionné par l'explosion à la hauteur de la passerelle et à cinquante centimètres de la troisième cloison étanche, qui, heureusement, a résisté; la partie avant avait disparu sur une longueur d'environ vingt mètres. En entrant dans la salle à manger des premières classes, je me suis trouvé devant un énorme trou béant, s'ouvrant directement sur la mer. Dans cette pièce régnait un désordre inouï. Au milieu de morceaux de fer et de bois enchevêtrés, on voyait des débris humains. Au plafond, notamment en deux endroits, adhéraient encore des fragments de cervelle au milieu de taches de sang. La torpille, en effet, en explosant sous l'avant du bâtiment, l'avait soulevé et avait projeté en l'air les passagers qui étaient attablés. Le *Sussex* était un navire faisant exclusivement le service des voyageurs et celui de la poste; il appartenait à l'administration des Chemins de fer de l'État, n'était pas armé et ne transportait aucun matériel de guerre.

Il résulte de l'enquête à laquelle j'ai procédé que, parti de Folkestone le 24, à 13 h. 25, il a été torpillé à 14 h. 50 par un sous-marin. Le maître-mécanicien et cinq hommes d'équipage ont disparu dans l'explosion. Il est très difficile de préciser d'une façon certaine le nombre des passagers qui ont péri, mais on peut l'évaluer à une centaine : hommes, femmes et enfants. Un grand nombre de victimes ont été emportées avec l'avant du navire; d'autres s'étaient précipitées dans deux chaloupes, qui ont chaviré; treize cadavres ont été retrouvés à bord.

Des débris de la torpille ont été recueillis dans le bâtiment. Les morceaux les plus importants ont été remis à la délégation américaine. Parmi ceux que j'ai examinés figuraient des vis en bronze à tête carrée : sur l'un des pans est gravée la lettre K; un autre pan porte un numéro d'ordre. Or des vis identiques, avec les mêmes marques, se retrouvent sur une torpille allemande qui s'est échouée près de Boulogne, il y a environ dix mois, et qui a été envoyée à l'arsenal de Toulon.

Je vous remets des photographies du navire torpillé.

Après lecture, le témoin a signé avec nous.

N° 5.

DÉPOSITION faite, le 13 avril 1916, à BOULOGNE-SUR-MER, devant la Commission d'enquête.

BOURGAIN (François), 48 ans, capitaine au long cours, engagé volontaire pour la durée de la guerre, enseigne de vaisseau commandant le chalutier réquisitionné *Marie-Thérèse* :

Je jure de dire la vérité.

Le 24 mars dernier, vers 16 h. 45, me trouvant sur mon navire, la *Marie-Thérèse*, en rade de Boulogne, j'ai capté un radio-télégramme annonçant que le *Sussex* venait d'être torpillé et demandai du secours, et indiquant son point. Je suis immédiatement parti ; mais comme l'indication du point était erronée, mes recherches ont été fort longues. Enfin, à 22 h. 40, j'ai eu le bonheur de trouver le bâtiment en danger, et, au prix de grandes difficultés, car la mer était devenue mauvaise, j'ai pu procéder au sauvetage de la plus grande partie des passagers. Le reste a été recueilli par un contre-torpilleur anglais.

Je vous présente quelques éclats de torpille que le mécanicien a ramassés à bord du *Sussex*. Ce sont des morceaux de bronze.

Après lecture, le témoin a signé avec nous.

N°ˢ 6, 7.

DÉPOSITIONS faites, le 14 avril 1916, à BOULOGNE-SUR-MER, devant la Commission d'enquête.

LE CORRE (Yves-Marie), 30 ans, matelot-chauffeur à bord du *Sussex* :

Je jure de dire la vérité.

Le 24 mars dernier, au moment du torpillage, je me trouvais au fond de la salle à manger du *Sussex*. J'ai été précipité à terre. M'étant relevé, j'ai vu flotter le long du navire la partie d'avant, qui en avait été détachée par l'explosion. Arrivée à la hauteur de l'arrière, elle s'est engloutie.

Aussitôt après la catastrophe, j'ai participé aux préparatifs de sauvetage et distribué des ceintures. Puis, vers huit heures du soir, du consentement du capitaine, je suis allé, avec huit volontaires, rallier sur une baleinière le bateau-feu du *Colbart,* à environ huit milles de là, pour lui demander de télégraphier à terre. Le patron de ce bâtiment a lancé des fusées pour annoncer au *Sussex* que nous étions arrivés. Un contre-torpilleur anglais s'est alors approché, et ayant recueilli auprès de nous des renseignements, s'est porté au secours du navire en péril, tandis que nous restions à bord du *Colbart,* où on nous réconfortait.

Vers trois heures du matin, un autre contre-torpilleur, également anglais, étant venu à proximité, nous nous y sommes rendus avec la baleinière et nous avons embarqué. Presque aussitôt, j'ai entendu crier: *Torpedo!* et j'ai vu les marins se précipiter sur le pont. Le contre-torpilleur a fait alors avant à toute vitesse, et chacun a gagné son poste de combat; mais la torpille n'a pas atteint le navire. Il paraît qu'elle est passée à une dizaine de mètres de lui, à l'arrière.

Nous avons été débarqués à Douvres à dix heures du matin. Le 28, de retour à Boulogne, j'ai participé au déblaiement du *Sussex;* au cours de ce travail, j'ai constaté, sur le plafond de la salle à manger, de nombreuses taches de sang, et dans le salon des passagers, j'ai trouvé plusieurs débris humains.

Après lecture, le témoin a signé avec nous.

DESIEBENTHAL (Louis), 25 ans, citoyen suisse, garçon de salle à bord du *Sussex:*

Je jure de dire la vérité.

Le 24 mars dernier, quand le *Sussex* a été torpillé, j'étais en train de servir dans la salle à manger des premières classes, où étaient attablées une dizaine de personnes, tandis qu'au-dessous, dans le salon des voyageurs, vingt ou vingt-cinq passagers se reposaient sur des couchettes.

L'explosion m'a projeté au plafond, mais je n'ai été que légèrement blessé; aussi ai-je pu, sous la direction du capitaine, aider au sauvetage et retirer des décombres de la salle à manger plusieurs cadavres, ainsi que des blessés, parmi lesquels étaient le commissaire du bord, le charpentier, et M. Desrousseaux, de Paris. C'est moi qui ai découvert le corps de Mme Desrousseaux. La malheureuse femme avait été écrasée; un de ses yeux était sorti de l'orbite.

Avec huit volontaires, je me suis ensuite rendu, sur une baleinière, au bateau-feu du *Colbart,* pour lui demander de télégraphier à terre, et vers trois heures du matin, nous avons embarqué sur un contre-torpilleur anglais. On était encore en train de hisser notre baleinière à bord de ce bâtiment, quand, me trouvant à côté du commandant, j'ai vu le sillage d'une torpille qui passait à une dizaine de mètres de l'arrière. Le commandant a crié: *Torpedo!* et chacun a pris sur le champ son poste de combat, tandis que le navire s'éloignait à toute vitesse en faisant des zigzags.

Après lecture, le témoin a signé avec nous.

N° 8.

DÉPOSITION faite, le 14 avril 1916, à BOULOGNE-SUR-MER, devant la Commission d'enquête.

TREMBLÉ (Joseph), 38 ans, lieutenant de vaisseau de réserve au front de mer de Boulogne-sur-Mer :

Je jure de dire la vérité.

J'ai interrogé, après la catastrophe du *Sussex*, le personnel mécanicien de ce navire, dont un officier. Les hommes de quart dans la machine m'ont fait la déclaration suivante : « Les machines tournaient régulièrement, quand, tout à coup, le capitaine a donné l'ordre de mettre la machine tribord en arrière à toute vitesse. Quelques secondes après, l'explosion s'est produite ». Il est donc bien évident que le commandant du bateau avait, comme il l'a déclaré, aperçu une torpille. La manœuvre qu'il a ordonnée ainsi en pleine mer, par beau temps et sans navire en vue, ne peut, en effet, s'expliquer autrement.

Une seconde preuve résulte de l'examen des débris qui ont été retrouvés à bord. Il est hors de doute qu'ils proviennent d'une torpille ; un homme du métier ne pouvait les confondre avec des fragments de mine. Il est non moins certain que cette torpille était allemande. Deux vis en bronze à tête carrée, portant la lettre K et un numéro, ont passé entre mes mains. Cette lettre et ce numéro sont caractéristiques.

Le *Sussex*, qui faisait exclusivement le service des voyageurs et celui de la poste, n'était nullement armé.

Après lecture, le témoin a signé avec nous.

N° 9.

DÉPOSITION faite, le 14 avril 1916, à BOULOGNE-SUR-MER, devant la Commission d'enquête.

DEVYNCK (Éléonore), femme DÉTRY, 35 ans, domiciliée à Namur (Belgique), actuellement à Boulogne-sur-Mer :

Je jure de dire la vérité.

J'étais avec mon mari, lieutenant de l'armée belge, sur le navire le *Sussex* quand ce bâtiment a été torpillé. Il m'a semblé que le bateau se déchirait. On a prétendu, paraît-il, que les hommes de l'équipage s'étaient enivrés après la catastrophe et s'étaient mal conduits. C'est absolument faux. J'ai constaté, au contraire, qu'ils s'employaient avec le plus grand dévouement au maintien de l'ordre et au sauvetage.

J'ai vu de nombreux blessés, parmi lesquels des femmes et des enfants.

Après lecture, le témoin a signé avec nous.

N° 10.

DÉPOSITION faite, le 14 avril 1916, à Wimereux (Pas-de-Calais), devant la Commission d'enquête.

Mᵐᵉ Baldwin, née Green (Helen), demeurant à Paris :

Je jure de dire la vérité.

Quand a eu lieu, le 24 mars dernier, le torpillage du *Sussex*, je me trouvais avec mon mari, actuellement absent de Wimereux, à l'arrière du navire. J'ai éprouvé coup sur coup deux violentes secousses. Aussitôt, nous nous sommes mis à la recherche de notre fille Élisabeth, que nous savions être à l'avant ; mais nous ne l'avons retrouvée qu'au bout de vingt minutes, évanouie au fond d'un canot dans lequel on nous invitait à prendre place. Nous ignorons comment et par qui elle y avait été transportée.

A la suite de l'explosion, elle a eu tout un côté paralysé, et aujourd'hui son état est encore très grave.

Après lecture, le témoin a signé avec nous.

N° 11.

DÉPOSITION faite, le 18 avril 1916, à Paris, devant la Commission d'enquête.

Taris (Martin), 60 ans, ingénieur de l'exploitation des Chemins de fer de l'État :

Je jure de dire la vérité.

Le *Sussex*, qui a été torpillé le 24 mars dernier, appartient à notre administration. Il était affecté exclusivement au service des voyageurs, des messageries et de la poste ; sa construction et l'aménagement des cales ne permettent pas le transport des marchandises de gros tonnage. Ce navire servait au transbordement d'un train français à un train anglais et *vice versa*. Depuis au moins vingt ans, il effectuait régulièrement la traversée de la Manche : il était donc très connu. Il n'a jamais été armé.

Les voyageurs étaient munis de billets comprenant à la fois le transport par terre et par mer, et le service de cabotage assuré par le paquebot ne comporte pas l'établissement de la liste des passagers sur le registre du bord ; c'est ce qui explique l'incertitude qui subsiste relativement au nombre précis des passagers du 24 mars.

Après lecture, le témoin a signé avec nous.

Nᵒˢ 12, 13.

DÉPOSITIONS faites, le 18 avril 1916, à Paris, devant la Commission d'enquête.

Desrousseaux (Hubert), 46 ans, négociant en laines à Roubaix, actuellement à Paris :

Je jure de dire la vérité.

Quand s'est produite, le 24 mars dernier, la catastrophe du *Sussex*, je dormais, étendu sur une banquette, dans la salle à manger des premières ; ma femme était assise à mes côtés. Je ne me suis rendu compte de rien, étant passé du sommeil à l'évanouissement. J'ai été rappelé au sentiment de moi-même par une douloureuse sensation d'écrasement, et j'ai aussitôt appelé ma femme. A ce moment, j'ai entendu une voix me répondre : « Nous allons vous dégager », et dire ensuite : « Tirons-le par les pieds ». J'ai su depuis que la personne qui m'avait ainsi répondu et qui m'avait porté secours, était le garçon de restaurant Eugène Rault. Transporté sur le pont, comme je m'inquiétais de Mᵐᵉ Desrousseaux, j'ai été conduit à l'avant du bateau, où elle gisait inanimée. Elle portait une blessure à la tête et avait les deux jambes broyées. La mort avait dû être instantanée.

Je tiens à rendre hommage, non seulement au dévouement du garçon de salle Eugène Rault, mais aussi à l'attitude irréprochable de l'équipage tout entier. Les passagers ont été réconfortés, soignés et rassurés par le personnel du bord, ce qui d'ailleurs ne m'a pas surpris, car j'avais fait antérieurement plusieurs traversées sur le *Sussex* et j'avais pu apprécier à leur valeur le capitaine ainsi que ses hommes.

Je suis resté cinq jours à l'hôpital anglais de Wimereux, neuf jours dans la clinique du docteur Houzel, à Boulogne, et actuellement encore, je suis loin d'être rétabli.

Après lecture, le témoin a signé avec nous.

Albeck (Hjalmar), 42 ans, sujet danois, banquier à Paris :

Je jure de dire la vérité.

Quand s'est produite la catastrophe du *Sussex*, je me trouvais sur le pont, à l'entrée des cabines de luxe, et j'étais en train de lire. Au moment de l'explosion, j'ai vu s'engloutir l'avant du bateau. J'ai remarqué alors que notre vitesse était extrêmement minime, ce qui ne peut s'expliquer que par un ordre donné de ralentir. Je n'ai vu ni la torpille, ni son sillage ; mais j'ai la confiance la plus absolue dans les déclarations qui ont été faites par le capitaine, dont l'attitude, pendant toute la traversée, m'a produit une impression en tous points favorable.

Je suis descendu immédiatement dans la salle à manger, où je me suis trouvé devant une baie énorme, ouverte sur la mer. J'ai pris dans mes bras, pour le dégager, un malheureux qui était pendu par les pieds dans la déchirure du plafond ; mais il est mort à l'instant même. Dans le dortoir des premières, qui était au dessous, j'ai entendu des appels ; je me suis rendu à la porte de cette pièce et j'ai aidé six ou sept personnes à sortir des décombres. Je suis ensuite remonté sur le pont, où j'ai de mon mieux donné des soins à neuf passagers plus ou moins grièvement blessés.

Après lecture, le témoin a signé avec nous.

Nᵒˢ 14, 15.

DÉPOSITIONS faites, le 24 avril 1916, à Paris, devant la Commission d'enquête.

Marshall (Edward), 47 ans, citoyen américain, journaliste, demeurant à New-York :

Je jure de dire la vérité.

Le 24 mars dernier, me trouvant dans le fumoir du *Sussex*, je me suis, à un certain moment, rendu compte que le navire faisait un mouvement très sensible, comme pour virer. Presque aussitôt, une explosion violente se produisit ; je fus brusquement soulevé, tandis qu'un monsieur qui était en face de moi était projeté au plafond et retombait sur la tête. Je crois que cette personne a été tuée.

J'ai été et je reste absolument indigné de l'attentat dont le *Sussex* a été victime. Le bateau a été torpillé ; je n'ai à cet égard aucun doute. D'ailleurs un officier de la marine anglaise, qui était à bord avec nous, m'a montré un éclat qu'il tenait entre ses mains, et m'a déclaré que c'était un morceau de torpille ramassé à l'avant du paquebot.

Postérieurement, le capitaine Hall, de l'Amirauté britannique, m'a dit qu'il m'autorisait à faire savoir par les journaux que des morceaux d'engin trouvés sur le *Sussex* provenaient indiscutablement d'une torpille allemande.

Après lecture en langue anglaise, le témoin a signé avec nous et avec l'interprète.

Le Gnesley (Alfred), 42 ans, sujet britannique, agent commercial, demeurant à Londres :

Je jure de dire la vérité.

Le 24 mars dernier, je me trouvais, avec M. Marshall et plusieurs autres personnes, dans le fumoir du *Sussex*, quand, tout à coup, j'ai nettement senti que le navire changeait brusquement d'allure et semblait virer en ralentissant. Je me suis dit : « Qu'est-ce qu'il y a donc ? » et j'ai fait un mouvement pour me lever ; mais aussitôt, une explosion épouvantable s'est produite, et j'ai vu qu'un monsieur, qui était assis près de moi, était lancé au plafond, puis retombait sans connaissance. Je suis alors monté sur le pont et je me suis offert pour ramer sur un des canots de sauvetage. Tandis que je descendais dans une des embarcations, celle-ci a chaviré, et je suis remonté à bord du *Sussex* par une corde. Je me suis ensuite embarqué dans un autre canot et j'y suis resté pendant deux heures, au bout desquelles nous sommes revenus auprès du paquebot pour demander des couvertures, parce qu'il faisait très froid. En approchant du devant du *Sussex*, j'ai manifesté au matelot qui ramait avec moi la crainte de rencontrer des mines. Il m'a répondu qu'il n'y avait aucun danger, que ce n'était pas une mine qui avait explosé, mais bien une torpille, et que le capitaine avait vu le sillage de cet engin à cent ou cent cinquante mètres de nous. Il a ajouté qu'étant à la barre, il avait reçu l'ordre de virer immédiatement.

Je suis rentré à Douvres à bord d'un contre-torpilleur anglais, après avoir aidé au transport des blessés.

Après lecture, le témoin a signé avec nous.

Nᶜˢ 16, 17.

DÉPOSITIONS reçues, le 26 mars 1916, à Boulogne-sur-Mer, par M. Demolière, administrateur de l'Inscription maritime.

Danger (André-Paul), inscrit à Dieppe, n° 75, embarqué sur le *Sussex* en qualité de deuxième officier mécanicien :

Serment prêté.

J'étais de service dans les machines pour la traversée de Folkestone à Dieppe. Je me trouvais à mon poste, à côté des manœuvres de commande des deux machines. À trois heures moins dix environ, j'ai reçu par le télégraphe l'ordre de stopper la machine tribord. On marchait à ce moment à 175 tours, ce qui correspond à une vitesse de seize à dix-sept nœuds. Dès que j'ai reçu l'ordre de stopper la machine tribord, je l'ai stoppée instantanément ; la machine bâbord a toujours continué à fonctionner à sa vitesse de 175 tours.

Il s'est écoulé trois ou quatre secondes entre le moment où j'ai stoppé la machine tribord et le moment de l'explosion.

Presque aussitôt après avoir signalé : « stoppez tribord », le télégraphe a signalé : « en arrière tribord, toute vitesse ». En exécution de cet ordre, aussitôt après avoir stoppé la machine tribord, j'ai renversé la marche pour battre en arrière à toute vitesse.

La manœuvre de changement de marche se fait très rapidement, en une seconde et demie environ, car il y a un changement de marche « Brown » à pistons combinés (piston à vapeur et piston hydraulique). Le vide au condenseur était normal, c'est-à-dire 65 de vide environ. Avec ce vide, la machine est partie en arrière aussitôt.

A peine la machine tribord était-elle en arrière, que l'explosion s'est produite ; la machine avait à peine eu le temps de faire quelques tours en arrière, qui furent probablement sans influence sur le navire, car l'hélice n'eut pas le temps de produire son effet sur les filets d'eau que la machine bâbord brassait dans l'autre sens. Après que le choc se fut produit, le capitaine m'a fait stopper les deux machines aussitôt.

Lecture faite, persiste et signe avec nous.

Delabarre, deuxième mécanicien :

Serment prêté.

Je n'étais pas de service au moment de l'accident ; je me trouvais dans ma chambre.

Au moment de l'explosion, tous les chauffeurs et graisseurs sont montés sur le pont, les machines ayant été stoppées. Avant de les stopper, deux ou trois secondes avant la torpille, l'officier mécanicien de service, M. Danger, avait, sur l'ordre du capitaine, stoppé la machine tribord et commencé à battre en arrière.

Quand nous avons vu tout notre personnel sur le pont, j'ai fait mettre les radeaux à la mer par une équipe de chauffeurs ; c'était le poste qui m'était assigné d'après le rôle de sauvetage. A la suite de cela, j'ai sommé formellement un graisseur et deux chauffeurs de venir en bas avec moi, pour faire ouvrir les soupapes de sûreté ; ils sont descendus sans difficultés. Puis, nous sommes allés visiter les cloisons : nous avons vu qu'elles tenaient très bien. Nous avons tout de suite rassuré les passagers ; j'ai même fait descendre avec moi plusieurs passagers pour leur montrer la cloison étanche et leur faire voir qu'il n'y avait pas de danger. De cette manière, ils ont pu ensuite rassurer les autres ; cela a calmé la panique. A la suite de cette visite des coursives et des cloisons étanches, le personnel de service dans les chaufferies est descendu dans les chaufferies pour allonger les feux et faire monter la pression, qui était tombée à quatre kilos. Nous avons fermé à ce moment les soupapes de sûreté.

J'oubliais de dire tout à l'heure que la première chose que nous avons faite après l'explosion a été d'aller fermer les portes étanches. On les faisait d'ailleurs fonctionner tous les jours. Une minute après l'accident, elles étaient toutes fermées.

Quand tous les passagers ont été portés sur le *Marie-Thérèse* et le contre-torpilleur anglais, nous avons fait descendre les chauffeurs et graisseurs pour monter en pression et balancer la machine.

Quand la remorque a été mise, nous avons fait tourner la machine en arrière pour soulager la remorque ; mais au bout d'une minute environ, nous avons reçu l'ordre de stopper la machine, et le remorqueur seul nous a tirés.

C'est quand les passagers ont tous été partis que l'on s'est aperçu qu'il manquait des chauffeurs. Ils savaient que le bateau rentrait au port et que l'on pouvait avoir besoin d'eux ; nous ne les avons pas vus partir.

Lecture faite, persiste et signe avec nous.

Nᵒˢ 18, 19, 20, 21, 22, 23, 24.

DÉPOSITIONS reçues, le 20 avril 1916, à DIEPPE, par M. FLEURIOT, procureur de la République, agissant en exécution d'une commission rogatoire, en date du 18 avril, de la Commission d'enquête.

LESNÉ (Yves-Jean-Baptiste), 33 ans, maître d'équipage à bord du *Sussex*, capitaine au cabotage :

Serment prêté.

Le 24 mars dernier, vers deux heures cinquante de l'après-midi, je me trouvais de quart sur la passerelle du commandant. La mer était à peu près calme ; le *Sussex* faisait route sur Dieppe à allure normale, et nous nous trouvions à peu près à huit milles dans le sud, 14° est de Dungeness, lorsque, regardant à bâbord, j'ai aperçu, à environ cent dix degrés par bâbord avant, un sillage blanc. Comme je connais très bien le sillage des torpilles, vu que j'ai servi pendant quatre ans dans la marine de l'État, j'ai compris immédiatement qu'il s'agissait d'une torpille et j'ai crié : « Une torpille par bâbord ! » Aussitôt, le capitaine, qui était près de moi, voyant la direction de l'engin, a fait mettre la barre à tribord toute et a fait stopper la machine tribord. (Il y a deux machines : celle de tribord et celle de bâbord). Presque en même temps, il a donné l'ordre : « machine tribord en arrière ». Une seconde ou quelques secondes après, une explosion formidable a retenti et nous a fait tous tomber sur la passerelle : l'engin nous avait touchés par bâbord avant ; il avait sectionné le navire de toute sa partie avant, à quelques mètres de la passerelle.

Le capitaine a ordonné de mettre les embarcations à la mer. Chaque voyageur s'était muni de sa ceinture de sauvetage. La panique était intense. J'ai embarqué dans le canot qui m'était désigné ; malheureusement, il a chaviré par surcharge. Je suis parti en dérive sur la quille, avec huit voyageurs que j'ai pu y ramener, et avec deux hommes de l'équipage. J'ai réussi à redresser l'embarcation. J'ai sauvé encore une dame qui surnageait. Nous avons été recueillis deux ou trois heures après par un voilier.

Je suis absolument certain d'avoir vu le sillage de la torpille ; il est impossible de s'y tromper. Je n'ai pas vu de sous-marin.

Je ne peux donner d'autres renseignements.

Je n'ai pas fait ailleurs de déclarations, sauf celles devant l'administrateur de la Marine.

Lecture faite, persiste et signe avec nous.

GOULEY (Louis-Eugène-Alphonse), 34 ans, timonier à bord du *Sussex* :

Serment prêté.

Le 24 mars dernier, vers trois heures de l'après-midi, j'étais de service dans le poste de timonerie, à la barre, sur la passerelle. Tout allait bien ; nous faisions route sur Dieppe et nous nous trouvions à environ neuf ou dix milles de Dungeness, lorsque, tout à coup, j'ai vu par bâbord, à dix quarts environ, le sillage d'une torpille. Le capitaine a commandé : « A droite toute ! » ce qui fut fait.

La machine fut presque en même temps mise toute « arrière », afin d'essayer d'éviter l'engin ; mais celui-ci, continuant sa route, vint nous atteindre dans la partie bâbord avant. Heureusement que le bateau était venu sur la droite, sans quoi il recevait tout dans le centre. Une explosion formidable se produisit ; le bateau fut coupé par l'avant. La panique était intense parmi les passagers. La secousse nous avait tous jetés par terre, sur la passerelle.

Le capitaine fit mettre les canots à la mer. Celui où j'étais chavira. J'ai réussi quand même à donner des bouts de filin à quelques voyageurs qui étaient à l'eau. Moi, je suis resté sur le canot; puis, je me suis jeté à l'eau et j'ai regagné le navire. J'y ai repris ma place dans une autre embarcation, avec cinquante-six personnes, et vers le soir, comme le *Sussex* flottait toujours, nous sommes remontés à bord.

Dans la nuit, un contre-torpilleur anglais est venu à notre secours; il paraît qu'il a lui-même « essuyé » une torpille.

Je suis absolument certain que le *Sussex* a été frappé par une torpille, d'autant plus que je viens de faire vingt mois sur le bateau mobilisé le *Rouen*, où l'on faisait beaucoup d'exercices de torpilles.

Je n'ai vu ni sous-marin, ni périscope.

J'ai déjà été entendu par l'administrateur de la Marine.

Lecture faite, persiste et signe avec nous.

Hodée (Louis-Pierre-Marie), 35 ans, matelot à bord du *Sussex* :

Serment prêté.

Le 24 mars dernier, vers trois heures de l'après-midi, j'étais de service sur le pont arrière du *Sussex*. Nous faisions bonne route et la mer était calme, lorsque, tout à coup, j'ai entendu, sur l'avant du bateau, le bruit d'une formidable explosion, et j'ai vu en même temps, dans la direction du même avant, une énorme colonne d'eau. Je me suis douté que nous allions peut-être couler; aussi, j'ai mis une ceinture de sauvetage. J'ai aidé à mettre le canot n° 4 à la mer, puis la baleinière n° 6, et enfin des radeaux. Des passagers ont embarqué.

Je n'ai pas quitté le *Sussex* jusqu'au moment où, vers sept heures du soir, le capitaine m'a envoyé chercher du secours au bateau-phare anglais *Calbart*. Parvenu à bord, j'ai lancé des fusées; un contre-torpilleur anglais est venu, puis un autre, qui nous a pris à bord. Il paraît qu'il aurait été torpillé pendant que nous étions à bord; mais c'était la nuit, et je n'ai rien vu.

J'ai été débarqué à Douvres.

En ce qui concerne le *Sussex*, je n'ai vu ni sillage de torpille, ni périscope. D'ailleurs, mon attention n'était pas portée sur bâbord; j'étais plutôt sur tribord.

J'ai déjà été entendu par l'administrateur de la Marine.

Lecture faite, persiste et signe avec nous.

Maupas (Eugène-Constant), 34 ans, garçon de salle à bord du *Sussex* :

Serment prêté.

Le 24 mars dernier, vers trois heures de l'après-midi, je me trouvais dans la salle à manger des premières classes, au centre; j'étais en train de servir le thé, lorsque j'ai entendu tout à coup une formidable explosion, puis un déchirement affreux de toute la partie avant de la salle à manger. Tous les passagers qui n'étaient ni blessés, ni tués sur le coup fuyaient dans toutes les directions. Aussitôt après l'explosion, par suite de la fumée dégagée par l'engin, on ne voyait presque plus rien dans la salle à manger; l'eau envahissait tout. Toute la partie avant de la salle était déchiquetée, arrachée; c'était terrible !... Je suis monté en hâte sur le pont, et je me demandais comment je n'avais pas été tué sur le coup. J'ai aidé à mettre des radeaux, des embarcations, à la mer. J'ai aidé à vider des canots et, vers sept heures moins le quart, j'ai demandé au capitaine à aller chercher du secours au bateau-phare *Colbart*. A trois heures du matin, un contre-torpilleur est venu nous prendre à bord du *Colbart*, et pendant que nous étions sur ce contre-torpilleur, nous avons été de nouveau torpillés. J'étais sur le pont ; le jour pointait ; j'ai très bien vu le sillage de la torpille, à deux mètres en arrière du torpilleur. Vers neuf heures, nous avons été ramenés à Douvres.

En ce qui concerne le *Sussex*, je n'ai vu ni sous-marin, ni périscope, pour la bonne raison que j'étais en bas. Mais je n'ai aucun doute ; j'ai servi dans la marine pendant quatre ans : il s'agissait bien d'une explosion de torpille et non pas d'une explosion de mine. Je n'ai d'ailleurs jamais vu exploser une mine.

Lecture faite, persiste et signe avec nous.

————————

LAMÉTRIE (Henri-Édouard), 38 ans, matelot à bord du *Sussex* :
Serment prêté.

Le 24 mars dernier, vers trois heures de l'après-midi, nous faisions route à bonne allure sur Dieppe et nous nous trouvions à peu près à douze milles de Dungeness ; la mer était très calme. Je me trouvais dans le milieu du bateau le *Sussex*, sur le pont arrière, lorsque j'ai entendu tout à coup, sur l'avant, le bruit d'une formidable explosion. Me doutant que le bateau courait un grand danger, je me suis précipité aux embarcations ; j'ai aidé à mettre à la mer le canot n° 5. Je n'ai quitté le *Sussex* que quelques heures après, pour aller sauver sept à huit personnes qui étaient réfugiées sur les radeaux. Vers sept heures moins le quart du soir, j'ai été, avec des camarades et sur l'ordre du capitaine, demander du secours au bateau-phare le *Colbart*. Nous sommes restés à bord de ce bateau jusqu'à trois heures du matin ; à ce moment, est arrivé un contre-torpilleur anglais, qui nous a pris à son bord. Nous avons « patrouillé » avec lui jusqu'à sept heures du matin. Ce contre-torpilleur a lui-même « essuyé » une torpille ; mais moi, je n'ai rien vu. On nous a ensuite conduits à Douvres.

En ce qui concerne le *Susssex*, je n'ai vu ni sous-marin, ni périscope. Pour moi, c'est bien une torpille qui nous a frappés ; d'ailleurs, elle a été parfaitement vue par le capitaine, qui a manœuvré en conséquence, et par un grand nombre de passagers.

J'ai déjà été entendu par l'administrateur de la Marine.

Lecture faite, persiste et signe avec nous.

————————

POIDEVIN (Louis-Joseph), 32 ans, matelot à bord du *Sussex* :
Serment prêté.

Le 24 mars dernier, vers trois heures de l'après-midi, je venais de finir mon quart dans la petite vigie qui est installée dans la mâture avant du bateau ; je n'avais rien vu d'anormal pendant mon quart. Je me suis dirigé sur le pont arrière du bateau, où j'ai retrouvé quelques camarades. La mer était très calme ; nous faisions bonne route sur Dieppe. Nous causions, lorsque, tout à coup, j'ai entendu sur l'avant le bruit d'une formidable explosion. Le choc fut si violent et la poussée des voyageurs qui se précipitaient de l'avant sur l'arrière fut telle, que je fus précipité sur la barrière qui sépare les premières des deuxièmes classes. Je me suis relevé et j'ai été à ma baleinière n° 3 pour la mettre à la mer. Celle-ci était tellement surchargée qu'elle a chaviré aussitôt, avec tous ceux qui étaient dedans. Je suis descendu sur la ceinture du navire et j'ai dirigé quelques radeaux sur les voyageurs qui étaient à l'eau. Je suis moi-même tombé à la mer et j'ai réussi à gagner la quille de la baleinière renversée. J'ai relevé la baleinière, et après avoir sauvé quelques voyageurs, j'ai mis le cap sur le phare de Dungeness. Vers sept heures du soir, nous avons été recueillis par une goëlette qui nous a gardés pendant toute la nuit. Vers huit heures du matin, une vedette anglaise nous a conduits à Douvres.

En ce qui concerne le *Sussex*, je n'ai vu ni sous-marin ni périscope ; mon attention était plutôt dirigée sur tribord. Je ne peux dire si nous avons été frappés par une mine ou un sous-marin ; mais nos officiers ont bien vu le sillage de la torpille.

Lecture faite, persiste et signe avec nous.

HERSRY (Alexandre-Marie), 44 ans, marin à bord du *Sussex* :

Serment prêté.

Le 24 mars dernier, vers trois heures de l'après-midi, je me trouvais, avec quelques camarades, sur le pont arrière du *Sussex;* nous causions ; il faisait beau temps ; lorsque, tout à coup, nous avons entendu le bruit d'une formidable explosion sur l'avant. En même temps, une immense gerbe d'eau est tombée sur le pont et nous a balayés. Nous avons été rejoindre nos embarcations ; j'ai mis le canot n° 1 à la mer et j'ai recueilli plusieurs passagers qui étaient tombés à l'eau. Sur l'ordre du capitaine, nous sommes allés chercher du secours au bateau-phare *Colbart*. J'y suis resté jusqu'à quatre heures du matin : un contre-torpilleur anglais est venu nous y rejoindre et nous a conduits à Douvres. Le contre-torpilleur a même été torpillé, mais je n'ai rien vu.

En ce qui concerne le *Sussex*, je n'ai vu ni sous-marin, ni périscope ; d'ailleurs, je n'y prêtais pas attention ; mais nos officiers ont parfaitement vu le sillage de la torpille.

C'est tout ce que je sais.

Lecture faite, persiste et signe avec nous.

N° 25.

DÉPOSITION reçue, le 26 mars 1916, à WIMEREUX (Pas-de-Calais), par M. VALLEINS, commissaire spécial de la police des Chemins de fer en résidence à Boulogne-sur-Mer, officier de police judiciaire, auxiliaire de M. le procureur de la République, accompagné de M. SIVADON, commissaire spécial adjoint, en présence de M. CERTEUX, sous-préfet de Boulogne-sur-Mer.

BALDWIN (Mark), membre correspondant de l'Institut de France, 55 ans, citoyen américain, domicilié à Baltimore, en résidence à Paris :

Serment prêté.

Accompagné de Mme et de Mlle Baldwin, je me suis embarqué, le 24 mars, à Folkestone, à bord du *Sussex*, pour me rendre à Paris.

Nous sommes partis après avoir remarqué qu'il y avait à bord d'autres Américains, entre autres deux jeunes gens voyageant pour l'ambulance américaine à Paris.

Nous étions assis à l'arrière, à côté des grands bagages, et après le déjeuner pris à bord, ma femme et moi étions assis là. Ma fille était auprès des deux jeunes Américains dont j'ai parlé, près de la cabine du capitaine.

Subitement il y a eu, premièrement un choc, après cela une explosion. Le choc et l'explosion ont été très nettement séparés. Une grande quantité de débris et une vague d'eau se sont abattues sur le bateau. Il s'est produit une grande confusion. Avant l'explosion, ma femme et moi, qui étions à l'arrière, n'avons rien vu. Nous avons cherché des ceintures dans le salon, et j'ai aidé ma femme à monter dans un petit canot, avec d'autres femmes.

J'ai couru ensuite pour retrouver ma fille; je l'ai cherchée partout sur le pont, mais elle n'y était pas. La place où elle se trouvait avec les deux jeunes gens avait disparu. Ne trouvant pas ma fille, je suis revenu auprès de ma femme, à l'endroit où je l'avais laissée. Elle était sur le pont, les matelots ayant fait descendre toutes les personnes qui étaient dans le canot. J'ai cherché un autre canot, dans lequel ma femme et quelques autres dames ont été prises par trois ou quatre messieurs. Quand le canot fut plein, je suis retourné à la recherche de ma fille; je ne l'ai pas trouvée et j'ai supposé qu'elle était partie dans un autre canot. J'ai sauté, en glissant par les cordages, dans le canot où était ma femme; chose étrange, j'ai retrouvé là ma fille, presque morte, étendue. Nous étions dans ce canot, où nous sommes restés jusqu'au moment du coucher du soleil; cinq autres canots, je crois, étaient, comme le nôtre, très chargés. Après discussion, nous avons décidé de rester auprès du *Sussex*. Un seul canot s'est éloigné jusqu'à ce que nous le perdions de vue.

J'ai vu plusieurs personnes dans l'eau. Nous étions le second canot dont les passagers sont remontés à bord du *Sussex* avec l'autorisation du capitaine. La mer était un peu plus agitée, et l'opération fut difficile, surtout pour ma fille, qui était toujours évanouie.

Nous étions sur le pont inférieur, où nous sommes restés, avec beaucoup d'autres, jusqu'après onze heures, où on nous a annoncé qu'un bateau était auprès de nous, avec facilité d'y être transférés. Les femmes furent prises d'abord, ma femme et ma fille les dernières, parce qu'il était difficile de transporter ma fille. Après les femmes, quelques hommes furent embarqués sur le *Marie-Thérèse*, jusqu'à ce qu'il fût plein; j'étais du nombre.

Je remarquai que beaucoup de personnes étaient restées sur le *Sussex*. On trouva un lit pour ma fille, et l'équipage de ce bateau nous traita admirablement; on nous fit du café; et après trois quarts d'heure, nous étions arrivés à Boulogne. Nous sommes encore restés les derniers à bord de ce bateau; car on avait demandé une voiture d'ambulance pour ma fille, et tous trois nous avons été transportés à l'hôpital général n° 14, à Wimereux.

Je ne sais pas ce que sont devenus les deux jeunes gens avec lesquels avait causé ma fille; ce sont MM. Crocker, de Boston, étudiant à l'Université de Harward, venant comme chauffeur militaire à l'ambulance américaine de Paris, et Panfield, étudiant à l'Université d'Oxford, en Angleterre.

Ma fille, à l'arrivée à l'hôpital, était dans un état de prostration physique et de confusion mentale provoqué sans doute par un choc sur le crâne. Elle est, pour le moment, paralysée du côté droit. Jusqu'à présent, son état est resté dans les mêmes conditions; cet après-midi, elle a eu quelques symptômes meilleurs.

Lecture faite, persiste et signe avec nous.

N⁰ˢ 26, 27.

DÉPOSITIONS reçues, le 29 mars 1916, à Paris, par M. Bleynie, commissaire de police du quartier de la place Vendôme.

Handyside (Blanche), 40 ans, sans profession, demeurant à New-York, de passage à Paris :

Serment prêté.

J'ai pris passage à bord du *Sussex* le 24 mars; j'étais assise sur le pont supérieur, presque à la séparation des premières avec les deuxièmes classes.

A trois heures, j'ai entendu une explosion très forte, et j'ai eu l'impression immédiate que notre bateau était torpillé, car une gerbe d'eau très forte s'est élevée contre le flanc du bateau et est retombée sur nous, nous mouillant des pieds à la tête ; mais je n'ai pas aperçu le sillage de la torpille.

Je me suis dirigée vers les bateaux de sauvetage, mais je n'ai pu découvrir l'escalier qui y conduisait. Ensuite, j'ai cherché une ceinture de sauvetage ; mais il ne devait pas y en avoir en quantité suffisante, car je n'ai pu en trouver une au premier moment, et c'est par chance que j'en ai trouvé une, qui traînait dans un coin, au bout de cinq minutes environ. Ensuite, j'ai pu réussir à prendre place dans une barque que l'on mettait à la mer, et où nous nous sommes trouvés au moins quarante, presque exclusivement des hommes, plus quatre femmes et deux enfants. Nous sommes restés dans cette barque pendant une heure ou une heure et demie ; mais comme elle faisait eau de toutes parts et qu'il fallait que tous les passagers travaillent continuellement pour vider cette eau, nous sommes retournés sur l'épave du *Sussex*, voyant qu'elle ne coulait pas. Nous y sommes restés jusqu'à onze heures trente minutes du soir, heure à laquelle nous avons été recueillis par le navire *Marie-Thérèse*.

Je n'ai pas été blessée.

Lecture faite, a persisté et signé, en présence de M. Suter (Robert), attaché à la réception de l'hôtel Meurice, qui a servi d'interprète, Mme Handyside ne parlant pas français.

Warren (Gertrude), 28 ans, sans profession, demeurant à Saint-Louis (États-Unis d'Amérique) :

Serment prêté.

Le 24 mars 1916, à trois heures de l'après-midi, j'étais assise sur le pont, à côté de Mme Handyside, sur le côté gauche du bateau le *Sussex*. Je regardais la mer, qui était très belle et très calme à ce moment ; je n'ai aperçu aucun périscope de sous-marin, quand tout à coup j'ai distingué une longue ligne blanche qui se dessinait à la surface de la mer, se dirigeant sur nous en tremblotant, mais sans paraître aller très vite. J'ai eu l'impression que cette ligne allait nous atteindre en plein centre ; mais comme le bateau a fait machine en arrière, cette ligne m'a paru aller en biais et a frappé l'avant du bateau. J'avais la sensation que c'était bien une torpille qui se dirigeait vers nous ; mais je n'ai pu crier, étant comme fascinée. Au moment où cette ligne blanche a frappé l'avant du *Sussex*, il y a eu une forte détonation suivie d'une énorme gerbe d'eau, qui est retombée sur nous.

J'ai suivi Mme Handyside sur le canot, et à partir de ce moment ma déclaration est la même que la sienne.

Je n'ai pas été blessée.

Nous avons perdu absolument tous nos bagages, soit onze malles.

Lecture faite, a persisté et signé, en présence de M. Suter (Robert), attaché à la réception de l'hôtel Meurice, qui a servi d'interprète, Mme Warren ne parlant pas français.

N°s 28, 29.

DÉPOSITIONS reçues, le 5 avril 1916, à Paris, par M. Tanguy, commissaire de police du quartier Saint-Vincent-de-Paul.

Delaunoy (Germaine), née Brognaux, 27 ans, domiciliée à Jumet (Belgique), actuellement à Paris :

Serment prêté.

Le vendredi 24 mars 1916, vers une heure de l'après-midi, le paquebot *Sussex*, sur lequel je me trouvais, quittait Folkestone. J'étais passagère de seconde classe. La mer était très calme. Je suis restée sur le pont.

Vers trois heures quinze minutes de l'après-midi, je me trouvais au milieu du pont avec une de mes amies, Mlle Isch (Berthe), se rendant à Genève, rue du Stand, 51, et quelques militaires belges. Nous formions un petit groupe. Tout à coup, Mlle Isch, s'adressant à un militaire belge, M. Pierre Dejarce, sous-officier instructeur dans un centre de mitrailleurs à Creil, lui a dit qu'elle croyait avoir aperçu la pointe d'une torpille. Je ne me rappelle pas ses paroles exactes, mais elle avait à peine achevé, qu'une explosion violente se produisit à l'avant du navire. J'étais assise sur un banc ; j'ai été projetée sur le plancher. Tous les passagers étaient affolés. Je suis restée sur le paquebot avec Mlle Isch et avec M. Dejarce ; les autres militaires belges s'étaient jetés à la mer. Plusieurs passagers avaient pris place dans les canots de sauvetage, qui avaient été mis à la mer. Étant très malade, je suis descendue dans une salle de rafraîchissements.

Vers onze heures du soir, le remorqueur *Marie-Thérèse* est venu à notre secours. J'ai pris place sur ce remorqueur et j'ai débarqué à Boulogne. Je n'ai pas été blessée, mais j'ai ressenti une forte commotion, qui persiste encore à l'heure actuelle.

Personnellement, je n'ai pas vu la torpille qui a atteint le paquebot *Sussex*, ni le sous-marin qui l'avait lancée.

Lecture faite, persiste et signe avec nous.

——————

GERBER (Julie), 33 ans, célibataire, gouvernante au service de M. Severne, à Londres, de passage à Paris :

Serment prêté.

Le vendredi 24 mars dernier, vers une heure de l'après-midi, je me suis embarquée sur le paquebot le *Sussex*, en première classe, à Folkestone, pour Dieppe, dans le but de venir à Paris passer quinze jours de vacances chez des amis. Comme bagages, j'avais une valise que j'ai fait enregistrer et qui a été rangée parmi les autres bagages du bord ; je n'avais à la main qu'un petit sac.

Aussitôt embarquée, je suis descendue seule au salon afin de me reposer, étant toujours malade en mer. Je me suis allongée sur une couchette et je me suis assoupie.

A deux heures cinquante, j'ai été réveillée brusquement par une détonation formidable, comme un coup de canon prolongé, et toutes les vitres ont été brisées ; cependant, je n'ai pas été blessée. J'ai été très effrayée et je suis montée vivement sur le pont, où se trouvaient de nombreux blessés. J'ai saisi une ceinture de sauvetage, que j'ai passée autour de mon corps, et j'ai pu sauter dans un canot, où je suis restée environ deux heures, avec une vingtaine d'autres personnes.

Vers cinq heures, nous sommes remontés sur le *Sussex* jusque vers onze heures et demie, heure à laquelle on nous a fait passer sur le navire *Marie-Thérèse*, qui nous a transportés à Boulogne, où nous sommes arrivés vers trois heures du matin.

J'ignore comment a été atteint le *Sussex*, mais j'ai entendu tout le monde dire que c'était une torpille qui l'avait touché. Je ne puis citer aucun nom, attendu que je ne connaissais personne à bord.

Ma valise m'a été rendue à la gare Saint-Lazare, à Paris.

Je pense pouvoir quitter Paris lundi prochain pour retourner à Londres.

Lecture faite, persiste et signe avec nous.

——————

N°s 30, 31, 32, 33, 34, 35.

PROCÈS-VERBAUX dressés, à BOULOGNE-SUR-MER, par M. BELLOCQ, commissaire de police.

L'an mil neuf cent seize, le vingt-cinq mars,

Nous, P. Bellocq, commissaire de police de la ville de Boulogne-sur-Mer, officier de police judiciaire, auxiliaire de M. le procureur de la République,

Invité ce jour, par communication téléphonique du commissaire central, à nous transporter au petit port, afin d'identifier à bord du bateau le *Sussex* les cadavres qui s'y trouvaient à la suite du torpillage de ce bâtiment, le 24 courant, nous nous sommes transporté, accompagné de M. Leurant, notre secrétaire, audit endroit.

Nous avons constaté que ce bâtiment était ancré à un mille environ en dehors du port. Nous nous sommes rendus à bord à l'aide d'un canot et, vers treize heures, avec l'assistance d'un officier mécanicien et de quelques matelots du bord, avons recherché les cadavres dont l'existence avait été signalée.

Au milieu d'inextricables débris de toute sorte, et parmi l'amoncellement d'objets divers provoqué par le torpillage, nous avons tout d'abord découvert, dans le salon des premières, le corps d'un homme qui, sous l'impulsion de la commotion, avait été projeté dans l'ouverture faite par l'engin, où il était resté accroché par un pied et suspendu la tête en bas, celle-ci effleurant l'eau et recevant à chaque instant les atteintes du flux. Avec d'infinies précautions, ce cadavre a été ramené sur le plancher du salon, et il a été trouvé sur lui, par les matelots qui ont fouillé ses poches en notre présence : 1° deux passeports délivrés à Londres par le gouvernement britannique au nom de Manliffe Francis Goodbody, Corn-Broker, 21, Kensington Gardens, London, W. (photographie jointe); 2° une somme de cent trente francs en billets de banque; 3° une chevalière en or.

Nous avons découvert ensuite, dans un faux-pont de l'avant, lequel avait été éventré par la torpille, le cadavre d'un homme complètement submergé et engagé sous un amas de décombres. Nous l'avons fait remonter sur le plancher du salon. Il a été trouvé sur lui par les matelots : 1° un laissez-passer au nom de M. Walter-Alfred Lamarque, Royal Thomas club, demeurant à Kokine-Orpington; 2° un passeport au nom dudit; 3° cinq billets d'une livre sterling, trois billets de dix shillings; 4° une chaîne en or; 5° deux bagues, dont une au chiffre W. A. L.; 6° un lorgnon or; 7° un trousseau de clefs; 8° une pipe; 9° une paire de gants; 10° un mouchoir violet; 11° deux porte-crayon argent, un chapeau de feutre et une cravate.

Nous avons en outre découvert, sur le plancher défoncé de l'avant-bord, le cadavre d'une femme de vingt-cinq à trente ans environ : cheveux roux, taille moyenne, vêtue d'une jupe de soie verte, bottines de cuir noir, tiges jaunes, corsage rose, portant au doigt une bague sertie de brillants et d'un rubis. Cette dame serait Mme Desrousseaux, demeurant Midland Hôtel, Bradford (Angleterre).

Enfin, nous avons découvert, dans une couchette de la cabine des dames, le cadavre rigide d'une femme, âgée de trente-cinq ans environ, cheveux blonds cendrés, taille 1 m. 65, vêtue seulement d'un corsage violet et d'une combinaison de coton blanc; elle portait au doigt une bague en or avec rubis, qu'il a été impossible de retirer. Dans la couchette et dans la cabine, aucun papier ni objet n'existait.

Nous avons aussi découvert, dans le salon avant, une jambe d'homme enveloppée d'un caleçon et d'un pantalon.

Nous avons fait transporter tous ces corps à la Morgue.

Le Commissaire de police,
Signé : P. BELLOCQ.

Et ce jour, vingt-six mars, à 10 h. 30, avons été informé que de nouveaux cadavres avaient été, dans la matinée, recueillis du bateau *Sussex* et déposés dans une annexe de l'Amirauté anglaise au petit port; nous nous sommes transporté à cet endroit, accompagné de M. Leurant, notre secrétaire, et nous y avons été mis en présence, par l'autorité militaire, de quatre nouveaux corps dont l'identification nous a fourni les renseignements suivants :

Sur le premier corps, fouillé en notre présence par des soldats français, il a été trouvé : 1° un passeport au nom de Mentelli Francesco, né à Monopolli le 24 décembre 1870, courrier Cook, avec adresse : 27, Grosvenor Road, Muswell Hill; 2° différents carnets et papiers d'affaires; 3° soixante-cinq francs en billets de cinq francs français, un billet chinois d'un yen; neuf shillings; six pence; 4° un lot de cartes de visite au nom de Mentelli, un trousseau de clef, un carnet renfermant la photographie d'un enfant, une montre en or avec chaîne, un réservoir aluminium, un porte-monnaie vide.

Sur le deuxième corps, fouillé en notre présence, il a été trouvé : quatre cartes de visite au nom de J. Henry Palmer; une bague chevalière en or au chiffre J. H. P.; un carnet de passager de 1re classe, Dieppe à Newhaven; 10 fr. 75 en monnaie anglaise; un bouton de manchette en or au chiffre J. H. P.; un billet d'un franc de la Chambre de commerce d'Orléans; un porte-cartes en cuir noir; un mouchoir en fil blanc.

Sur le troisième corps, fouillé en notre présence, il a été trouvé : deux passeports au nom de Giser Hermann-Émile, né à Degersheim Saint-Gall le 3 juin 1880, industriel, domicilié à Saint-Gall (Suisse), venant de Londres et se rendant à Paris; un carnet de voyage; divers papiers d'affaires; trois billets d'une livre sterling; une boîte de cigarettes; une paire de gants; trois mouchoirs; des échantillons de broderies; un trousseau de deux clefs de valise; une montre en or avec chaîne en or et ciseaux; un coupe-cigares; un couteau; une lime à ongles; un porte-cartes renfermant deux photographies de femme et de bébé; un petit carnet; un livret militaire suisse; six shillings et six pence.

Sur le quatrième corps, il a été découvert : un passeport au nom de Vogel Jean, directeur de fabrique, né à Zurich (Suisse), âgé de quarante-deux ans, demeurant à Paris, Hôtel Moderne (photographie jointe); la somme de 4 fr. 55 en monnaie anglaise, un billet anglais de dix shillings; deux billets de banque suisses; une bague chevalière avec pierre dite d'Auvergne; une montre en or savonnette avec sa chaîne en or; un trousseau de dix clefs; un peigne; un crayon; une gomme; divers papiers d'affaires; un carnet déchiré couleur grenat; un agenda noir; un coupon de voyages; un mouchoir; un foulard de soie; un stylographe.

Sur le cinquième corps, il a été découvert : un livret militaire au nom de Prieur Louis-Léon, né le 23 décembre 1862 à Paris, demeurant dite ville, rue Michel-le-Comte, 19; un chèque; deux billets d'une livre sterling, un billet de vingt francs, quatre billets de cinq francs, 0 fr. 30 en monnaie anglaise; un étui à cigarettes en argent; deux bagues, dont une alliance et une chevalière sertie d'un brillant; une paire de gants; un petit mètre; un portefeuille vide en cuir noir; un couteau; divers papiers; une clef; une casquette; un passeport; un petit carnet noir.

Au moment où nous reconnaissions ces divers objets, l'interprète français Rey nous a remis, comme appartenant à M. Prieur, une montre savonnette en or avec sa chaîne en or et un porte-crayon en même métal, objets qu'il avait recueillis à bord du *Sussex*, lors du transfert du cadavre du bateau à l'endroit où nous l'avons trouvé.

Nous avons fait transporter tous les corps dont s'agit à la Morgue, et avons requis M. le docteur Cautin aux fins de leur examen.

Nous avons ensuite prévenu MM. les vice-consuls d'Italie, d'Angleterre et de Suisse des circonstances dans lesquelles leurs assujettis étaient décédés.

Nous avons placé sous scellés les objets énumérés d'autre part et nous en ferons la remise :

1° A M. le vice-consul d'Angleterre, quant aux objets trouvés sur le corps de Goodbody, de Walter Lamarque, de Palmer ;

2° A M. le vice-consul de Suisse, quant aux objets trouvés sur le corps de Giser et de Vogel ;

3° A M. le vice-consul d'Italie, quant aux objets trouvés sur le corps de Mentelli.

Quant aux autres objets, ceux trouvés sur le corps de M. Prieur et de l'une des deux femmes dont l'identité n'a pas été arrêtée, nous les déposons au greffe du Tribunal civil.

Disons que, le 25 mars, au cours de notre visite à bord du *Sussex*, nous avons recueilli : une poignée en or d'ombrelle ; une bourse en argent vide ; un porte-cartes renfermant des cartes de visite au nom de H. Cassan, Valencia, et un billet de banque de o fr. 5o, de la Chambre de commerce d'Angoulême ; un étui en argent.

Disons en outre que l'interprète Rey nous a remis : 1° deux livrets de Caisse d'épargne belge aux noms de M. et Mᵐᵉ Van der Bergen ; 2° un acte notarié belge (étude de Mᵉ Victor Van de Walle, de Malines) intéressant les époux Van der Bergen-Siroux. Ledit interprète nous a déclaré avoir trouvé ces divers documents à bord du *Sussex*.

Nous déposons ces différents objets au greffe du Tribunal civil, aux fins de leur reconnaissance par les intéressés.

Le Commissaire de police,
Signé : P. BELLOCQ.

L'an mil neuf cent seize, le vingt-sept mars,

Devant nous, Bellocq (Pierre), commissaire de police de la ville de Boulogne-sur-Mer, officier de police judiciaire, auxiliaire de M. le procureur de la République,

Se présente le sieur DESROUSSEAUX (Maurice), âgé de 21 ans, soldat de 2ᵉ classe au 162ᵉ régiment d'infanterie, 28ᵉ compagnie, 3ᵉ groupe, à Limoges, lequel nous déclare ce qui suit :

« D'après les renseignements que m'a télégraphiés mon père, rescapé du *Sussex*, actuellement en traitement à l'hôpital n° 14 à Wimereux, la dame aux cheveux roux trouvée morte à bord du *Sussex* est ma mère.

« Elle portait un corsage rose, une jupe de soie verte, et avait au petit doigt de la main droite une bague sertie d'un rubis et de brillants. En outre, elle avait au cou un pendentif avec pierre. »

Le signalement de la personne dont il s'agit et des objets trouvés sur elle étant conforme aux déclarations du soldat Desrousseaux, nous invitons ce militaire à se rendre à la Morgue afin d'y reconnaître le cadavre de sa mère.

Or, à la suite de la reconnaissance qu'il a faite à la Morgue, le soldat prénommé nous a déclaré ce qui suit :

« La personne dont je vous ai entretenu est bien ma mère. Son état civil est le suivant : Jouret (Jeanne-Marie), épouse de Desrousseaux (Hubert-Clément), née en 1872, à Roubaix (Nord), de Joseph Jouret et d'Eugénie Lambert, demeurant à Paris, 16, rue Raynouard.

« J'ai constaté que ma mère n'avait pas son pendentif. »

Dont acte transmis à M. le procureur de la République, pour faire suite à notre procès-verbal du 26 mars courant.

Le Commissaire de police,
Signé : P. BELLOCQ.

L'an mil neuf cent seize, le vingt-sept mars,

Nous, Bellocq (Pierre), commissaire de police de la ville de Boulogne-sur-Mer, officier de police judiciaire, auxiliaire de M. le procureur de la République,

Au cours de nos investigations à bord du *Sussex*, échoué dans la rade, aux fins d'identification des personnes qui y étaient décédées, nous avons recueilli, outre les objets (bijoux, valeurs, documents, etc.) énumérés dans notre procès-verbal adressé à M. le procureur de la République, déposés au greffe du Tribunal civil ou remis à MM. les vice-consuls d'Angleterre, d'Italie et d'Helvétie, cinq fragments de pièces mécaniques en aluminium d'aspect et d'origine douteux.

Ces objets se trouvaient sur l'avant du pont et du salon, c'est-à-dire à l'endroit où le bâtiment a été atteint, et aux côtés des cadavres de MM. Lamarque, Manliffe Goodbody, et de la dame Desrousseaux.

A la demande de M. le commandant du front de mer, nous avons remis à cet officier les pièces précitées.

Dont acte aux fins de droit.

Le Commissaire de police,
Signé : P. BELLOCQ.

L'an mil neuf cent seize, le 28 mars,

Nous, Bellocq (Pierre), commissaire de police de la ville de Boulogne-sur-Mer, officier de police judiciaire, auxiliaire de M. le procureur de la République,

Suite à notre procès-verbal des 25 et 26 mars, rapportons que ce jour, à douze heures et demie, nous sommes transporté à bord du *Sussex*, où il nous a été représenté une jambe humaine en état de décomposition. L'écrasement des doigts n'a pas permis de savoir s'il s'agissait de la jambe droite ou de la jambe gauche.

Vraisemblablement, le membre a été détaché du corps de M. J. Henry Palmer (voir procès-verbal des 25 et 26 mars).

Nous avons fait déposer ce fragment à la Morgue.

Dont acte transmis à M. le procureur de la République.

Le Commissaire de police,
Signé : P. BELLOCQ.

L'an mil neuf cent seize, le vingt-huit mars,

Nous, Bellocq (Pierre), commissaire de police de la ville de Boulogne-sur-Mer, officier de police judiciaire, auxiliaire de M. le procureur de la République,

Au cours de notre transport de ce jour à bord du *Sussex* aux fins d'y reconnaître des fragments de corps humain (une jambe et un pied), il nous a été remis par un matelot du bord deux fragments de pièces mécaniques d'aspect et d'origine douteux.

A la demande de M. le commandant du front de mer, nous avons remis à cet officier les pièces précitées.

Dont acte aux fins de droit.

Le *Commissaire de police*,
Signé : P. BELLOCQ.

N° 36.

RAPPORT de la Commission chargée d'examiner des débris de torpille trouvés à bord du *Sussex*.

15 avril 1916.

Comme suite à une dépêche ministérielle du 11 avril 1916, une Commission composée de :

MM. AMIOT, *Capitaine de Frégate*,
DUPONT, *Ingénieur du Génie maritime*,
STROH, *Ingénieur du Génie maritime*,

s'est réunie pour examiner des débris de torpille trouvés à bord du *Sussex*.

Tout d'abord, la Commission estime que tous les fragments qui lui ont été présentés sont bien des morceaux de torpille ; le doute ne peut exister que pour les trois fragments de tôle très mince.

Elle a comparé les fragments aux pièces de la torpille allemande N° 1804. La Commission est d'avis que les fragments proviennent d'une torpille allemande, mais d'un modèle légèrement différent, sans doute plus récent ; mais des détails de construction se répètent dans chaque fabrique d'un modèle à l'autre et gardent un aspect caractéristique.

Nous avons numéroté de 1 à 6 les pièces les plus remarquables.

1° *Vis de jonction*. — Nous avons pu retrouver dans la torpille allemande 1804 la même vis dans les vis de jonction du cône, avec le même marquage (K. : Kopf, cône) et le même numéro 6. C'est la pièce la plus caractéristique.

La Commission ne connaît pas d'autre marine que la marine allemande, dans laquelle les vis de jonction des différentes parties démontables de la torpille soient repérées d'un numéro d'ordre. Les repères n° 6 K portés par la pièce 1 indiquent indiscutablement qu'il s'agit de la vis n° 6 de jonction du cône d'une torpille allemande.

La Commission joint aux fragments soumis à son examen la vis n° 6 de jonction du cône de la torpille 1804 (vis longitudinale) et, à titre d'indication des modes de marquage et de repérage, la vis n° 2 de jonction radiale du cône de cette même torpille.

2° et 3° *Boîte à tiroir*. — Le filetage a été identifié avec celui des bouchons de tiroir de la torpille allemande 1804. Les différences qui existent entre les pièces 2 et 3 et les parties correspondantes de la torpille 1804 peuvent provenir des différences du modèle des torpilles.

4° et 5° *Fond et paroi de cylindre*. — Les formes, courbures ou épaisseurs sont à très peu près celles des pièces correspondantes de la torpille 1804. En tout cas, il s'agit bien de fragments de cylindre de machine de torpille automobile.

6° *Morceau de compartiment*. — Une des vis qui s'y adaptait a été égarée. Le morceau est assez informe ; toutefois, il correspond bien comme construction et, en particulier, comme mode de tenue de l'enveloppe au compartiment de la machine.

En résumé :

La pièce 1 est indiscutablement la vis n° 6 de jonction du cône d'une torpille allemande. Les pièces 2 et 3 sont vraisemblablement des fragments de boîte à tiroir de la torpille automobile ; noter que le filetage est identique à celui du logement des bouchons des boîtes à tiroir de la torpille allemande 1804. Les pièces 4 et 5 sont, à coup sûr, des fragments de fond et de paroi de cylindre de machine de torpille automobile, que l'on peut retrouver dans la torpille allemande 1804. La pièce 6 ne peut être localisée d'une façon précise ; toutefois, son épaisseur, son aspect et les trous des vis qui s'y trouvent correspondent bien à ceux du compartiment de la machine.

Sauf les trois fragments de tôle, tous les autres débris non numérotés semblent bien provenir d'une torpille automobile.

La Commission joint au présent rapport un plan de la machine de la torpille allemande 1804, sur lequel elle a repéré l'origine probable des fragments 2, 3, 4 et 5.

Les membres de la Commission,
Signé : DUPONT. — STROH.

Le Capitaine de frégate,
Président,
Signé : AMIOT.

N° 37.

MEMORANDUM adressé aux Puissances, le 15 janvier 1915, par le Gouvernement français.

Les informations de presse ont fait connaître, en leur temps, l'explosion suivie de naufrage dont le vapeur français *Amiral-Ganteaume* a été la victime, et qui a entraîné la perte de trop nombreuses vies humaines.

Après avoir fait procéder par les autorités compétentes à une enquête minutieuse, le Gouvernement de la République a l'honneur de porter à la connaissance des Puissances les faits suivants :

Le 26 octobre 1914, le vapeur français *Amiral-Ganteaume*, de 4.589 tonneaux, appartenant à la Compagnie française des Chargeurs-Réunis, partit de Calais à quatorze heures, à destination de La Pallice, après avoir embarqué deux mille cinq cents réfugiés des deux sexes, fuyant le théâtre des hostilités.

Subitement, à 16 h. 20, le navire se trouvant à quatre milles et demi sud-ouest du cap Gris-Nez, une explosion formidable se produisit à tribord entre les machines et la chaufferie, soulevant une colonne d'eau d'environ cinquante mètres et jonchant le navire de débris de toute sorte. Terriblement secoué, le navire se pencha sur bâbord ; l'eau envahit presque immédiatement les compartiments des machines, de la chaufferie, une soute et la cale n° 2. Des hommes d'équipage, des passagers avaient été tués sur le coup ; le navire était désemparé.

Grâce à de prompts secours, obtenus rapidement dans des eaux aussi fréquentées, la plupart des hommes d'équipage et des passagers purent heureusement être sauvés. Le nombre des manquants s'est élevé à une trentaine, tués ou noyés. L'épave du navire a pu être remorquée jusqu'à Boulogne, où elle fut immédiatement visitée.

Des visites et de l'enquête auxquelles il a été procédé, il résulte que l'*Amiral-Ganteaume* avait été traîtreusement attaqué par un sous-marin allemand. D'une part, l'homme de barre, matelot Amirand, et l'élève mécanicien Héblot ont aperçu l'un la torpille, l'autre le périscope. D'autre part, des morceaux de la torpille elle-même furent retrouvés; ils ont permis de constater qu'il s'agissait d'une torpille automobile de construction allemande; les inscriptions en langue allemande : *Ruder unten* et *Sperrung*, y étaient encore lisibles.

L'attaque du navire français et de ses passagers a été accomplie par le bâtiment de la Marine impériale allemande : 1° sans oser montrer ses couleurs; 2° sans visite, arrêt ou semonce ; 3° sur un navire de commerce sans défense chargé de femmes, enfants et vieillards ; 4° sans aucune utilité militaire, stratégique ou navale, et sans autre résultat possible que le meurtre d'individus inoffensifs et la destruction d'un navire de commerce, en dehors de toute capture et de toute possibilité ultérieure de procédure et de jugement de prise.

Si, en dehors d'une loi écrite, c'est un principe acquis du droit des gens maritime que les navires de commerce ennemis sont sujets à capture; s'il est admis que les navires de commerce ennemis capturés peuvent être détruits sous condition d'en mettre en sécurité l'équipage, les passagers et les papiers de bord, et sous réserve de la décision ultérieure d'une cour de prises, jamais, même aux époques les plus barbares de l'histoire navale, aucune marine n'avait souillé son pavillon d'un crime semblable à celui de la Marine impériale allemande, qui n'a même pas pour prétexte le lucre d'un acte de piraterie.

De semblables attentats ne sont même pas dignes d'une protestation. Mais le Gouvernement de la République croit agir dans l'intérêt commun du monde civilisé en portant publiquement ces faits à la connaissance des autres Gouvernements, qui, comme lui, avaient reçu cette déclaration solennellement faite par le Gouvernement impérial allemand devant toutes les Puissances : « Les officiers de la marine allemande, je le dis à voix haute, rempliront toujours de la manière la plus stricte les devoirs qui découlent de la loi non écrite de l'humanité et de la civilisation (1) ».

N° 38.

RAPPORT DE MER du capitaine Delamer, commandant l'*Amiral-Ganteaume*.

Boulogne, le 27 octobre 1914.

Le 26 octobre, à quatorze heures, parti de Calais après avoir embarqué deux mille deux cents réfugiés à destination de La Pallice. Temps clair, jolie brise d'O.-N.-O., mer agitée. A 15 h. 30, passé à Gris-Nez, distance deux milles. La route est donnée au S., 38° O. du monde, pour reconnaître Antifer. Notre navigation s'effectue normalement, lorsque, vers 16 h. 20, une explosion formidable se produit, soulevant une colonne d'eau d'environ cinquante mètres de hauteur ; le navire, secoué terriblement, se penche sur bâbord, tandis que les panneaux de la soute de réserve sautent en l'air; l'eau envahit presque immédia

(1) Déclaration du baron Marshall von Bieberstein, premier plénipotentiaire allemand, à la huitième séance plénière de la deuxième Conférence de la Paix, 9 octobre 1907 (II° Conférence de la Paix : Actes et Documents, Tome I, page 281).

tement jusqu'au niveau de l'extérieur les compartiments machine, chaufferie, soute de réservé et cale n° 2.

Nous venons d'être torpillés, par tribord, entre la machine et la chaufferie.

La torpille a été vue par le matelot Amirand, qui se trouvait à la barre, et, quelques instants auparavant, l'élève-mécanicien Héblot avait aperçu le périscope du sous-marin.

Nos signaux de détresse sont aperçus aussitôt par le contre-torpilleur *Sagaie*, un chalutier qui se trouve dans le voisinage et le paquebot *The Queen*, faisant le service Boulogne-Folkestone, qui fait route sur nous à toute vitesse. Pendant ce temps, nous amenons à l'eau trois de nos embarcations, qui vont porter sur le chalutier et le contre-torpilleur un certain nombre de femmes et d'enfants. A ce moment, l'*Amiral-Ganteaume* est complètement désemparé, la machinerie et la chaufferie étant pleines d'eau. *The Queen*, après avoir fait le tour du navire, par une habile manœuvre, vient s'embosser sous le vent. Aussitôt commence le transbordement de nos passagers. Aidé par l'équipage et les passagers du *The Queen*, ce transbordement s'effectue rapidement et sans panique. Je tiens à rendre hommage et à remercier le capitaine, les officiers, l'équipage et les passagers du paquebot *The Queen*, qui, par leur promptitude et leur initiative, nous ont permis de transborder tous nos passagers et d'éviter ainsi une terrible catastrophe. Vers 17 h. 30, le transbordement est terminé ; le paquebot nous quitte.

Entre temps, des remorqueurs sont arrivés sur les lieux. Avec l'aide de l'équipage resté à bord, des remorques sont prises du *Centaure*, du *Champion* et du *Calaisien*. Les cloisons étanches des compartiments avant et arrière résistant bien, nous essayons d'atteindre la rade de Boulogne.

La brise est forte, la mer est grosse ; quatre fois les remorques cassent ; enfin, le 27 octobre, à trois heures, nous mouillons sur rade, en dedans de la digue. Dans la journée du 27, l'eau monte assez rapidement dans la cale n° 3. Dans la crainte qu'une cloison étanche ne vienne à céder et que le navire coule, d'accord avec le commandant du front de mer de Boulogne, par prudence, il est décidé d'échouer l'*Amiral-Ganteaume* dans le fond de la rade sur un banc de vase.

Par suite de l'explosion de la torpille, ont disparu : Henry, graisseur ; Demillière et Guevel, chauffeurs, et Vigot, soutier.

Étant donné les circonstances exceptionnelles et les importantes avaries subies par le navire du fait de l'explosion d'une torpille lancée, je fais toutes protestations et réserves pour sauvegarder mes intérêts et ceux de qui de droit, me réservant la faculté d'étendre le présent rapport si besoin est.

N° 39.

RAPPORT du capitaine de frégate Thélot, commandant le front de mer de Boulogne, à M. le vice-amiral commandant en chef, préfet maritime de Cherbourg.

Boulogne-sur-Mer, le 29 octobre 1914.

J'ai l'honneur de vous rendre compte en détail de l'attaque de l'*Amiral-Ganteaume* par un sous-marin allemand, le 26 octobre, à 16 h. 20, à quatre milles et demi dans le sud-ouest de Gris-Nez, et de l'état du navire après visite des agents du *Veritas*.

L'*Amiral-Ganteaume*, parti de Calais dans l'après-midi, se dirigeait vers La Pallice avec deux mille cinq cents réfugiés des deux sexes, presque tous français, de la région de La Bassée et de Lens, quand, à 16 h. 20, une explosion formidable se produisit à tribord, par le travers des machines, dans une soute à charbon de réserve pleine de charbon. Des débris de fer et de charbon retombèrent en masse sur le pont, mais ne blessèrent grièvement personne.

Une torpille ou une mine venait de heurter la coque. Le capitaine fit des signaux de détresse, et bientôt après, la malle anglaise de Boulogne à Folkestone, qui venait de sortir de Boulogne, accostait le long du bord, malgré le temps peu maniable, et se mettait en devoir de transborder presque tous les passagers, au nombre de deux mille quatre cents environ, puis reprenait sa route vers Folkestone.

Prévenu de l'accident peu de temps après, j'envoyai tous les remorqueurs disponibles, ainsi que le *Holland*, pour participer au sauvetage et prêter assistance au navire torpillé. Heureusement, celui-ci, malgré le remplissage de deux compartiments, continua à flotter, ses cloisons étanches ayant tenu. Il fut alors facile au *Centaure* et aux petits remorqueurs de le ramener dans le port en eau profonde, où j'avais donné l'ordre de l'échouer s'il paraissait ne pas couler rapidement.

Cette opération effectuée, on le remonta encore plus haut le lendemain à la marée, et, à marée basse, les experts purent établir que les avaries étaient les suivantes :

Trois compartiments inondés :

1° La cale n° 2, où le niveau d'eau arrive au faux-pont, soit un cube de deux mille mètres ;

2° Le compartiment des chaudières et machines, où l'eau atteint le fond des cylindres (environ mille mètres cubes), et qui correspond avec le premier par deux tunnels de soutes dont les portes étanches restaient ouvertes à cause des mouvements de charbon ;

3° La cale n° 3, où l'eau filtre du tunnel par le côté tribord.

Les cloisons étanches tiennent très bien, sans que l'on y constate ni déformation, ni infiltration.

Le navire pourrait donc, à la remorque, gagner un port possédant une forme de radoub, Calais par exemple, après quelques mesures de sécurité. Là, une réparation provisoire de courte durée pourrait lui permettre d'atteindre le Havre, où une réparation complète serait entreprise.

Je possède plusieurs morceaux de la torpille automobile lancée, ce qui, péremptoirement, démontre la réalité de l'attaque du sous-marin ennemi, aperçu dans les environs depuis quelques jours. Plusieurs témoins ont d'ailleurs vu un sillage. L'angle d'attaque a dû être compris entre quarante-cinq et soixante degrés.

D'après les témoignages des passagers, la conduite du commandant du *The Queen* a été au-dessus de tout éloge ; son navire, à cause de l'état de la mer, s'est fait des avaries assez sérieuses.

Une cinquantaine de réfugiés ont été sauvés par la *Sagaie* et les remorqueurs. On les a débarqués, restaurés et habillés à Boulogne.

N° 40.

PROCÈS-VERBAL d'examen des débris de l'engin qui a torpillé l'*Amiral-Ganteaume*.

Paris, le 19 décembre 1914.

Le 16 décembre 1914, à neuf heures et demie, un paquet envoyé au Ministre de la Marine par le commandant du front de mer de Boulogne et renfermant les débris de l'engin qui a torpillé l'*Amiral Ganteaume*, a été ouvert au Ministère de la Marine (Direction Centrale des Constructions navales, section des torpilles), en présence de :

> MM. CLAUDEVILLE, *Capitaine de frégate, chef de la section des torpilles ;*
> PESSIOT, *Ingénieur principal des Constructions navales, attaché à la section des torpilles ;*
> LABORY, *Lieutenant de vaisseau, attaché à la section des torpilles ;*
> JAMAIN, *Officier de la Direction des travaux, attaché à la section des torpilles.*

Ce paquet contenait cinq pièces, qui ont donné lieu aux constatations ci-après :

Pièce n° 1.

Cette pièce est constituée par un fragment de tôle d'acier, de 2 mm. d'épaisseur, fixé à une partie de collerette en bronze au moyen de vis-rivets de 4 mm., 5 de diamètre.

Sur la collerette est restée fixée une vis en bronze de 8 mm., portant les repères 2 et B, dont l'axe est *oblique* par rapport à la surface extérieure de la tôle. (La partie de la vis extérieure à la collerette en bronze est faussée, mais la direction de l'axe de la vis peut être déterminée par l'axe du logement de la vis dans la collerette.) On voit également sur la collerette un trou fileté, dont l'axe était manifestement dirigé parallèlement à la tôle avant la déformation de la pièce. Des parcelles de caoutchouc adhèrent encore à la collerette autour de ce trou.

Cette pièce est un fragment de la coque d'une torpille automobile; à la jonction des deux compartiments, l'épaisseur de la tôle est celle des cônes de charge et de l'enveloppe du compartiment des régulateurs des torpilles automobiles ; la collerette en bronze fixée à la tôle a la même forme que les collerettes de jonction des compartiments de torpilles automobiles. La fixation par vis-rivets est employée couramment dans la construction de ces engins. Il en est de même de l'assemblage par vis obliques, usité dans toutes les torpilles automobiles des modèles postérieurs à 1890, et qui n'est pas employé dans la construction des mines sous-marines.

Enfin le trou fileté et les parcelles de caoutchouc qui l'entourent, proviennent évidemment du joint d'une porte qui ne peut être que, soit la porte arrière du cône de charge, soit la porte de visite du compartiment des régulateurs. Étant donné la faible distance du joint au contour extérieur de l'engin, et par suite le grand diamètre de la porte, il s'agit plutôt de la porte arrière d'un cône de charge. En conséquence, la pièce n° 1 est un fragment du cône de charge d'une torpille automobile.

Pièce n° 2.

La pièce n° 2 est un fragment de tôle, repliée par l'explosion, qui a 1 mm., 5 d'épaisseur et est recouverte sur une face d'une peinture au vermillon.

Cette pièce peut provenir d'une porte de visite d'un compartiment de torpille automobile (porte arrière du cône de charge ou porte de visite du compartiment des régulateurs). La peinture au vermillon qui la recouvre est employée couramment pour les torpilles automobiles.

Pièce n° 3.

Cette pièce, en bronze fondu, de 4 mm. d'épaisseur, a été déformée par l'explosion. On peut reconstituer sa forme primitive en remarquant que le filetage qu'elle porte était circulaire. On remarque en outre deux tubulures filetées intérieurement et une amorce de patte. La pièce est peinte au vermillon et porte les repères :

$\mathcal{X}$ $\mathcal{E}$ $\mathcal{L}$ s.

et près du filetage :

10 γ.

Cette pièce provient manifestement d'un corps de machine motrice de torpille automobile. Les preuves sont les suivantes :

1° La peinture au vermillon est employée dans la construction des torpilles automobiles.

2° Le filetage est celui du logement d'un bouchon de tiroir ; sa longueur développée, qui est d'environ 90 mm., correspond au diamètre du bouchon de tiroir des machines motrices des torpilles automobiles Schwartzkopf. (Ce diamètre est de 30 mm. ; la circonférence correspondante est de 94 mm., 2.)

Le pas du filetage, 1 mm., 5, est exactement celui du bouchon de tiroir des machines motrices automobiles Schwartzkopf.

3° Les deux tubulures filetées sont celles des ajutages de prise d'air du cerveau-moteur et du réservoir d'huile B P.

4° La patte attenant à la pièce servait à la fixation d'un réservoir d'huile sur la machine.

5° Tous les filetages sont étamés, ce qui est de pratique courante dans la construction des torpilles automobiles.

Pièce n° 4.

Cette pièce est en bronze fondu, de 3 mm., 5 d'épaisseur, tournée intérieurement, brute de fonderie extérieurement, et ayant été peinte d'une peinture rouge. Une de ses extrémités est filetée au pas de 1 mm., 25 et sur 10 mm. de hauteur.

Ces détails et la forme même de la pièce prouvent qu'elle appartient au corps d'une machine motrice de torpille automobile dans la partie qui porte le plateau central. En particulier, le pas et la hauteur du filetage correspondent à ceux de l'anneau fileté qui fixe le plateau central des machines motrices des torpilles automobiles.

Pièce n° 5.

C'est un bouchon conique fileté en bronze. La hauteur du filetage est de 45 mm. et le pas de 1 mm., 75. Ce bouchon est terminé par une embase portant en son centre un trou carré pour clef de vissage. L'embase est peinte d'une couleur ocre ; l'aspect de la pièce montre qu'elle n'a pas été dévissée fréquemment.

Ce bouchon est manifestement un bouchon de visite d'un fond de réservoir à air de torpille automobile ; sa forme conique est particulièrement typique. La nature du métal de ce bouchon montre que le réservoir à air auquel il appartenait était en bronze.

A notre connaissance, l'usine Schwartzkopf a seule construit des réservoirs à air en bronze.

En outre, la photographie ci-jointe d'un fragment de l'engin qui a torpillé l'*Amiral-Ganteaume* et qui a été recueilli dans une embarcation de ce bâtiment, a été également examinée par nous.

Cette pièce est sans aucun doute un fragment de flotteur arrière de torpille automobile allemande. On voit nettement, en effet, deux échancrures et une amorce d'une troisième, servant à la mise en place des vis obliques de jonction du flotteur arrière ; la tête de l'une de ces vis apparaît dans l'échancrure milieu. Une ouverture circulaire porte les indications allemandes :

Ruder unten ←

et :

Sperrung

qui signifient :

Baisser gouvernail ←

et :

Immobilisation.

Ces inscriptions montrent que cette ouverture est destinée à l'introduction de la clef de manœuvre du mécanisme d'immobilisation de la torpille ; la flèche indique le sens de rotation de la clef qui produit l'abaissement du gouvernail.

En résumé,

Il résulte de l'examen des pièces précitées que l'engin qui a torpillé l'*Amiral-Ganteaume* est bien une torpille automobile de construction allemande.

Signé : CLAUDEVILLE — PESSIOT — LABORY — JAMAIN.

N° 41.

RAPPORT du capitaine au long-cours MATTEÏ (Jean), second du vapeur *Mira*, à M. le capitaine de vaisseau, chef de division des flottilles de l'Adriatique.

Bord *Marceau*, Brindisi, le 19 mai 1916.

COMMANDANT,

J'ai l'honneur de vous informer que le 15 mai, à 16 h. 45, me trouvant par latitude 37°05 N., longitude 16°07 O., j'ai aperçu, sur notre sillage, la silhouette d'un sous-marin, et au même instant, ai entendu un coup de canon, dont le boulet est venu tomber à une vingtaine de mètres de notre arrière. Le commandant donna aussitôt l'ordre de hisser le pavillon national, fit mettre la machine à toute allure et fit commencer le tir tout en zigzaguant.

Au début, les boulets du sous-marin tombaient à une distance assez éloignée du bord, trop long, trop court, à droite, à gauche ; mais, vers dix-huit heures, ayant peut-être repéré le calibre de notre pièce, il s'approcha de nous et put ainsi rectifier son tir. Nous reçumes alors plusieurs éclats d'obus, ainsi qu'un boulet qui, traversant la cheminée, tomba sur la passerelle et blessa le premier lieutenant, M. Thevencau.

A 18 h. 20, ayant épuisé toutes nos munitions (deux cents coups) et jugeant notre position intenable, le commandant donna l'ordre d'abandonner le navire, ce que l'équipage fit dans le calme le plus parfait. Le tir du sous-marin cessa aussitôt que nos embarcations quittèrent le bord. Vers dix-neuf heures, nous aperçumes une gerbe d'eau qui s'éleva à trente mètres environ de hauteur à l'arrière du navire, et quinze minutes après, le vapeur disparaissait.

Le sous-marin, après avoir accompli son acte de piraterie, s'approcha de nos embarcations et nous fit signe de l'accoster. Le commandant du sous-marin demanda à mon capitaine les papiers du bord ; il lui répondit qu'il les avait laissés sur le navire, (mais en réalité, ils ont été immergés dans un sac à cet effet). « Montez à bord », lui dit alors le commandant du sous-marin ; s'adressant ensuite à nous tous, il nous traita de pirates et de vampires, et il ajouta que nous n'étions pas des soldats et que nous avions violé le droit des gens en nous défendant par le canon. « C'est pour cette seule raison que je garde votre capitaine prisonnier ; il sera conduit en Allemagne, jugé et fusillé. Quant à vous autres, n'essayez pas de recommencer. Vous pouvez vous éloigner. »

J'ai fait route au N.-O. pour atterrir en Sicile, et, vers 23 h. 30, j'ai aperçu des chalutiers auxquels je fis des signaux par le moyen de nos feux Costons ; ces bateaux se sont rapprochés de nous prudemment et nous ont accueillis à leur bord, où nous avons reçu les soins les plus dévoués.

N° 42.

RAPPORT DE MER du capitaine Béridon, commandant le vapeur *Socoa*.

26 août 1916.

Je soussigné, capitaine du vapeur affrété *Socoa*, du port de Bayonne, certifie être parti de Cardiff le mercredi 16 août, à onze heures du matin, avec un complet chargement de charbon à destination de Bizerte pour ordres, les panneaux hermétiquement clos et le navire en parfait état de navigabilité. Navigué au départ et jusqu'à Gibraltar suivant les instructions de l'Amirauté anglaise ; passé Gibraltar et arraisonné le 23 août, vers 2 h. 40 ; accentué le service de veille, continué ma route et atterri aux Habibas le 24, vers une heure.

De ce point, longé la côte d'Algérie, en passant, suivant les instructions verbales reçues à Sidi-Abdallah le 31 juillet, à quatre ou cinq milles des pointes ; arraisonné le 25 août, vers 8 h. 45, par patrouilleur français ; échangé les signaux de reconnaissance, mon port de départ, celui de destination, sans aucune autre instruction spéciale. Nord et sud du cap Carbon vers 12 h. 40 ; continué ma route pour passer à deux ou trois milles du cap Bougaroni, que je comptais atteindre dans la soirée (à la nuit), lorsque, vers 15 h. 20, le navire reçut un choc violent, en même temps qu'une forte explosion dans la partie avant, approximativement un peu sur l'avant du travers de la cale n° 1. Les panneaux de cette cale, ainsi que le mât de charge furent projetés à une grande hauteur, en même temps qu'un épais nuage de poussière de charbon et d'eau rendait tout l'avant invisible.

Nous venions d'être torpillés par un sous-marin en plongée, et ce, sans avis préalable. Malgré la veille très sévère observée, rien d'anormal n'avait été aperçu à la surface de l'eau, qui n'était que très peu agitée.

Presque aussitôt, le navire piqua de l'avant d'une façon inquiétante ; ce voyant, je stoppai la machine et mis les hommes au poste d'abandon. Le nuage de poussière avait à ce moment disparu ; le navire avait le cap sur la terre ; j'essayai de découvrir le sous-marin, mais celui-ci resta en plongée. Les baleinières furent mises à la mer avec un ordre parfait, et après m'être assuré que tout mon équipage y avait pris place, j'embarquai à mon tour et nous nous écartâmes du navire, qui continuait toujours à enfoncer de l'avant. Un vapeur espagnol, le *Pelayo*, de Barcelone, qui, avant le torpillage, naviguait parallèlement à nous et à deux milles environ sur notre côté bâbord, témoin de l'acte brutal qui venait en quelques secondes de détruire mon pauvre navire, stoppa, et nous allâmes sur lui. Pendant que nous nous dirigions sur le *Pelayo*, le sous-marin émergea, se dirigea sur le *Socoa* et, à faible distance, rapidement, tira quatre ou cinq coups de canon par le travers de la machine. Quelques instants après, un signal hissé sur le sous-marin enjoignait au capitaine espagnol d'envoyer ses papiers à bord.

La baleinière était accostée le long du sous-marin, lorsque deux coups de canon furent entendus, et aussitôt le sous-marin plongea. La baleinière du *Pelayo* revint à son bord, et nous apprîmes que le sous-marin avait gardé avec lui les papiers de ce dernier, prévenant l'officier de se tenir prêt à évacuer le bord. Un yacht anglais, celui qui avait tiré les deux coups de canon, arriva sur les lieux. Nous quittâmes alors le *Pelayo*, le long du bord duquel nous étions provisoirement amarrés, et nous nous dirigeâmes sur le *Socoa*, bientôt rattrapés par le torpilleur *Tramontane*, qui avait entendu les détonations du canon et arrivait sur nous à toute allure. Le commandant nous prit à son bord, et peu d'instants après le *Socoa* s'engloutissait. La position approchée du navire au moment du torpillage était L. 37° 06′ G. 5° 28′ E. G.

Le présent rapport, que je certifie sincère et véritable, a été dressé tant pour ma décharge

5..

personnelle que pour les intérêts de mes armateurs, me réservant le droit de l'amplifier le cas échéant.

Le Capitaine,

Signé : Z. BERIDON.

N° 43.

RAPPORT DE MER du capitaine LEANDRI LUCCHINO, commandant le brick-goëlette *François-Joseph*.

Parti de Beni-Saf (Algérie) avec un complet chargement (125 tonneaux) de bois de Tissera, chargé par Bergeand et fils, Oran, à destination du port Saint-Louis-du-Rhône à ordre.

Le 24 août 1916, à 21 heures, appareille avec vent à la terre, navigue par beau temps, vent de la partie est, jusqu'au 27 courant au matin. Je me trouve alors à vingt-cinq milles au sud du cap Saint-Antonio (Espagne). A sept heures, j'entends six coups de canon. Le vent ayant passé au sud, faible brise, fais route pour passer au large de l'île Dragonera (Espagne). Le 29 courant, à six heures du soir, je suis à environ soixante milles dans le nord de ce point, lorsque, à 17 h. 30, j'entends une détonation et aperçois un sous-marin allemand. Comprenant que c'est un avis de m'arrêter, mon canot étant depuis quelques jours prêt avec tout l'indispensable, hissé et saisi en dehors du navire sur ses palans, j'ordonne de l'amener. La mer est très grosse, la manœuvre délicate et périlleuse. Trois à quatre minutes s'écoulent; un autre coup de canon; le sous-marin est à quelques cents mètres de nous. Le canot à la mer, les hommes montent dessus; je m'affale par l'arrière, avec les papiers du bord. Aussitôt que je suis sur le canot, mon navire reçoit deux projectiles à bâbord avant. Quoique bien atteint, mon navire ne coule pas vite; le sous-marin s'approche de lui et stoppe. Quelques minutes se passent, et mon bateau pique de l'avant, penché sur tribord, et disparaît.

Le sous-marin s'approche de nous, me demande les papiers du bord, que je passe à un des siens, qui me fait signe de m'éloigner. La mer est grosse, mauvais temps; je file vent arrière et mets cap au nord. La mer grossit de plus en plus, vent frais, mauvais temps, gouverne toujours en fuite à la lame. Le 30 courant, mer démontée, temps à grain, pluie et vent. Je navigue ainsi, par mauvais temps et comme nous avons pu, jusqu'à midi. Le vent passe au nord sous un grain, souffle frais; mets vent arrière et gouverne cap au sud.

Ce même jour, à vingt-deux heures, j'aperçois le feu de Dragonera, me dirige dessus et force rames et voile; à neuf heures du matin, le 31, je suis près de terre, aborde à Saint-Elme à dix heures, mes hommes exténués de fatigue et de privations. Les habitants nous ont accueillis, aidés, et se sont conduits d'une façon parfaite à notre égard, et nous avons reçu tout le nécessaire.

En foi de quoi, je dresse le présent pour valoir devant qui de droit.

Palma (île Majorque),

Signé : LEANDRI.

Pour copie conforme :

Palma, le 2 septembre 1916,

Le Consul de France,

Signé : MARCHAND.

N° 44.

DÉPOSITION faite, le 14 avril 1916, à BOULOGNE-SUR-MER, devant la Commission d'enquête.

MONARD (Pierre-Jean-Baptiste), 42 ans, patron au bornage du bateau de pêche la *Jeannette*, du port de Boulogne-sur-Mer :

Je jure de dire la vérité.

Le jeudi 6 avril courant, vers huit heures trente du soir, nous trouvant à douze milles au sud-ouest de la pointe Sainte-Catherine (île de Wight), nous avons aperçu, par tribord de nous, un sous-marin qui faisait route vers l'est. A une encablure, il a viré de bord brusquement et est venu nous accoster par bâbord arrière. Deux hommes, revolver au poing, sont alors montés sur la *Jeannette* et nous ont adressé en allemand quelques mots que nous n'avons pas compris. Je me suis avancé ; l'un d'eux, que je suppose être un officier, m'a immédiatement saisi par le bras et m'a fait entendre que je devais quitter sur-le-champ mon bateau avec mes hommes. Pendant la manœuvre du canot, pour nous faire accélérer le mouvement, il a tiré un coup de revolver en l'air. Nous sommes alors partis dans notre canot, dix-sept hommes, deux mousses et moi. Heureusement le temps était beau et la mer n'était pas mauvaise.

Dix minutes après, nous avons entendu deux sourdes détonations et nous nous sommes rendu compte que la *Jeannette* venait de sauter. Il est incroyable qu'on puisse ainsi attaquer un simple bateau de pêche.

La *Jeannette* jaugeait cent dix-huit tonnes ; quand elle a été accostée par les Allemands, nous nous rendions à la pêche au maquereau.

Après lecture, le témoin a signé avec nous.

N° 45.

RAPPORT de l'Inscription maritime, quartier de BOULOGNE, sur la destruction du voilier de pêche *Jeannette*.

Boulogne, le 7 avril 1916.

Le 6 avril 1916, vers huit heures trente du soir, par beau temps, mais nuit obscure, la *Jeannette*, jaugeant 151 tx. 56, vingt hommes d'équipage, se trouvait à environ douze milles dans l'O. quart S.-O. du feu de Sainte-Catherine (île de Wight), faisant route à l'ouest, pour se rendre à la pêche au maquereau dans le sud de l'Irlande.

La bordée de quart, composée de trois hommes, vit, à environ une encablure par tribord, entre la terre et le bâtiment, une masse sombre, basse sur l'eau.

Comme le bâtiment aperçu continuait sa route à l'est, les matelots crurent que c'était un torpilleur anglais en patrouille. Ils avertirent cependant le patron, qui monta aussitôt sur le pont. A peine monté, ce dernier constata que le bâtiment virait de bord et venait sur lui en vitesse, avec l'intention évidente d'accoster la *Jeannette* par l'arrière, et, à la lueur du feu de poupe, il se rendit compte qu'il avait affaire à un sous-marin.

Quelques instants s'étaient à peine écoulés, que le navire accostait la *Jeannette* par bâbord arrière.

Un homme armé interpella immédiatement l'équipage en allemand, lui désignant le canot

5...

de l'arrière, que quelques hommes, comprenant le danger immédiat, avaient commencé à dégager des portemanteaux.

Survint presque aussitôt un second ennemi, revolver au poing, qui fit comprendre aux matelots par une mimique expressive qu'ils devaient se hâter de quitter le navire.

Le patron Monard voulut aller au poste d'équipage prendre les papiers du bord ; il en fut brutalement empêché, et poussé vers le canot, dans lequel il prit place avec ses hommes. Les actes de violence dont il était l'objet avaient été appuyés d'un coup de revolver tiré en l'air, presque à son oreille.

Embarqué le dernier, le patron donna ordre à son équipage de rallier la terre.

Le canot était à peine à quelques brasses, que déjà les marins ennemis avaient enlevé les feux de position et le fanal blanc de poupe, ce fanal blanc servant à opérer une perquisition sur le pont du voilier, ainsi qu'il résulte des dépositions unanimes des sinistrés. L'équipage ne se trouvait pas à plus de trois à quatre cents mètres de la *Jeannette*, quand deux explosions sourdes lui firent comprendre que l'ennemi tentait de couler le navire au moyen de bombes, placées probablement dans la cale. Ce résultat fut-il atteint ? La nuit très noire ne permit pas de l'apprécier.

Après avoir ramé pendant cinq heures, l'équipage atteignit la côte anglaise vers une heure du matin, mais en un point si difficile, que le patron crut préférable d'attendre le jour pour débarquer à un endroit accessible. Enfin, à cinq heures du matin, l'atterrissage se fit dans la baie de Bigstone, dans les meilleures conditions.

L'équipage a été rapatrié par les soins du consul de France, et débarqué à Dieppe le lundi 10 avril.

A signaler, en terminant, qu'aucun homme de l'équipage n'a pu distinguer la moindre marque sur le sous-marin, qui paraissait avoir une cinquantaine de mètres de long.

CONCLUSION. — La responsabilité du patron Monard n'est pas engagée dans ce sinistre, qui ne peut être considéré comme un accident de navigation aux termes de la loi du 10 mars 1891. Il semble au contraire, d'après les témoignages de l'équipage, qu'il a fait preuve d'un grand sang-froid.

L'Inspecteur de la Navigation,

Signé : MONBON.

L'Administrateur de l'Inscription maritime,

Signé : DEMOLIÈRE.

N° 46.

EXTRAITS DES INTERROGATOIRES dressés, le 7 juin 1916, à FÉCAMP (Seine-Inférieure), par M. VIGNOLE, administrateur de l'Inscription maritime.

DAUSSY (Placide-Eugène), capitaine au cabotage, inscrit à Fécamp, n° 275, commandant le trois-mâts *Bernadette* :

D. — *Nom du navire, nationalité, etc.?*

R. — *Bernadette*, trois-mâts goëlette français ; tonnage brut, 486 tonneaux 48 ; armateur, Morue française et Sécheries de Fécamp ; affréteurs, néant ; port de départ, Fécamp ; destination, pêche de la morue sur le grand banc de Terre-Neuve.

D. — *Position du navire, date et heure, au moment où le sous-marin fut aperçu?*

R. — Le 1ᵉʳ mai, à deux heures du soir, nous nous trouvions environ par 49° 5′ de latitude N. et 10° 40′ O., lorsque nous aperçûmes le sous-marin.

D. — *Quand le navire fut abandonné?*

R. — Aucune différence de position sensible.

D. — *Quand le navire fut coulé?*

R. — Aucune différence de position sensible.

D. — *Route et vitesse du navire au moment où le sous-marin fut aperçu?*

R. — Le navire faisait route au S. 87° O., avec une vitesse de cinq nœuds environ.

D. — *État du temps et de la mer?*

R. — Assez beau temps, mer déjà houleuse; vent d'est; temps clair.

D. — *Route et vitesse du sous-marin?*

R. — Le sous-marin faisait route au sud; peut-être une dizaine de nœuds comme vitesse. Il a été aperçu par le travers à tribord, à cinq ou six cents mètres.

D. — *Le sous-marin portait-il des couleurs?*

R. — Le sous-marin portait le pavillon allemand au pied du kiosque lorsqu'il fut aperçu.

D. — *Le sous-marin fit-il des signaux?*

R. — Il nous fit le signal AB du code (1).

D. — *Quelle manœuvre fit-on après avoir aperçu le sous-marin?*

R. — Nous avions mis au travers aussitôt, hissé le pavillon français et mis les embarcations à la mer.

D. — *Y avait-il d'autres navires en vue?*

R. — Aucun navire en mer.

D. — *Le navire fit-il des signaux de détresse?*

R. — Non.

D. — *A quelle heure et à quelle distance le sous-marin ouvrit-il le feu?*

R. — Le sous-marin a ouvert le feu à deux heures de l'après-midi, à une quarantaine de mètres du bord.

D. — *Combien de coups de canon le sous-marin tira-t-il avant et après l'abandon du navire?*

R. — Le sous-marin n'a tiré qu'après l'abandon du navire; il a tiré six coups de canon. Il tirait avec une vitesse de deux coups par minute.

D. — *Combien de fois le navire fut-il touché avant d'être abandonné?*

R. — Le navire a été abandonné avant d'avoir été touché.

D. — *Combien de fois le navire fut-il touché après avoir été abandonné?*

R. — Six fois; deux à l'arrière et quatre sur les côtés.

---

(1) Ce signal signifie : « Abandonnez le bâtiment immédiatement ».

D. — *Quel était le calibre et le modèle de l'armement?*

R. — Il n'y avait aucune pièce à bord.

D. — *Comment le navire fut-il coulé?*

R. — Le navire fut coulé en quatre ou cinq minutes par les coups de canon; le capitaine l'a vu couler.

D. — *Le navire fut-il accosté par l'ennemi?*

R. — Non.

D. — *Y a-t-il eu des tués et des blessés?*

R. — Non.

D. — *Quels étaient le nombre et la nationalité des passagers et des membres de l'équipage? Quelle fut leur attitude?*

R. — Trente-quatre hommes d'équipage, tous Français. Pas de passagers. Attitude entièrement correcte.

D. — *Que devinrent les passagers et l'équipage après l'abandon du navire?*

R. — L'équipage a été réparti entre la chaloupe et six doris, à raison de neuf hommes dans la chaloupe, cinq hommes dans un doris et quatre hommes dans chacun des autres doris. Toutes les embarcations ont pris la direction du N.-E. pour élargir un peu notre secteur; mais à la nuit, les embarcations, ne possédant pas de fanal, se sont perdues de vue.

Le 2 mai au matin, notre doris était complètement isolé des autres; nous avons continué notre route vers l'est et nous avons parcouru environ quarante milles à l'aviron. Le soir, vers neuf heures, n'ayant aucun moyen de direction et le temps étant couvert, nous sommes restés en dérive; vers onze heures, nous avons aperçu un vapeur à cent mètres de nous. Nous nous sommes approchés, et il nous a pris à son bord. C'était le vapeur norvégien *Falkland,* qui nous a débarqués à Philadelphie le 19 mai 1916.

D. — *Quelle route faisait le sous-marin lorsqu'il fut vu pour la dernière fois?*

R. — Il est parti vers l'est, en surface.

D. — *Le capitaine fut-il interrogé par les officiers du sous-marin?*

R. — Non.

D. — *Vos embarcations de sauvetage contenaient-elles bien les agrès, les vivres réglementaires, ainsi que de l'eau potable?*

R. — La chaloupe ne contenait pas de vivres, car elle se trouvait chavirée sur les panneaux; toutefois les vivres devant y être embarqués étaient disposés; les deux doris de sauvetage contenaient leurs vivres réglementaires. J'avais fait disposer, en plus, six doris prêts à mettre à la mer. Lorsque nous avons été forcés d'abandonner le navire, les deux doris de sauvetage se sont remplis le long du bord en les mettant à la mer. On en a mis sept autres, dont un s'est rempli; la chaloupe a été également mise à la mer, mais toutes ces embarcations étaient dépourvues de vivres.

David (Florentin-Léopold), matelot, inscrit à Fécamp, n° 1497, second du trois-mâts *Bernadette,* fait une déclaration conforme à celle du capitaine Daussy et déclare n'avoir rien à y ajouter.

(Suivent les signatures.)

N° 47.

EXTRAITS DES INTERROGATOIRES dressés, le 9 mai 1916, à Fécamp (Seine-Inférieure), par M. Vignole, administrateur de l'Inscription maritime.

Recher (Albert-Joseph), matelot à bord du trois-mâts *Bernadette* :

. . . .

D. — *Quelle manœuvre fit-on après avoir aperçu le sous-marin?*

R. — Nous avons lofé aussitôt, mis sur le mât et hissé le pavillon français.

D. — *Y avait-il d'autres navires en vue?*

R. — Aucun bateau en mer.

D. — *A quelle heure et à quelle distance le sous-marin ouvrit-il le feu?*

R. — Le sous-marin a ouvert le feu dès qu'il a vu que toutes les embarcations s'étaient éloignées du bord; il se trouvait à une cinquantaine de mètres de la *Bernadette*.

D. — *Combien de coups de canon le sous-marin tira-t-il avant et après l'abandon du navire?*

R. — Il a tiré deux coups de canon par tribord, a fait le tour du navire, a tiré deux nouveaux coups à bâbord. Il y avait un intervalle d'une minute environ entre chaque coup dans chaque groupe.

D. — *Que devinrent les passagers et l'équipage après l'abandon du navire?*

R. — L'équipage a été réparti entre la chaloupe et six doris, à raison de dix hommes dans la chaloupe et quatre hommes dans chaque doris. Au départ du navire, les embarcations se sont rangées en ligne de file, cap à l'est; mais la nuit, le doris dans lequel nous nous trouvions a perdu de vue les autres embarcations. Nous avons toujours fait route à l'aviron vers l'est, et le 2 mai, à 4 h. 30 du soir, nous étions recueillis par un chalutier belge d'Ostende, le *Gaby* (n° 82 d'Ostende). Nous nous trouvions à ce moment à 180 milles dans l'ouest de Bishop. Nous avons prévenu le capitaine du chalutier que nos camarades étaient en perdition; il a fait des recherches pendant six heures, mais sans rien découvrir. Ne voyant rien, il a fait route sur Milford-Haven, son port d'attache, où nous sommes arrivés le jeudi 4 mai, à cinq heures du matin.

D. — *Quelle route faisait le sous-marin lorsqu'il fut vu pour la dernière fois?*

R. — Il est parti à toute vitesse cap à l'est, en surface.

D. — *Le capitaine fut-il interrogé par les officiers du sous-marin?*

R. — Le capitaine ne fut pas interrogé. Il ne lui fut même pas permis de se rendre à bord du sous-marin, comme il en avait manifesté l'intention.

Les matelots Olingue (Émile-Jean-Baptiste), Friboulet (Pierre-Émile-Louis) et Poret (Eugène-Firmin) font une déclaration conforme à celle du matelot Recher et déclarent n'avoir rien à y ajouter.

(Suivent les signatures.)

N° 48.

EXTRAIT DE L'INTERROGATOIRE des matelots du trois-mâts *Bernadette :* Coquin (Henri), Rouxel (Emile), Diaume (François), dressé, le 10 mai 1916, à Rochefort-sur-Mer, par M. Le Breton, inspecteur de la navigation.

(Les trois hommes interrogés ici se trouvaient, avec un quatrième homme, dans le même doris. Dans la nuit du 1ᵉʳ au 2 mai, ce doris a perdu de vue les autres embarcations du bord.)

....

Depuis le départ du bord, nous avions fait route à l'E.-N.-E. Au jour, le 3, nous avons fait route au S.-S.-O. Le temps, devenu mauvais, était en coup de vent.

Le quatrième matelot, Blondin (Gaston), de Fécamp, a été enlevé par la mer, vers dix heures, le matin du 4.

Nous avons continué la même route jusqu'au 5 au soir, par temps toujours aussi mauvais. Nous avons fait alors route à l'E.-S.-E., jusqu'au moment où le vapeur anglais *Tweeddales*, capitaine Adam, allant à Glasgow, nous a pris. Nous étions à environ 420 milles dans l'O.-N.-O. de Rochefort. Le vapeur nous a conduits en rade de l'île d'Aix.

Nous avons embarqué sur le doris rien qu'avec les effets que nous avions sur nous. Nous n'avions pas pris le temps d'embarquer de l'eau et des vivres dans le doris. Nous sommes restés les six jours sans manger ni boire. Nous avons été très bien traités à bord du vapeur anglais : on nous a restaurés et donné tout ce qu'il nous fallait.

(Suivent les signatures.)

———————

N° 49.

EXTRAITS DE L'INTERROGATOIRE des matelots du trois-mâts *Bernadette :* Georgelin (Victor), Collet (Francis), Bertin (Julien), Malandain (Gabriel) et Hodierne (Aristide), dressé, le 16 mai 1916, à Marseille, par le capitaine de frégate Fauré.

. . . .

D. — *Quelle manœuvre fit-on après avoir aperçu le sous-marin ?*

R. — On est venu au vent ; on a halé tous les focs et coupé les drisses de perroquet. On a mis à la mer les chaloupes et six doris.

D. — *Y avait-il d'autres navires en vue ?*

R. — Il n'y avait aucun navire en vue.

D. — *Combien de coups de canon le sous-marin tira-t-il avant et après l'abandon du navire ?*

R. — Il ne tira pas avant l'abandon du navire. Après l'abandon, il tira quatre coups sur le côté tribord du navire, à raison d'un coup à la minute environ. Ensuite, il passa sur l'arrière à le toucher, puis envoya de très près deux coups de canon sur la bande bâbord arrière.

D. — *Que devinrent les passagers et l'équipage après l'abandon du navire ?*

R. — Huit hommes de l'équipage prirent place dans la chaloupe ; le reste de l'équipage fut réparti entre six doris. Le capitaine et le second étaient dans le même doris. Jusqu'à la nuit les embarcations firent route vers l'est. Le doris contenant les cinq matelots sauvés par le *Gloria* n'avait pas de compas. Les embarcations se sont séparées dans la nuit. Au jour, le doris contenant les cinq matelots sauvés était seul. Il n'y avait pas d'eau à son bord, mais seulement un peu de pain. Il a continué à faire route à l'aviron vers l'est, debout au vent. A la nuit tombante, vers huit heures du soir, le 2 mai, le doris fut aperçu par le vapeur suédois *Gloria*, qui prit à son bord l'équipage du doris et embarqua le doris. Il déposa à Gibraltar les cinq marins, le 9 mai.

(Suivent les signatures.)

N° 50.

EXTRAIT, communiqué par le Ministère de la Marine, d'un rapport concernant l'équipage rescapé du trois-mâts *Bernadette*.

. . . .

Le vapeur espagnol *Beyona*, allant de Barry Docks à Gênes avec un chargement de charbon, a débarqué dans ce port, à son arrivée, le 17 mai, le nommé Alexandre Créquy, âgé de vingt-neuf ans, originaire de Saint-Valery-en-Caux, qu'il avait recueilli le 8 mai à treize heures, par 47° 10' de latitude et 7° 6' de longitude ouest Greenwich.

Créquy avait quitté Fécamp le 25 avril, dans l'après-midi, sur le trois-mâts goëlette. *Bernadette*, capitaine Daussy, qui se rendait à Terre-Neuve pour la campagne de pêche ; l'équipage de la *Bernadette* était de trente-trois hommes.

Le 1er mai, vers quatorze heures, un sous-marin allemand sortit de l'eau à quelques centaines de mètres du voilier. C'était un grand sous-marin, pourvu d'une plate-forme supérieure munie d'un mât, sur lequel furent hissés des signaux dont Créquy ignore le sens. Le capitaine ordonna de mettre les embarcations à la mer, et l'équipage prit place dans une chaloupe pouvant contenir douze hommes, et cinq doris pour quatre hommes, trois autres doris étant complètement inutilisables. Dès que l'équipage se fut embarqué, le sous-marin ouvrit le feu sur la *Bernadette*, qui coula après cinq ou six coups de canon, puis disparut.

Le temps était calme, et on se trouvait à environ 180 milles des côtes de France.

La nuit étant survenue, Créquy ne tarda pas à perdre les autres embarcations et resta seul avec ses trois compagnons de doris : Louis Lemarchand, de Saint-Valery-en-Caux ; un marin breton très alcoolique, nouveau venu à bord, surnommé le père Trembleur, et un autre marin breton dont il ignore également le nom. Ils n'avaient pour toutes provisions qu'un pain de six livres, qui fut mangé pendant la nuit, et pas d'eau potable.

Le temps se maintint au beau pendant toute la journée du 2 mai. Créquy but son urine pour se maintenir ; ses compagnons se rincèrent la bouche avec de l'eau de mer. Le 3 mai, la mer étant devenue plus agitée, le père Trembleur devint fou et se jeta trois fois à l'eau. Deux fois sauvé par Créquy, il coula la troisième fois. Un vapeur passa à deux milles sans voir les signaux des naufragés. Le 4 mai, le temps s'étant remis au beau, Créquy monta une voile à l'aide d'un aviron et d'une vareuse, et fit route au sud-est. Le 5 mai, le troisième matelot breton mourut d'inanition. Le 6, un vapeur anglais étant passé sans apercevoir leurs signaux, Créquy et Lemarchand durent se résoudre à jeter le cadavre à la mer. Quelques heures après, Lemarchand décédait à son tour. Créquy passa la journée du 7 immobile auprès du cadavre, ayant perdu un de ses avirons pendant la nuit. Il fut enfin recueilli le 8 par le *Beyona*, qui aperçut ses signaux. Le commandant de ce navire fit immerger le corps de Lemarchand et prodigua à Créquy des soins empressés et intelligents.

Créquy a été rapatrié le 18, via Menton-Nice, par les soins du Consulat général de France à Gênes.

N° 51.

DÉPOSITION reçue, le 19 octobre 1916, à Fécamp (Seine-Inférieure), par M. Hamel, juge de paix, agissant en exécution d'une commission rogatoire, en date du 16 octobre, de la Commission d'enquête.

Rouxel (Émile), 29 ans, marin, demeurant à Fécamp :

Serment prêté.

Je suis parti de Fécamp sur le navire *Bernadette*, le 26 avril 1916, à destination des bancs de Terre-Neuve.

Nous avons navigué sans incident jusqu'au 1er mai.

Ce jour-là, nous étions à deux cents milles environ dans l'ouest de la côte d'Irlande. A deux heures de l'après-midi, j'étais au travail sur le pont, avec tous les autres hommes de l'équipage, quand un sous-marin a émergé par tribord de nous, à une distance d'un demi-mille environ ; il nous a immédiatement donné l'ordre, par des signaux, d'évacuer sans délai notre navire.

Le capitaine a fait mettre immédiatement la chaloupe et neuf doris à la mer ; mais, malheureusement, trois de ces doris, contenant du pain et de l'eau, ont coulé en les débarquant.

J'ai embarqué dans un de ces doris, avec trois autres de mes camarades.

Tous les doris sont partis sans vivres ; le capitaine, sachant cela, s'est embarqué dans un doris pour aller trouver le commandant du sous-marin et lui demander de lui accorder le temps de prendre des vivres pour tous les hommes de l'équipage ; mais le commandant du sous-marin, le voyant se diriger vers lui, lui a fait signe de ne pas approcher.

Dès que nous fûmes tous dans les embarcations, le sous-marin, portant pavillon impérial allemand, se mit à canonner le navire *Bernadette*, qui coula en moins de cinq minutes, après avoir reçu six obus.

Le sous-marin fit ensuite le tour du groupe de nos embarcations à faible distance, et disparut enfin dans le sud-est.

Les sept embarcations restèrent ensuite groupées jusqu'à la nuit, faisant route vers l'est, dans l'espoir d'atteindre la côte anglaise.

Le temps était maniable, malgré une assez forte houle ; mais pendant la nuit du 1er au 2 mai, les embarcations se dispersèrent, et pour notre compte, quand le jour se leva, nous nous trouvâmes seuls sur la mer.

Je suis resté, ainsi que deux autres de mes camarades, six jours et six nuits dans notre doris, car le quatrième qui se trouvait avec nous est tombé à la mer, et il nous a été impossible de le sauver.

Le 6 mai, vers six heures du matin, nous avons été recueillis par un vapeur anglais qui nous a débarqués à Rochefort. Je ne me rappelle pas le nom de ce navire.

Le sous-marin allemand ne nous a pas donné le temps d'emporter des vivres ni des vêtements suffisants.

Sur les trente-quatre hommes composant l'équipage du navire *Bernadette*, vingt-quatre seulement ont été sauvés.

Lecture faite, le témoin déclarant persister dans sa déposition, mais ne savoir ni écrire ni signer, nous avons seul signé avec le commis-greffier.

N° 52.

EXTRAIT, communiqué par le Ministère de la Marine, d'un rapport du chef guetteur du sémaphore de Bihit (Côtes-du-Nord), sur la destruction de quatre bateaux de pêche, le 7 septembre 1916.

. . . .

Vers 17 h. 45, ayant aperçu quatre embarcations à l'aviron arrivant à Trouzoul, je suis allé aux renseignements et ai appris ce qui suit :

Vers 12 h. 3o, un sous-marin a émergé brusquement à une centaine de mètres d'un bateau de pêche, sur lequel il tira à coups de fusil, en lui faisant signe d'approcher. Ayant fait embarquer l'équipage dans le canot, il fit ensuite monter trois hommes sur le sous-marin, qui furent remplacés dans le canot par des Allemands qui allèrent ensuite couler successivement les quatre bateaux se trouvant sur les lieux; après avoir enlevé compas, bougies et pavillon, la destruction se fit au moyen de boîtes de dynamite.

Ces bateaux sont : *Jeanne-d'Arc*, n° 2099, et *Emma*, n° 2536, Paimpol, montés respectivement par cinq hommes; *Léo-Nine*, n° 2675, Paimpol, et *Farfadet*, n° 1285, Morlaix, montés par quatre hommes chacun; ils se trouvaient à trois milles environ dans l'ouest des Triagoz; ils furent coulés entre 12 h. 3o et 13 h. 3o, par sept brasses d'eau environ. Les équipages, dont aucun homme n'est blessé, sont partis pour Lannion dans la soirée.

(Suivent les signatures.)

N° 53.

EXTRAITS DE L'INTERROGATOIRE de l'équipage de l'*Emma*, dressé, le 9 septembre 1916, à Lannion, par M. Lerouge, administrateur de l'Inscription maritime.

D. — *Nom du navire?*

R. — *Emma*, bocq, bateau de pêche français, immatriculé à Paimpol, n° 2536; 19 tonneaux 83 de jauge brute. Parti de Paimpol le 3 septembre à destination des Triagoz, pour la pêche aux crustacés; présent sur les lieux de pêche depuis le 4 septembre au matin.

D. — *Position du navire, date et heure, au moment où le sous-marin fut aperçu?*

R. — Plateau des Triagoz, sur la Petite-Fouillie, le 7 septembre, vers 12 h. 3o.

D. — *Route et vitesse du navire au moment où le sous-marin fut aperçu?*

R. — Le bateau était en pêche, à la cape, avec ses casiers, cap au nord, et le sous-marin ne fut aperçu qu'émergeant de l'eau, presque au ras du bord, à une centaine de mètres.

D. — *Le sous-marin portait-il des couleurs?*

R. — Aucun pavillon n'a été hissé. A un seul moment, un matelot a fait voir un pavillon, qu'il n'a déployé qu'à moitié, et dont on n'apercevait qu'un aigle noir au milieu et une croix rouge, le tout sur fond blanc sale. La croix était située dans la partie supérieure du guindant.

Ce pavillon ne fut montré que pour faire approcher du bord le canot contenant l'équipage du bateau *Jeanne-d'Arc*. A ce moment, l'*Emma* était déjà coulé.

D. — *Le sous-marin fit-il des signaux?*

R. — Le sous-marin s'était approché tout près de l'*Emma*, et c'est par signaux à la main qu'un officier essayait de se faire comprendre. Ne sachant pas ce qu'il demandait, le patron de l'*Emma* fit virer de bord. A ce moment, deux coups de canon à blanc furent tirés sur le bateau.

D. — *Le navire fut-il accosté par l'ennemi?*

R. — Après le tir à blanc, le canot de l'*Emma* fut mis à l'eau, et l'équipage se rendit tout entier à bord du sous-marin dans cette embarcation. Le commandant prit à son bord le matelot Richard, le mousse Caous, ainsi que le fils d'un autre matelot, qui se trouvait à bord comme passager. Il fit embarquer dans le canot trois matelots allemands, qui se rendirent à bord de l'*Emma*. L'un de ces matelots prit la barre et fit manœuvrer pour rejoindre les trois bateaux les plus rapprochés de nous (*Jeanne-d'Arc*, *Léo-Nine* et *Farfadet*). Pendant ce temps, le sous-marin s'était rendu également vers ces bateaux et les faisait évacuer. Il prit alors les canots à la remorque, sauf celui de l'*Emma*. Une bombe fut placée successivement dans chacun des quatre bateaux, qui furent tous coulés. L'opération, depuis l'arrivée du sous-marin, avait duré une heure environ. Les matelots allemands revinrent alors à bord du sous-marin, et les hommes de l'*Emma* retenus à bord purent embarquer dans le canot. Le commandant dit alors que les équipages pouvaient s'en aller.

(Suivent les signatures.)

Les interrogatoires des équipages des bateaux indiqués ci-dessous n'apportent aucun fait nouveau aux renseignements fournis par l'équipage du bocq *Emma*. Ils se trouvaient à proximité de ce dernier bateau et dans les mêmes conditions, c'est-à-dire qu'ils étaient présents sur les lieux de pêche (plateau des Triagoz, sud de la Grande-Fouillie) depuis le 4 septembre au matin. Ils ont été coulés au même moment et dans les mêmes conditions, le 7 septembre, vers treize heures. Les équipages se sont sauvés de la même façon.

Il paraît suffisant par suite d'indiquer les caractéristiques des bateaux coulés :

1° Bocq *Léo-Nine*;

2° Bocq *Jeanne-d'Arc*;

3° Bocq *Farfadet*.

Lannion, le 9 septembre 1916.

L'Administrateur de l'Inscription maritime,
Signé : LEROUGE.

N° 54.

RAPPORT de M. l'administrateur de 1ʳᵉ classe de l'Inscription maritime LAPLANCHE, à M. le vice-amiral commandant en chef, préfet maritime à BREST.

Concarneau, le 30 janvier 1917.

AMIRAL,

Comme suite à ma lettre du 28 courant, j'ai l'honneur de vous faire connaître que je me suis rendu hier 29 à Raguenez, commune de Névez, avec M. le vice-consul de Norvège.

En arrivant à Névez, j'ai été douloureusement surpris d'apprendre de la bouche du maire de cette commune que sa note de la veille, écrite à la hâte, était erronée. Il m'avait, en effet, avisé que l'équipage d'un bateau norvégien torpillé, composé de seize hommes, dont dix morts et six vivants, avait atterri dans la journée à Raguenez. Mais les naufragés n'étaient pas tous étrangers.

Dans une chapelle désaffectée, où on venait de les déposer quelques minutes avant mon arrivée, deux groupes de cadavres. Cinq étrangers, dont trois Norvégiens, un Suédois et un Hollandais. A côté de ces cinq victimes de la barbarie allemande, six victimes du devoir. J'étais devant les cadavres de six de mes administrés de l'année dernière, que j'identifiais facilement. La moitié de l'équipage du canot de sauvetage de l'île d'Yeu avait trouvé une mort horrible en accomplissant son devoir.

Parti vendredi à midi de Port-Breton, île d'Yeu, au secours des naufragés norvégiens qu'on venait de signaler, le canot de sauvetage de l'île d'Yeu, après avoir sauvé ces derniers, au nombre de sept, dans une baleinière, et leur avoir donné tout ce que contenait le canot de sauvetage comme vivres et boissons, fit route sur sa station. La marée n'était pas propice ; le patron fit mouiller à un mille et demi environ du port, près des Chiens marins A vingt et une heures, l'ancre ayant cassé, le canot partit à la dérive. Pour éviter les dangers de la côte, on prit le large. Peu de temps après, la tempête se déchaîna. Le lendemain, le canot était hors de vue de terre. Le patron s'estimait au large de Belle-Isle, mais il ne fut pas possible d'établir la moindre toile pour faire route sur la terre, en raison d'abord de l'impossibilité de dérouler les voiles, qui étaient gelées, et de la violence du vent. Dans la nuit, le feu de Belle-Isle fut reconnu ; mais il ne fallait pas songer à atterrir dans cette tempête.

A cinq heures de l'après-midi environ, un des hommes de l'équipage du canot et deux Norvégiens mouraient. Dans la nuit, un Norvégien expirait, et dans la matinée, pendant qu'on faisait route pour atterrir à Concarneau ou à Groix, trois Français et deux étrangers subissaient le même sort.

Enfin le canot atterrit, le 28, à midi, sur la presqu'île de Raguenez où mourait, en débarquant, un dixième. A midi, malgré les soins prodigués, le frère de cette dernière victime expirait.

Des survivants, j'ai ramené à Concarneau le patron et un matelot du canot de sauvetage. Quatre autres matelots et les deux Norvégiens survivants n'ont pu être transportés. Leur état n'inspire aucune inquiétude : je les ramènerai demain, après les obsèques des onze malheureux.

Je vous adresserai, Amiral, un rapport détaillé sur cette triste affaire dès que j'aurai pu obtenir du patron et des autres survivants des renseignements précis.

Signé : Laplanche.

Les victimes sont : Pillet (Émile), Pillet (Edmond), Izaca (Adolphe), Renaud (Joseph), Pelletier (Pierre) et Taraud (Armand).

N° 55.

RAPPORT de M. Laplanche, administrateur de l'Inscription maritime, sur l'ensemble des faits concernant le coulage du vapeur norvégien *Ymer* par un sous-marin allemand.

Concarneau, le 4 février 1917.

Le vapeur norvégien *Ymer*, parti de Santander le 22 janvier, à 15 h. 30, avec un chargement de minerai de fer, pour Middlesborough, fait route à l'est en rasant le plus près possible la côte, suivant des instructions antérieurement reçues des autorités navales anglaises, jusqu'à la hauteur de la pointe Santa Catalina. De là, il fait route au N. 1/4 W. à la vitesse de neuf nœuds.

Le 23, à 14 h. 30, se trouvant par 45° 44′ N. et 2° 50′ W., deux coups de canon à blanc signalent la présence d'un sous-marin à environ quatre milles par tribord, venant du S.-E. à vitesse réduite. L'*Ymer* stoppe et hisse son numéro.

Bien que le sous-marin ne porte pas de pavillon, on ne peut douter longtemps de sa nationalité, car peu de temps après il tire deux autres coups, à obus cette fois, dont l'un n'arrive pas au navire, mais dont l'autre atteint le rouf surmontant, sur le gaillard d'avant, le panneau de descente du poste d'équipage. Une partie du rouf est arrachée. Des éclats d'obus atteignent les pavillons hissés entre les deux mâts, et un éclat blesse légèrement à la figure un jeune matelot qui se trouvait dans le poste.

L'équipage, composé de quatorze hommes, embarque dans les deux baleinières, commandées l'une par le capitaine, l'autre par le second. La baleinière du capitaine, sur un ordre venant du sous-marin, accoste celui-ci; on fait embarquer le capitaine et deux hommes; trois ou quatre Allemands les remplacent dans l'embarcation, qui retourne à bord de l'*Ymer*. Les Allemands embarquent, et la baleinière retourne au sous-marin pour reprendre le capitaine et les deux marins otages. Pendant ce temps, les Allemands chargés de la destruction de l'*Ymer* visitaient sans doute celui-ci, pour emporter ce qui était susceptible d'être utilisé, et amenaient une petite embarcation qui devait leur servir à retourner à bord du pirate avec les produits volés à bord. Ils placèrent des bombes à l'avant seulement et quittèrent le navire.

A quinze heures, une forte explosion; le navire pique de l'avant presque verticalement et s'engouffre en moins d'une minute.

Son œuvre de destruction accomplie, le sous-marin poursuit sa route au N.-W. en surface et à vitesse réduite.

Les deux baleinières de l'*Ymer* naviguent de concert pendant deux jours; mais, par suite de manque de pétrole pour leurs fanaux, elles se perdent dans la nuit du 25 au 26.

Dans l'après-midi du 26, les sept hommes que portait la baleinière commandée par le second sont recueillis par le canot de sauvetage de l'île d'Yeu, qui, après une tragique odyssée, est venu atterrir à Raguenez le 28, à midi. Six des canotiers de sauvetage et cinq matelots de l'*Ymer* sont morts de froid.

Le second n'a pu donner d'autres renseignements que ceux, assez vagues, relatés dans l'interrogatoire ci-joint.

N'ayant pu approcher du sous-marin, comme il tenta de le faire un moment, il n'a pu détailler les installations du pirate.

L'Administrateur de l'Inscription maritime,

Signé : LAPLANCHE.

N° 56.

LETTRE de M. le Ministre de la Marine à M. le Président de la Commission d'enquête.

Paris, le 26 mai 1916.

J'ai l'honneur de vous adresser un extrait du rapport du capitaine Duvat, commandant le *Portugal*, des Messageries maritimes.

Ce navire avait été transformé par le Gouvernement impérial russe en bâtiment-hôpital, déclaré officiellement comme tel, *et portait les marques réglementaires*.

Ayant quitté Batoum le 29 mars 1916, il remorquait des chalands destinés uniquement à l'embarquement des blessés sur la côte. Ceci l'obligeait parfois à stopper et à manœuvrer.

C'est au cours d'une de ces opérations que le *Portugal* a été torpillé le 30 mars, vers huit heures du matin, étant stoppé, et dans des circonstances que fait ressortir l'extrait ci-joint.

Pour le Ministre et par son ordre :

Le Vice-Amiral,

Chef d'État-Major général de la Marine,

Signé : DE BON.

N° 57.

EXTRAIT, communiqué par le Ministère de la Marine, du rapport de M. DUVAT, capitaine du *Portugal*, navire-hôpital du Gouvernement impérial russe.

. . . .

..... J'étais sur la passerelle, ayant prié M. Baudet, second capitaine, d'aller faire presser ces manœuvres de façon à pouvoir repartir le plus tôt possible, quand les timoniers me signalèrent un périscope par bâbord. En effet, à environ trente mètres par bâbord, travers des cuisines, j'aperçus le périscope qui allait lentement sur notre avant, le contourna à très petite distance, pour se diriger ensuite vers l'arrière en s'écartant. Une partie de l'équipage et du personnel de la Croix-Rouge, ayant vu ou entendu parler du sous-marin, se précipitèrent vers leur ceinture de sauvetage, la revêtirent et se répandirent quelque peu en tumulte sur les dunettes, spardeck et gaillard. De la passerelle, je donnai l'ordre aux sanitaires qui envahissaient le gaillard d'être calmes et de ne point se montrer ainsi équipés au sous-marin, et M. Baudet étant, sur ces entrefaites, monté sur la passerelle, j'allai sur les spardeck et dunette arrière prier les sœurs et tout le personnel d'être calmes, leur assurant que le sous marin ne pouvait nous torpiller.

En agissant ainsi, je désirais montrer au sous-marin que nous ne nous préparions nullement à une agression de sa part, entièrement confiants que nous étions dans sa probité et dans son honneur de belligérant, ne pouvant qu'observer les règlements de la Convention de Genève, sous la protection de laquelle nous étions placés et dont lui-même, ennemi, avait régulièrement reconnu le *Portugal* comme bénéficiaire.

J'interdis même aux timoniers de faire aucun signal au torpilleur russe qui se dirigeait sur nous à ce moment, et que le sous-marin avait aperçu certainement, ne voulant être suspecté de faire un acte quelconque de belligérant.

J'avais compté sur leur honneur de marins, de soldats : ils répondirent par l'acte le plus criminel, le plus abject ! A peine, en effet, venais-je d'adresser quelques paroles aux sœurs et au personnel réunis sur l'arrière, m'essayant à les calmer, qu'une explosion formidable retentit, ébranlant tout le navire. Une torpille venait de nous atteindre par le travers des machines. Son explosion sectionna le navire en deux parties, écrasant, déchiquetant tout, projetant mille débris informes ; et le navire, immédiatement, s'enfonça par les parties centrales, ainsi sectionné, l'avant et l'arrière se relevant. Je ne pus regagner la passerelle, le navire étant coupé, et ne pus sauver ainsi aucun papier du bord. Certain que M. Baudet, que j'avais laissé sur la passerelle, ferait pour la partie avant tout le nécessaire pour le sauvetage, je m'occupai sur l'arrière à faire mettre à l'eau tous les engins possibles. Malheureusement, le navire s'enfonçait très rapidement...

6.

Je dois ajouter que le *Portugal*, peint suivant les règles de la Convention de Genève concernant les navires-hôpitaux de la Croix-Rouge, portait bien apparent, flottant au grand mât, le pavillon de cette Convention, ainsi d'ailleurs que les chalands en remorque.

Le *Portugal* n'était armé d'aucune façon et n'avait à bord, en plus de ses équipages français et russe, que du personnel sanitaire et une ambulance de campagne de la Croix-Rouge se rendant au front. Le sous-marin n'a donc pu, un seul instant, douter de notre qualité de navire-hôpital, et c'est sciemment qu'il a commis son abominable crime, faisant tant d'innocentes victimes. . . . .

Signé : Duvat.

Nᵒˢ 58, 59, 60.

DÉPOSITIONS reçues par la Commission extraordinaire d'enquête instituée en Russie et présidée par M. le sénateur Alexis Krivtzoff (1).

Baudet (Georges-Marie), capitaine en second du *Portugal* :

Le *Portugal*, réquisitionné par l'État français dès le début de la guerre et mis à la disposition des autorités maritimes russes, était aménagé exclusivement pour transporter à Batoum les blessés des différentes formations d'hôpitaux temporaires disséminées sur le littoral de la mer Noire. Dans ce but, le vaisseau quittait pour la dernière fois le port de Batoum le 16 mars 1916 au soir, se dirigeant sur Ofou et ayant nouvellement à sa remorque trois barques et un canot à vapeur. Ces embarcations devaient servir à transporter à bord du *Portugal* les blessés reçus au rivage, car il avait été reconnu que leur transfert en canots, dont disposait notre bâtiment, n'était point parfait, puisque le fond étroit et creux de ces bateaux ne correspondait pas à leur destination de pouvoir approcher du rivage. Il est à faire observer que, tout d'abord, il était question d'acquérir des barques et un vapeur de moindres dimensions, afin qu'on les pût amarrer au pont du *Portugal*. L'aspect extérieur de ce navire dénotait, même de loin, et d'une façon toute précise, sa destination sanitaire. Sa couleur blanche, de grands insignes de la Croix-Rouge de chaque côté de ses cheminées, une large bande rouge sur le corps du vaisseau, ainsi qu'une vaste croix é'airée de nuit par des lampes électriques, tout cela ne pouvait assurément laisser à l'ennemi le moindre doute sur le caractère même du *Portugal*. En outre, le paquebot ne pouvait être ignoré de l'adversaire, ne fût-ce que parce que, quarante-huit heures à peine avant son torpillage, il effectuait son service habituel de transport des blessés sous les yeux des Turcs. Les canots et vapeur remorqués par le bâtiment étaient peints en gris et avaient pour équipage des matelots russes.

Le vapeur avait à l'arrière le drapeau de la Croix de Genève, d'une dimension plutôt restreinte, et qui avait été confectionné peu de temps avant par les infirmières, car les pavillons de ces embarcations ne m'étaient point parvenus à temps. Il n'y avait à bord aucune arme, sauf quelques revolvers dont étaient munis les officiers français, en vue de maintenir, parmi les matelots qui leur étaient soumis, la discipline réglementaire d'un vaisseau. Le personnel de la Croix-Rouge se trouvant sur le *Portugal* avait sur ses vêtements, et comme signes distinctifs, des épaulettes spéciales rehaussées de la Croix-Rouge et des brassards qui n'étaient revêtus par le personnel qu'irrégulièrement. Les infirmières portaient l'insigne de la Croix sur la poitrine. Le submersible avait été aperçu peu de temps avant

---

(1) Extrait du fascicule publié en français sous la signature de M. le sénateur A. Krivtzoff.

l'explosion par un des matelots, qui en avait prévenu le capitaine de vaisseau ; ce dernier défendit d'avertir le torpilleur russe que l'on distinguait au large sur la présence du sous-marin, car il considérait ce genre de procédé comme infraction à l'état neutre d'un navire-hôpital. Le commandant Duvat défendit également de paraître sur le pont avec des accessoires de sauvetage, afin de ne point donner à l'ennemi le prétexte de soupçonner le bâtiment de s'être écarté de sa destination immédiate. Au moment du torpillage, je me trouvais sur la passerelle du capitaine, qui ne la quitta que lorsque le vaisseau s'engouffra dans l'abîme. Je découvris le périscope du submersible, alors qu'il se trouvait à une distance de quarante à quarante-cinq mètres de tribord. Le *Portugal* s'enfonçait avec une telle vitesse, que toute possibilité de se servir des chaloupes de sauvetage amarrées au vaisseau était exclue. On ne parvint à larguer que deux grands radeaux, sur l'un desquels je pus me sauver. Certaines personnes se trouvant à bord et ayant été renseignées sur l'approche du sous-marin ennemi ne cessaient de se croire hors de danger, car déjà en juillet 1915 l'État turc avait officiellement reconnu le *Portugal* comme bâtiment hospitalier, et par conséquent neutre. Ce paquebot a été coulé le 17 mars 1916, à huit heures vingt-deux minutes du matin, après s'être maintenu à la surface pendant près d'une minute et demie.

Boujinsky (Michel), lieutenant de vaisseau commandant le torpilleur *Smetlivy* :

Le 17 mars 1916, au petit jour, je couvrais une descente de troupes à Ofou. A un moment donné, je vis, à une distance de huit milles à peine de mon torpilleur, le *Portugal* sortir de derrière le cap Fidjié. Les signes distinctifs du vaisseau-hôpital, c'est-à-dire bande rouge le long des bords et croix de la même couleur, se voyaient parfaitement, car la journée était claire, le soleil radieux. Je remarquai qu'il était arrivé quelque chose au navire, car il stoppait, tenant cap au large. Aussitôt je fis route vers le *Portugal* et, à peu près à mi-chemin, je sonnai le branle-bas, ne sachant encore ce que j'allais trouver. M'étant rapproché, je vis à l'aide de ma jumelle que l'arrêt du *Portugal* était causé par le fait qu'une des trois embarcations qu'il remorquait était submergée, et qu'on en pompait l'eau. Je donnai aussitôt contre-ordre, et lorsque je m'approchai à une distance de quatre cents mètres du bâtiment, une explosion retentit, et, du centre du paquebot, il s'éleva une colonne de fumée noire. On ne pouvait en douter : le vaisseau venait de sauter. Je fis immédiatement mettre à la mer les trois chaloupes dont disposait le torpilleur ; on les descendit, en ralentissant de vitesse. A ce moment, le *Portugal*, coupé en deux, commençait à sombrer. Une minute après, les deux ponts du navire sectionné par son milieu se rejoignirent et, avec une rapidité vertigineuse, le corps du vaisseau disparut sous l'eau. Comme le *Portugal* craquait en s'engloutissant dans l'abîme, j'entendis une seconde et sourde détonation, évidemment produite par l'explosion des chaudières. Bientôt après, une de nos chaloupes abordait le torpilleur, ramenant cinq ou six naufragés, parmi lesquels se trouvaient la comtesse Tatistcheff et quelques infirmières, dont la sœur Jurgensohn. La malheureuse n'était même pas vêtue ; elle était en chemise et camisole de nuit. Elle ne donnait que de faibles signes de vie, était toute meurtrie et couverte d'ecchymoses. Une autre infirmière, nommée Jaunslavett, nageait aussi vers le torpilleur ; nous lui tendîmes un cordage ; elle le saisit et, l'enroulant, elle le lança à son tour à un brancardier qui commençait à s'enfoncer et qui, saisissant le cordage, fut sauvé, exclusivement grâce au sang-froid de cette infirmière. On les remonta tous deux à bord du torpilleur. Elle sécha son linge et ses vêtements à la chambre de chauffe, et après s'être changée, elle profita de la première occasion pour regagner la terre et se rendre aux premières lignes pour y remplir sa sainte mission. Cet acte d'héroïsme de la sœur

Jaunslavett produisit une impression foudroyante sur tout l'équipage du torpilleur. Il est impossible de ne pas s'incliner devant la présence d'esprit et l'héroïsme d'une femme qui, côtoyant elle-même la mort, n'a point oublié de tendre une main secourable à un homme qui succombait à ses côtés. Après avoir mis les canots à la mer et recueilli encore quelques naufragés, je donnai l'ordre d'augmenter la vitesse et parcourus les lieux, avec l'espoir de découvrir le sous-marin, car je ne doutais plus que le *Portugal* ne vînt d'être torpillé par un submersible. Bientôt, en effet, j'aperçus, à une distance d'un kilomètre, le sillage d'un sous-marin et en vis le périscope, qui s'éloignait dans la direction de Trébizonde. J'ouvris aussitôt un feu de pièces de l'avant et de l'arrière, tirant une moyenne de vingt-cinq obus. Je ne saurais dire s'ils atteignirent leur but; je sais toutefois qu'ils tombèrent à l'endroit où j'avais aperçu le périscope. Dès les trois ou quatre premiers coups, je ne revis plus l'appareil; il est probable que le sous-marin l'avait dissimulé. Je suis absolument convaincu que le monstrueux torpillage du *Portugal* a été commis par un submersible allemand ou bulgare, les Turcs n'étant pas capables d'une lâcheté pareille; ils ont tout de même quelque chose de noble. Le jour de la catastrophe, le bâtiment remorquait trois chalands et un canot à vapeur. Ces embarcations étaient peintes en teinte marine gris-verdâtre et avaient le type ordinaire des canots de descente, d'une capacité de deux cents personnes chacun. Je puis dire en toute assurance que le sous-marin ennemi ne pouvait prendre le *Portugal*, malgré la présence de ces canots d'abordage, pour un navire de guerre. Tout est contre cette supposition : la couleur de ce bâtiment, les insignes de la Croix-Rouge qu'il portait, la profusion des brancardiers et infirmières qui se trouvaient à bord, ayant le brassard de la Croix-Rouge, et enfin, le temps que mit le submersible à rester à proximité immédiate du navire, en le contournant par la poupe. Ces faits prouvent irréfutablement que l'adversaire savait qu'il avait devant lui un vaisseau-hôpital, n'ayant rien de commun avec un bâtiment de guerre, et que, lançant une mine, il coulait intentionnellement un navire et des gens qui se trouvaient à bord sous la sauvegarde de la Convention de Genève. Je le répète, il ne peut y avoir aucun doute à ce sujet.

Tıkhméneff (Alexis), lieutenant de vaisseau, commandant du *Portugal* (1) :

Le 17 mars 1916, le paquebot-hôpital *Portugal* (bâtiment de transport n° 51) se rendait à Ofou et, en face du cap de Fidjié, non loin de la localité Fakhtia, était attaqué par un sous-marin turco-allemand, à une distance de cinq à six milles du rivage. La catastrophe eut lieu dans les circonstances suivantes :

La veille, 16 mars, vers une heure de l'après-midi, on nous avait envoyé trois barques d'abordage et un canot à vapeur pour le transfert des blessés du rivage au navire. Ces embarcations avaient un fond plat et pouvaient approcher complètement du bord, ce qui permettait de déposer les blessés sur leur civière directement dans le fond. Or, elles nous étaient indispensables et nous avaient été envoyées spécialement afin d'éviter des souffrances aux grands blessés lors du transbordement, que nous devions faire auparavant en les transportant en chaloupes à quille. Mais, vu le poids de ces barques et du vapeur, il fut impossible, en quittant le port de Batoum, de les hisser à bord : il fallut donc les remorquer en prenant le large, à six heures et demie du soir. A cet effet, les trois barques furent amarrées à couple, le vapeur placé derrière, ayant à sa proue le pavillon de la Croix-Rouge. Le 17 mars, vers huit heures du matin, on me rapportait que le chaland du centre s'emplissait d'eau à cause de la vitesse que nous développions. J'ordonnai de stopper, et

---

(1) Déposition reçue par le juge d'instruction d'Odessa.

ayant attiré le chaland vers l'arrière du vaisseau, je le fis prendre en suspente avec une grue, afin de lui donner l'inclinaison nécessaire pour laisser l'eau s'écouler. Dans le but d'effectuer ces travaux, je me rendis à l'arrière et y rassemblai l'équipage du pont. Tout d'abord, les chalands furent largués, celui du centre fut rapproché de l'arrière et, lorsqu'il se trouva élevé au-dessus de la surface, je ne sais plus quel matelot s'écria : « un sous-marin ! » Et vraiment, j'aperçus le périscope d'un submersible qui évoluait à une distance de cent cinquante à deux cents mètres, en ligne parallèle au bâtiment. Arrivé à un travers de vingt degrés, le périscope disparut et apparut à nouveau à une même distance de la proue ; puis le sous-marin sembla s'arrêter, examinant le navire. Du moment où l'appareil avait paru jusqu'à ce que la torpille fût lancée, il s'écoula suffisamment de temps (cinq minutes environ) pour que le submersible pût examiner le vaisseau qu'il voulait attaquer. Le *Portugal* était peint en blanc, avec une bande rouge vif le long du bord et une rayure verte à la ligne de flottaison. Il faisait une claire journée de soleil. Stoppant à environ cent cinquante mètres, le sous-marin lança une mine, dont on distingua parfaitement la direction. Elle avançait vers le centre du bâtiment, et je suppose qu'elle a explosé sous la chaufferie de l'arrière. Dès que le submersible surgit, l'équipage et les personnes présentes de l'effectif sanitaire commencèrent à s'agiter ; mais je les tranquillisai en leur disant qu'on n'avait pas le droit de nous toucher, puisque les Puissances belligérantes nous avaient elles-mêmes reconnus, et je recommandai à ceux qui craignaient, de mettre les ceintures et de s'écarter du bord, où ils pouvaient être vus du submersible. Je n'ai vu qu'une seule torpille et crois que ceux qui prétendent en avoir vu une seconde se trompent, car j'estime presque impossible de manquer le but sur un vaisseau d'une longueur de cent quarante mètres et à une si courte distance. De suite après la détonation, je vis que le pont s'affaissait et que le bâtiment se rompait en deux. Alors, voyant que la catastrophe était imminente, je décrochai une ceinture de sauvetage que je donnai à l'infirmière Svestchoff, qui se trouvait près de moi ; j'en donnai une seconde à une sœur de charité dont j'ignore le nom, car elle se rendait à Ofou, étant affectée à une ambulance volante. Je voulais arracher une troisième ceinture ; mais, le centre du navire s'étant affaissé, le pont s'inclina fortement, la poupe et la proue se dressèrent en l'air, et je roulai de l'arrière vers l'endroit de la brisure. Voulant me cramponner à n'importe quoi, j'empoignai de la main droite le pied-droit du bord ; mais soudain, je reçus un formidable coup au côté droit et fus projeté dans la mer. Voyant que le vaisseau sombrait avec vitesse, je m'écartai pour ne pas être happé dans l'entonnoir. Au bout d'un très court instant, moins d'une minute après l'explosion, le navire s'engouffra avec fracas. On avait eu le temps de trancher les câbles des barques, ce qui fit qu'elles ne furent pas engagées sous le vaisseau. Puis, constatant que ce dernier avait disparu, je nageai vers les embarcations, que j'atteignis vingt minutes après. Je fus remonté à bord complètement épuisé, et, ayant repris des forces, je me mis à diriger le sauvetage des naufragés. Après l'explosion, le torpilleur *Smetlivy* ouvrit un feu d'artillerie sur le submersible, ce que je vis en nageant vers les canots ; mais il avait disparu. Ayant recueilli tous ceux qui flottaient à la surface, les barques furent remorquées à Fakhtia par le bateau à vapeur.

FAITS NON CITÉS DANS LE RAPPORT

N° 61.

RAPPORT de M. Ollivier, capitaine de la goëlette *Alcyon*.

Lisbonne, le 11 septembre 1916.

Je soussigné, Ollivier (François), capitaine de la goëlette *Alcyon*, du port de Paimpol, jaugeant brut 164 tx. 33, net 126 tx. 11, armateur M. Yves Pouhaër, demeurant à Paimpol, déclare ce qui suit :

Le 7 septembre, à la pointe du jour, aperçu un sous-marin à quatre ou cinq milles derrière nous. Je m'estimai à ce moment à trente milles dans le N., 5o° O. vrai d'Ouessant ; beau temps, jolie brise d'E.-S.-E. Le sous-marin nous a vite rejoints, nous a aussitôt donné à comprendre d'amener nos voiles et de mettre notre canot à la mer (en parlant anglais). Nous nous sommes empressés de carguer la goëlette, de masquer le hunier et de mettre le canot à la mer avec tout son matériel de sauvetage nécessaire. Pendant cette opération, qui nous a demandé huit à dix minutes, le commandant du sous-marin n'a cessé de nous crier après et de nous faire signe de nous dépêcher. Je m'apprêtais à m'écarter du navire, croyant qu'il allait le canonner, lorsque je vis le commandant du sous-marin me faire signe de l'accoster. Je me suis exécuté ; aussitôt accosté, il nous fait monter à son bord, et quatre de ses hommes, prenant notre canot, vont à bord de l'*Alcyon*. Ils ont enlevé ce qui leur faisait plaisir, par exemple : pommes de terre, cent kilogrammes ; beurre, six kilogrammes ; haricots, trente kilogrammes ; tabac, dix kilogrammes ; une glène de filin, le pavillon français, et plein un sac d'objets que je ne puis énumérer.

Pendant ce temps, un officier prend ma boîte à rôle, fouille mes papiers et m'enlève mes chartes-parties, connaissement, congé, et l'acte de francisation.

Deux hommes reviennent au sous-marin avec les provisions citées ci-dessus, prennent trois seaux de pétrole, puis retournent à bord de l'*Alcyon* y mettre le feu. Ils ont allumé un foyer dans le poste d'équipage, un autre dans la cale et un troisième dans les logements arrière, après avoir bien arrosé de pétrole. Aussitôt finie leur opération, qui a bien duré une demi-heure, il reviennent à bord, puis nous disent de reprendre notre canot et nous souhaitent bon voyage.

Ensuite le sous-marin s'est dirigé sur une autre goëlette, qui se trouvait à quatre ou cinq milles sous le vent et que je crois être le *Sainte-Croix*, et qui, je le crains fort, aura subi le même sort, quoique nous l'ayons perdue de vue pendant qu'il était occupé avec l'*Alcyon*.

À dix heures, nous avons rencontré le vapeur norvégien *Hafursfjord* faisant route pour Lisbonne, qui nous a recueillis. Vu notre distance de terre, vent contraire pour l'atteindre, après avoir pris l'avis de l'équipage, j'ai jugé prudent de profiter de la première occasion de sauvetage et d'abandonner là mon navire en flammes. Le commandant du vapeur ne voulant se déranger de sa route pour nous envoyer à Brest, j'ai accepté d'être transporté à Lisbonne avec tout mon équipage en bonne santé. Quant à notre traitement à bord du vapeur, je n'ai qu'à me louer de l'obligeance et de la grande amabilité du commandant et de son équipage envers nous.

Tel est mon rapport, que j'affirme sincère et véridique dans tout son contenu, certifié également par les principaux de mon équipage après leur en avoir donné lecture ; je me réserve le droit de donner de plus amples détails s'il est nécessaire.

Le Capitaine,

Signé : F. Ollivier.

Nᵒˢ 62, 62 *bis*.

DÉCLARATION reçue, le 26 septembre 1916, à Marseille, par M. Reynaud, administrateur de l'Inscription maritime.

Nicolas (Pierre-Marie), inscrit à Paimpol, nᵒ 13258, second capitaine de la goëlette *Alcyon*:

Nous étions partis de la Rochelle, autant qu'il me souvient, le 29 août, à destination de Cardiff, avec une demi-cargaison de poteaux de mine. Jusqu'au 7 septembre, nous avons navigué sans encombre. Ce jour-là, nous nous trouvions, vers six heures, à trente milles environ dans le noroit d'Ouessant, quand nous aperçûmes par l'arrière un sous-marin qui venait vers nous. J'étais de quart ; je prévins immédiatement le capitaine et les deux hommes d'équipage qui étaient en bas ; le capitaine fit préparer le canot pour une prompte mise à la mer. Quand le sous-marin fut arrivé le long de notre bord, il nous fit signe d'évacuer le navire. Le canot fut alors amené, et tout le monde y prit place. Nous dûmes ensuite accoster le sous-marin et y embarquer, pendant que notre canot était utilisé par son équipage pour aller chercher sur l'*Alcyon*, dans un premier voyage, la plus grande partie de nos provisions, telles que pommes de terre, beurre, tabac, etc., et pour y porter, dans un second voyage, trois seaux de pétrole, dont ils arrosèrent la cale, de l'avant à l'arrière. Ils revinrent ensuite vers nous, après avoir mis le feu à la goëlette, nous remirent en possession de notre canot, et nous donnèrent l'ordre de nous éloigner. Le sous-marin, de son côté, s'éloigna, se dirigeant vers une autre goëlette qui passait à trois ou quatre milles sous le vent à nous. Pendant ce temps, l'incendie se développait sur l'*Alcyon ;* le navire tout entier était en flammes. Nous fîmes route, dans notre canot, vers la terre, que nous ne pouvions d'ailleurs distinguer, et qui devait se trouver à trente ou trente-cinq milles au plus dans l'est ou le sud-est. Nous avions le vent debout et ne pouvions, par suite, faire beaucoup de route. Vers onze heures, nous aperçûmes un vapeur norvégien, auquel nous fîmes des signaux de détresse. Il stoppa, et nous pûmes l'accoster. Il nous reçut avec cordialité et nous transporta, continuant son voyage, à Lisbonne, où il nous déposa. Nous arrivâmes à Lisbonne dans la soirée du 10 septembre. Le navire norvégien qui nous a recueillis porte le nom de *Hafursfjord*. Je n'ai pu sauver aucun de mes effets, et mes camarades sont dans le même cas que moi.

Lecture faite, persiste et signe avec nous.

Après lecture des rapports du capitaine Ollivier et du second Nicolas au matelot Le Caer (Jean-Louis), inscrit à Paimpol nᵒ 1330, celui-ci les a reconnus véridiques sur tous les points et a déclaré qu'il n'avait rien à ajouter.

Paimpol, le 29 septembre 1916.

L'Inspecteur de la Navigation maritime,

Signé : Le Boité.

Le Matelot,

Signé : Caer.

N° 63.

RAPPORT sur l'attaque de deux voiliers par un sous-marin ennemi.

Front de mer du Havre, 15 septembre 1916.

RÉCIT DES ÉVÉNEMENTS TELS QU'ILS RÉSULTENT DES INTERROGATOIRES.

Le 9 septembre 1916, à trente milles au sud de Bishop, deux voiliers, le *Georges-André*, trois-mâts, et le dundee *Myosotis* faisaient route respectivement sur Port-Talbot et Cardiff. Houle assez forte de N.-E.; très faible brise de N.-N.-E.; visibilité moyenne. Les deux voiliers naviguaient à deux milles environ l'un de l'autre.

Le 8 septembre au soir, le *Georges-André* avait déjà été arraisonné par un sous-marin, qui lui avait tiré un coup de canon à travers la mâture; mais il avait échappé, le sous-marin étant resté occupé à couler un autre voilier. La brise étant très faible et le *Georges-André* ne filant que quatre nœuds, le capitaine estime que c'est le même sous-marin qui l'a suivi et l'a arraisonné par trois coups de canon, à sept heures, le 9 septembre. Le sous-marin intima en même temps l'ordre de stopper au *Myosotis*, en lui tirant un coup de canon dont l'obus tomba à vingt mètres court par le travers. Devant ces injonctions, les deux voiliers masquèrent.

Le sous-marin s'occupa d'abord du *Georges-André*. Ce dernier avait mis ses deux doris à l'eau, le capitaine ayant pris place dans le second. Le sous-marin se trouvait alors à très petite distance (cinquante mètres) du bord et fit signe au premier doris de l'accoster. Sur les cinq hommes de l'armement, trois montent à bord du sous-marin et deux restent aux avirons; quatre matelots allemands vont avec eux et se font conduire à bord du *Georges-André*. Là, les Allemands se sont livrés à un pillage en règle, dévalisant le bateau. Ils ont pris les jumelles, les montres, le baromètre, les effets d'habillement, chaussures, etc.; puis les vivres, conserves, pommes de terre, choux, sucre, etc. Le doris faisait ainsi la navette entre le trois-mâts et le sous-marin, et tout le butin était descendu par le panneau de descente du kiosque. Pendant ce temps, les trois hommes restés à bord du sous-marin étaient gardés à vue par un homme, revolver au poing. D'ailleurs, le commandant s'est montré correct et aimable, leur ayant offert un quart de café pour les réchauffer, car ils étaient mouillés par les embruns, qui embarquaient facilement sur le pont du sous-marin en demi-plongée.

Quand le pillage fut terminé, les hommes du sous-marin, avant de quitter le voilier, firent faire un tas de paille, de matelas et de bois, et chavirèrent un grand bidon de pétrole sur le tout. Ils arrosèrent encore de pétrole la cabine, puis ils mirent le feu au tout. Ils n'eurent point à utiliser les bombes qu'ils avaient d'ailleurs emportées avec eux.

Le doris ayant rejoint le sous-marin, ce dernier le prit à la remorque et se dirigea vers le *Myosotis*, qui attendait, voiles masquées. Le *Myosotis* était d'ailleurs abandonné, tout l'équipage se trouvant dans l'embarcation, à un demi-mille du voilier. Il était environ 8 h. 30.

Le sous-marin opéra pour le *Myosotis* comme pour le *Georges-André*. Les matelots allemands montèrent à bord, et se faisant aider par les deux hommes du *Georges-André*, toujours dans leur doris, ils procédèrent au pillage, prenant les montres, les jumelles et les vivres. Puis ils disposèrent de la paille et des matelas, qu'ils arrosèrent de pétrole et de coaltar. A dix heures, le pillage était à peu près fini (les Allemands récoltaient les paires de chaussures), lorsqu'apparut un dirigeable anglais, qui vint survoler les bâtiments en flammes. Le sous-marin fit vivement revenir le doris, embarquer ses hommes à bord du sous-marin et les prisonniers dans leur doris, puis il s'éloigna et disparut en plongeant. Les torpilleurs anglais, prévenus par T.S.F. par le dirigeable, arrivèrent sur les lieux à dix-sept heures et recueillirent les deux équipages.

Par délégation du Commandant du Front de mer :

L'Enseigne de vaisseau chargé de l'interrogatoire,

Signé : MILLET.

Le Capitaine de frégate commandant le Front de mer,

Signé : ROBIN.

N° 64.

RAPPORT sur l'attaque du trois-mâts *Maréchal-de-Villars* par un sous-marin ennemi.

16 septembre 1916.

Le 10 septembre 1916, à 15 h. 15, le *Maréchal-de-Villars*, trois-mâts-barque de 5.000 tonnes, se trouvait à environ quarante-cinq milles sud des Sorlingues, tirant des bordées pour entrer en Manche avec des vents de N.-E., petite brise, peu de visibilité (deux milles au plus), route N. 60 W.

A 15 h. 15, l'homme de bossoir signala qu'un obus venait de leur être tiré, tombant sur l'avant du voilier. Presque aussitôt, un second coup vint tomber court par le travers. Le capitaine eut d'abord de la peine à distinguer le sous-marin, à cause du temps brumeux, et finit par le découvrir à la jumelle, son kiosque gris étant très peu visible dans la brume. Le capitaine masqua de suite, et ayant fait monter tout le monde sur le pont, fit prendre place à tout l'équipage dans les deux embarcations. Dans la première, qui était une baleinière de sauvetage à caissons, prirent place le second et dix hommes; dans la seconde, le capitaine et onze hommes. Pendant ce temps, le sous-marin vint à toucher le bord si près, que le capitaine fit la réflexion qu'on aurait pu le couler en mouillant l'ancre de bâbord. Le sous-marin ordonna à la baleinière du second, qui était la plus rapprochée, d'accoster le sous-marin, fit embarquer six hommes et en laissa quatre dans la baleinière, pour en constituer l'armement. Deux matelots allemands y prirent place également et se firent conduire à bord du *Maréchal-de-Villars*. Ils montèrent avec deux hommes de l'armement de la baleinière et leur firent décondamner les panneaux des cales, pour y mettre les bombes, une devant et une derrière. Avant de mettre le feu à la mèche, ils volèrent toutes les montres d'habitacle qu'ils purent trouver, plus le pavillon français et une ceinture de sauvetage portant le nom du bâtiment. Après quoi, ils mirent le feu aux deux bombes et quittèrent le bord. Ils restituèrent ensuite la baleinière aux naufragés, qui prirent le large. La double explosion ne fut pas suffisante pour faire couler le navire, chargé de céréales jusqu'aux fonds. Alors, le sous-marin se plaça à une centaine de mètres et le fit couler avec six coups de canon.

La baleinière du second fut recueillie, vers 20 h. 30, par un torpilleur anglais qui ne put retrouver l'autre embarcation dans la nuit. Cette dernière embarcation, avec le capitaine, fut recueillie le 10 septembre, à 5 h. 30, par la *Fraternité*, de Fécamp.

Par délégation du Commandant du Front de mer du Havre :

L'Enseigne de vaisseau chargé de l'interrogatoire,

Signé : André MILLET.

Le Capitaine de frégate commandant le Front de mer,

Signé : ROBIN.

N° 65.

EXTRAITS DU RAPPORT DE MER du capitaine Pedron, commandant le trois-mâts *Musette*.

Bilbao, le 4 octobre 1916.

Je soussigné, L. Pedron, capitaine du trois-mâts-goëlette *Musette*, du port de Bayonne, jaugeant 201 tonnes nettes, déclare être parti de Lisbonne, le 13 septembre 1916, à destination de Saint-Malo, armé de neuf hommes d'équipage, tous Français, muni de tous les apparaux et rechanges nécessaires, avec un plein chargement de sel de trois cent vingt-cinq tonnes. . . . .

Rien de particulier jusqu'au dimanche 1er octobre; latitude 49° 12' nord et longitude 5° 20' ouest. Nous gouvernions près et plein tribord amures avec des vents de S.-S.-E. Temps boucailleux.

Soudain, à neuf heures du matin, nous apercevons quelque chose derrière nous, à environ un mille ou un mille et demi. Au même moment, nous entendons un coup de canon, et le boulet passe à nous toucher, et va tomber à environ cent mètres à tribord devant.

Voyant que j'avais affaire à un sous-marin ennemi et qu'il n'y avait aucune chance de lui échapper, je fis mettre en panne, préparer les embarcations et les mettre à la mer avec de l'eau et des vivres. Pendant ce temps, le sous-marin s'était approché de nous à une trentaine de mètres et nous faisait signe d'aller près de lui. Je fais descendre tout l'équipage dans les embarcations et les y suis moi-même, et nous nous approchons du sous-marin, qui ne portait pas de numéro. Le commandant me fait alors monter à bord, ainsi qu'un autre homme, et fait embarquer trois de ses hommes dans notre canot, avec trois bombes. Voyant qu'il allait faire couler le navire, je lui demandai de laisser l'équipage retourner à bord prendre un supplément de vivres, ce qu'il m'accorda sans difficulté. Les vivres d'ailleurs ne serviront pas, car l'équipage du sous-marin s'en empara, ainsi d'ailleurs que de plusieurs objets tels que la montre d'habitacle, lignes, etc. Ils placèrent les deux bombes à bord, dans les panneaux, et quittèrent le navire, qui sauta quelques minutes après et coula à pic. Nos effets furent totalement perdus. Les Allemands retournèrent alors à leur bord, et le commandant, après m'avoir pris tous mes papiers et ceux du navire, qui se trouvaient dans l'embarcation, dans la boîte à rôle, me rendit la liberté, ainsi qu'à l'homme qu'ils avaient gardé à bord.

Me trouvant à peu près à la même distance d'Ouessant et de Wolf Rock et ayant des vents de sud, je fis faire route pour la côte anglaise, de laquelle nous étions éloignés de cinquante milles. Le temps était pluvieux, bouché, et peu à peu la mer grossissait pour devenir assez grosse.

Nous revîmes plusieurs fois le sous-marin et rencontrâmes un bateau de pêche abandonné, à 1 h. 30, qu'il venait de canonner. Peu après, nous l'aperçûmes qui faisait sauter un navire norvégien, le *Mallin*, de Stavanjer.

A 2 h. 30, après avoir passé cinq heures et demie dans les embarcations, nous apercevons le vapeur espagnol *Macarena*, de Bilbao, qui nous recueille, ainsi que l'équipage du navire norvégien, par latitude 49° 27' nord, longitude 5° 31' ouest.

Je tiens à affirmer que nous avons été l'objet des soins les plus empressés à bord de ce vapeur pendant notre séjour à bord jusqu'à Bilbao, où nous arrivons au port mercredi 4 octobre.

Tel est mon rapport, que j'affirme véridique et sincère, me réservant le droit d'amplification si besoin est.

<table>
<tr><td>(Visa et cachet du Consulat
de France à Bilbao.)</td><td>*Le Capitaine de la* Musette,
Signé : L. Pedron.</td></tr>
</table>

PROCÈS-VERBAUX D'ENQUÊTE

ET DOCUMENTS DIVERS

À L'APPUI DES RAPPORTS DU 12 AVRIL ET DU 24 MAI 1917

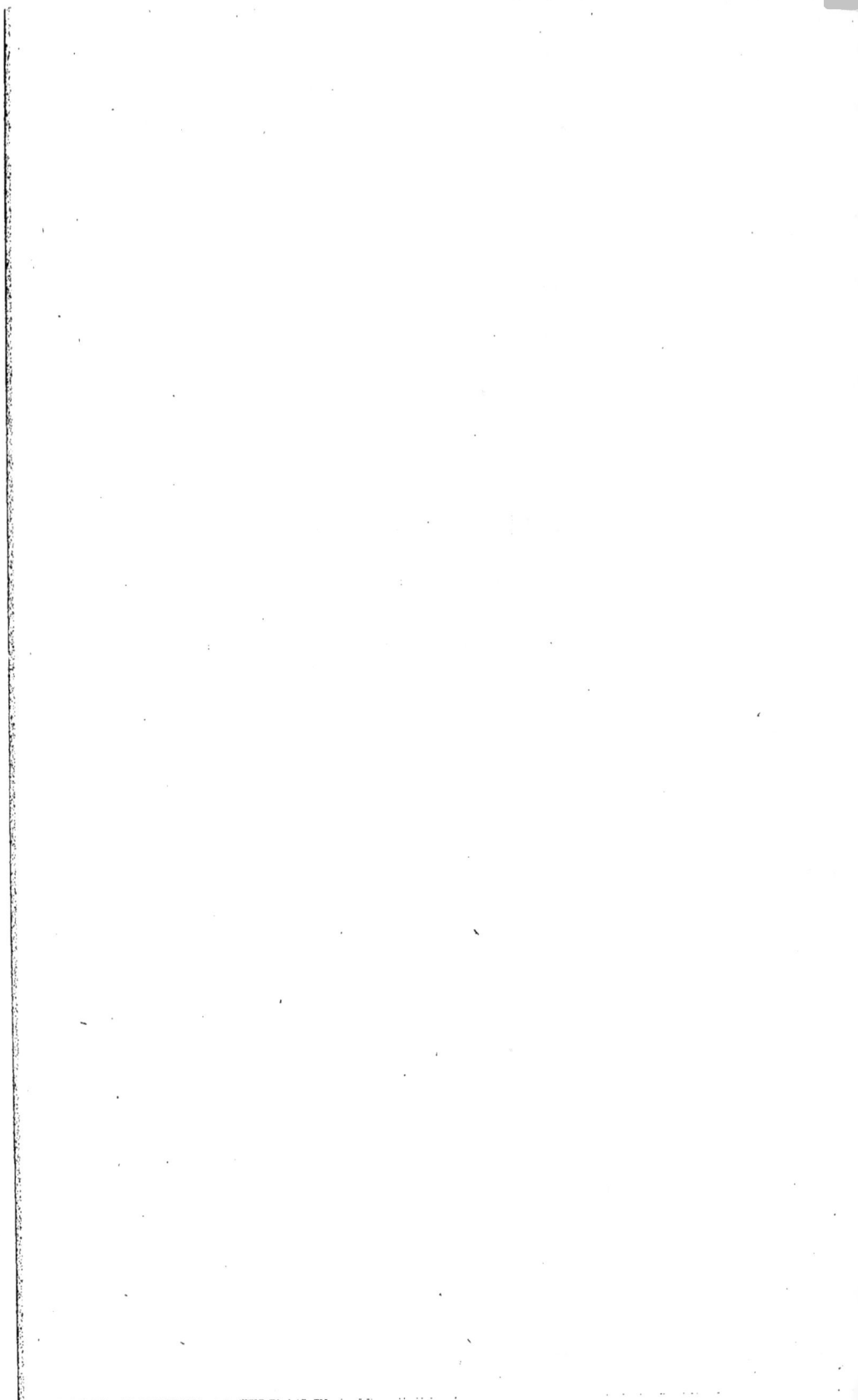

ENQUÊTE SUR LES VIOLATIONS DU DROIT DES GENS

COMMISES PAR L'ENNEMI

PENDANT L'OCCUPATION DES TERRITOIRES LIBÉRÉS

EN MARS 1917

OISE

N° 66.

DÉPOSITION faite, le 26 mars 1917, à Noyon (Oise), devant la Commission d'enquête instituée par décret du 23 septembre 1914.

Jouve (Pierre), 61 ans, adjoint au maire de Noyon :

Je jure de dire la vérité.

Le 30 août 1914, un officier allemand est venu avec quatre hommes nous chercher, M. Noël, maire, M. Félix, adjoint, et moi-même, pour nous obliger à nous rendre au devant des troupes qui arrivaient. La colonne nous a ramenés à travers la ville, nous forçant à marcher à côté du cheval du commandant. Nous avons été alors brutalisés, parce que nous avions peine à suivre. A un certain moment, étant tombé, j'ai été frappé à coups de bois de lance. Rue de Rouard, je suis de nouveau tombé, ainsi que M. Noël, car nous étions exténués. Après nous avoir laissés nous reposer pendant une heure, on nous a internés dans une maison jusqu'à huit heures du soir. Pendant ce temps, les Allemands s'installaient dans la ville et pillaient les magasins. L'occupation a été fort rigoureuse, principalement au début et à la fin. Dès le premier jour, M. Devaux a été tué derrière l'hôtel de ville. Il avait été désigné par M. Félix, adjoint, pour rester avec nous comme otage, et il avait cru pouvoir se rendre dans sa maison, lorsqu'une sentinelle a tiré sur lui. Momeux, notre concierge, en rentrant à l'hôtel de ville, a été gravement brutalisé; après avoir essuyé un coup de revolver qu'un officier avait tiré sur lui sans l'atteindre, il a été renversé, m'a-t-on dit, et la commotion a été si forte qu'il ne s'est jamais rétabli. Il est mort quelques mois plus tard.

M. Richard, boulanger, a été tué rue du Nord, par un coup de feu, pendant qu'il causait avec un de ses confrères, M. Lesueur, sur le seuil de la porte de ce dernier.

J'ai été contraint d'assister à l'effraction de la porte de la chambre des coffres-forts de la Société Générale, les 6, 7 et 8 mars 1915. L'opération a eu lieu à l'aide de chalumeaux, sous la surveillance de l'officier chef de la Kommandantur. On a fait venir ensuite deux déposants, qui ont ouvert leurs coffres et ont montré ce qu'ils contenaient. A ma demande, un scellé a été apposé sur la porte, et la clef m'a été remise. A la fin de 1916, un officier ayant voulu, par crainte des bombes d'avion, coucher dans le sous-sol de l'établissement, la Kommandantur m'a fait restituer la clef, et j'ai dû me transporter à la Société Générale. J'ai alors constaté que le scellé avait été brisé et j'ai obtenu qu'on en apposât d'autres sur les portes des coffres. Je sais que, tout récemment, avant de quitter Noyon, les Allemands ont emporté tout le contenu des coffres-forts et n'en ont donné qu'un reçu collectif.

Il a été procédé de même dans toutes les banques de la ville.

Le 11 février dernier, tous les habitants valides des deux sexes, de quinze à soixante ans, à l'exception des femmes ayant de jeunes enfants, ont été invités, par convocations individuelles, à se présenter le lendemain au collège. Le 13, on les a laissés rentrer chez eux, parce que les ordres n'étaient pas arrivés ; mais on les a de nouveau convoqués pour le 17, et après leur avoir fait passer la nuit au collège, on les a emmenés le 18. Ce qu'il y a eu de plus terrible, c'est le spectacle des jeunes filles arrachées à leurs familles. Il en a été enlevé ainsi environ quatre-vingts. Quelques jours après, un certain nombre de jeunes filles évacuées ici de la Somme et de l'Aisne ont encore été séparées de leurs parents et dirigées vers le nord. Ces mesures abominables ont jeté la consternation parmi nous.

Lors du premier départ dont je viens de parler, une trentaine de notables, tous les prêtres, tous les médecins, les pharmaciens et les vétérinaires, ont été pris comme otages, et depuis nous n'avons eu d'eux aucune nouvelle. Ce fait a eu les plus graves conséquences pour la santé publique, car nous avons été hors d'état d'assurer des soins aux très nombreux malades évacués par les Allemands de la région comprise entre Saint-Quentin et Noyon. Il mourait en moyenne une quinzaine de personnes par jour.

Un mois avant leur retraite, les ennemis avaient commencé à miner la ville et à préparer la destruction des ouvrages d'art. Le 16 mars, pendant que la population était rassemblée dans la partie haute de Noyon, les premières explosions se sont produites à quatre heures et demie de l'après-midi. Elles se sont continuées jusqu'au lendemain soir. Une vingtaine de maisons ont été ainsi détruites ; beaucoup d'autres sont endommagées.

Tandis que ces faits se passaient, les soldats pillaient de nouveau nos maisons, dont nous avions été obligés, par un ordre dont je vous remets copie, de laisser les portes ouvertes.

Après lecture, le témoin a signé avec nous.

N° 67.

NOTE remise, le 16 mars 1917, par la Kommandantur de Noyon (Oise) à MM. Félix et Jouve, adjoints au maire.

La Kommandantur m'a communiqué que, dès le 16 mars courant, auront lieu à Noyon d'importantes explosions de mines.

La Kommandantur a donné les ordres suivants :

1° Il est défendu de quitter les maisons le 16 mars à deux heures allemandes de l'après-midi jusqu'au soir du 17 mars à dix heures. Les patrouilles allemandes fusilleront les personnes attrapées dans la rue.

2° Les rues et quartiers suivants sont tout-à-fait à évacuer :

a) les maisons de tous les boulevards (excepté boulevard E. Noël) ;

b) le quartier entouré du boulevard Charmolue, boulevard Carnot, rue de Belfort, place Cordouen, place au Blé, rue Caloin, rue d'Amiens ;

c) les maisons de la rue de Chauny, de la place République jusqu'au boulevard Noël ;

d) les maisons de la rue de Lille, de la rue de Chauny jusqu'au cimetière ;

e) les maisons de la rue du Coizel, de la rue de Chauny jusqu'à rue de l'Écorcherie.

3° Il faut laisser ouvertes les portes et les fenêtres dans toutes les maisons de Noyon, de même dans la cathédrale.

4° Les habitants ont à se rendre dans les caves ou la cathédrale pendant le temps fixé et à se munir suffisamment de provisions et d'eau.

La mairie a le devoir d'exécuter ces ordres. Le Gouvernement allemand refuse toute responsabilité si des personnes seront tuées en n'observant pas les ordres.

> Pour copie certifiée conforme :
>
> *L'Adjoint*,
> Signé : JOUVE.

N° 68.

CONVOCATION individuelle adressée aux habitants de NOYON en vue de l'évacuation (1).

Par ordre supérieur :

Étant capable de travailler, vous serez évacué dans le Nord. Vous devez vous présenter le 12 février 1917, 6 h. d. s. (heure allemande) au collège.

Si vous manquez à l'appel, la force des armes sera appliquée contre vous, en plus vous serez gravement puni.

N. B. Se munir de vêtements chauds et de vivres pour trois jours.

> Noyon, le 11 février 1917.
> LE COMMANDANT DE PLACE.

(*Timbre humide : Orts Kommandantur-Noyon.*)

N° 69.

DÉPOSITION faite, le 26 mars 1917, à NOYON (Oise), devant la Commission d'enquête.

LECAT (Alfred), 49 ans, gendarme en retraite, employé à la mairie de Noyon :

Je jure de dire la vérité.

Dès leur arrivée à Noyon, le 30 août 1914, les Allemands ont exigé qu'on leur désignât une dizaine d'otages. Comme l'un de ceux-ci, M. Devaux, tourneur sur bois, sortait de la mairie, où il avait été consigné, et voulait aller chercher un mouchoir dans sa maison, située à proximité, un soldat, obéissant probablement à l'ordre d'un des officiers qui stationnaient dans la cour, s'est mis à sa poursuite et l'a abattu d'un coup de fusil.

Le même jour, le sieur Momeux, concierge de l'hôtel de ville, a été, sans aucun motif, l'objet de violences graves. Des Allemands, après avoir tiré sur lui des coups de revolver sans l'atteindre, l'ont jeté à terre et l'ont brutalisé. Vivement impressionné par cette agres-

---

(1) Texte relevé par la Commission d'enquête sur un original resté entre des mains d'un habitant de Noyon.

sion, Momeux ne s'est jamais rétabli; il est mort assez longtemps après, mais certainement des suites de l'ébranlement qu'il avait éprouvé.

M. Richard, boulanger, a été tué d'une balle au ventre, vers la fin de septembre, au moment où il regardait passer des prisonniers français. Les Allemands ont prétendu qu'il avait été victime d'une imprudence; je n'ai pu savoir d'une façon certaine si cette version est exacte. Mme Delbecq a été également tuée d'un coup de feu, par un soldat ivre auquel elle refusait du vin. Dès le début et pendant toute la durée de l'occupation, le pillage et le vol ont été continuels. Le coffre-fort de la Société Générale a été fracturé au chalumeau. Ceux des habitants ont été brisés à coups de revolver tirés dans les combinaisons. Tout cela se passait sous les yeux des chefs, qui se bornaient à répondre quand on réclamait : « C'est la guerre! »

Quelque temps avant la retraite de l'ennemi, le pillage est devenu plus effréné encore. Les maisons ont été saccagées; les coffres-forts des banques Brière et Chéneau et Barbier, qui avaient été épargnés jusque-là, ont été éventrés et leur contenu emporté. La cathédrale a été dévastée : les tuyaux du grand orgue et les cloches ont été enlevés.

Le 17 février, les habitants valides des deux sexes, invités par lettres individuelles à se présenter au collège avec des vivres pour trois jours, ont été emmenés. J'ai pu, par bonheur, me soustraire à cette mesure. Huit jours après, les Allemands ont choisi une cinquantaine de jeunes filles, qui avaient été évacuées de la région de Saint-Quentin avec leurs familles et un certain nombre de leurs concitoyens; ils les ont dirigées vers le nord, sans tenir compte des larmes et des supplications des parents.

Deux jours avant leur départ, qui a eu lieu le 17 de ce mois, ils nous'ont tous rassemblés dans l'enceinte des boulevards. C'est alors qu'ils ont volé ce qui restait dans la ville et qu'ils ont fait sauter les ponts avec des explosifs qui ont provoqué l'écroulement des maisons environnantes.

J'ajoute que, le 17 février, ils ont eu soin de joindre aux habitants qu'ils conduisaient dans le nord pour, comme ils le disaient, les faire travailler, tous les médecins, les vétérinaires, les pharmaciens et les prêtres, quel que fût leur âge. Un grand nombre de personnes, épuisées par les privations, le froid et les émotions, sont mortes sans soins ni secours. On avait bien dit que les docteurs allemands soigneraient la population; mais ils ne voulaient pas se déranger, et il fallait aller les trouver quand on était transportable.

Après lecture, le témoin a signé avec nous.

N°s 70, 71, 72, 73.

DÉPOSITIONS faites, le 26 mars 1917, à Noyon (Oise), devant la Commission d'enquête.

Brière (Fernand), 72 ans, banquier à Noyon :

Je jure de dire la vérité.

Le 24 février, un officier se disant délégué de la Trésorerie de Berlin, s'est présenté chez moi accompagné d'un soldat, et m'a requis de lui ouvrir mes coffres-forts. Je m'y suis refusé, et alors le soldat, se servant d'un chalumeau qu'il avait apporté, a commencé l'effraction. Une quinzaine de locataires de coffres, que j'avais fait convoquer, étaient présents; leurs protestations n'ont pas eu plus de résultat que les miennes. Tout ce qui était dans la banque a été enlevé : numéraire, titres et valeurs, effets de portefeuille et de commerce, bijoux, argenterie, comptabilité et archives. J'ai réclamé des reçus; mais je n'ai pu en obtenir, et encore avec grande difficulté, que pour le numéraire. Comme je faisais remarquer à l'officier que mes archives ne pouvaient être d'aucune utilité pour les autorités allemandes : « Nous avons ordre de vider les coffres, a-t-il répondu : je vide les coffres ».

Après lecture, le témoin a signé avec nous.

Dutendas (Arthur), 58 ans, garçon de recette à la Société Générale, décoré de la médaille militaire, demeurant à Noyon :

Je jure de dire la vérité.

Les Allemands, qui étaient déjà venus faire des reconnaissances dans les sous-sols de la Société Générale et en avaient forcé les portes, sans cependant rien enlever, en mars 1915, ont fracturé nos coffres-forts au chalumeau les 26 et 27 février dernier. Ils avaient convoqué les déposants par un avis public, et quelques-uns de ceux-ci s'étaient présentés. L'opération a été pratiquée par deux soldats, accompagnés de deux officiers. Le contenu de tous les coffres, à l'exception de huit, a été emporté, et il ne nous a été remis qu'une sorte de procès-verbal reconnaissant cet enlèvement.

Après lecture, le témoin a signé avec nous.

Pelletier (Louis-Edmond), 64 ans, caissier de la banque Chéneau et Barbier, à Noyon :

Je jure de dire la vérité.

Le 27 février dernier, deux officiers et deux soldats allemands ont pénétré dans le sous-sol de notre banque, et les soldats, à l'aide de chalumeaux, ont fracturé nos coffres-forts. Ils ont ainsi enlevé les titres de nos clients. J'ai vainement demandé un reçu.

Après lecture, le témoin a signé avec nous.

Vaillant (Eugène), 60 ans, gardien de la banque Chéneau et Barbier, à Noyon :

Je jure de dire la vérité.

Ayant appris par un conseiller municipal, M. Lardé, que les Allemands faisaient des perquisitions dans les banques, j'attendais leur visite. Le 28 février dernier, dans la matinée, ayant entendu du bruit, je suis descendu dans le sous-sol et j'y ai trouvé deux officiers et deux soldats en face d'un des coffres, qu'ils avaient éventré au chalumeau et qu'ils étaient en train de vider. J'ai protesté, et j'ai de suite envoyé ma femme chercher M. Pelletier, le caissier.

J'ai à vous faire connaître en outre un fait qui m'est personnel, et qui est bien douloureux. Les Allemands nous ont arraché notre enfant, une jeune fille de vingt-cinq ans, et malgré nos supplications trois fois renouvelées, l'ont emmenée dans le convoi du 18 février dernier. On m'a dit : « Elle est d'âge et de force à travailler ».

Après lecture, le témoin a signé avec nous.

N° 74.

DÉPOSITION faite, le 27 mars 1917, à Noyon (Oise), devant la Commission d'enquête.

Bricet (Céline-Marie), en religion Sœur Saint-Romuald, supérieure de l'hôpital civil de Noyon :

Je jure de dire la vérité.

Nous avons reçu à l'hôpital, au moment où les Allemands ont commencé leurs opérations de retraite, de deux cent cinquante à trois cents malades, infirmes et vieillards, évacués par eux de la région de Saint-Quentin dans les conditions les plus cruelles. Tous ces malheureux sont arrivés dans un état épouvantable, et il en mourait sept ou huit par jour. C'étaient des gens qu'on avait arrachés de leur lit et auxquels on n'avait pas même laissé le temps de rien emporter. Il y avait parmi eux des paralytiques et des mourants; nous avons même eu à hospitaliser des nonagénaires et une femme de cent deux ans. Nous avons dû en enterrer beaucoup comme inconnus. Je me rappelle que Mme Deprez, propriétaire du château de Gibercourt, nous a particulièrement fait pitié. Atteinte d'une maladie de cœur très avancée, elle était obligée de garder le lit. Un officier l'a contrainte à se lever et a exigé qu'elle s'habillât en sa présence, bien qu'elle l'eût prié de s'éloigner. Elle est arrivée chez nous sans autre linge qu'une serviette de table, qu'elle avait prise en passant dans sa salle à manger pour lui servir de mouchoir. Elle est morte une douzaine de jours après.

Une femme de Flavy-le-Martel, âgée de trente-sept ans, Mme Bègue, qui souffrait également d'une affection cardiaque, a été envoyée ici. Elle avait demandé qu'on lui permît d'emmener ses enfants, âgés l'un de sept ans et l'autre de quatre, qui s'accrochaient aux roues de la voiture : on le lui a refusé, et les pauvres petits sont restés sur la route. Cette malheureuse a été, depuis, renvoyée à Compiègne. Une autre femme de la même commune, atteinte de bronchite, gardait le lit, quand on vint la prévenir que les Allemands allaient emmener son mari. Elle se leva aussitôt pour aller embrasser celui-ci. Un commandant voulant l'empêcher d'approcher, elle lui cria qu'elle le tuerait plutôt, et elle parvint à se jeter dans les bras du prisonnier. Ce dernier dut partir sans pouvoir dire adieu à son jeune enfant. Évacuée sur Noyon et conduite auprès de nous, cette jeune femme n'a cessé de manifester le désespoir le plus profond. Le jour de son arrivée, elle s'est précipitée, avec sa petite fille, sous les roues d'une automobile. Nous avons heureusement pu, une de mes sœurs et moi, la relever à temps et la calmer un peu. Je pourrais vous citer d'autres faits aussi navrants; ceux dont je vous ai parlé ne sont que des exemples pris parmi les incidents douloureux que je connais ou dont j'ai été témoin.

J'ajoute qu'au commencement de l'occupation, notre salle d'opérations a été mise au pillage; tous les instruments de chirurgie ont été enlevés par les Allemands. Il en a été de même des médicaments. Enfin, avant de partir, l'ennemi nous a pris notre batterie de cuisine et nos objets en cuivre.

Le 16 février, tous les médecins, ainsi que tous les prêtres de Noyon, ont été emmenés. Nous n'avons plus eu qu'un docteur allemand pour soigner les nombreux malades et infirmes amenés chez nous de toute la région. Ce médecin, le professeur Bennecke, m'a dit un jour, comme je lui exprimais ma surprise et ma tristesse : « Que voulez-vous? Vos compatriotes n'ont pas voulu de la paix; alors nous avons ordre de faire la guerre aux civils ».

Après lecture, le témoin a signé avec nous.

N°s 75, 76, 77, 78, 79, 80.

AFFICHES apposées par le commandement allemand sur les murs de Noyon pendant l'occupation (1).

ORDRE PUBLIC

Toute la récolte (seigle, blé, avoine, orge) est réquisitionnée par l'armée allemande.

Les cultivateurs et les propriétaires recevront de l'armée allemande après la récolte la part qu'elle jugera suffisante. Ils seront obligés, sans aucune rétribution, à aider à la récolte par ordre de l'administration allemande.

Il est sévèrement interdit de couper et rentrer les récoltes sans que l'ordre leur en ait été donné ; ils seraient punis d'une amende jusqu'à cent marks ou de prison jusqu'à deux semaines, s'ils contrevenaient aux ordres de l'armée allemande.

Noyon, le 28 juillet 1915.

Le Commandant de la place.

AVIS AU PUBLIC

Alexandre (Louis), boulevard Carnot, 15 ; Lavaire (Jules), rue des Boucheries, 4 ; Merlu (Louis), rue des Merciers, 10 ; Helle (Gualvert), rue Saint-Éloi, 8, ont été punis de prison, parce qu'ils n'ont pas salué les officiers allemands en se découvrant.

Noyon, le 30 juillet 1915.

Le Commandant de la place.

Kriegsdruckerei Noyon.

COMMANDANTURE DE NOYON

AVIS AU PUBLIC

Il est rappelé à la population que, par Ordre supérieur, tous les habitants du sexe masculin âgés de 12 ans au moins, doivent saluer poliment, en se découvrant, tous les officiers de l'armée allemande, ainsi que les fonctionnaires ayant rang d'officier.

M. le Commandant de place a constaté que, malgré ces prescriptions, beaucoup d'hommes et principalement des jeunes gens, ne saluent pas ou ne le font que d'une manière inconvenante.

En conséquence, pour lui éviter tout ennui, la population est invitée à se conformer strictement aux ordres rappelés ci-dessus.

Noyon, le 12 mai 1916.

Signé : Jouve.

Le Commandant de place.

Kriegsdruckerei Noyon.

---

(1) Textes relevés par la Commission d'enquête sur les originaux conservés à la mairie de Noyon.

ORDRE PUBLIC

Selon l'ordre supérieur du commandement suprême de l'armée, les noms des personnages qui répondront sur leur vie de la sûreté des chemins de fer sur le territoire de Noyon sont publiés comme suit :

MM. Félix, *maire ;*

Jouve, *adjoint au maire ;*

Cozette, *docteur vétérinaire ;*

Brière, *banquier ;*

Mancel, *négociant.*

Noyon, le 8 octobre 1916.

Le Commandant de la place.

Kriegsdruckerei Noyon.

AVIS AU PUBLIC

A partir d'aujourd'hui, tous les bons émis par les communes faisant partie du district de la première armée allemande auront cours forcé à Noyon.

Les soldats allemands ont reçu l'ordre de ne payer qu'avec des bons communaux. Il leur est strictement défendu de payer avec de la monnaie ou papier-monnaie allemands, français ou belges.

Les commerçants et les habitants sont obligés, sous peine d'amende, d'accepter ces bons en paiement, sans aucun bénéfice.

Les noms des communes faisant partie dudit district seront publiés prochainement.

Les paiements à l'armée allemande ne devront être faits qu'en monnaie ou billets allemands, français et belges.

Noyon, le 1er septembre 1915.

Le Commandant de la place.

Kriegsdruckerei Noyon.

ORDONNANCE (1)

Les habitants sont invités — sous peine d'amende — de changer jusqu'au 26 févr. au Bureau de Change, place de l'Hôtel-de-Ville, tout ce qu'ils possèdent en monnaie ou papier-monnaie allemand contre des bons communaux ou monnaie belge.

Noyon, den 13. Februar 1917.

Der Ortskommandant.

Kriegsdruckerei Noyon.

(1) Au-dessous du texte français est placé le texte allemand correspondant. On avait imprimé : 20 février. Une surcharge à l'encre transforme le 0 en 6.

N° 81.

DÉPOSITION reçue, le 31 mars 1917, à Noyon (Oise), par M. le sous-lieutenant Sadoul, substitut du commissaire-rapporteur près le Conseil de guerre de la ⁸ Armée.

Anguise (Théotime-Eustorge), 51 ans, instituteur, demeurant à Noyon :

Serment prêté.

Je suis secrétaire de mairie intérimaire, et par mes fonctions j'ai dû être en relations avec les autorités allemandes pendant leur séjour à Noyon.

Dès le 12 décembre, après le refus de leurs propositions de paix, nous avons senti que les Allemands faisaient des préparatifs de repli. Des puits de mine étaient creusés sur les boulevards, près des ponts. Au début de février, les réquisitions se multiplièrent ; à ce moment, les bruits de départ se précisaient un peu. Le 12 février, nous reçûmes de la Kommandantur la note suivante, que je vous communique (1) :

A sonner en ville. — Par ordre supérieur.

La ville de Noyon va être évacuée partiellement. Pour commencer, on évacuera les personnes valides capables de travailler, les hommes sans exception, parmi les femmes celles qui n'ont pas de petits enfants, puis un certain nombre d'otages.

Aux personnes désignées, l'ordre de se présenter lundi 12 février 1917, six heures du soir heure allemande, sera remis cejourd'hui.

Contre ceux qui ne suivent pas cet ordre, la force des armes sera appliquée ; en plus, ils seront sévèrement punis, et la ville de Noyon sera affligée d'une haute contribution.

Le Commandant de place.

Se munir de vêtements chauds, de vivres pour trois jours et de la carte d'identité.

Les personnes dont il est question avaient été prévenues par lettres le même jour. C'est le personnel de la mairie qui dut porter ces lettres à domicile. Il y était dit à peu près ceci : « Comme vous êtes en état de travailler, vous devrez vous rendre au collège pour six heures du soir, heure allemande, pour être envoyé dans le nord de la France pour y être employé au filage. »

Les otages furent convoqués un peu avant les travailleurs, car leurs fiches étaient prêtes. Dans cette catégorie figuraient huit prêtres de Noyon ou réfugiés des environs ; un pharmacien ; les trois médecins ; un banquier, M. Brière, qui, en raison de sa santé, ne put être emmené (il est d'ailleurs décédé il y a deux jours) ; le juge de paix ; le vétérinaire, M. Cozette ; des négociants, MM. Penvart, Dermigny, Kiener, Schurer ; M. Vidal, rédacteur du *Libéral* : soit, au total, une trentaine d'otages.

Dans la catégorie des travailleurs figuraient tous les hommes de dix-sept à quarante-cinq ans. Depuis longtemps d'ailleurs, ils étaient munis de fiches spéciales et soumis à des appels tous les quinze jours. Les ouvriers de tous les corps de métier y figuraient aussi : couvreurs, maçons, menuisiers, qui auraient pu rendre des services aux Français. Le 1er janvier déjà, les Allemands avaient emmené les bouchers et les boulangers (dix-huit au total).

Également dans cette catégorie figuraient environ trois cents femmes. C'étaient des femmes mariées sans enfants et des jeunes filles à partir de seize ans. Il y avait parmi elles

---

(1) La Commission d'enquête a vérifié l'exactitude de ce texte sur l'original conservé à la mairie de Noyon.

des ouvrières qu'ils avaient déjà employées durant leur séjour, et d'autres au contraire qui ne pouvaient leur rendre aucun service, y étant mal préparées par leur situation sociale. Ainsi nos deux jeunes filles, âgées de vingt-trois et vingt et un ans, qui sont institutrices, étaient désignées; je pus, heureusement, au dernier moment, les faire rayer de la liste.

Comme on savait qu'aucune résistance n'était possible, les Allemands n'ont pas eu besoin d'employer la violence, tout au moins d'après ce que je sais. Toutes les personnes se rendirent, dignement résignées, à l'heure indiquée au collège. Elles y restèrent jusqu'au mercredi 14 à midi. On les renvoya chez elles, en les convoquant pour le vendredi 16, au même endroit, à six heures du soir. C'est le 17, à sept heures du matin, qu'eut lieu leur départ : je n'y assistais pas.

Une dizaine de jours avant l'évacuation, les Allemands ont encore emmené une trentaine de jeunes filles, choisies parmi les réfugiées de Saint-Quentin et environs ; mais je ne puis préciser sur ce point.

Lecture faite, persiste et signe avec nous.

N°s 82, 83, 84.

DÉPOSITIONS reçues, le 31 mars 1917, à Noyon (Oise), par M. le sous-lieutenant SADOUL, substitut du commissaire-rapporteur près le Conseil de guerre de la ͤ Armée.

FAGARD, née MARTIN (Clémence), 52 ans, ménagère, demeurant à Noyon :
Serment prêté.

Le 12 février 1917, vers quatre heures, ma fille Charlotte reçut un avis de la Kommandantur de se rendre au collège pour être emmenée dans le nord. Sur cet avis, il était dit qu'au besoin la force des armes serait employée. Ainsi qu'il était prescrit, ma fille se rendit au collège, où elle resta pendant deux jours dans les pires conditions d'hygiène, couchant sur le plancher, où on avait jeté un ou deux centimètres de paille de bois. Le mercredi 14, elle revint à la maison; mais le 15 au soir, il lui fallut retourner au collège, et le 16 au matin elle partait avec le convoi, escortée, avec ses compagnons d'infortune, de soldats allemands baïonnette au canon. Je n'ai pas eu la force d'aller lui dire adieu à ce moment. Ma fille, qui travaillait dans un magasin de la ville, était d'une santé peu robuste et âgée de vingt-trois ans. Elle n'avait jamais travaillé pour les Allemands durant leur séjour ici, et je ne m'explique pas pourquoi ils l'ont choisie. Je n'ai jamais eu aucune nouvelle depuis le départ de ma fille et je ne sais ce qu'elle est devenue.

Lecture faite, persiste et signe avec nous.

CHATELAIN (Zoé), épouse de FAGARD (Auguste), brossière, 31 ans, demeurant à Noyon :
Serment prêté.

En ce qui concerne l'enlèvement de ma belle-sœur Charlotte Fagard, je ne pourrai que répéter ce que vient de vous en dire ma belle-mère. Cependant, je puis ajouter que j'ai assisté, le 16 février au matin, au départ de cette jeune fille. Au moment où les évacués étaient réunis dans la cour du collège pour être mis en route, un officier, qui prit dans la suite le commandement du cortège, est monté sur un camion et a dit : « Si quelqu'un cherche à s'échapper du convoi, il sera impitoyablement fusillé. » On a formé une troupe par rangs de quatre, les hommes en tête, les jeunes gens au milieu ; les femmes et les filles suivaient. Les soldats, baïonnette au canon, formaient l'escorte.

On nous avait permis d'aller faire nos adieux à nos parents dans la cour du collège ; mais une fois le cortège en marche, on nous a défendu de suivre. Nous avons su depuis que nos malheureux compatriotes avaient été emmenés ainsi à pied jusqu'à Babœuf, où ils auraient pris le train dans la direction d'Avesnes.

Le convoi dont faisait partie ma belle-sœur était composé d'environ deux cent cinquante personnes. Il y en eut un autre le lendemain 17.

Lecture faite, persiste et signe avec nous.

Jourdain (Henri), 51 ans, épicier, place de l'Hôtel-de-Ville :

Serment prêté.

Depuis treize ou quatorze ans, j'avais à mon service une très honnête fille, d'une conduite irréprochable, Marie Doisy, que j'employais comme bonne à tout faire. Elle avait mon entière confiance. Elle était âgée de vingt-sept ans. A mon grand étonnement, je reçus, vers deux heures, le 12 février 1917, de la Kommandantur, un avis enjoignant à ma bonne de se présenter au collège à six heures. D'après cet avis, elle devait être emmenée dans le nord de la France pour travailler, sans que ce travail fût spécifié. Elle se rendit à la convocation, emportant de la nourriture pour trois jours, ainsi qu'il était prescrit. Le départ ayant été retardé, elle put revenir à la maison jusqu'au vendredi 16. Cette pauvre jeune fille fut parquée au collège dans des conditions déplorables, avec près de huit cents malheureux. On ne leur délivra aucune nourriture, ni couvertures, qui auraient été nécessaires, étant donné le froid dont ils n'étaient pas protégés : les carreaux du local où ils se trouvaient étaient presque tous brisés.

Le samedi 17, à sept heures du matin, eut lieu le départ. C'était un lamentable cortège composé de gens de toutes les conditions : médecins, pharmaciens, prêtres, ouvriers de tous les métiers, jeunes filles dont beaucoup n'avaient jamais quitté leur famille, et dont la conduite était irréprochable.

Tous les domestiques de mon quartier, jeunes et pouvant travailler et rendre des services, ont été ainsi emmenés par les Allemands.

D. — *N'avez-vous rien à ajouter ?*

R. — Non, en ce qui concerne l'évacuation partielle de Noyon ; mais je puis vous signaler les actes de pillage commis par les Allemands. A chaque instant, nous avions des visites domiciliaires, sous prétexte de recherches d'objets réquisitionnés qui n'auraient pas été remis. Des gendarmes procédaient à ces visites. A la fin, sous le même prétexte, il semble qu'on ait voulu donner aux soldats licence de piller, peut-être comme une récompense.

Fin février ou début de mars, huit soldats se sont présentés à la maison vers onze heures du matin. Ils ont demandé à voir les chambres du premier étage. Ils y ont pénétré en ma compagnie ; il ont ouvert les armoires et y ont enlevé cinq ou six paires de draps, des blouses d'épicier, des tabliers, des chemises de nuit d'homme, des torchons ; ils ont entassé tout cela dans un sac, qui fut chargé sur une voiture. Ces soldats, qui appartenaient au 52ᵉ ou 53ᵉ d'infanterie et au 12ᵉ (1), étaient dirigés par un sous-officier ; ils ne m'ont remis aucun bon de réquisition.

Lecture faite, persiste et signe avec nous.

---

(1) Régiments de Landwehr.

N°s 85, 86.

DÉPOSITIONS reçues, le 21 avril 1917, à Noyon (Oise), par M. le sous-lieutenant ROLLET-MAINE, commissaire-rapporteur près le Conseil de guerre de la ° D. I.

DELBECQ (Jeanne), 31 ans, demeurant à Noyon :

Serment prêté.

La mort de ma mère, tuée par un soldat allemand, est arrivée le 19 septembre 1914, dans la maison même où j'habite encore; à cette époque-là, nous l'habitions, ma mère, mon frère, depuis otage en Allemagne, et moi.

Ce soldat était venu à la maison les jours précédents. Le 17, dans l'après-midi, ma mère étant à la fenêtre avec une voisine, il lui a demandé du vin et du café; ma mère lui a dit qu'elle n'en avait pas : il est parti en jurant. Il est revenu le lendemain; on lui a fait la même réponse. Le 19, il est passé une première fois devant la maison, avec son fusil et un sac, dans lequel étaient des lapins qu'il avait dû aller voler. Vers sept heures du soir, toujours avec son fusil, il est revenu à la porte de notre maison et a frappé; on lui a ouvert; il a demandé du vin et du café; ma mère lui a répondu qu'elle n'en vendait pas. Il a fait mine de s'en aller : nous avons refermé la porte. Quelques minutes après, il est revenu; il a crié devant la maison, donné des coups de pied et des coups de crosse de fusil dans la porte, faisant un scandale énorme. A un moment donné, ma mère, qui était assise à la table, s'est levée pour se diriger vers la porte; au moment où elle l'ouvrait, un coup de fusil a retenti. Ma mère a été frappée en pleine poitrine, sous le sein gauche; la balle est ressortie par les reins; elle est tombée à la renverse, et n'a survécu qu'un quart d'heure au coup de feu.

Je crois que le soldat a dû être poursuivi par le Conseil de guerre; il a été retrouvé après ma dénonciation, car il s'était sauvé.

Lecture faite, persiste et signe avec nous.

LESUEUR (Louis), 66 ans, boulanger, demeurant à Noyon, rue du Nord, n° 16 :

Serment prêté.

Un après-midi des premiers jours de septembre 1914, je causais, devant ma boutique, avec mon collègue Richard, que sa femme et sa petite fille accompagnaient; des soldats se trouvaient sur la place de la Cathédrale, entre le monument et la rue du Nord. Tout à coup, un coup de feu est parti du groupe des soldats; une balle a brisé la devanture de la boulangerie, faisant sauter la glace. Cette balle a traversé, à côté de moi, M. Richard de part en part, entrant par le ventre et sortant par le dos; la balle, continuant son chemin, a éclaté le chambranle de la porte qui conduit à mon appartement, et est venue s'aplatir sur le mur extérieur de la cuisine, dans le couloir qui y conduit. Toutes ces traces sont encore apparentes. Quand Richard est tombé, j'ai couru à la mairie prévenir les autorités; M. le maire est arrivé aussitôt et s'est rencontré dans ma boutique avec les officiers de la Kommandantur située en face, à l'hôtel du Nord, et avec des médecins militaires allemands. Les médecins ont dit qu'ils pensaient sauver Richard; mais un quart d'heure après, il était mort.

Je dois vous dire que le soldat qui avait tiré a passé en Conseil de guerre quelques jours après, que j'ai été appelé comme témoin, et que le soldat a été condamné à trois mois de prison pour homicide par imprudence; les autorités allemandes ont en effet tout fait pour faire croire à un accident.

Lecture faite, persiste et signe avec nous.

N° 87.

DÉPOSITION reçue, le 9 mai 1917, à Noyon (Oise), par M. le capitaine Vitali, substitut du rapporteur près le Conseil de guerre de la   ° Armée.

Roland (Joseph), 58 ans, caissier-comptable, demeurant à Noyon, gérant du magasin du ravitaillement hispano-américain pour Noyon :

Serment prêté.

A deux reprises différentes, les Allemands sont venus cambrioler le dépôt de denrées du ravitaillement hispano-américain. Ces vols ont porté sur des quantités relativement peu considérables, ce qui me porte à croire que ce n'étaient pas des corvées organisées.

La veille de partir, le samedi et le vendredi précédent, 16 et 17 mars, la dernière équipe restée dans la ville, composée de chasseurs cyclistes du 12° régiment (1), a pénétré dans le magasin, aussitôt après l'explosion du carrefour voisin (et, à mon avis, une seconde mine, qui devait être placée sous la maison, a mis à découvert tout l'intérieur du magasin où était le ravitaillement). J'avais été évacué, avec tous les habitants de la ville basse, sur la place de l'Hôtel-de-Ville. M. Jouve, deuxième adjoint, a vu et a pris en flagrant délit de vol les chasseurs cyclistes qui faisaient main-basse sur les denrées. M. Jouve les a même poursuivis en les traitant de voleurs; il y avait environ une centaine d'Allemands dans mon magasin. Les denrées qui m'ont été dérobées sont les suivantes :

Saindoux. — 5 fûts de 170 kilogrammes chacun;

Savon. — 32 caisses de 50 kilogrammes;

Café. — 12 sacs de 60 kilogrammes;

Pois. — 1 sac de 70 kilogrammes;

Sucre. — 3 sacs de 45 kilogrammes;

Sucre. — 100 kilogrammes environ en paquets;

Lait. — 42 caisses de 48 boîtes;

Biscuits. — 48 paquets de 15 kilogrammes chacun;

Biscuits sucrés. — 2 paquets de 5 kilogrammes;

Crème de riz. — 50 kilogrammes;

Phosphatine. — 75 kilogrammes;

Levure. — 300 paquets;

Bas de lampe. — 200 environ;

Bœuf en conserve. — 2 fûts de 75 à 77 kilogrammes;

Carbure de calcium. — 10 kilogrammes ;

Lampes à acétylène. — 16;

Lard. — 100 kilogrammes environ.

Lecture faite, persiste et signe avec nous.

N° 88.

DÉPOSITION reçue, le 22 mai 1917, à Noyon (Oise), par M. le capitaine Vitali, substitut du rapporteur près le Conseil de guerre de la   ° Armée.

Queneval (Charles-Auguste), 67 ans, meunier à Noyon (moulin d'Audeux) :

Serment prêté.

Dans la matinée du 13 juillet 1916, le commandant de la place de Noyon, Varnhagen me convoqua à son bureau, place de l'Hôtel-de-Ville; il me réquisitionna, avec ma voiture

---

(1) Régiment de Landwehr.

mes trois chevaux et un conducteur, Louis Dervilers, pour aller au château de Mont-Renaud faire un transport de mobilier. En arrivant dans la cour du château, j'ai trouvé le commandant Varnhagen qui dirigeait le déménagement de la bibliothèque; tous les livres ont été entassés dans mon chariot et transportés place Saint-Jacques, 10, où ils ont été déposés chez Mme veuve Malatau. Avec le commandant Varnhagen se trouvait l'interprète Jackson, qui s'occupait aussi de déménager le mobilier. Il y avait deux autres voitures à quatre roues traînées par des chevaux, et j'ai remarqué, parmi d'autres objets, un grand tableau à l'huile représentant M. de Boulancy père. J'ignore dans quelle direction ces deux voitures sont allées.

En ce qui concerne le moulin d'Audeux, à l'arrivée des troupes allemandes, au commencement de septembre 1914, le général commandant le IIIe Corps d'armée a fait enlever de mon entrepôt cinq mille kilogrammes de farine et dix mille kilogrammes de blé; par la suite, les enlèvements de farine et de blé ont continué, jusqu'à ce que toute ma provision fût épuisée. Je spécifie en effet que, à la déclaration de la guerre, j'avais dans mes entrepôts quatre-vingt mille kilogrammes de blé, que l'intendance de Beauvais m'avait confiés pour la mouture; toute cette provision m'a été enlevée par les Allemands. Dans le début, la Kommandantur me donna des reçus des marchandises enlevées, mais par la suite, elle ne me délivra plus aucun papier.

Quelques jours avant le départ des troupes allemandes, exactement le 15 février 1917, à dix heures du matin, un capitaine, qui avait dirigé la scierie militaire allemande installée dans les locaux de M. Lacarrière, boulevard Carnot, vint, avec une équipe de trente hommes, et fit démonter tous les appareils du moulin, qui furent expédiés en Allemagne; les grosses pièces de mécanique furent chargées sans aucun emballage, mais toutes les pièces délicates furent soigneusement emballées.

Dans la première quinzaine de février 1917, je fus convoqué par la Kommandantur pour aller à la banque Chéneau et Barbier assister à l'ouverture du coffre-fort de la famille Leclerc, mes neveux. Je trouvai à la banque le lieutenant Flottmann, adjoint au commandant de place, qui assistait à cette opération avec deux autres officiers.

Le 31 décembre 1914, j'ai été emmené comme otage à l'hôtel de ville. Par la suite, j'ai appris que le sous-directeur de l'usine d'Ourscamps, M. Schurer; M. Courtois, employé du télégraphe; l'abbé Stoffel, desservant d'Ourscamps, et M. Kiener ont été emprisonnés pendant trois semaines sans motif.

J'ai vu des centaines de civils employés à creuser des tranchées pour loger les câbles téléphoniques, de la place de la République au boulevard Charmolue, à Vauchelles et à Larbroye. Je travaillais au moulin: c'est pour cette raison que je n'ai pas été employé à ces travaux.

L'autorité militaire allemande a enlevé une centaine d'ouvriers de Noyon pour les transporter à Ham, où ils ont été employés à des travaux de toute sorte, et particulièrement à la pose et construction de voies.

Lecture faite, persiste et signe avec nous.

N° 89.

DÉPOSITION reçue, le 29 mai 1917, à Noyon (Oise), par M. le capitaine Vitali, substitut du rapporteur près le Conseil de guerre de la ° Armée.

Jourdain (Germaine), épouse Ronsin, 26 ans, sans profession, demeurant à Noyon :
Serment prêté.

Je suis voisine de la maison sise à l'extrémité de la rue de la Poterle, et qui appartient à M. Dechiron. M. Dechiron habite actuellement Montrouge. Pendant l'occupation, cette maison, qui était luxueusement meublée, a été occupée par des officiers allemands, en particulier par des officiers payeurs; en dernier lieu, c'étaient des officiers du 3ᵉ d'artillerie (au moins huit) qui habitaient l'immeuble. Aux mois de février et de mars 1917, la maison a été complètement pillée par ses occupants, qui ont déménagé trois grandes voitures de meubles. J'ai vu moi-même passer ces voitures chargées de mobilier, alors qu'on les dirigeait sur la gare. Parmi les officiers dont je parle, il y en avait un, petit, trapu, brun, type juif, mais je ne connais pas son nom. Au moment du départ, j'ai vu les officiers qui avaient habité la maison s'emparer de bûches de bois et les lancer à toute volée dans les fenêtres, qui furent brisées; je n'ai pas pu m'empêcher d'exprimer mon indignation en présence de cet acte de vandalisme.

Le jour où les Allemands ont évacué Noyon, ils prescrivirent que les habitants des faubourgs seraient cantonnés au centre de la ville. C'est dans ces conditions que je dus abandonner ma maison pendant quelques heures; les Allemands en profitèrent pour pénétrer ici, voler mon linge, trois appareils de photographie et divers objets de valeur, parmi lesquels trois glaces. Une partie du mobilier a été complètement brisée. Ces vols, qui d'ailleurs ont été commis à la même date dans toute la ville de Noyon, l'ont été par la 246ᵉ compagnie de pionniers; c'est le lieutenant Albrecht qui commandait cette compagnie; il habitait boulevard Parasin, dans la maison qui est au-dessus des bains. J'ajoute qu'un des pillards les plus notoires de cette compagnie était un caporal qu'on appelait Beckmann.

J'ai vu des prisonniers russes, ainsi que des prisonniers français, militaires et civils, travailler à la ligne du chemin de fer, que vous voyez à deux cents mètres environ d'ici. Il arrivait souvent que ces prisonniers travaillaient sous les obus que l'artillerie française envoyait, et je les ai vus quelquefois se sauver d'effroi quand la canonnade redoublait d'intensité. Ces prisonniers civils français étaient de Nouvion et du Cateau; ils étaient tous très jeunes et mouraient littéralement de faim; souvent nous leur avons fait passer des vivres en cachette. A la scierie Lacarrière travaillaient des prisonniers russes et des habitants de Noyon, que l'on occupait à façonner des madriers pour les tranchées; c'est là qu'un Boche a été tué par un obus.

Lecture faite, persiste et signe avec nous.

N° 90.

DÉPOSITION reçue, le 30 mai 1917, à Noyon (Oise), par M. le capitaine Vitali, substitut du rapporteur près le Conseil de guerre de la ᵉ Armée.

Jouve (Pierre), 61 ans, adjoint au maire de Noyon :

Serment prêté.

Au mois de septembre 1914, les Allemands nous ont obligés à réunir sur la place de l'Hôtel-de-Ville tous les hommes entre dix-huit et quarante-six ans, sous prétexte qu'ils désiraient les voir et les connaître; c'est à nous qu'incomba la charge de les convoquer. Une fois les hommes réunis sur la place, un triage fut fait, et huit cents à mille de ces hommes furent déportés en Allemagne, dans les camps de prisonniers civils.

A différentes reprises, des habitants de Noyon, par petits convois, ont subi le même sort. C'est ainsi que, le 1ᵉʳ janvier 1917, tous les boulangers et bouchers furent enlevés, ce qui mit la ville de Noyon dans un assez grand embarras. Nous avons su que nos compatriotes ont relevé dans l'armée allemande des bouchers et des boulangers qui ont pu ainsi être envoyés sur la ligne de feu.

Le 1ᵉʳ février, je fus prévenu que, le lendemain, une partie de la population serait déportée : il s'agissait d'enlever les hommes de seize à soixante ans, les femmes sans enfants et les jeunes filles. Ces personnes ont quitté Noyon, le 17 au matin ; elles étaient au nombre de huit cents, parmi lesquelles quatre-vingts jeunes filles, brutalement arrachées à leur famille. Huit jours après, on nous enleva cinquante autres jeunes filles, parmi celles qui avaient été évacuées du nord sur Noyon.

La ville a été requise de fournir de la main-d'œuvre civile, prise parmi les habitants de la commune. Ces habitants ont été occupés :

1° A l'établissement d'une voie étroite allant du canal du Nord à la gare de Noyon, et de là jusqu'au front par Pont-l'Évêque, direction de Lassigny. Des équipes étaient employées au chargement des wagons ou au déchargement des bateaux qui transportaient du matériel de guerre ; d'autres équipes fabriquaient des briques en ciment armé pour les besoins du front ; ce chantier était installé sur les bords du canal.

2° A la démolition de la grande voie de Pont-l'Évêque à Noyon ; ce travail a duré sept à huit mois. Il y avait aussi sur ce chantier un certain nombre de prisonniers militaires français ; ces travailleurs étaient exposés au feu de l'artillerie française.

3° A des travaux de terrassement et d'abatage d'arbres, qui eurent lieu à Larbroye et à Suzoy, c'est-à-dire dans la zone bombardée.

Dès le début de ces travaux, la Mairie de Noyon a protesté, soit verbalement, soit par écrit, contre les agissements de l'autorité allemande et le fait par elle d'employer des civils français à des travaux d'ordre militaire, et ce dans la zone dangereuse. Je vous autorise à prendre copie d'une de ces lettres. Malgré ces protestations, les Allemands ont continué à se servir de la main-d'œuvre civile : ils expliquaient que ces travailleurs étaient des volontaires ; en réalité, l'explication ne tenait pas debout, car il s'agissait bien de travail obligatoire.

Je dois ajouter que la tranchée du câble téléphonique allemand a été creusée par des prisonniers militaires français. Ce fut un travail très pénible, et qui a duré deux mois. Cette tranchée va de Noyon-Ville du côté de Suzoy et de Larbroye, et peut avoir huit kilomètres environ de longueur. Sans être absolument affirmatif, je crois pouvoir dire que des civils furent également occupés à creuser cette dernière tranchée, tout au moins dans la portion qui se trouve dans les régions de Suzoy et de Larbroye.

D. — *Dans quelles conditions ont eu lieu les réquisitions de récoltes dont il est question dans les photographies d'affiches que je vous présente (foin, céréales, fruits)?*

R. — Ce fut un vol déguisé. L'armée allemande s'est emparée, en 1915 et 1916, de toutes les récoltes. En 1915, nous touchâmes, en bons communaux, une indemnité que l'autorité militaire prétendit être égale au cinquième de la valeur des réquisitions, sans que nous ayons pu, à ce sujet, exercer un contrôle quelconque ; en 1916, nous ne touchâmes rien du tout.

En ce qui concerne les pillages et les destructions, tout particulièrement ceux qui ont été accomplis en dernier lieu, il est certain que tout cela a été voulu et ordonné par l'autorité supérieure. Quant aux ordres donnés à ce sujet, ils étaient exécutés très méthodiquement, et par des soldats qui étaient certainement des spécialistes. Dans la dernière huitaine, les pillages sont devenus, dans toute la ville, d'une gravité exceptionnelle. Toutes les maisons de Noyon, ou à peu près toutes, ont été cambriolées ; certains magasins ont été vidés à fond. Le mobilier et les marchandises étaient chargés sur des voitures et dirigés sur Vauchelles, pour être expédiés sur Saint-Quentin.

Le 15 mars dernier, on a signifié à la municipalité d'avoir à faire évacuer la partie midi de la ville de Noyon, à partir de quatorze heures ; l'ordre ajoutait que toute personne qui contreviendrait à l'ordre donné serait immédiatement fusillée. La population fut réunie au centre de la ville et dans la cathédrale. C'est le 16 mars, à seize heures dix minutes exactement, que les explosions ont commencé ; elles se sont succédé de dix minutes en dix minutes. L'autorité allemande avait prescrit que toutes les maisons resteraient ouvertes ; les Allemands en profitèrent pour se livrer à un nouveau et dernier pillage des habitations de Noyon. On vint même m'avertir que le local contenant les denrées du ravitaillement américain avait été mis à sac. Je m'y rendis aussitôt, et constatai qu'en effet les magasins avaient été pillés, les sacs éventrés, beaucoup de marchandises enlevées.. Je me trouvai en présence de pillards (des pionniers), et je dus faire moi-même la police, mais sans pouvoir obtenir de résultats appréciables. Je me suis même plaint à un officier ; ce dernier prit quelques noms, mais on voyait bien que c'était pour la forme, et tout s'est borné là.

Le plan cadastral de la commune de Noyon a été emprunté par le général von Sachs, qui ne l'a jamais restitué.

Les conduites d'eau et de gaz ont été détruites. Il en est de même des gazomètres et de la force motrice de l'usine à gaz. Tous les becs de gaz, toutes les lanternes, ont été enlevés.

Enfin, je dois dire qu'en deux fois, la ville de Noyon a payé une contribution de guerre de près d'un million. De plus, en 1914, nous avons eu à payer de fortes contributions en nature : farine, vins fins, surtout du champagne, cigares, etc.

Lecture faite, persiste et signe avec nous.

N° 91.

DÉPOSITION reçue, le 28 mars 1917, à Noyon (Oise), par M. le sous-lieutenant SADOUL, substitut du commissaire-rapporteur près le Conseil de guerre de la ᵉ Armée.

DE BRUNIER (Ernest-Jacques-Albert), 75 ans, ancien officier de cavalerie, demeurant au château de Larbroye, canton de Noyon :

Serment prêté.

Je suis propriétaire du château de Larbroye, que j'habite. Les troupes allemandes sont arrivées le 30 août. Elles ont immédiatement commencé chez moi des perquisitions, m'accusant de cacher des officiers anglais, prétendant que j'avais un téléphone secret et un souterrain qui aboutissait au Mont-Renaud. Ils ont pratiqué des visites, fait des recherches partout. Ce n'était que le prétexte de pillages. Ils firent main-basse sur tout ce qui se mangeait et se buvait. Pour une partie de ma cave, des bons m'ont été délivrés ; les uns sont réguliers, mais beaucoup, qui m'avaient été présentés par des soldats et des sous-officiers, sont des papiers sans valeur, sur lesquels sont écrites des phrases de moquerie. Quand je réclamais contre la multiplicité de ces réquisitions, on me répondait : « Votre Poincaré paiera ! »

On me réquisitionna trois chevaux, cinq vaches, une voiture, un cochon ; mais pendant la nuit, on me vola trois vaches, deux veaux, un cheval, un coupé et une victoria, et des harnachements.

Dans le début de septembre commencèrent des visites perpétuelles, de jour très fréquemment, et de nuit plus rarement. On nous réveillait parfois, on nous traînait dans toute la maison et dans les caves, sous prétexte de recherches, Mᵐᵉ de Brunier et moi ; il nous était défendu d'échanger la moindre parole ensemble. Durant ces visites, nous étions sous la menace du revolver, et on ne parlait que de nous fusiller. L'accusation était toujours la même : j'avais ce téléphone secret et je faisais des signaux aux Français.

Le 23 septembre, à six heures du matin, à la suite d'une de ces visites infructueuses, on m'emmène à Passel, entouré de quatre cavaliers. J'arrive au camp, et l'officier me fait conduire dans un bouge obscur où d'autres personnes viennent bientôt me rejoindre; il y a parmi elles des vieillards de quatre-vingt-cinq ans, tous accusés d'espionnage. A midi, on nous emmène à Noyon, où on fait le triage des hommes; on laisse en liberté ceux qui avaient plus de cinquante ans, et je puis alors rentrer à Larbroye. Mais l'accès du château m'est interdit pendant plus de deux heures, et je ne puis causer avec Mme de Brunier, consignée dans sa chambre. Durant mon absence, un officier de hussards était venu faire la perquisition habituelle de la cave au grenier; il avait menacé, terrorisé, bousculé ma femme. Je crois que, plutôt qu'un souterrain, c'était des cigares que cet officier voulait trouver : il en réclama à plusieurs reprises.

Un colonel et sa suite s'étaient emparés du château et voulaient que Mme de Brunier les servît.

Le samedi 26 septembre 1914, nous sommes gardés à vue dans une pièce sans lit, où nous passons la journée et la nuit. On profite de notre isolement pour piller tout ce qui se trouvait dans notre chambre, notamment notre argenterie et nos bijoux. A six heures du soir, un officier entre, hagard et furieux, dans la pièce où nous étions enfermés, nous ordonne de sortir, suivis d'un garde; il active notre descente de bourrades et de coups de poing. J'essaye d'en protéger Mme de Brunier. On nous conduit à la basse-cour et on nous pousse violemment, par la fenêtre, dans un réduit retiré en contre-bas, où nous entrons l'avoine : ma femme est projetée contre le coffre à avoine. On ferme le volet, et une sentinelle nous garde. Vers sept heures du soir, on vient nous prendre pour nous emmener; nous ne pouvons emporter qu'un très mince bagage, contenant quelques objets de famille, mais ni linge ni vêtements. A coups de crosse, on active la marche de Mme de Brunier qui, fatiguée, ne peut suivre; j'en ai reçu aussi. Nous sommes enfermés au corps de garde, au milieu de soldats, sur de la paille infecte; un officier, auprès duquel j'essayais de protester, me répond avec violence. Au matin, on m'amène à Noyon, à la Kommandantur, où on m'annonce que, malgré ma qualité de vice-président de la Croix-Rouge, je vais être emmené dans une forteresse d'Allemagne. Néanmoins, vers midi, on m'apprend que je resterai à Noyon, prisonnier sur parole. J'ai retrouvé Mme de Brunier, qui avait été amenée à la tête d'un convoi de prisonniers et qui peut, elle aussi, recouvrer la liberté. Pendant ce temps, on vidait complètement mon château : les meubles étaient enlevés par des voitures militaires. Quand le déménagement fut terminé, le lendemain, on entassa de la paille et on goudronna les murs du château. Le goudron avait été pris à l'usine à gaz de Noyon, et les soldats qui l'emportèrent avaient annoncé en le prenant qu'il était destiné à brûler le château de Larbroye. Il ne reste plus que des pans de murs, aussi bien du château que de la ferme qui l'avoisinait.

Lecture faite, persiste et signe avec nous.

———————

N° 92.

DÉPOSITION faite, le 2 avril 1917, à GUISCARD (Oise), devant la Commission d'enquête.

DACHEUX (Ernest), 42 ans, conseiller municipal faisant fonctions de maire à Guiscard :

Je jure de dire la vérité.

Le 29 août 1914, les Allemands sont arrivés dans notre commune. Ils l'ont immédiatement pillée; des voitures de colonne ont emporté le mobilier des maisons dont les propriétaires étaient absents. Après la bataille de la Marne, le III° Corps de réserve s'est installé ici. L'occupation est alors devenue très dure ; la population a été astreinte à des travaux agricoles ; des femmes et des jeunes filles qui n'avaient pas l'habitude du travail des champs n'ont pas été exceptées de cette mesure, qui était sanctionnée par des peines d'amende et de prison. Ce corps d'armée, que commandait le général von Boehm, est resté à Guiscard jusqu'à la fin d'octobre 1915, époque à laquelle il a été remplacé par la Garde, qu'on nous avait dépeinte comme une troupe d'élite. En réalité, la nouvelle garnison était pire que la précédente. Les officiers, notamment, étaient continuellement dans un état d'ivresse ignoble et tenaient la conduite la plus scandaleuse. Les troupes nous ont néanmoins laissés à peu près tranquilles dans les premiers temps ; mais à partir de juillet ou d'août 1916, elles sont devenues très exigeantes, se livrant à des réquisitions continuelles et s'emparant de tout ce qui leur plaisait dans les maisons.

Le 16 février 1917, les Allemands nous ont enlevé deux cent cinquante-deux personnes de quinze à soixante ans, dont cent dix-sept hommes et jeunes gens et cent trente-cinq femmes ou jeunes filles, pour les envoyer dans la direction d'Avesnes. Ils ont d'ailleurs profité de l'exécution de cette mesure pour se livrer de nouveau à un pillage éhonté. Nos compatriotes évacués n'étaient pas encore à quatre kilomètres de la ville, que les camions arrivaient devant leurs portes pour tout déménager. Le 11 mars, neuf hommes et une jeune fille ont encore été emmenés. Tous ces départs ont donné lieu à des scènes navrantes.

En septembre 1916, l'ennemi, se basant sur notre situation financière de 1914, nous a frappés d'une contribution de guerre établie de la façon suivante :

La valeur du centime communal étant de 184 fr. 60, il a multiplié cette somme par cent. Il a obtenu ainsi pour la part de l'État 18.460 francs, pour celle du département 18.460 francs et pour celle de la commune 18.460 francs, soit au total 55.380 francs ; enfin, multipliant encore ce produit par deux et demi, à raison de deux ans et demi d'occupation, il nous a imposés pour 138.450 francs. Déjà, en novembre 1915, on nous avait réclamé 18.000 francs. Comme la ville était hors d'état de fournir une contribution si élevée, l'autorité allemande a contraint toutes les communes des régions de Guiscard, de Noyon, de Ham et de Saint-Simon à former entre elles une union pour l'émission de bons de monnaie. Elle mettait elle-même ces bons en circulation et s'en servait pour faire ses paiements, de façon qu'il n'y eût pas de marks entre les mains des habitants.

Au moment de leur retraite, les Allemands ont détruit tous les instruments aratoires ; ils ont aussi commencé à incendier les meules et les granges, mais l'arrivée de nos soldats, dans la soirée du 18 mars, ne leur a pas permis d'achever l'œuvre de dévastation qu'ils avaient entreprise, et qui certainement a eu pour cause la déception éprouvée par eux lors du refus opposé à leur proposition de paix. Un sous-officier, très intelligent et très instruit, m'a dit un jour : « L'offre de paix de l'Allemagne ayant été repoussée, la guerre va entrer dans une phase nouvelle. Nous ne respecterons plus rien ! »

Après lecture, le témoin a signé avec nous.

N° 93.

DÉPOSITION faite, le 12 mai 1917, à Paris, devant la Commission d'enquête.

Robert (Fernand), 58 ans, docteur en médecine à Guiscard (Oise) :

Je jure de dire la vérité.

Au commencement de l'année 1915, le service sanitaire allemand a fait convoquer un certain nombre de jeunes femmes et de jeunes filles parfaitement honorables dans la maison de mon confrère, le docteur Delbecque, alors absent. Toutes ont été examinées au speculum ; des personnes appartenant aux meilleures familles, qui avaient protesté contre cette infâme mesure, ont été menacées d'amende et de prison, et ont dû subir la plus cruelle humiliation.

Ces visites se sont renouvelées plusieurs fois. Or, depuis trente-deux ans que j'exerce la médecine à Guiscard, je n'y ai pas constaté un seul cas de syphilis.

Le 16 septembre 1915, j'ai failli être fusillé dans les conditions suivantes :

Accusé, par un colonel et un capitaine de la Kommandantur, de posséder un téléphone secret, j'ai été, sur l'ordre du capitaine, attaché avec trois longes à un sapin de mon jardin et mis en joue par trois soldats, tandis qu'on m'interrogeait et qu'on essayait, par l'épouvante, de m'extorquer un aveu. A un certain moment, un feldwebel, qui tenait à la main son revolver, a fixé sur mon vêtement, à la place du cœur, une feuille de noisetier à l'aide d'une épingle de nourrice. Je restai dans cette situation pendant trente-cinq minutes, ne cessant de protester avec véhémence contre l'accusation dont j'étais l'objet, tandis que cinq officiers, qui étaient mes hôtes depuis un an, assistaient en ricanant à cette scène, du haut de mon perron. Enfin, je fus délivré, quand une ordonnance fut venue déclarer que la perquisition à laquelle on venait de procéder chez moi n'avait produit aucun résultat.

Le capitaine qui m'a ainsi torturé s'appelle Bode.

Après lecture, le témoin a signé avec nous.

N°s 94, 95.

DÉPOSITIONS faites, le 4 avril 1917, à FRÉNICHES (Oise), devant la Commission d'enquête.

GOUJART (Noémi), veuve COURBOIN, 65 ans, demeurant à Fréniches :

Je jure de dire la vérité.

Les Allemands ont enlevé ici, le 13 février dernier, toute la partie valide de la population, soit quatre-vingt-treize personnes des deux sexes, de quatorze à soixante ans, y compris le curé et l'adjoint faisant fonctions de maire. Des enfants, des jeunes filles ont été ainsi arrachés à leurs mères malgré les supplications de celles-ci. Ils ont emporté beaucoup de meubles et ont complètement pillé les maisons inhabitées, où ils ont brûlé ou brisé ce qu'ils n'ont pas jugé à propos de garder.

En mai 1915, toutes les jeunes filles de la commune avaient été convoquées dans la maison où vous êtes en ce moment, et que j'habite.

Elles ont alors été soumises à une visite médicale intime et humiliante. J'ai entendu plusieurs d'entre elles pousser des cris.

Si la commune n'a pas été détruite comme tant d'autres, c'est parce que, dans le mois qui a précédé leur départ, les ennemis avaient entassé à Fréniches deux mille huit cents personnes évacuées de Nauroy, de Bellenglise, de Magny-la-Fosse, de Jussy, de Frières-Faillouel et de Flavy-le-Martel. Cela ne les a pas empêchés de bombarder le village dès que les premiers soldats français, qui s'approchaient, ont été signalés par leurs éclaireurs. Le premier obus est tombé sur le presbytère et a tué quatre évacués. On s'est alors réfugié dans les caves ; mais nous n'en avons pas moins eu à déplorer dix morts. De nombreuses personnes en outre ont été blessées.

Après lecture, le témoin a signé avec nous.

BÉRANGER (Rose), 20 ans, demeurant à Fréniches :

Je jure de dire la vérité.

Un jour, dans le courant du mois de mai 1915, j'ai été appelée dans cette maison, avec les autres jeunes filles. Là, nous avons été soumises à la visite médicale la plus humiliante. Le major qui l'a pratiquée s'est montré fort brutal. Trois jeunes femmes ont également été astreintes à cette mesure.

Si je n'ai pas été emmenée avec les habitants valides, lors de l'évacuation, c'est parce que je n'avais plus ma mère et que j'étais seule pour soigner mon père mourant. Il est décédé le 30 mars dernier.

Après lecture, le témoin a signé avec nous.

N° 96.

DÉPOSITION faite, le 5 avril 1917, à SEMPIGNY (Oise), devant la Commission d'enquête.

COMPRA (Louis), 53 ans, délégué dans les fonctions de maire à Sempigny :

Je jure de dire la vérité.

Je suis resté à Sempigny pendant tout le temps de l'occupation. Le 13 février dernier, les Allemands ont enlevé cent trente habitants : hommes, femmes, jeunes filles et jeunes gens. Le 17 du même mois, ils ont emmené l'adjoint au maire, M. Corbeau; M. et Mme Bierre, M. et Mme Fournier et le petit Nacry, âgé de dix ans. Enfin, le 11 mars, à Grandru, canton de Noyon, où ils avaient réuni depuis le 1er des gens de neuf communes en vue d'une nouvelle évacuation, ils nous ont encore pris cinq personnes, dont une fillette de treize ans et un gamin de quatorze ans. Je devais être emmené moi-même, avec ma famille ; mais, ma femme ayant eu une syncope quand nous avons été prévenus de la mesure à laquelle nous devions être soumis, on nous a accordé un sursis de huit jours, au bout duquel nous avons été oubliés.

A partir du 1er mars, quand presque tout ce qui restait alors de la population a été évacué, jusqu'au 18 mars, date du repli de l'ennemi, les Allemands, qui, antérieurement, avaient déjà beaucoup volé, se sont livrés partout à un pillage effréné, dont vous venez de constater les effets dans ma maison ainsi que dans plusieurs autres. Tout ce qu'ils n'ont pas emporté, ils l'ont brisé à coups de pioche et de maillet. Il ne reste rien dans le village : les armoires, les porcelaines, les objets d'art et jusqu'aux moindres meubles, tout est fracassé. J'avais laissé ouverte la porte de mon coffre-fort pour qu'il ne fût pas éventré ; cette porte n'en a pas moins été arrachée.

L'église elle-même a été mise à sac ; toute la garniture du maître-autel a été enlevée. Tout ce qui restait dans le village d'instruments aratoires et d'outils de jardinage a été mis en morceaux ; toutes les graines et semences ont disparu. Un grand nombre d'arbres fruitiers ont été sciés, ou écorcés. C'est surtout le 368e régiment d'infanterie qui a commis ces déprédations. Les maisons ont été laissées dans un état de saleté répugnant. Il y avait des ordures partout, des excréments dans les tiroirs des meubles, dans les armoires et jusque dans notre boîte à lait.

La commune est complètement ruinée.

Après lecture, le témoin a signé avec nous.

N° 97.

DÉPOSITION reçue, le 29 mars 1917, à Sempigny (Oise), par M. le capitaine de Waroquier, commissaire-rapporteur près le Conseil de guerre de la ° D. 1.

Delahaye (Victor-Julien), 64 ans, garde champêtre de la commune de Bailly (Oise) et demeurant, depuis l'invasion allemande, à Sempigny :

Serment prêté.

Après avoir installé une ambulance dans le château de Mlle Maucler de Flavigny, les Allemands ont complètement rasé l'immeuble, ne laissant pas pierre sur pierre, dans l'espoir de découvrir un trésor caché. Le bois attenant au château a été saccagé.

J'ai constaté par moi-même que le tombeau de la famille de Flavigny avait été violé au début de 1915. Les Allemands avaient creusé un trou contre le tombeau et avaient mis une partie du cercueil à nu ; ils pensaient trouver dans le caveau des bijoux ou d'autres richesses.

Avant leur retraite, les Allemands ont saccagé ma maison, qui est maintenant ouverte à tous les vents. Je n'ai plus actuellement ni linge, ni meubles.

En février 1917, les Allemands ont emmené un grand nombre d'otages de la commune de Sempigny, notamment le maire, M. Corbeau, M. et Mme Fournier, M. et Mme Bierre, l'instituteur et sa femme, M. et Mme Boulet, ainsi que leurs jeunes filles malades, M. Orial Ognier, des jeunes gens, notamment Maurice Nacry, dix ans, Émile Olive, quatorze ans et demi, Albert Varon, dix-sept ans.

Lecture faite, persiste et signe avec nous.

N°s 98, 99.

DÉPOSITIONS faites, le 5 avril 1917, au cimetière de Candor (Oise), devant la Commission d'enquête.

Bonneterre (Alfred), 51 ans, manœuvre à Candor :

Je jure de dire la vérité.

Deux des tombes que vous voyez brisées l'ont été en ma présence, par des soldats allemands qui cherchaient sans doute des bijoux. Ce sont celles des familles Trefcon et Censier. Ces violations de sépulture ont eu lieu le 18 février dernier.

Après lecture, le témoin a signé avec nous.

Belliard (Henriette), femme Collery, 55 ans, demeurant à Candor :

Je jure de dire la vérité.

Un jour, à la fin de 1916, j'ai vu, dans le cimetière, cinq ou six soldats allemands en train de faire glisser la pierre de la sépulture Mazier, qui était dégradée. Ils ont examiné l'intérieur et se sont retirés ensuite.

Notre église a été odieusement pillée. On a été jusqu'à arracher les christs en argent fixés aux croix. J'ai enlevé moi-même des oripeaux dont les Allemands avaient affublé une statue de saint, par dérision.

Tous les habitants valides de quinze à soixante ans ont été emmenés. Les évacuations ont eu lieu en avril 1915 et le 13 février dernier. Quelques jours avant son départ, l'ennemi a dynamité toutes les maisons inhabitées, ainsi que les granges et les puits.

Après lecture, le témoin a signé avec nous.

Nᵒˢ 100, 101.

DÉPOSITIONS faites, le 5 avril 1917, à MARGNY-AUX-CERISES (Oise), devant la Commission d'enquête.

DECHANTELOUPE (Blanche), femme DELCROIX, 25 ans, demeurant actuellement à Margny-aux-Cerises, marchande foraine :

Je jure de dire la vérité.

Le 11 décembre 1914, les Allemands ont emmené presque tous les habitants du village de Margny. Il n'est resté que vingt-trois personnes. Le 6 octobre de la même année, ils avaient déjà pris quelques hommes, notamment mon mari et l'instituteur. Enfin, le 13 février dernier, un jeune homme de seize ans, Léon Capelle, Mme Berdon et les deux demoiselles Floch ont été envoyés vers Saint-Quentin ; Mme Floch, n'ayant pas voulu se séparer de ses filles, est partie avec elles et s'est trouvée ainsi dans la nécessité d'abandonner sa belle-mère, âgée de soixante-seize ans.

L'ennemi a fait sauter avec des explosifs les maisons les plus solides et a démoli les autres à la pioche. Il a fait sauter aussi les carrefours des routes ; l'une de ces explosions a arraché une partie du mur du cimetière et bouleversé les tombes.

Les arbres fruitiers ont été presque tous sciés. Ceux que les Allemands n'ont pas abattus ont été blessés à mort.

Après lecture, le témoin a dit persister dans sa déposition et a déclaré ne savoir signer.

(*Suivent les signatures des membres de la Commission.*)

LANGLADE (Joassine), veuve FLOCH, 75 ans, demeurant à Margny-aux-Cerises :

Je jure de dire la vérité.

Je confirme la déposition qui vient de vous être faite en ma présence par Mme Delcroix. J'ai eu, en effet, la douleur de voir partir ma belle-fille et mes petites-filles, le 13 février dernier. Déjà, le 11 décembre 1914, les Allemands m'avaient pris mon fils et mon petit-fils. Je n'ai reçu aucune nouvelle ni des uns ni des autres.

Après lecture, le témoin a signé avec nous.

Nᵒ 102.

DÉPOSITION faite, le 4 avril 1917, à ROYE (Somme), devant la Commission d'enquête.

Demoiselle X., 19 ans, domestique, réfugiée à Roye :

Je jure de dire la vérité.

Au mois d'avril 1915, alors que j'étais domestique chez Mme ....., fermière à Amy, des soldats allemands ont un jour emmené, au moment de leur départ de cette commune,

8..

une partie du bétail de ma patronne. Comme celle-ci protestait, ils lui ont promis un bon de réquisition et ont demandé qu'on m'envoyât avec eux le chercher. Ils m'ont alors fait monter dans leur voiture et m'ont conduite à Margny-aux-Cerises, où ils s'installaient. Là, ils m'ont empêchée de repartir et m'ont même menacée d'un coup de fusil, comme j'essayais de me sauver. Le soir, ils m'ont disposé une couchette derrière un rideau, dans une pièce qu'ils occupaient eux-mêmes au nombre de sept. Au moment où je commençais à dormir, deux d'entre eux sont venus près de moi, et pendant que l'un me tenait les bras, l'autre me violait. J'ai été ainsi outragée par les sept hommes successivement, dans les mêmes conditions.

Le lendemain matin, je me suis plainte à un officier. Celui-ci n'a pas voulu me laisser retourner à Amy, et m'a gardée pour me faire travailler au blanchissage et à la cuisine; mais il m'a autorisée à aller coucher chez des habitants du village.

Deux mois après, j'ai pu enfin faire prévenir ma mère, qui demeurait à Solente; elle est venue pour me chercher, mais on a encore refusé de me laisser partir, et ce n'est qu'au mois d'octobre que j'ai recouvré ma liberté.

A la suite du viol dont j'ai été victime, j'ai mis au monde une petite fille, le 29 janvier 1916.

Après lecture, le témoin a signé avec nous.

N° 103.

DÉPOSITION faite, le 12 mai 1917, à Paris, devant la Commission d'enquête.

Fabre (Albert), 65 ans, Président de Chambre à la Cour d'appel de Paris, conseiller général de l'Oise, chevalier de la Légion d'honneur :

Je jure de dire la vérité.

J'ai quitté Paris avec ma famille, le jour de la mobilisation, pour me rendre à Lassigny, chef-lieu du canton que je représente au Conseil général, et où nous possédons une propriété d'une certaine importance. Nous avions, ma femme et moi, résolu d'attendre les événements dans cette localité, et de consacrer les loisirs de notre villégiature à l'accomplissement des multiples devoirs qui nous incombaient dans les circonstances graves que nous traversions.

Les premiers éclaireurs ennemis firent leur apparition dans le pays le dimanche 30 août 1914. Le lendemain, arriva un détachement de cavaliers; les soldats, descendant de cheval, pénétrèrent dans le bureau de poste après en avoir fracturé la porte à coups de hache, brisèrent les appareils et mirent tout au pillage, même dans l'appartement particulier de la receveuse. Cette besogne faite, ils quittèrent le village.

Bientôt après survint la masse des troupes. J'avais pu maintenir la population jusqu'au samedi soir 29 août; mais dans la nuit du samedi au dimanche, un grand nombre d'habitants avaient abandonné leur maison. Dès son arrivée, le gros des troupes allemandes se répandit dans le bourg et commença un pillage en règle. Notre propriété fut littéralement submergée par un flot de soldats à l'allure peu rassurante; je dus montrer une grande énergie pour arrêter les déprédations et pour faire rengainer les revolvers, dont nous étions menacés d'une façon des plus inquiétantes. Tout à coup, tout rentra dans l'ordre et la propriété se vida en un instant. Je vis alors entrer un groupe d'officiers, que je reconnus de suite pour appartenir à un grand état-major. Un officier supérieur, qui parlait très bien français, nous fit appeler, ma femme et moi, ainsi que les autres personnes de la maison, et nous tint ce langage : «Vous ne connaissez pas les nouvelles : je vais vous les apprendre. Vous êtes battus partout : en Alsace, dans l'est, au nord, à Saint-Quentin; vos amis les

Russes sont anéantis; la flotte anglaise n'existe plus, les troupes anglaises sont dispersées. Nous sommes les maîtres partout. Nous voulons anéantir la France : il faut qu'elle disparaisse. Dans trois jours, nous serons à Paris ; nous nous en emparerons ; nous enlèverons toutes ses richesses artistiques et commerciales ; nous le pillerons, le dévasterons : il n'en restera que cendres et ruines. Paris ne doit plus exister ! » Après ce discours, l'officier, nous prenant, ma femme et moi, chacun par un bras, nous conduisit à la porte de la propriété et nous invita à « admirer le plus noble régiment de Prusse, le régiment de Dantzig », qui défilait devant chez moi. « Il faut, nous dit-il, que la civilisation latine disparaisse et que la culture germanique s'étende sur l'univers ; avec de telles forces, nous arriverons au but. »

Bientôt, un mouvement se produisit parmi les officiers, qui se rangèrent vers la porte ; une automobile s'arrêta, et le général von Kluck en descendit. Il s'avança jusqu'au milieu du terre-plein de la villa, tenant de la main droite un fusil de soldat et appuyant sa main gauche sur la crosse d'un revolver d'ordonnance. Il fit plusieurs tours sur lui-même en frappant le sol de la crosse de son fusil, et s'arrêta dans une pose théâtrale : son visage était effrayant.

Quand von Kluck eut consulté sa carte, déjeuné, et fut monté se reposer, je vis son état-major descendre du perron. On me fit venir, et je dus entendre la répétition du discours prononcé quelques heures plus tôt au sujet de l'anéantissement de la France et de la destruction de Paris. Ce discours était évidemment le reflet de la pensée du grand chef.

Vers cinq heures de l'après-midi, le général sortit brusquement de la villa et m'appela d'une voix éclatante. Il crut alors devoir me féliciter d'être, avec ma femme, resté à Lassigny, et nous déclara qu'il ne serait rien fait ni à nos personnes ni à nos biens : « Mais, ajouta-t-il, malheur, malheur, malheur aux autres habitants de ce pays, qui ont quitté leurs maisons ! Ce village sera châtié ; tout sera pillé, détruit : il ne restera rien. Nous le voulons : malheur, malheur, malheur à cette triste population ! » Au moment de partir, il nous fit remettre un certificat ainsi conçu : « Ici a logé le général commandant la première armée. Habitation et habitants sont à épargner. — Lassigny, le 31 août 1914. — Signature ». Ce document m'a été enlevé pendant les fouilles que j'ai dû subir en 1916, lors de mon retour à Paris par l'Allemagne ; l'officier qui me le prit le déchira, en disant : « Ceci mauvais Paris ».

Le 1ᵉʳ septembre, le ravitaillement arriva dans la commune ; c'était une formation militaire toute spéciale, composée d'hommes maîtres dans l'art d'opérer le cambriolage, l'escalade et les perquisitions. Montés dans cent quarante-quatre voitures, les soldats, divisés par groupes, se répandirent dans les quartiers ; ils ouvrirent les portes de toutes les maisons fermées, pénétrèrent dans les logements, s'emparèrent de tout ce qui pouvait avoir une réelle valeur, emballèrent les objets précieux et les chargèrent sur leurs voitures, qu'ils rangèrent ensuite en convoi, à la sortie du village, après les avoir bâchées. C'était le jour anniversaire de Sedan. Liberté absolue était laissée aux hommes ; ils pouvaient agir à leur guise. Nous entendîmes les coups de massue portés sur les coffres-forts ou sur les meubles qui n'avaient pas cédé au cambriolage. Tout l'après-midi se passa dans un infernal vacarme. Quand chaque soldat eut terminé sa provision, la horde songea à faire bombance. On tua toutes les volailles, tous les lapins ; on dégarnit les arbres de leurs fruits encore verts ; on apporta des monceaux de victuailles sur la place. Pour faire cuire leur repas, les hommes alimentèrent le feu avec des meubles d'acajou, de chêne sculpté, et des tableaux ; ils apportèrent tout ce qu'ils purent pour entretenir des feux de joie, et firent disparaître ainsi tous les souvenirs de famille, toutes les économies de plusieurs générations. On les vit briser les glaces, crever les portraits, casser les bicyclettes et les voitures d'enfants. Ils ne laissèrent absolument rien dans les maisons, n'épargnant ni la mairie, ni les écoles, ni le bureau d'enregistrement, ni les perceptions, ni le cadastre, ni les études de notaire ou d'huissier. Une orgie répugnante se poursuivit jusqu'à la tombée de la nuit, au milieu de clameurs épouvantables. Des soldats, déguisés avec des vêtements d'officiers français ou des chemises de femme, et portant des chapeaux hauts de forme, parcouraient les rues en vociférant, souillant et outrageant notre drapeau national, au grand plaisir des officiers. Le soir, la bande partit sur un ordre donné.

Lassigny fut, plus tard, le lieu de batailles acharnées. Le 22 septembre 1914, alors que le bombardement était formidable, le commandement fit arrêter tous les hommes du bourg et les renferma dans l'église, sachant qu'il les exposait ainsi à la mort. Les obus démolirent une partie du monument, ce qui permit aux prisonniers de s'échapper. Le lendemain, on arrêta les hommes de nouveau, sans distinction d'âge. Je fus emmené avec les autres. On prit aussi bien des enfants de quatorze ans que des octogénaires, des infirmes et des aveugles, et on nous enferma dans une grange dont les obus venaient de déchirer la toiture. La plupart des habitants furent traités, pendant dix-sept jours, de la façon la plus inhumaine. A Noyon, où on les conduisit, on mit à part les vieillards et les infirmes, et on les rendit à la liberté en les jetant sur le pavé de cette ville; les autres furent envoyés en Allemagne. On ne leur avait pas laissé le temps de prendre des vêtements; beaucoup de ces malheureux sont partis sans chaussures, sans paletot, et ont dû supporter les plus effroyables souffrances pendant leur captivité. On leur avait fait croire que leur absence du pays ne durerait que quelques jours, le temps de la bataille. A l'heure qu'il est, ceux qui n'ont pas trouvé la mort dans les camps de concentration sont encore prisonniers.

Je suis resté à Lassigny, après le départ de ces pauvres gens, le seul homme valide avec le médecin; mais les Allemands nous ont fait payer cher la faveur qu'ils nous avaient accordée de rester près des nôtres. Ils nous ont forcés à faire les corvées sous le feu et à aller porter leurs ordres, souvent très insignifiants, à la population réfugiée dans les caves. Les soldats chargés de nous accompagner se refusaient à marcher, tellement le danger était grand. Pendant que nous allions ainsi de cave en cave, les balles sifflaient et partout les obus éclataient autour de nous.

Quand je fus évacué avec ma famille, en novembre 1915, on me conduisit à Chauny, où avaient été déjà envoyés un grand nombre d'habitants des villages de l'arrière; j'y ai été témoin d'une scène inoubliable. Une femme éplorée avait pu échapper à ses gardiens et se rendre à la mairie. Elle demandait protection, poussait des cris de désespoir et s'arrachait les cheveux. Elle disait que les Allemands avaient mis à part les jeunes filles depuis l'âge de quatorze ans et les avaient fait partir dans une direction inconnue, qu'elle était séparée de sa fille, âgée de quinze ans, et elle réclamait son enfant. Le maire la mena au représentant de la Kommandantur, l'officier de réserve Bergschmidt, avocat à Berlin, et elle raconta de nouveau sa détresse, au milieu des pleurs et des lamentations. Mais l'officier prit la chose fort mal, ordonnant à la malheureuse de se taire, lui disant qu'elle l'agaçait, qu'elle troublait tout le monde, que l'enlèvement de sa fille était chose toute naturelle, qu'il n'avait pas à discuter les ordres donnés et qu'il ne comprenait pas qu'elle pût s'en émouvoir; puis, comme le maire intervenait pour réclamer un peu de pitié, il s'écria sur un ton courroucé: « Monsieur le maire, vous le savez pourtant, je vous l'ai déjà dit et répété plusieurs fois, et j'entends que, dorénavant, vous n'insistiez plus: les mots *pitié, humanité*, sont rayés du dictionnaire. C'est entendu, n'est-ce pas? » et il renvoya la pauvre femme.

Après lecture, le témoin a signé avec nous.

N° 104.

DÉPOSITION faite, le 30 juin 1917, à Paris, devant la Commission d'enquête.

De Marcé (Victor-Louis), 53 ans, docteur en droit, conseiller référendaire de première classe à la Cour des Comptes, chevalier de la Légion d'honneur :

Je jure de dire la vérité.

La commune de Carlepont, dont le château m'appartient, comptait avant la guerre 1.190 habitants. Au moment du repli de l'armée allemande, il n'en restait plus un seul. Il en est revenu, depuis, un certain nombre ; et le 17 mai dernier, j'ai retrouvé dans le village cinquante personnes. En septembre 1914, tous les hommes avaient été évacués, et en janvier 1915, le surplus de la population avait été emmené.

Carlepont est très abîmé ; un tiers des maisons a été détruit par le bombardement, les deux tiers ont été démolis par les Allemands : c'est du moins ce qu'indique l'examen des ruines.

Vous avez constaté les violations de sépultures que l'ennemi a commises dans le cimetière. Le caveau de la famille suisse de Graffenried-Villars a été indignement profané, et des cercueils y ont été défoncés à coups de hache. Il est impossible d'attribuer aux effets d'un bombardement le bouleversement de cette crypte, car les murs de la chapelle qui la surmonte sont intacts, et la porte, qui n'existe plus, a été non pas brisée, mais enlevée de ses gonds.

Je dois vous signaler en outre une grave violation du droit des gens, qui aurait pu avoir des conséquences terribles. Le 16 septembre 1914, soixante-dix vieillards, femmes et enfants ont été exposés pendant douze heures au feu des Français, qui arrivaient de Chiry-Ourscamps. Sur une petite place, près de la grille de ma propriété, les Allemands en avaient fait une muraille vivante derrière laquelle ils s'abritaient, tandis que les zouaves approchaient. Les malheureux ont été ensuite enfermés dans l'église et y sont restés deux jours sans nourriture.

Mon château a été complètement dévasté. Une partie du mobilier qui le garnissait a été vue passant à Babœuf sur des voitures. Le 31 décembre 1914, le colonel du 55° régiment d'infanterie (1), qui logeait dans cette commune, chez Mme du Vergier, a fait emballer dans une caisse épaisse et solide une tapisserie de l'époque Louis XIV, provenant de chez moi. A Cuts, des candélabres m'appartenant étaient détenus par un commandant, et à Caisnes ont été transportés les meubles d'un de mes salons.

Le pillage a été un modèle de méthode, et il n'est pas douteux qu'il ait été opéré sous la direction de spécialistes en matière d'antiquités. Dans ma salle à manger, des peintures du XVIII° siècle, de grande valeur, œuvre de Moucheron, étaient incorporées au mur, comme des fresques. Six panneaux avaient été ainsi soigneusement maroufflés par la maison Kiewer, qui travaille pour le Louvre. Ils ont été dégarnis avec une habileté surprenante. Le démarouflage est une opération particulièrement difficile, nécessitant l'emploi d'outils spéciaux par des ouvriers habitués à ce travail. Or il a été fait chez moi d'une manière impeccable ; les coupures ont été pratiquées sans la moindre trace de brisure et avec une remarquable précision.

Il a été procédé de même dans le grand salon, où on m'a enlevé quatre trumeaux de Pillement et où on a déposé les boiseries qui entouraient une toile de Hondekœter, boiseries et peinture tenant à fers et à clous. Dans cette pièce, un parquet ancien en croix de Saint-Louis a été décloué et emporté. Il ne reste ni boiseries, ni portes, ni fenêtres. Tous les marbres de cheminée intéressants et jusqu'aux plaques de fonte des foyers ont été enlevés ; c'étaient des pièces armoriées du XVIII° siècle.

---

(1) Régiment de Landwehr.

Dans la cage du grand escalier se trouvaient quatre grandes appliques Louis XV en bois, deux anciennes et deux modernes. Les Allemands ont pris les deux anciennes et ont dédaigné les autres, me donnant ainsi une preuve de leur expérience et de leur bon goût.

Je possédais, entre autres choses, trois groupes en biscuit de Sèvres; deux ont disparu avec le reste du mobilier; j'ai retrouvé le troisième, brisé en morceaux, dans une cagna allemande.

Un antique, représentant un empereur romain, et le buste de mon grand-père, le chimiste Pelouze, ont été décapités. Les débris des socles sont demeurés épars au milieu des décombres.

Dans le potager, il ne reste plus d'arbres fruitiers; tous ont été sciés à la base, et dans le parc, des platanes magnifiques ont été abattus sans aucun intérêt militaire. Enfin, j'ai constaté, à l'intérieur du domaine, la disparition totale d'une maison de garde et d'un pavillon.

La partie centrale du château est démolie. Elle paraît avoir été détruite par l'effet d'une mine; c'est, du moins, l'opinion de plusieurs officiers d'artillerie et du génie. Une certitude ne pourra toutefois être établie à cet égard qu'après le déblaiement.

Après lecture, le témoin a signé avec nous.

N° 105.

DÉPOSITION reçue, le 7 mai 1917, à Carlepont (Oise), par M. le capitaine Vitali, substitut du rapporteur près le Conseil de guerre de la ° Armée.

Moreau (Louise), épouse Lagant (Charles), 27 ans, demeurant à Carlepont :

Serment prêté.

Mon beau-père est conseiller municipal de la commune.

Le 16 septembre 1914, vers onze heures du matin, des soldats allemands, conduits par un commandant, du 84e ou 86e régiment d'infanterie, pénétrèrent dans les maisons, baïonnette au canon, défonçant à coups de hache les portes et les fenêtres, et s'emparèrent des habitants, hommes, femmes, vieillards et enfants, au nombre de cent environ, qu'ils mirent à la tête de leur colonne. Je me trouvais de ce nombre, ainsi que mon mari et toute ma famille, composée de mes cinq enfants, de six à douze ans. Les femmes, autour de moi, avaient avec elles des enfants de tout âge; quelques-unes avaient même des enfants au sein. J'ai vu qu'une petite fille de cinq ans environ, qui ne marchait pas assez vite par peur des obus, a reçu un coup de baïonnette qui lui a traversé la main. Nous entendions les balles siffler autour de nous: notamment, le feu d'une mitrailleuse française battait la façade de la maison où nous avons pu nous abriter. A ce moment, les Allemands se sont dispersés pour occuper les murs du parc de M. de Marcé et les maisons avoisinantes, d'où ils ont ouvert le feu sur les troupes françaises.

Huit jours après cet événement, une centaine d'hommes ont été emmenés par les Allemands à Noyon. Quinze jours après, les femmes habitant le milieu du village ont été enfermées dans l'église à huit heures du soir, et emmenées à pied le matin à Pontoise. Je me rappelle que les Allemands nous avaient menacées à plusieurs reprises, pendant que nous étions dans l'église, de nous placer sous les balles et les obus si les Français revenaient.

Vers le mois de janvier 1917, le reste des habitants fut emmené dans l'Aisne, à Sains-Richaumont, d'où un certain nombre fut rapatrié en France.

Lecture faite, persiste et signe avec nous.

N°s 106, 107.

DÉPOSITIONS reçues, le 14 mai 1917, à CARLEPONT (Oise), par M. le capitaine VITALI, substitut du rapporteur près le Conseil de guerre de la ᵉ Armée.

LAGANT (Louis), 64 ans, conseiller municipal, délégué pour remplir les fonctions de maire à Carlepont, domicilié à Carlepont :

Serment prêté.

Je me trouvais à Carlepont le 16 septembre 1914, vers neuf heures du matin, lorsque deux compagnies françaises du ᵉ d'infanterie sont arrivées dans le village et sont entrées en contact avec les troupes allemandes. Le feu fut ouvert des deux côtés ; au bout de deux heures de combat, les Allemands ayant reçu de nombreux renforts, les deux compagnies d'infanterie durent se replier. C'est alors que, pour se protéger dans leur marche en avant, les Allemands obligèrent par la force, et souvent même en employant des mauvais traitements, les habitants à sortir de leurs maisons, et les placèrent en tête de leur colonne. Ils se firent ainsi précéder par nos compatriotes pendant toute la traversée du village, jusque sur la route de Vic-sur-Aisne. La colonne se composait, non seulement de quelques hommes valides qui restaient dans le village, mais encore de vieillards, de femmes, de jeunes filles, d'enfants dont quelques-uns étaient au sein. Nous recevions des obus et des coups de fusil. Ce n'est qu'au bout d'un moment que les Français, ayant entendu les épouvantables cris de frayeur des femmes et des enfants, ont cessé le feu et ont continué leur repliement sur Vic-sur-Aisne. Les Allemands nous ont alors enfermés dans l'église et dans un certain nombre de maisons situées sur la route de Vic. J'évalue à environ cent le nombre des personnes qui précédaient ainsi les troupes allemandes.

Au moment où les Allemands nous ont obligés à sortir de nos habitations, ils frappaient brutalement les habitants à coups de crosse et à coups de pied, criant « fort, fort » (dehors, dehors). L'ancien garde champêtre, Meunier, âgé de 67 ans, eut la main traversée par un coup de baïonnette, ainsi qu'une petite fille dont je ne me rappelle plus le nom. M. Langlois, âgé de 75 ans, propriétaire à Carlepont, fut tué en sortant de sa cave par un soldat allemand.

Lecture faite, persiste et signe avec nous.

GALLET-MOUY (Alfred), 46 ans, entrepreneur de maçonnerie à Carlepont :

Serment prêté.

J'ai reçu l'ordre du baron de Graffenried-Villars, ancien propriétaire à Carlepont, de remettre en état le tombeau de sa famille, qui avait été détérioré et violé par les Allemands. C'est ce que j'ai fait : aussi ne reste-t-il presque plus de traces extérieures de détérioration ; mais voici ce que j'ai pu constater :

Les Allemands ont enlevé la pierre tombale de la chapelle et, ayant pénétré dans le caveau, ont brisé les couvercles de deux cases renfermant des cercueils ; les cercueils ont été éventrés et les restes mortuaires mis à découvert, mais j'ignore si les Allemands ont pu enlever des objets précieux, et si même ces cercueils pouvaient en contenir.

J'étais à Carlepont lorsque les Allemands sont arrivés, le 16 septembre 1914, et j'ai fait partie de la colonne des habitants du village que les Allemands ont placés devant leurs troupes pour se protéger dans leur avance. A mon avis, les soldats français du ᵉ de ligne n'ont reculé que devant l'impossibilité de tirer sur leurs compatriotes, surtout sur les femmes et les enfants, dont les cris de peur étaient terriblement impressionnants.

Lecture faite, persiste et signe avec nous.

N° 108.

DÉPOSITION faite, le 30 juin 1917, à Paris, devant la Commission d'enquête.

Dubois (Maurice), 58 ans, conseiller référendaire à la Cour des Comptes :

Je jure de dire la vérité.

A deux reprises, depuis le repli des Allemands, je me suis rendu à Frétoy-le-Château, où je suis propriétaire du château. J'y ai constaté l'état lamentable de ma propriété et j'ai procédé à une enquête approfondie sur les circonstances dans lesquelles elle a été saccagée. Les renseignements que j'ai recueillis m'ont été fournis par le maire et par les personnes les plus honorables. Je les ai consignés dans une note, que je vous remets, et dont j'affirme l'exactitude sous la foi du serment.

Après lecture, le témoin a signé avec nous.

NOTE POUR LA COMMISSION D'ENQUÊTE.

Le 29 août 1914, les Allemands, ayant passé la Somme, occupèrent Frétoy-le-Château, où ils organisèrent aussitôt le pillage et la terreur. Les hommes en âge de porter les armes furent emprisonnés au château, puis emmenés en Allemagne; les autres habitants furent contraints de travailler sous la surveillance de l'ennemi et à son profit.

Puis vinrent les menaces, les extorsions d'argent. Le maire, M. Cadet, fut condamné à huit jours de prison et à trois cents marks d'amende parce qu'on avait trouvé un fusil hors d'usage chez Mme Leroy, qui, elle-même, fut emprisonnée pour ce fait. Une autre fois, le maire fut éloigné de sa demeure sous un prétexte spécieux; à son retour, il constata que la porte de son coffre-fort avait été défoncée; il s'y attendait, et l'avait vidé d'avance. Les habitants furent successivement dépouillés: l'ennemi leur prit leurs bestiaux, leurs récoltes; tous les matelas furent réquisitionnés et expédiés en Allemagne. Souvent, en rentrant du travail, les malheureux trouvaient leurs meubles brisés et l'intérieur de leur demeure saccagé.

Le 13 février dernier, ce qui restait de la population valide, de quinze à soixante ans, a été emmené en arrière des lignes allemandes; des jeunes filles qui n'avaient pas encore quinze ans — Mlles Poix et Pinart — ont été arrachées à leur famille; onze filles et femmes ont subi le même sort, et, à l'heure actuelle, on est sans nouvelles de ces prisonnières civiles. La moitié de la population a disparu; vingt fermes, maisons ou bâtiments ont été brûlés, démolis ou renversés par les explosifs; les étables sont vides : il n'y a plus de bestiaux, pas même une poule; les instruments de culture ont été mis en tas et brûlés.

Au château, les grilles sont renversées; la plupart des arbres du parc et des avenues sont coupés ou écorcés; les arbres fruitiers sont sciés à un mètre du sol, et leurs têtes tombées à terre se sont couvertes d'une dernière floraison.

Les chaussées sont dépavées; les douves et les étangs sont remplis de fumier, de ferrailles, d'outils agricoles, de milliers de bouteilles vides; les aqueducs sont détruits, et les eaux, ne s'écoulant plus, inondent les cours; les statues du parc, œuvre de Jacques Sarrazin, recteur de l'Académie de Sculpture en 1650, gisent brisées au bas de leurs piédestaux. — C'est ainsi que les Allemands sauvent et protègent les œuvres d'art. — Les murs de clôture et ceux des bâtiments sont percés d'ouvertures semblables à celles qu'aurait pu produire un bombardement.

La partie la plus précieuse du mobilier du château a été emportée en Allemagne; les quelques gros meubles qui subsistent sont rompus, défoncés; les pieds des sièges et des tables sont sciés, et le tout est couvert de boue. Les aménagements intérieurs sont détruits; les cheminées en marbre sont brisées; les trumeaux, les glaces, les peintures, les portraits historiques des d'Estourmel et des Lamoignon ont, pour la plupart, été détachés de leur cadre à coup de hache ou troués par les baïonnettes. De nombreux commencements d'incendie ont laissé leurs traces. Plus de seize cents vitres ont été cassées; toutes les serrures ont été enlevées, ainsi que tout ce qui est métal; les carrelages ont été défoncés, les dallages broyés, et toutes les tables de plomb de la toiture arrachées de telle façon, et avec la volonté manifeste que l'écoulement des eaux pluviales se fasse à l'intérieur de l'habitation. Le spectacle que présente l'intérieur du château est indescriptible.

La dévastation a été aussi complète que systématique; elle a eu lieu principalement dans les quarante-huit heures qui ont précédé la retraite de l'ennemi, ce qui prouve bien sa volonté de ne laisser derrière lui que des ruines.

Le 19 mars, je recevais la lettre suivante :

« Nous sommes délivrés; Dieu a eu enfin pitié de nous. Les derniers Allemands ont quitté le village hier vers midi, et à deux heures arrivaient les premiers soldats français; je n'ai pas à vous dire avec quelle joie nous les avons accueillis : nous étions fous, on délirait. Nos cruels ennemis, en nous quittant, ont semé sur leur passage le désastre, la ruine, partout la dévastation; toutes les nuits, le ciel s'éclairait de sinistres incendies ; nous étions tous étreints dans l'angoisse. Frétoy a été relativement ménagé, comparé à tant d'autres; le château est encore debout, mais, d'après les soldats, l'intérieur est en piteux état. Messemy flambait hier... »

Pourquoi cela? Aucune nécessité de guerre ne peut être invoquée, et il n'y a pas eu de combat en ce lieu. Un soldat allemand, questionné, répondit : « Si nous exécutions tout ce qu'on nous dit de faire, ce serait bien autre chose. *Nous avons ordre de ne vous laisser que vos yeux pour pleurer* ». Et qui donnait ces ordres? Quel est le chef dont les pauvres habitants eurent le plus à souffrir?

Voici un témoignage : « Ils nous ont pris tout ce que nous avions avant de partir; tous ces bandits n'ont eu aucune pitié, surtout quand le prince Eitel-Friedrich est venu habiter le château; ce sont eux qui ont fait le plus de mal à votre propriété, et ils m'ont pris mon petit troupeau... » (Lettre de M. Ernest Denicourt, 15 mai 1917.) Le pauvre homme aurait pu ajouter : « Ils m'ont tué mon fils Victor »; mais le sacrifice fait à la patrie reste silencieusement enseveli au plus profond de son cœur.

Ainsi, c'est Eitel-Friedrich, prince impérial de la maison évangélique de Hohenzollern, deuxième fils de Guillaume II, qui habita Frétoy à partir d'octobre 1914 et de juin 1916 : c'est lui qui a tout ordonné. Son père vint aussi à Frétoy, le 16 mars 1915, et y passa en revue le IXe Corps de réserve. « J'ai vu un vieil homme tout gris, m'a dit un habitant; je l'ai vu de mon grenier, malgré la défense qui en était faite sous peine d'être fusillé. » Nos soldats viennent de détruire l'insolent monument élevé à Frétoy, sur le lieu où Guillaume II s'arrêta et passa ses troupes en revue.

Voilà les faits, et voilà les responsables.

Je joins à la présente déposition sept lettres, qui peuvent être versées au dossier de la Commission d'enquête.

Le 30 juin 1917,
Signé : M. Dubois.

N° 109.

LETTRE complémentaire du précédent témoin.

Paris, le 27 juillet 1917.

Monsieur le Président,

J'ai l'honneur de vous prier de vouloir bien joindre à l'appui de ma déposition du 30 juin devant la Commission d'enquête les renseignements suivants, que j'ai pu recueillir tout dernièrement.

Ces renseignements fixent *et rectifient* notamment les dates et la durée du séjour du prince Eitel au château du Frétoy, et font connaître, sauf un, les noms de tous les chefs militaires qui y ont résidé successivement :

1° Commandant Wolff, chef du dépôt n° 1 (cavalerie), 1914-1915 ;

2° Commandant von Gossler, même dépôt, 1915-1916 ;

3° le commandant d'une colonne de munitions d'artillerie de la Garde, 1916 au 15 juin (nom encore inconnu) ;

4° le prince Eitel-Friedrich, avec des troupes de la Garde, du 15 juin 1916 à la nuit du 27 au 28 juillet ; départ à la suite du bombardement du château, le 27 juillet ;

5° Babel, capitaine commandant appartenant à la division de réserve 44 ;

6° le prince Eitel-Friedrich, de septembre 1916 au 31 octobre de la même année ;

7° Babel, capitaine commandant appartenant à la division de réserve 44 ;

8° le commandant de la colonne de munitions d'artillerie de la Garde déjà mentionnée sous le n° 3° ;

9° Babel, capitaine commandant appartenant à la division de réserve 44. Cet officier quitta le château le 16 mars 1917, deux jours avant l'arrivée des troupes françaises, et donna l'ordre de saccager la place avant de l'évacuer. Il en est responsable.

L'ordre fut exactement exécuté par des troupes spéciales.

C'est contre ces chefs que j'ai déposé plainte et que des poursuites sont engagées.

Agréez, etc...

Signé : M. Dubois.

N°s 110, 111.

DÉPOSITIONS reçues, le 4 mai 1917, à Frétoy-le-Château (Oise), par M. le capitaine Vitali, substitut du rapporteur près le Conseil de guerre de la ᵉ Armée.

Cader (Albin), 47 ans, boulanger, maire de la commune de Frétoy-le-Château, y demeurant :

Serment prêté.

Je sais, pour l'avoir vu moi-même, qu'en juin 1916, le prince Eitel, qui quittait le château d'Avricourt pour venir habiter le château du Frétoy, a fait transporter dans ce nouveau château une quantité considérable de mobilier, chargé sur de nombreuses voitures, automobiles et charrettes. Vers la fin du mois de juillet, deux jours après avoir été bombardé par aéro, le prince Eitel a de nouveau déménagé ; il est parti pour Estouilly, où il a encore été bombardé par des aéros français, et d'où il est reparti pour Caulaincourt. J'ignore si, à son départ de Frétoy-le-Château, le prince Eitel a emporté des meubles. Je sais que les divisions allemandes, qui y ont logé après le prince Eitel, ont éparpillé dans les maisons du village et ailleurs les meubles qui leur étaient utiles.

M. Balny d'Avricourt est venu deux fois visiter le château; il a reconnu des meubles lui appartenant et, tout dernièrement, il les a fait emporter par son domestique.

Il y a environ quinze jours, M. Dubois, propriétaire du château du Frétoy, a fait transporter des meubles auxquels il tenait particulièrement chez M. Pilon (près de l'église).

Quand les Allemands étaient là, nous avons subi un véritable esclavage : travaux obligatoires, nombreux appels dans la journée des habitants des deux sexes et de tout âge, nombreuses réquisitions sans aucune indemnité. Mais la division qui a été la plus cruelle a été celle du prince Eitel [2ᵉ division de la Garde (1)]. Le 13 février 1917, la 44ᵉ division d'infanterie a enlevé trente habitants: femmes, jeunes filles et hommes, depuis l'âge de quatorze ans jusqu'à soixante ans. Nous sommes, depuis cette époque, sans nouvelles d'eux.

Environ cent dix arbres fruitiers ont été sciés par eux et enlevés. Un certain nombre de puits ont été comblés avec des déchets de toute sorte. Les archives de la commune et le plan cadastral ont été détruits, ainsi que tous les papiers.

J'ajoute que j'ai été condamné par les Allemands, à la suite d'une revision, à une peine de huit jours de prison et trois cents marks d'amende, parce qu'ils ont trouvé chez Mᵐᵉ Leroy des armes de chasse rouillées et en mauvais état, enfouies dans la terre depuis le début de la guerre.

Lecture faite, persiste et signe avec nous.

––––––––––

Pilon (Fernand), 47 ans, cultivateur à Frétoy-le-Château :

Serment prêté.

Au mois de juin 1916, le prince Eitel est venu, du château d'Avricourt, s'installer dans le château du Frétoy. Il y a fait transporter une grande quantité de meubles provenant d'Avricourt et chargés sur de nombreuses voitures automobiles et des chariots traînés par des chevaux. Vers la fin de juillet, des aéros français vinrent bombarder le pays et particulièrement le château. J'ai été blessé accidentellement par une de leurs torpilles aériennes. Le lendemain ou deux jours après, le prince Eitel a de nouveau quitté le pays, pour aller s'installer au château d'Estouilly. Il a été bombardé de nouveau, dans ce château, par nos avions, et il est aussitôt reparti pour Caulaincourt. Je ne sais pas si, à son départ du Frétoy, le prince Eitel a emporté des meubles; les officiers des divisions allemandes qui sont venus cantonner dans le château ont déménagé les meubles du château, un peu partout dans les maisons, et peut-être dans les pays avoisinants. Quand les troupes françaises ont réoccupé le Frétoy, M. Dubois, propriétaire du château, a entreposé dans ma maison les quelques meubles qui lui restaient.

La division allemande cantonnée dans le pays quand le prince Eitel était là, était la 2ᵉ division de la Garde (2); ils se sont montrés particulièrement durs envers les habitants du pays. Nous étions tous soumis au travail obligatoire: corvées multiples, entretien des routes et chemins, cultures et ouvrages divers. Nous étions soumis à des appels journaliers, et à la moindre peccadille nous étions punis de prison et d'amende.

Parmi les trente habitants qui ont été emmenés en captivité par les Allemands se trouvait ma fille, âgée de vingt ans. Si je n'ai pas été déporté, c'est parce que j'étais en traitement à la suite de blessures reçues dans le bombardement aérien.

Lecture faite, persiste et signe avec nous.

––––––––––

(1) Ainsi déclaré. — (2) Ainsi déclaré.

N° 112.

PROCÈS-VERBAL DE CONSTAT dressé à Frétoy-le-Château (Oise), par l'autorité militaire.

L'an mil neuf cent dix-sept et le quatre mai, à deux heures de l'après-midi,

Nous, Capitaine Vitali, substitut du commissaire-rapporteur près le Conseil de guerre du Quartier général de la ᵉ Armée, chargé d'informer sur les actes contraires au droit des des gens commis par les Allemands,

Nous sommes rendu au château du Frétoy, appartenant à M. Dubois, conseiller à la Cour des Comptes, et avons fait les constatations suivantes :

A l'extérieur, la bâtisse est relativement en bon état, mais la plupart des portes et des fenêtres sont enlevées. Le fossé rempli d'eau qui entoure le château a été recouvert de branchages, vraisemblablement dans le but d'éviter le repérage par les avions. Les ponts et les allées avoisinant le château sont camouflés par des branchages formant tonnelles.

Dans les communs, où couchait le prince, un souterrain bétonné conduit de sa chambre à un pigeonnier distant de vingt mètres environ; le pigeonnier est entouré d'un revêtement en ciment armé d'une hauteur de deux mètres environ, et le plafond, à l'intérieur, également ment en ciment armé, repose sur des poutres en fer.

A côté du château, face est, existe un abri-caverne.

A l'intérieur du château se trouve un troisième abri, construit avec des troncs d'arbres superposés, qui permettait au prince de se mettre en sûreté, en cas de bombardement, à l'heure de ses repas, qu'il prenait au château.

Nous avons chargé, après lui avoir fait prêter serment de remplir sa mission en honneur et conscience, le soldat Fatras, photographe de l'armée, lequel nous accompagnait, de photographier le pigeonnier, le souterrain y conduisant, la chambre à coucher, la partie du fossé camouflée et l'abri-caverne.

En foi de quoi nous avons dressé le présent procès-verbal.

(Suivent les signatures.)

N° 113.

DÉPOSITION faite, le 7 août 1917, à Paris, devant la Commission d'enquête.

Comte Balny d'Avricourt (Fernand-Léopold), 72 ans, envoyé extraordinaire et ministre plénipotentiaire de S. A. S. le prince de Monaco :

Je jure de dire la vérité.

Au moment où la guerre fut déclarée, je me rendis à mon domaine d'Avricourt (Oise), dans la pensée de soutenir le moral des habitants de ma commune, dont je suis maire, et, en cas d'invasion, de protéger mes biens, comme cela me paraissait possible à raison de ma situation diplomatique.

Le 30 août, quand arriva l'avant-garde allemande, un officier en automobile se présenta au château et m'enjoignit de faire préparer le logement de sept officiers, ainsi que le dîner pour sept heures, sans oublier le champagne. Comme je protestais, en invoquant ma qualité, il me répondit : « C'est la guerre ! »

Après plusieurs passages d'éléments divers, le village fut occupé militairement le 22 septembre. Le 30, le général Gentner s'installa chez moi avec neuf officiers. Le lendemain, tous les hommes, y compris les vieillards et les infirmes, furent arrêtés. Mme d'Avricourt et moi fûmes consignés dans nos chambres, sous la garde d'un factionnaire placé à ma porte, dont un officier emporta la clef ; et nous demeurâmes ainsi prisonniers dans nos appartements pendant une douzaine de jours. Ma femme dut pourtant sortir de sa chambre une fois : ce fut pour accompagner un officier qui voulait procéder à une perquisition dans le château. Comme elle n'ouvrait pas assez vite une armoire, l'Allemand s'écria : « Je n'ai pas le temps d'attendre », et fractura le meuble à coups de hache.

Quand la consigne fut levée, je trouvai mon habitation complètement bouleversée : tout avait été fouillé ; les couloirs et les escaliers présentaient un aspect dégoûtant, des chambres même étaient souillées d'excréments. Toutes les dépendances du château avaient été mises à sac.

Enfin, le 25 octobre, par l'intermédiaire du prince de Wied, frère de l'ex-souverain d'Albanie et gendre du roi de Wurtemberg, j'obtins un ordre de l'empereur, me permettant de rentrer à Paris en passant par l'Allemagne.

Aussitôt après le repli des troupes allemandes, je retournai à Avricourt. A la place de mon château, édifice remarquable de l'époque de la Renaissance, dont les murs avaient deux mètres d'épaisseur, il n'y avait plus qu'un monceau de décombres. Pour arriver à ce résultat, il avait fallu l'emploi de quantités énormes d'explosifs et la volonté implacable de ne rien laisser subsister de ce monument, dont la destruction a dû coûter des sommes considérables.

J'ai appris qu'après mon départ, mon domaine a été occupé par le prince Eitel-Frédéric, qui, pour assurer sa sécurité, y avait fait creuser un souterrain, reliant les caves à des casemates installées dans le parc. Pendant son séjour, mes collections et mes objets d'art ont été enlevés, et un déménagement en règle a été organisé : des fourgons venaient prendre chez moi des chargements et étaient ensuite dirigés vers Chauny. Des avions français ayant survolé Avricourt, le prince, pris de frayeur, s'est empressé de quitter le pays, qu'il ne trouvait plus assez sûr, et est allé habiter au Frétoy le château de M. Maurice Dubois. Comme cette propriété avait été déjà éprouvée par des pillages, il y a fait transporter ceux de mes gros meubles qui n'avaient pas encore été volés. M'étant rendu, en avril dernier, au Frétoy avec le propriétaire, je suis rentré en possession de cette partie de mon mobilier, qui d'ailleurs était en assez piteux état. J'en ai fait remplir quatre voitures. En s'en allant, le prince Eitel avait dit à la gardienne : « Pour indemniser M. Dubois de la perte de ses meubles, je lui fais cadeau de ceux de M. Balny d'Avricourt, qui est assez riche pour pouvoir supporter ce dommage. »

En se comportant à mon égard comme ils l'ont fait, les Allemands ont doublement violé le droit des gens, car aucun d'eux n'ignorait ma qualité de représentant diplomatique d'un État neutre.

Après lecture, le témoin a signé avec nous.

N°s 114, 115.

COPIES DE DOCUMENTS communiquées à la Commission d'enquête, le 11 août 1917, par M. le comte BALNY D'AVRICOURT, en complément de sa déposition.

LETTRE À M. LE PRÉSIDENT DU CONSEIL.

LÉGATION DE MONACO
EN FRANCE.

Paris, le 31 mars 1917.

MONSIEUR LE PRÉSIDENT DU CONSEIL,

Sous le coup du désastre qui m'atteint, j'ai l'honneur de porter à votre connaissance que, dans la nuit du 13 au 14 mars, quelques jours avant notre offensive, le château d'Avricourt, propriété de ma famille, situé dans l'Oise, entre Roye et Noyon, a été, ainsi que ses dépendances, complètement détruit par l'ennemi au moyen d'une mine, et le domaine anéanti, les bois ayant été précédemment rasés.

Le château, occupé par les Allemands depuis le 15 septembre 1914, servit de résidence à divers états-majors. Le prince Eitel-Frédéric, fils de l'empereur, l'habita pendant huit mois, d'octobre 1915 jusqu'à juin 1916, époque à laquelle le prince, à la suite d'un bombardement d'avion, l'abandonna pour aller résider plus à l'arrière, au château de Frétoy. Il y transporta des meubles, qui s'y trouvent encore ; mais les objets d'art, les collections et meubles précieux accumulés dans le château familial avaient fait, pendant le séjour du prince, l'objet d'un déménagement en règle, ainsi qu'en témoigne la population.

Dès le 13 février, le château fut privé des domestiques à mon service que j'y avais laissés, et qui furent déportés. Le 13 mars, ce qui restait de la population du village fut convoqué sur la place publique et transféré dans la commune de Fréniches, située à quelques kilomètres. A son retour, après la réoccupation française, la population trouva les habitations pillées ; quant au château, il avait disparu à la suite d'une explosion de mine. Les bâtiments d'exploitation et la ferme avaient sauté également.

Un semblable attentat contre une propriété privée, en dehors de toute action militaire, n'est plus qu'un crime de droit commun, exécuté dans des conditions particulièrement odieuses, et que Votre Excellence jugera, je l'espère, à propos de signaler aux investigations des Commissions parlementaires ou diplomatiques.

Quel en fut le motif ? Construit en 1540, le château était un beau spécimen des édifices de la Renaissance. Sa bibliothèque fort complète contenait aussi des archives remontant au XIIIe siècle, et en partie inventoriées par la Société Historique de Compiègne. Il semblerait que le caractère diplomatique du propriétaire, représentant le souverain d'un petit État neutre, et dont la qualité était connue des autorités allemandes, eût dû le protéger particulièrement. Au contraire, le domaine tout entier a été dévasté avec un acharnement difficilement compréhensible. En dehors du château, les bâtiments d'exploitation ont aussi été détruits ; les bois ont été rasés et dépouillés de futaie sur une étendue de plusieurs centaines d'hectares. La propriété, l'une des plus importantes du département de l'Oise, a été réduite à l'état d'un vaste désert : c'est une perte irréparable, qu'aucune indemnité ne saurait jamais compenser. Comme il importe, cependant, que la Commission des indemnités soit mise à même d'apprécier le dommage, je me tiens dès à présent à son entière disposition.

Je prie Votre Excellence de me permettre de lui soumettre une dernière requête : surpris par les événements de la guerre en 1914, j'avais tenu, comme maire, à demeurer dans ma commune au milieu de mes administrés, et ce n'est que deux mois plus tard, à la suite d'un internement injustifié dans une partie de mon château et sans communication avec le dehors, que j'obtins, grâce à mes protestations, d'être autorisé à rentrer en France par la Belgique, l'Allemagne et la Suisse. Je n'avais d'ailleurs pu rien emporter : tous mes papiers, mes archives de famille, mes titres de propriété, diplômes et brevets, tous les documents authentiques indispensables à mes enfants pour l'établissement de la propriété et du reste de ma fortune sont demeurés dans le château, tout comme mon argenterie, probablement volée depuis. On m'assure que tous ces documents, d'un intérêt capital pour moi et pour les miens, et sans valeur pour l'ennemi, sont demeurés ensevelis sous les décombres du château. Il y a péril en la demeure, que ces documents soient retirés sans retard des décombres où ils sont appelés à périr, et j'attacherais beaucoup de prix à ce qu'une équipe du génie, voire même des prisonniers allemands, ou à défaut, une équipe de travailleurs recrutés parmi les soldats de l'arrière qui occupent le village, fût autorisée à procéder pendant quelques jours, sous la direction d'une personne de ma maison, à un déblai indispensable pour me permettre de rentrer en possession de ces pièces d'un intérêt capital.

Je vous serais reconnaissant de vouloir bien m'accuser réception de la présente communication et je vous prie d'agréer, etc. . . . .

Signé : BALNY D'AVRICOURT.

PROTESTATION

REMISE À SON EXCELLENCE L'AMBASSADEUR D'ESPAGNE À PARIS.

GATION DE MONACO
EN FRANCE.

Au nom de Son Altesse Sérénissime le Prince de Monaco, la Légation de Monaco à Paris a l'honneur de remettre la présente protestation à l'Ambassade d'Espagne à Paris, en la priant de vouloir bien en porter le contenu à la connaissance de son Gouvernement pour être communiquée au Gouvernement allemand.

Le Gouvernement Princier ayant proclamé sa neutralité dans la guerre actuelle, ainsi que cela résulte d'une communication du département politique suisse en date du 16 septembre 1915, adressée à l'Ambassade d'Allemagne à Berne, Son Altesse Sérénissime n'avait aucune raison de douter que son représentant en France, dont la qualité et la personnalité étaient connues des autorités militaires allemandes, ne fût l'objet des égards dus à sa fonction et que le lieu de sa résidence, situé en pays occupé et dont il avait été autorisé à s'éloigner en octobre 1914 pour rentrer auprès de son Souverain, ne fût respecté.

Or, le château du comte Balny d'Avricourt, situé à Avricourt, dans l'Oise, constamment occupé depuis le 15 septembre 1914 par des états-majors allemands et habité par le prince Eitel-Frédéric d'octobre 1915 à juin 1916, après que les serviteurs préposés à la garde du château en eurent été successivement chassés et déportés, a été non seulement pillé et vidé de tous les meubles, objets d'art et collections qu'il contenait, mais, dans la nuit du 13 au 14 mars dernier, en dehors de toute nécessité militaire, il a été complètement anéanti par une mine. La ferme et les bâtiments d'exploitation ont été détruits ; les bois avaient été précédemment dévastés, les futaies rasées, les arbres fruitiers coupés ; le domaine, d'une étendue de plus de six cents hectares, n'est plus aujourd'hui qu'une solitude désolée.

Semblable attentat commis contre une propriété privée est non seulement une pratique contraire aux actes de la Conférence de La Haye signés par l'Allemagne, il constitue, en outre, étant donné l'affectation de l'immeuble à la résidence du Ministre de Monaco en France, une violation du droit des gens spécialement caractérisée et devant donner lieu à la fois à une réparation et à une indemnité proportionnée au dommage causé. Son Altesse demande en conséquence que le principe en soit dès aujourd'hui proclamé.

Le Gouvernement Princier attache le plus vif intérêt à connaître la réponse du Gouvernement allemand à la présente réclamation.

Paris, le 4 avril 1917.

Pour copie conforme:
Le Ministre plénipotentiaire de Monaco à Paris,
Signé : BALNY D'AVRICOURT.

Nᵒˢ 116, 117.

DÉPOSITIONS reçues, le 6 avril 1917, à AVRICOURT (Oise), par M. le lieutenant FRANCK, commissaire-rapporteur près le Conseil de guerre de la ᵉ D. I.

COTTU (Céline), femme MARTIN, 42 ans, précédemment au service de M. le comte Balny en qualité de gardienne du château, domiciliée à Avricourt :

Serment prêté.

Je suis restée avec mon mari, pendant toute l'occupation allemande, à Avricourt; nous logions dans les communs du château, dont mon mari avait la garde. Le prince Eitel-Frédéric a pris possession du château avec son état-major vers le mois d'octobre 1915 ; il y est resté environ neuf mois. Nous étions obligés, mon mari et moi, de travailler pour son compte, mon mari entretenant le château, et moi chargée, notamment, de laver le linge de table et la vaisselle. Pendant la durée du séjour du prince au château, je n'ai pas eu à me plaindre de violences ou de brutalités. Nous étions fort mal nourris; heureusement que le ravitaillement américain nous venait en aide. A la cuisine, le cuisinier et les hommes préféraient jeter la nourriture qui n'avait pas été utilisée, plutôt que de nous la donner; sans le ravitaillement américain, nous serions littéralement morts de faim. Leurs exigences pour le travail étaient excessives, surtout pour des femmes, car ils exigeaient du travail jusqu'à dix ou onze heures du soir, sans donner la moindre nourriture.

Vers la fin de juin 1916, le prince quitta le château pour se rendre au Frétoy : des avions français avaient lancé quelques bombes sur le château ; c'est ce qui le fit partir. Immédiatement, des voitures de toute sorte sont arrivées; et alors que le prince était encore là, on procéda au déménagement de tout le mobilier : en deux jours, le plus gros était parti, mais ils sont revenus encore pendant de nombreux jours pour enlever les choses de moindre importance, et notamment les légumes du potager. Les soldats chargés du déménagement m'ont dit que le prince avait ordonné que la maison fût entièrement vidée. Les habitants du Frétoy ont dit que les beaux meubles, les tapisseries et les tableaux avaient été expédiés par chemin de fer en Allemagne. Avant l'arrivée du prince, les pendules, les candélabres, toutes les casseroles de cuivre avaient été pris et envoyés en Allemagne; j'ai entendu dire que, pour ces enlèvements, des bons auraient été remis au maire. En ce qui concerne le mobilier du château, aucun bon de réquisition n'a été donné. Vers les mois de février et mars, des soldats allemands ont fait des trous dans les murs du château, et ils disaient couramment qu'ils feraient sauter ce château s'ils étaient obligés de s'en aller; en effet, du 13 au 21 mars 1917, nous avons été évacués sur Fréniches, et à mon retour, j'ai vu que le château ne constituait plus qu'un amas de décombres. Une fois le déménagement du château terminé, il n'y restait plus que quelques rares meubles, tels qu'un beau buffet de salle à manger scellé au mur qui, par la suite, a été démoli par les soldats pour faire du feu, un billard et quelques glaces, qui ont été brisés par eux.

Mon mari est actuellement prisonnier civil des Allemands; il a été emmené le 14 février dernier, dans la nuit, et je suis sans nouvelles de lui depuis cette époque.

Le château et le mobilier appartenaient à M. le comte Balny, qui demeure rue de la Faisanderie, 27, à Paris.

Les Allemands ont abattu, il y a déjà fort longtemps, tous les chênes et les beaux arbres et les ont envoyés en Allemagne. Dans les derniers jours de leur occupation, ils ont abîmé le plus qu'ils ont pu des arbres du parc; ils ont notamment coupé les arbres fruitiers du château.

Le 18 février, les Allemands ont commencé la démolition du village; ils ont fait évacuer les habitants d'une moitié du village dans l'autre moitié, puis ils démolirent les granges en sciant les poutres; les officiers surveillaient les travaux et même aidaient.

Lecture faite, persiste et signe avec nous.

––––––––––

Pécher (Julia), femme Delattre, 31 ans, cultivatrice à Avricourt :

Serment prêté.

Pendant toute l'occupation allemande, je suis restée à Avricourt avec mon mari, Eugène Delattre, âgé de trente-cinq ans, cultivateur à Avricourt. Mon mari a été emmené par les Allemands pour une destination qui m'est inconnue, le 13 février dernier; depuis, je suis sans nouvelles de lui. Il a été emmené avec cinquante-deux personnes de la commune, hommes, femmes et jeunes filles, ces dernières au-dessus de quinze ans; les femmes ayant des enfants n'ont pas été emmenées.

Le 20 septembre 1914, les Allemands, se repliant après la bataille de la Marne, se sont installés ici une quinzaine de jours après. Ils ont pris tous les hommes de la commune, même un garçon de treize ans, qu'ils ont enfermés dans la ferme du château; peu à peu, ils en ont enfermé d'autres, car ils procédaient par quartiers. Le 20 octobre, ils ont fait un triage : ils ont relâché les hommes de plus de cinquante ans; quant aux autres, ils les ont évacués en Allemagne; certains sont à Rastadt. Au mois de février, le 13, ils ont emmené tous les jeunes gens.

Nous avons été astreints au travail. Dans les maisons où il y avait deux femmes, l'une d'elles était obligée de travailler tous les jours. Nous travaillions aux champs, au lavoir, partout; nous étions même obligées de ramasser les papiers qui leur servaient de papier hygiénique. C'était le capitaine Schuhmacher, du 31e régiment d'infanterie (1), qui nous imposait cette corvée, malgré nos larmes.

Deux femmes du village, très sérieuses, d'une moralité excellente et de bonne réputation, ont été violées par des soldats allemands; elles-mêmes nous l'ont raconté. C'est Mme ..., qui l'a été en septembre 1914, et ..., qui l'a été successivement par deux soldats. Elles se sont, l'une et l'autre, plaintes à un officier allemand, qui leur a répondu qu'il n'y pouvait rien, parce qu'on se battait.

Je ne puis vous dire si les Allemands se sont emparés d'une partie du ravitaillement américain; vous n'aurez guère de renseignements à ce sujet, car les quatre délégués du Comité américain, MM. Bergeot-Tellier, Blondel, Boulanger et Levert, ont été emmenés par les Allemands dans la nuit du 13 au 14 février dernier.

Le prince Eitel-Frédéric a pris possession du château d'Avricourt au mois d'octobre 1915; il est resté longtemps ici. Vers la fin du mois de mai 1916, à la suite d'un bombardement par

––––––––––

(1) Ainsi déclaré.

avion français, il est parti pour le château de Frétoy. Pendant plus de huit jours, des camions automobiles et de grandes voitures à chevaux se sont succédé : on chargeait dans ces véhicules tout le mobilier du château et celui de M. Bergeot, propriétaire à Avricourt. Tous ces meubles et objets d'art ont été transportés au château de Frétoy ; c'est tout au moins ce que les soldats chargés du déménagement nous ont dit.

Je n'ai pas assisté à la démolition du château, car, du 13 au 21 mars dernier, j'ai été emmenée, avec toute la population, dans la commune de Fréniches ; à notre retour, nous avons vu que le château n'était plus qu'un amas de décombres. Quelques jours avant notre départ, j'ai vu, ainsi que tous les habitants, des soldats creusant des trous de cinquante centimètres de diamètre dans les murs du château, à un mètre les uns des autres.

La démolition systématique du village a été opérée plus tôt. Le 13 février 1917, les Allemands évacuaient la population civile sur une destination inconnue ; le 14 et le 15, ils s'emparèrent, sans indemnité ni bons de réquisition, des matelas ; le 16, ils s'emparaient, de la même façon, des poules et des lapins existant encore dans le village ; le 18, ils se sont mis à la démolition du village. Ils l'ont pour cela divisé en deux secteurs ; ils ont évacué les habitants de l'un des secteurs dans l'autre ; puis, ce secteur une fois vidé d'habitants, ils se sont mis à tout saccager et à démolir les immeubles, notamment les granges, au moyen de câbles sur lesquels ils tiraient jusqu'à écroulement. Ils ont eu dans leur travail beaucoup de mal. Les soldats s'excusaient presque auprès de nous des actes qu'ils commettaient ; ils nous disaient notamment : « Grand malheur pour nous, le bon Dieu nous punira ; nous sommes commandés, il faut obéir ! » Le commandant de la place surveillait la démolition et même y participait. J'ai vu chez moi une vingtaine d'hommes tirer sur le câble pour démolir la grange, qui était très solide : la charpente était en chêne. Le commandant tirait avec ses hommes. Leur effort fut si considérable, qu'une première fois le câble cassa et toute l'équipe tomba par terre, y compris le commandant ; ils se mirent une seconde fois à la besogne et réussirent.

Le second secteur fut démoli pendant que nous étions à Fréniches, mais il a moins souffert que le premier, parce qu'ils n'ont pas eu le temps.

Je n'ai pas constaté d'incendies dans le village ; mais dans certaines maisons, ils ont jeté des grenades pour les mettre hors d'usage. A l'intérieur des maisons, ils ont tout brisé : meubles, portes, fenêtres. Ma maison est une de celles qui ont le moins souffert ; je ne logeais que de simples soldats, qui sont partis après avoir démoli le mobilier, mais pas l'intérieur de la maison d'habitation.

Tous les arbres fruitiers, notamment chez moi, sont écorcés ou coupés dans toute la région.

Lecture faite, persiste et signe avec nous.

N° 118.

DÉPOSITION reçue, le 7 avril 1917, à AVRICOURT (Oise), par M. le lieutenant FRANCK, commissaire-rapporteur près le Conseil de guerre de la ͤ D. I.

COUSIN-DAMARISTE, femme LEVERT, 47 ans, propriétaire, domiciliée à Avricourt :

Serment prêté.

Mon mari étant du Comité américain de ravitaillement, le 13 février 1917, il a été emmené comme otage. C'est M. Normand qui s'est occupé du ravitaillement à partir de cette époque. Malgré cela, le magasin de ces approvisionnements continuait à être dans un local dépendant de ma maison, et qui était constamment fermé à clef.

Le 11 mars, deux sacs de farine ont été volés dans ce magasin, dont la porte avait été enfoncée par les voleurs. M. Normand s'est plaint de ce vol à la Kommandantur; il lui fut répondu par un officier que ce n'étaient pas ses soldats qui les avaient pris, mais les civils. Le lendemain, on retrouva les deux sacs dans un cantonnement de soldats situé en face de notre maison; un des deux sacs était entier, et il manquait les deux tiers de l'autre. M. Normand réclama ces deux sacs à la Kommandantur, et ils lui furent restitués.

Le 13 mars, toute la population d'Avricourt fut évacuée sur Fréniches, où nous sommes restés sept jours. Avant de partir d'Avricourt, nous avions eu le soin de fermer à clef le magasin, qui contenait alors dix sacs de farine et un demi-sac de riz; ces sacs de farine étaient des sacs ordinaires, dont l'ouverture est cousue, et qui pèsent normalement 122 kilos. Quand nous sommes revenus à Avricourt, le 21 mars, nous avons trouvé la porte du magasin défoncée, et il ne restait plus aucun sac de farine, ni aucun grain de riz. Outre ces denrées, il y avait, dans le magasin, plusieurs caisses contenant chacune quarante-huit boîtes à lait vides, prêtes à être renvoyées; il y avait environ dix caisses de ce genre, dont l'emballage avait été fait et les couvercles cloués. A notre retour, nous avons trouvé ces caisses déclouées et brisées, et les boîtes jetées pêle-mêle un peu partout. Les Allemands avaient emporté les denrées, et avaient décloué les caisses pour voir ce qu'elles contenaient.

Lecture faite, persiste et signe avec nous.

N° 119.

DÉPOSITION reçue, le 24 avril 1917, à AVRICOURT (Oise), par M. le capitaine VITALI, substitut du rapporteur près le Conseil de guerre de la · Armée.

Veuve MARTIN (Vincent), 88 ans, cultivatrice à Avricourt :

Serment prêté.

Au commencement de septembre 1914, deux téléphonistes allemands qui travaillaient à installer des lignes dans le pays, près de la maison de Mᵐᵉ X., ayant remarqué que cette dame, âgée de quarante ans environ, était chez elle, se sont introduits dans son appartement. A eux deux, ils l'ont étendue sur son lit et l'ont violée, malgré toute la résistance qu'elle a pu faire.

J'étais dans une maison voisine. Mᵐᵉ X. accourut aussitôt chez Mᵐᵉ Lévêque, avec qui je me trouvais, et c'est là que j'ai recueilli sa déposition : elle m'a raconté, avec une très grande émotion, la figure décomposée, qu'elle venait d'être l'objet de violences contraires à la pudeur, et que les deux soldats allemands téléphonistes avaient réussi à abuser d'elle malgré sa défense et ses supplications.

Cette dame a tout de suite déménagé et est allée habiter avec son vieux père, âgé de soixante-douze ans, qui d'ailleurs est décédé cette nuit, 24 avril. Mᵐᵉ X. a été ensuite enlevée par les Allemands, vers le 13 février dernier, au nombre des cinquante-quatre civils qui furent déportés par les autorités allemandes.

Je possédais une scierie avant la guerre. Les Allemands, avant de s'en aller, l'ont incendiée et détruite complètement. Les arbres fruitiers ont été détruits à la base; les instruments agricoles ont été réunis et incendiés ou dynamités.

Les habitants étaient requis pour le travail, qu'ils accomplissaient soit avec les prisonniers russes, soit seuls, et cela sans aucune rétribution ni payement d'aucun bon.

Lecture faite, persiste et signe avec nous.

N° 120.

DÉPOSITION reçue, le 19 mai 1917, à Avricourt (Oise), par M. le capitaine Vitali, substitut du rapporteur près le Conseil de guerre de la   ᵉ Armée.

Mᵐᵉ Coffinier, née Breton, 43 ans, domiciliée à Avricourt :

Serment prêté.

Le 28 août 1914, des uhlans sont arrivés à Avricourt. Une fermière de M. d'Avricourt, Mᵐᵉ Z., quarante-cinq ans environ, fut violée par un officier de uhlans; pour aller plus vite, dans sa brutalité, il lui coupa les jupes avec un couteau.

En septembre 1914, le 23, deux soldats allemands ont pénétré chez Mᵐᵉ X., âgée d'environ quarante ans, et l'ont violée à tour de rôle; la pauvre femme se sauva chez des voisins pour demander du secours.

En septembre 1914, un soir, deux habitants de Laucourt furent conduits à Avricourt, amenés devant leur fosse et fusillés sans aucun procès.

Deux habitants de Verpillières, M. Poizeaux, 48 ans, et M. Vasset, 78 ans, ont été fusillés à Verpillières, sous le prétexte mensonger de communication téléphonique; à ce moment, c'était le 17ᵉ d'artillerie (1) qui était à Avricourt et à Verpillières.

Huit jours avant leur départ, c'est-à-dire au début de mars, le 38ᵉ d'infanterie et une compagnie du 3ᵉ chasseurs ont scié les arbres fruitiers et détruit les maisons par explosion. Ceux qui ont détruit le château étaient des pionniers du 12ᵉ d'infanterie (2); ce sont les mêmes hommes qui ont détruit le quartier de maisons avoisinant l'entrée principale du parc.

Le 13 mars 1917, tous les habitants d'Avricourt furent contraints de partir pour Fréniches; on fit quatorze kilomètres par une pluie diluvienne et sous le bombardement; nous arrivons à Fréniches à trois heures du matin et sommes entassés dans une écurie. Les Allemands nous abandonnent ainsi sans soutien et dans le dénuement le plus complet jusqu'au jour où, le 19 mars, l'armée française nous délivra, à trois heures de l'après-midi; nous sommes aussitôt revenus à Avricourt.

J'ai été condamnée à huit jours de prison, que j'ai faits à Noyon, parce que j'ai protesté un jour devant un soldat allemand qui m'insultait. J'ai été en prison à Noyon avec une femme des environs de Noyon, qui avait été emprisonnée et condamnée à deux cents francs d'amende pour avoir pris la défense de sa fille insultée par un soldat allemand.

Lecture faite, persiste et signe avec nous.

N° 121.

DÉPOSITION reçue, le 23 mars 1917, à Beaulieu-les-Fontaines (Oise), par M. le capitaine Vallier, rapporteur près le Conseil de guerre de la   ᵉ D. I.

Ludard (Alfred), 57 ans, couvreur, demeurant à Beaulieu-les-Fontaines :

Serment prêté.

Je n'ai pas été victime des Allemands. Toutefois, le 13 février dernier, ma femme et ma fille, âgée de dix-huit ans, ont été emmenées par les Allemands, soi-disant pour les faire travailler; mais ils se vantaient d'agir ainsi pour désunir les familles et obtenir plus rapidement la paix.

Lecture faite, persiste et signe avec nous.

---

(1) Artillerie de réserve. — (2) Régiment de Landwehr.

N° 122.

DÉPOSITION reçue, le 25 mars 1917, à Pontoise (Oise), par M. le lieutenant Grébaut, commissaire-rapporteur près le Conseil de guerre de la ˙D. I.

Cochon (Achille), 61 ans, profession de cultivateur, maire de la commune de Pontoise: Serment prêté.

On s'est battu autour de Pontoise les 15, 16 et 17 septembre 1914, et depuis cette époque les Allemands ont occupé le village jusqu'à ces derniers temps.

Dès le 21 septembre 1914, ils ont transporté en Allemagne vingt et un jeunes gens et hommes de dix-sept à quarante-cinq ans. Mon fils, âgé alors de vingt-trois ans, était du nombre. En Allemagne, on les faisait travailler, mais peu; de sorte qu'à mon avis, si les Allemands les avaient emmenés, c'était plutôt comme vexation que pour en tirer de réels services.

Presque tous les hommes faisant partie de ce groupe sont revenus à Pontoise en décembre 1914 et janvier 1915. Les Allemands les employaient soit à des travaux agricoles, soit à des travaux d'aménagement de leurs tranchées.

Tous ceux du groupe dont je viens de parler étaient revenus à Pontoise, à l'exception de deux, qui avaient été envoyés en Suisse à cause de leur âge et d'infirmités. Par contre, il n'en a pas été de même pour les habitants des villages voisins. Il m'est arrivé à différentes reprises d'avoir des communications avec des gens qui avaient été transportés en Allemagne et en avaient ensuite été ramenés; j'ai entendu beaucoup de ceux-là se plaindre de la manière brutale dont ils avaient été traités: plusieurs avaient été menacés d'être fusillés. Babœuf a été un des villages les plus éprouvés; une demi-douzaine au moins d'habitants de cette commune sont morts en Allemagne.

A Pontoise, les Allemands avaient dressé une liste des personnes valides. Le 13 février 1917, cent six personnes ont été emmenées de Pontoise pour une destination inconnue. Nous avons su ensuite qu'on avait dû les emmener du côté de Fourmies (Nord). Cette fois, il y avait non seulement des hommes, mais aussi quantité de femmes, de jeunes filles et d'enfants. J'ai vu partir ainsi plusieurs jeunes filles de quinze, seize, dix-huit ans et des enfants âgés de moins de dix ans. Mon adjoint, qui a cinquante-huit ans, M. Olivier, a été emmené avec sa fille et ses deux petits-enfants.

Pendant qu'on réunissait tout ce monde pour le départ, je me trouvais enfermé comme otage, avec trois autres habitants; nous avons passé la nuit à la Kommandantur.

Ensuite, les Allemands ont évacué sur Pontoise un certain nombre d'habitants des villages environnants, et ils ont fait un tri pour former un nouveau convoi d'une quarantaine de personnes, qui ont été emmenées je ne sais où. Pour cette série, il n'y avait que trois personnes de Pontoise: le boulanger Jermon (Raoul), sa femme, et un jeune homme de dix-huit ans qu'il avait comme commis. Je me souviens que, lors du départ précédent, un nommé Loise, de Pontoise, avait été désigné. Or cet homme est estropié, boiteux et à moitié aveugle, et il a cinquante-huit ans; bien qu'il ait réclamé, on l'a forcé à partir tout de même.

En 1914, au mois de septembre, le nommé Servat (Edmond), depuis évacué en Allemagne et ensuite dans le Nord, a vu un officier allemand mettre le feu lui-même à une maison de Pontoise. L'officier avait dû faire cela, soit pour faire peur aux habitants, soit dans l'idée qu'il y avait des Français dans le bâtiment. Il avait forcé Servat à l'accompagner, pour se protéger personnellement; car, à ce moment-là, les troupes françaises tiraient, et l'officier pensait que les Français ne tireraient pas sur leur compatriote et qu'ainsi lui-même ne risquerait rien. Servat n'en a pas moins risqué sa vie, ayant entendu bon nombre de balles siffler à ses oreilles.

Dans la nuit du 17 au 18 mars dernier, les Allemands sont partis, vers deux heures du matin. Depuis trente-six heures nous étions enfermés, soit dans l'église, soit dans d'autres lieux désignés d'avance.

Lecture faite, persiste et signe avec nous.

N° 123.

LETTRE complémentaire du précédent témoin.

Pontoise, le 27 mars 1917.

MONSIEUR LE COMMISSAIRE DU GOUVERNEMENT,

Pour compléter la déclaration que je vous ai faite hier 26 mars, je porte à votre connaissance le fait suivant :

Vers la fin de février 1917, Mme Vve ...., âgée de 82 ans, est venue me déclarer que, la nuit, vers minuit, un soldat allemand, après avoir frappé longtemps à sa porte, a brisé une fenêtre et est entré dans sa maison, alors qu'elle était seule et couchée, et l'a forcée à se soumettre à ses volontés, tout en l'empêchant de crier. Cette femme portait sur sa figure des traces visibles des mains de son agresseur.

J'en ai informé de suite le commandant du pays, et nous avons constaté tous deux l'exactitude des faits.

Le Maire,
Signé : COCHON.

Vu et joint par nous, commissaire-rapporteur de la 53ᵉ division, à la déposition de M. le maire de Pontoise, en date du 25 mars 1917.

Signé : GRÉBAUT.

N° 124.

DÉCLARATION écrite de M. Cocu (Alfred-Alphonse-Ernest), 50 ans, professeur de musique, demeurant à VARESNES (Oise), confirmée sous serment, le 29 mars 1917, à Varesnes, devant M. le lieutenant GRÉBAUT, commissaire-rapporteur près le Conseil de guerre de la ᵉ D. I.

Varesnes, le 26 mars 1917.

Les 15, 16 et 17 septembre 1914 eut lieu un combat où vingt-six soldats français tombèrent sur le territoire de Varesnes.

Le 17, les Allemands ayant obligé deux cultivateurs à aller conduire des munitions sur le champ de bataille, un de ceux-ci vit les soldats allemands assommer à coups de crosse les blessés français. Lorsque, deux jours après, on nous permit d'aller enterrer les morts, nous constatâmes, en effet, que plusieurs d'entre eux avaient été assommés ; à l'un de ces malheureux, on avait écrasé la figure avec une telle frénésie qu'on lui avait cassé la crosse de son fusil, et on l'avait ensuite transpercé avec sa propre baïonnette.

Arrivé à Varesnes le soir de la bataille (17 septembre 1914), le 7ᵉ hussards (1) se livra à un

_____

(1) 7ᵉ hussards de réserve.

pillage effréné : on tuait les vaches dans la cour même des cultivateurs, laissant traîner la viande sur les chemins; on mettait sous les pieds des chevaux les gerbes de blé ou d'avoine non battues.

A plusieurs reprises, des soldats ivres essayèrent de violenter des femmes, qui ne leur échappèrent qu'en se réfugiant chez des voisins. Un uhlan, sans aucune provocation, tira un coup de fusil sur M. Baulard (Paul), qui ne fut point atteint, mais dut se cacher pendant plusieurs jours dans un grenier. Ce même uhlan pénétra dans la ferme du Rendez-vous, et trouvant une jeune fille seule, essaya de lui faire subir les derniers outrages; la pauvre enfant résista énergiquement et appela au secours : son frère l'entendit et la délivra.

Après le départ des hussards vint une colonne du train des équipages, véritable bande d'apaches, qui, chaque nuit, frappaient aux fenêtres, et un soir, chez une dame âgée de soixante-quinze ans, la jetèrent brutalement à terre.

Le 28 novembre 1914 arriva la première colonne des munitions; on établit des dépôts dans les rues des Hurteaux et du Moulin. Une *Kommandantur* fut régulièrement établie à Varesnes, et alors commença la série des réquisitions et perquisitions, ou plutôt des vols officiels.

Au mois de février 1915, on enleva tout le blé du pays, et le pain nous fut presque complètement supprimé. En même temps, on procédait à des perquisitions minutieuses pour trouver nos pommes de terre, haricots, etc. Sous prétexte que l'on pouvait avoir caché du grain, on fouillait les maisons de la cave au grenier, cherchant jusque sous les lits et dans les tiroirs des meubles. Nous connûmes alors la famine, et un assez grand nombre d'habitants furent réduits à manger des betteraves. Le peu de pain que nous avions étant de mauvaise qualité, les hommes que l'on obligeait à travailler devinrent tous de véritables squelettes.

Vers le mois de mai, on commença les travaux agricoles, puis on fit la récolte des foins; pour cela, on obligea au travail hommes, femmes, jeunes filles et même enfants jusqu'à neuf ans.

Au mois de juin, le ravitaillement américain commença à nous donner du pain; mais ce ne fut que vers le 15 juillet que l'on reçut d'autres denrées.

En 1916, la vie continua toujours la même. On réquisitionnait les œufs à raison de deux par poule et par semaine. Entre temps, les perquisitions revenaient à peu près à intervalles réguliers : on cherchait tantôt des métaux ou des matelas, tantôt des pommes de terre. On fit le recensement des animaux domestiques ; quiconque était convaincu d'avoir tué une poule était frappé d'une amende de cinq à vingt marks, et parfois de la prison.

Le 13 février 1917, tous les hommes jusqu'à soixante ans, avec leurs femmes et leurs enfants, sans distinction de position sociale, furent enlevés pour une destination inconnue. Dans la même journée, on enleva également les onze vaches qui restaient dans la commune, ainsi que les chèvres, les poules et les lapins. Puis, le lendemain, on amena de nombreuses voitures et on procéda au pillage complet des habitations des personnes enlevées ainsi que de l'église, dont les cloches avaient été volées au mois de janvier précédent.

Au moment de leur départ, les Allemands procédèrent à la coupe ou à la mutilation de presque tous les arbres fruitiers.

L'administration militaire allemande en pays occupé peut se résumer en un seul mot : « la terreur ».

Signé : Cocu.

N° 125.

DÉPOSITION reçue, le 29 mars 1917, à Pont-l'Évêque (Oise), par M. le capitaine DE WA-ROQUIER, commissaire-rapporteur près le Conseil de guerre de la ° D. I.

DESPRÈS (Benoist), 67 ans, propriétaire à Pont-l'Évêque :

Serment prêté.

Vers le mois d'octobre 1914, les Allemands ont entièrement dévasté l'intérieur de l'hôtel de ville; les archives en ont été enlevées, et ils y ont remisé leurs chevaux. Le clocher de l'église a été en partie démoli par eux pour leur permettre d'enlever les cloches.

Au mois de septembre 1914, à leur arrivée dans le pays, les Allemands ont enlevé sept hommes. Le 12 février 1917, ils ont enlevé quarante femmes et jeunes filles, et cent hommes et jeunes gens.

Les prisonniers de guerre et les travailleurs civils ont été exposés au bombardement pendant les travaux, et ils étaient insuffisamment nourris.

Les Allemands exigeaient qu'on porte à la Kommandantur le cuivre, le zinc, les outils de jardinage, les poêles, les brouettes, en un mot tout notre outillage. Les matelas, le linge et les vêtements ont été enlevés par eux.

Au cours de l'été 1916, les Allemands ont coupé et enlevé tous les noyers qu'ils ont pu trouver dans le pays.

Lecture faite, persiste et signe avec nous.

N° 126.

DÉPOSITION reçue, le 30 mars 1917, à Béhéricourt (Oise), par M. le capitaine DE WA-ROQUIER, commissaire-rapporteur près le Conseil de guerre de la ° D. I.

LEMAIRE (Ernest-Éloi), 68 ans, maire de la commune de Béhéricourt :

Serment prêté.

En mai 1915, les Allemands ont détruit les registres de l'état civil, soit en les arrachant, soit en les brûlant. Cette destruction a été accomplie sur l'ordre de l'adjudant Morghen (d'un régiment de uhlans dont je ne me rappelle plus le numéro), qui faisait ici les fonctions de commandant de place et qui se vantait de connaître la région. Le mobilier de l'école communale a été détruit à la même époque. Les cloches de l'église ont été emportées en janvier 1917.

Vers le 12 février 1917, les Allemands ont emmené en captivité quarante habitants de la commune, dont douze jeunes filles de quinze à vingt-deux ans. J'ai reçu l'ordre de prévenir que les habitants se tiennent prêts en deux heures de temps.

En octobre 1914, les Allemands ont creusé un trou dans la sépulture de la famille de Devise; ils ont été dérangés dans leur entreprise et n'ont pu continuer de violer la sépulture.

Quant aux vols et pillages, peu de maisons ont été épargnées. Chez moi, tout le mobilier a été emporté, le linge, ma montre, tout ce que je possédais.

Une vingtaine d'arbres fruitiers ont été coupés et abîmés par les Allemands, au moment de leur retraite en mars 1917.

Les troupes allemandes qui étaient cantonnées dans la commune au moment où se sont passés les faits que je viens de rappeler, étaient les 53ᵉ d'infanterie (1), 10ᵉ chasseurs à cheval, 55ᵉ d'infanterie (2), 182ᵉ d'infanterie (3), 6ᵉ hussards, auquel appartenait l'adjudant Morghen, qui remplissait ici les fonctions de major de place, comme je l'ai dit plus haut.

Lecture faite, persiste et signe avec nous.

Nᵒ 126 *bis*.

DÉCLARATION COMPLÉMENTAIRE du précédent témoin, reçue sous serment, le 24 avril 1917, à Béhéricourt, par M. le sous-lieutenant ROLLET-MAINE, commissaire-rapporteur près le Conseil de guerre de la ᵉ D. I.

Ainsi que je l'ai déjà déclaré le 30 mars, la destruction et le déménagement de la mairie, des archives, des registres, ont été accomplis en mai 1915, sur l'ordre de l'adjudant Morghen, qui portait l'uniforme des hussards, et non des uhlans comme j'ai dit précédemment ; ce Morghen remplissait toutes les fonctions du commandant qui n'était jamais là.

Un autre commandant qui nous a fait beaucoup de mal ici, était le capitaine et s'appelait Jacques, un nom français.

Les différentes troupes allemandes qui ont commis des exactions à Béhéricourt sont, comme je l'ai déjà dit, le 53ᵉ régiment d'infanterie, qui a passé ici Noël 1914 ; le 6ᵉ hussards, régiment de l'adjudant Morghen, dont un détachement était à demeure ici ; le 55ᵉ et le 75ᵉ d'infanterie, qui ont séjourné en passant, pendant un mois, et ont dévasté les vergers en été 1915. En 1916, nous avons eu le 182ᵉ d'infanterie et quelques hommes du 10ᵉ chasseurs à cheval. Ceux qui ont pillé Béhéricourt pendant que nous étions emmenés à Noyon devaient être des artilleurs, mais je ne sais quel régiment ; ils venaient de Noyon, où ils avaient habité les casernes.

Lecture faite, persiste et signe avec nous.

Nᵒ 127.

DÉPOSITION reçue, le 30 mars 1917, à Appilly (Oise), par M. le capitaine DE WAROQUIER, commissaire-rapporteur près le Conseil de guerre de la ᵉ D. I.

BRAILLON (Louis), 58 ans, curé d'Appilly :

Serment prêté.

A l'église, les Allemands ont enlevé les cloches et détruit l'installation électrique, en février 1917, à la fin de leur occupation. A l'école, ils ont pillé le matériel scolaire et brûlé les bancs ; le mobilier de l'instituteur a été détruit.

Vers le 15 juillet 1916, les Allemands ont fait lever Mˡˡᵉ Jeanne Lafaux, qui était très malade et alitée, pour prendre le matelas sur lequel elle était couchée, le docteur allemand étant présent, et malgré les remontrances que je lui ai faites. Du fait de ce mauvais traitement, cette demoiselle a eu une rechute et une deuxième hémorragie.

Le 17 février 1917, la Kommandantur de la localité a fait emmener tous les habitants, hommes et femmes, de quinze à soixante ans, sauf quelques exceptions : les femmes qui avaient de petits enfants. Mˡˡᵉ Boileau, âgée de dix-sept ans, a été emmenée en étant séparée de son père. Les habitants emmenés par les Allemands étaient au nombre de cent trente, dont soixante-douze femmes et enfants.

Environ deux cents prisonniers russes ont séjourné sur le territoire de la localité jusqu'à

---

(1) Régiment de Landwehr. — (2) Régiment de Landwehr. — (3) Ainsi déclaré.

fin juillet 1916. Le 25 mai 1916, des soldats russes, anémiés par le manque de nourriture, des soldats allemands ayant détourné à leur profit l'alimentation qui leur était destinée, ont été l'objet de sévices graves. Douze de ces soldats russes, ne pouvant travailler, ont été attachés à des arbres, de dix-huit heures à six heures; ils ont été battus avec des lanières après avoir été attachés. Les deux cents prisonniers ont été ensuite placés dans un bateau qui faisait eau, de façon que ces prisonniers avaient de l'eau jusqu'à mi-jambe; ils sont restés dans cette situation pendant trois jours. Le premier jour, aucune nourriture ne leur a été donnée. On les a ensuite reportés dans trois cours de ferme, pendant les 30 et 31 mai, et obligés de rester debout au port d'arme sans pouvoir s'asseoir, sous peine de coups dans les jambes.

Mlle Boileau, institutrice, a été l'objet de coups, parce qu'elle avait de la difficulté à travailler. Mlle Pilot a été condamnée à passer trois dimanches dans une cave, parce qu'elle avait refusé de travailler le dimanche; après le payement d'une amende, elle est restée deux nuits et un dimanche dans la cave. Mlle Dupuis a été condamnée à trois jours de prison pour ne pas s'être présentée au travail un dimanche matin. Mlle Dermont (Hélène) a été obligée à deux reprises de travailler étant malade.

Les Allemands m'ont pris de l'argenterie, en particulier une cafetière, une théière, une louche, un sucrier, une salière; deux couvertures de laine, une vingtaine de draps, des serviettes, des taies d'oreiller et six matelas; ils ont brisé mes objets mobiliers et m'ont dérobé bien d'autres objets que je ne me rappelle pas.

Lecture faite, persiste et signe avec nous.

N° 128.

DÉPOSITION reçue, le 30 mars 1917, à Babœuf (Oise), par M. le capitaine DE WARO-QUIER, commissaire-rapporteur près le Conseil de guerre de la ° D. I.

SIMON (Louis), 70 ans, rentier, demeurant à Babœuf:

Serment prêté.

En septembre 1914, les Allemands ont saccagé les documents publics de la mairie (état civil, registres communaux). Ils ont détruit les armes déposées à la mairie conformément à la loi, les habits des sapeurs-pompiers. L'école publique a été aussi abîmée en mars 1917. Les Allemands, avant leur retraite, ont enlevé les cloches de l'église et les tuyaux d'orgue.

Les Allemands ont emmené un grand nombre d'otages civils. Le maire, ainsi que le greffier, ont été emmenés par eux au mois de mars 1917. Les civils étaient obligés d'aller travailler dans les champs.

Le 16 février 1917, les Allemands ont emmené un certain nombre de jeunes filles et d'enfants de tout âge et de toute condition.

En mars 1917, les Allemands ont incendié la maison de M. Rouillard, cultivateur à Babœuf, sous le prétexte qu'ils avaient trouvé cachés des harnachements de cuirassiers français. Peu de maisons ont échappé au pillage. On m'a emporté des matelas, des candélabres, des fauteuils, un lit avec garniture complète, des chaises (environ vingt-cinq); les Allemands m'ont abîmé deux tables de toilette. Beaucoup d'arbres fruitiers ont été saccagés. Les noyers ont été enlevés au mois d'août-septembre 1915; avant la retraite allemande, un grand nombre d'arbres fruitiers ont été abîmés et saccagés dans la commune.

Lecture faite, persiste et signe avec nous.

N° 129.

DÉPOSITION reçue, le 17 mai 1917, à BABŒUF (Oise), par M. le capitaine VITALI, substitut du rapporteur près le Conseil de guerre de la ° Armée.

THUILLIER (Lucie), veuve CAVET, 38 ans, demeurant à Babœuf :

Serment prêté.

Je me suis occupée particulièrement des paralytiques et des malades que les Allemands avaient évacués de tous les environs sur Babœuf, vers le 24 février 1917. Ils étaient environ cent cinquante à la fabrique de chaussures; d'autres étaient chez des habitants. Les malades étaient couchés sur des bat-flancs superposés, garnis de copeaux de bois. Ils étaient dans le dénuement le plus complet, et exposés l'un par l'autre à la contagion. Une dizaine d'entre eux avaient plus de quatre-vingt-dix ans; presque tous étaient d'ailleurs très âgés. Par suite de leur immobilité sur les copeaux mélangés à leurs déjections, des plaies se sont formées sur leur corps, et aucun antiseptique n'ayant été employé par les Allemands, la gangrène se déclara rapidement chez une dizaine d'entre eux. Les habitants du pays qui, par charité, soignaient les malades, n'avaient rien à leur disposition et ne recevaient à peu près aucun conseil des médecins allemands; aussi quarante-deux moururent, parmi les malheureux malades, en trois semaines. J'ajoute que le temps était très froid, et qu'il gelait dans le local sans feu où on les avait entassés.

Lecture faite, persiste et signe avec nous.

N°⁵ 130, 131, 132, 133.

DÉPOSITIONS reçues, le 21 mai 1917, à BABŒUF (Oise), par M. le capitaine VITALI, substitut du rapporteur près le Conseil de guerre de la ° Armée.

COFFIN (Albert), 64 ans, propriétaire, adjoint au maire de Babœuf :

Serment prêté.

Durant les premiers jours, le ravitaillement américain nous fournissait de la farine blanche; mais au bout de huit jours, cette farine est devenue subitement grise. Parfois même cette farine était tout à fait moisie et avariée. Des contrôleurs du ravitaillement américain sont venus à Babeuf; mais la population civile n'avait pas le droit d'entrer en relations, ni même de causer avec eux. Du jour où l'on nous a donné de la farine grise, il s'est trouvé que les Allemands mangeaient du pain blanc. Il est probable qu'il y a eu substitution d'une farine à l'autre, mais je ne puis l'affirmer d'une façon catégorique.

Au mois de février 1917, les Allemands ont évacué sur Babœuf et placé dans la fabrique de chaussures quatre-vingts pensionnaires de l'hospice de Coucy et une centaine de vieillards des pays environnants. Nous avons eu à loger en plus, dans notre petit village, qui a cinq cents habitants en temps de paix, toute la population de Folembray, soit huit cents personnes. Les malheureux vieillards et infirmes, au nombre de deux cents environ, sont arrivés en camion et ont été entassés dans la fabrique, où il n'y avait que des couchettes de soldats. Les Allemands les ont laissés sans soins, et seules quelques personnes charitables de la population civile s'en sont occupées. Le spectacle de ces pauvres gens, dont quelques-uns étaient très malades, était des plus pénibles; certains avaient des plaies gangreneuses, et la contagion s'est étendue à leurs voisins. Environ quarante de ces malheureux sont morts en trois semaines; l'armée française a délivré les autres.

Lecture faite, persiste et signe avec nous.

BAUDOUX (Blanche), épouse MARÉCHAL, 59 ans, propriétaire à Babœuf :

Serment prêté.

Les 20 et 21 février, les Allemands ont amené à Babœuf environ deux cents personnes évacuées des villages des environs : Coucy-le-Château, Verneuil, Folembray, Marizelle, Abbecourt, Blérancourt, Camelin, etc. La plupart de ces personnes étaient infirmes et très âgées. Tous ces pauvres gens ont été entassés dans la fabrique de chaussures de Babœuf, n'ayant pour toute couchette que des planches avec des copeaux de bois. Il est à noter qu'il faisait un froid très rude. Quarante-trois de ces vieillards moururent en vingt jours ; on en enterrait deux, trois et jusqu'à quatre par jour. Les Allemands ne les ont jamais soignés ; c'est la population civile qui, par charité, a fait ce qu'elle a pu. Ils étaient encore là lorsque les Allemands ont pris la fuite ; c'est l'armée française qui a délivré ceux qui avaient pu résister à ces mauvais traitements. Je précise que les moins âgés avaient soixante à soixante-cinq ans et qu'il y en avait beaucoup ayant dépassé quatre-vingts ans.

Je puis vous dire que le général von Plüskow et son état-major sont arrivés à Babœuf en octobre 1915 et sont repartis en décembre 1916 ; c'était le XIe Corps d'armée. Avant, c'était le IXe Corps, avec le duc de Mecklembourg (1) et son officier d'ordonnance Goldenberg. C'est ce IXe Corps qui a transporté au château de Babœuf et dans beaucoup de maisons une grande quantité de mobilier chargé sur de nombreux camions. On disait que ce mobilier provenait de l'hôtel Delacharlonie, de Noyon, tout au moins en partie. M. Delacharlonie est venu l'autre jour et a reconnu quelques meubles lui appartenant ; mais ces quelques meubles sont bien loin de représenter ce qui lui aurait été soustrait.

Lecture faite, persiste et signe avec nous.

———

GUILLAUME (Blanche), 52 ans, sans profession, demeurant à Babœuf :

Serment prêté.

Le 23 février 1917, les Allemands ont amené en camion, des villages avoisinants (vingt communes), cent cinquante vieillards environ, entre soixante-dix et quatre-vingt-quinze ans. On les a entassés dans la fabrique de chaussures, sur descouchettes superposées, garnies de paille de bois. Les camions ayant fait le tour de la région, certains ont été transportés durant sept heures consécutives. La plupart étaient dans un état d'infection épouvantable ; ils avaient, au bas des reins, des plaies occasionnées par le heurt des camions, et l'urine et le contact des déjections aidant, la gangrène s'est déclarée, et cette gangrène, nous ne pouvions la combattre, car nous n'avions pas d'antiseptiques. Un infirmier allemand, très dévoué, nous a apporté en cachette quelques paquets de pansements qui nous ont été fort utiles. Cinquante-deux de ces vieillards étaient du reste paralytiques, et c'est surtout chez ces derniers que la gangrène s'est déclarée, dans les conditions que je viens de dire. Un de ces malheureux est mort pendant le transport ; les Allemands ont emporté le cadavre. Un autre est décédé au moment où on le descendait du camion. Il y avait parmi eux trois femmes déjà folles ; trois autres le sont devenues après leur arrivée à Babœuf. Il en est mort exactement trente-sept en trois semaines ; beaucoup, le matin, étaient retrouvés morts sur leur couchette. L'un d'eux a été tué en ramassant un explosif très habilement dissimulé sous la forme d'une boîte à café, portant l'inscription « café », et placée dans la cour de la maison.

Le spectacle était horrible ; tous ces pauvres diables, malgré les soins que nous leur donnions avec nos faibles moyens, étaient dans l'infection et dans l'ordure, et ce n'était parmi eux que cris, pleurs et désolation.

———

(1) Vraisemblablement le grand-duc de Mecklembourg-Schwerin.

Un jour, j'ai réclamé vivement auprès d'un officier allemand, disant que c'était un traitement barbare et que, du moment que l'ennemi voulait se débarrasser de ces malheureux infirmes, il eût été plus humain de les tuer plutôt que de les exposer à de pareilles tortures. « Vous reconnaîtrez plus tard, m'a dit l'officier, que nous avons très bien fait (*sic*). » J'ai encore réclamé auprès du major, qui me dit qu'il n'y avait rien à faire et que ces vieillards, après tout, n'étaient que le déchet de l'humanité.

Lecture faite, persiste et signe avec nous.

———

DELÉPINE (Élise), épouse DELARUELLE, 47 ans, commerçante à Babœuf :

Serment prêté.

Je ne peux préciser le nombre de vieillards et d'infirmes que les Allemands ont placés à la fabrique de chaussures, au mois de février 1917. Durant leur séjour, qui a duré environ un mois, j'en ai soigné pour ma part une soixantaine. Les souffrances de ces malheureux étaient atroces; nous les soignions comme nous pouvions, mais nous n'avions pas les médicaments voulus. Il en est mort environ quarante en un mois; beaucoup souffraient sans soins et étaient retrouvés morts le lendemain sur leur couchette. Nous n'avions même pas la nourriture nécessaire pour eux, et j'ai été obligée, avec Mlle Guillaume, de faire appel à la charité publique en leur faveur.

Lecture faite, persiste et signe avec nous.

———

N° 134.

DÉPOSITION reçue, le 14 avril 1917, à la ferme du MONT-RENAUD (Oise), par M. le lieutenant FLACH, substitut du rapporteur près le Conseil de guerre de la ͤ Armée.

D'ARNAUDY (Émile), 36 ans, éleveur, demeurant à Rosario (République Argentine), capitaine commandant la 48ᵉ Cⁱᵉ de P. G., cantonné à la ferme du Mont-Renaud :

Serment prêté.

La compagnie que je commande a occupé le cantonnement actuel, ferme du Mont-Renaud et dépendances, le 9 avril dernier. Dès le lendemain, je fus informé par mon lieutenant, M. de Frassy, qu'une sépulture se trouvant dans le parc du château avait été violée; il ne s'était livré qu'à des constatations rapides et m'avait aussitôt rendu compte.

Je me rendis sur les lieux et constatai que, pour accéder à la sépulture en question, il y avait un trou ouvert dans la terre; une échelle en bois était déjà placée là, et je m'engageai dans l'ouverture. Un caveau se trouvait à une profondeur d'environ cinq mètres; on n'y voyait rien de remarquable, sauf, dans un angle, une ouverture pratiquée dans la maçonnerie par le descellement de quatre ou cinq pierres de taille. Je pénétrai, par ladite ouverture, dans un second caveau, où je ne remarquai rien non plus, si ce n'est, à gauche, une ouverture du même genre et de même dimension, donnant dans un troisième caveau, qui est la sépulture proprement dite. Des cercueils, une douzaine environ, paraissant tous de date assez ancienne, étaient placés dans des niches pratiquées du côté gauche de ce dernier caveau. Je me rendis compte que plusieurs de ces cercueils étaient éventrés; les bois étaient brisés, le plomb ou le zinc déchiré, arraché: en un mot, ils avaient été violés, et les ossements qu'ils contenaient avaient été déplacés et remués.

Je dois vous dire que j'entretiens des relations personnelles avec la famille d'Escayrac de Boulancy, à qui appartient le domaine du Mont-Renaud, et je vous indique que cette sépulture contient les restes des membres de la famille Boileau de Moulanville, alliée de la famille d'Escayrac.

Le 11 avril, le lendemain de l'occupation du cantonnement par ma compagnie, j'ai vu le jeune d'Escayrac (Bernard), âgé d'environ dix-sept ans. Il est descendu dans le caveau par le trou où se trouve actuellement une échelle, et en remontant, il m'a dit ce qu'il avait vu, ce que j'ai vu moi-même par la suite. Il s'est aperçu, en outre, que la liste des noms des personnes reposant dans le caveau, liste qui avait été placée dans un récipient de verre, près de la statue de la Vierge qui est dans le caveau, avait disparu. Je ne sais pas si cette liste avait été placée là par le jeune d'Escayrac.

Pendant l'occupation allemande, M. le marquis d'Escayrac, âgé d'environ soixante ans, qui habitait le château en septembre 1914, avait été envoyé à Noyon par les Allemands. Lorsqu'ils ont évacué, ils l'ont emmené avec eux.

Je ne peux pas vous dire quelles sont les troupes qui ont occupé le domaine, mais il a servi de quartier général à la 10e brigade de Landwehr.

Je ne puis vous dire si des civils, domestiques de la famille ou voisins, sont demeurés sur le domaine pendant l'occupation.

Lecture faite, persiste et signe avec nous.

N° 135.

DÉPOSITION reçue, le 29 mai 1917, à AUROIR (Aisne), par M. le capitaine DE WAROQUIER, commissaire-rapporteur près le Conseil de guerre de la ° D. I.

BROTTIER (Daniel), 41 ans, missionnaire africain, demeurant au Sénégal, et actuellement aumônier volontaire à la 26e division d'infanterie :

Serment prêté.

Je suis arrivé, avec le 2e bataillon du 121e d'infanterie, le 19 mars 1917, dans la soirée, vers vingt et une heures, dans le cantonnement de Mont-Renaud; j'ai passé dans ce cantonnement la nuit du 19 au 20, la journée du 20 et la nuit du 20 au 21. Dans la matinée du 21, vers neuf heures, des militaires du 121e d'infanterie m'ont avisé que des destructions avaient été opérées dans le caveau mortuaire de la famille Boileau de Moulanville (j'ai vu ce nom à l'intérieur du caveau, sur le socle d'une statue de la Vierge). Je suis descendu dans ce caveau par une entrée de fortune, constituée par un puits de quatre mètres de profondeur environ; le caveau était constitué par un couloir d'environ cinq ou six mètres de long et un mètre cinquante de large. En entrant dans ce couloir, nous avions à notre gauche les anfractuosités ménagées pour recevoir les cercueils, séparés les uns des autres par des cloisonnements en maçonnerie. Il pouvait y avoir une douzaine de cercueils des plus anciens, dont le bois pourri s'était effrité sous le ciseau des démolisseurs; ils étaient plus détériorés que les cercueils plus récents, placés à la suite en se dirigeant vers le fond du couloir, ce qui permit de constater la violation absolue de la sépulture : sur ces cercueils plus anciens, en effet, on voyait la trace du cisaillement dans le sens longitudinal du cercueil en zinc intérieur. Le zinc ainsi entaillé avait été entr'ouvert, de façon à permettre de passer les mains au dedans du cercueil. L'un de ces cercueils, peut-être même deux ou trois, était complètement vide. Le quatrième ou cinquième cercueil ainsi éventré semblait contenir un cadavre, dont le linceul sortait par le zinc entr'ouvert. Les cercueils moins anciens étaient hermétiquement refermés, avec cette particularité que les pilleurs de cadavres s'étaient servis de pointes absolument neuves, dont les têtes en métal très blanc et très brillant tranchaient sur le bois mat et noir du cercueil; parmi ces cercueils, un cercueil d'enfant paraissait avoir été respecté.

Tels sont les faits que j'ai pu constater au matin du 21 mars 1917. Je n'ai rien à ajouter à cette déclaration. J'ignore quelles étaient les troupes allemandes qui avaient stationné à Mont-Renaud avant notre arrivée. Je n'ai vu aucun civil dans la localité de Mont-Renaud pendant le temps où j'y ai séjourné.

Lecture faite, persiste et signe avec nous.

N° 136.

DÉPOSITION reçue, le 31 mai 1917, à Aubois (Aisne), par M. le capitaine DE WARO-QUIER, commissaire-rapporteur près le Conseil de guerre de la ° D. I.

ROUFFIANGE (Ernest), 27 ans, employé de commerce à Genlis (Côte-d'Or), sergent au 121° régiment d'infanterie, 6° compagnie :

Serment prêté.

Je suis arrivé avec la 6° compagnie du 121° régiment d'infanterie au château de Mont-Renaud, le 19 mars 1917, vers vingt et une heures. La compagnie a cantonné dans le château environ deux jours. Dans la journée du 20 mars, des soldats ont appris qu'un tombeau familial, situé à proximité du château, avait été profané. J'y suis allé et je suis descendu dans le caveau mortuaire par une entrée déjà établie, l'entrée principale étant bouchée. Je ne me souviens pas du nom de la famille qui y était enterrée. A l'intérieur, il y avait un couloir, et de chaque côté, des cases séparées par de la maçonnerie; dans une dizaine de ces cases, il y avait des cercueils; beaucoup d'autres restaient vides. J'ai constaté que l'un des cercueils était complètement ouvert; la doublure intérieure en zinc était fendue longitudinalement sur toute la longueur, et l'on apercevait un squelette qui paraissait avoir été fouillé. D'autres cercueils portaient des empreintes de ciseaux et paraissaient avoir été ouverts; des pointes neuves avaient servi à reclouer les cercueils et se reconnaissaient facilement, le métal étant brillant. Un petit cercueil paraissait ne pas avoir été touché.

D'après les inscriptions vues sur les murs à l'intérieur du château, il apparaissait que des sapeurs-pionniers allemands avaient cantonné dans le château; des abris et des travaux faits récemment aux alentours du château portaient aussi des inscriptions de noms faites au crayon, où l'on remarquait souvent l'indication de sapeurs-pionniers allemands.

Pendant mon séjour à Mont-Renaud, je n'ai vu aucun civil. Beaucoup de militaires du 121° régiment d'infanterie ont pu constater les mêmes faits.

Je n'ai rien à ajouter à ces déclarations.

Lecture faite, persiste et signe avec nous.

N° 137.

DÉPOSITION reçue, le 22 avril 1917, à LAGNY (Oise), par M. le capitaine VITALI, substitut du commissaire-rapporteur près le Conseil de guerre de la ° Armée.

DEFRANCE (Édouard), 57 ans, adjoint faisant fonctions de maire, domicilié à Lagny :

Serment prêté.

Le 12 septembre 1914, un régiment de uhlans brandebourgeois (Graf Haeseler) n° 11, vint cantonner à Lagny. Sous le prétexte mensonger que leurs canons auraient été abîmés, ils réunirent à la mairie tous les jeunes gens qu'ils trouvèrent, environ une vingtaine; ils les ficelèrent sur une voiture et les emmenèrent en Allemagne.

Ils firent venir à la mairie le maire, le curé et tous les hommes qu'ils trouvèrent. Ils firent fouiller les maisons pour trouver les armes. Ils ont trouvé un vieux fusil rouillé chez M. le curé et des cartouches de chasse chez M. Raymond Leclercq.

Prétendant que l'on avait voulu détériorer leurs canons, ils ont pris le maire, M. Picard, âgé de 55 ans environ; le curé, M. Flamant, 50 ans; M. Leclercq (Raymond), 50 ans environ; M. Lavaquery (Octave), âgé de 60 ans environ; M. Lavaquery (Fernand), 30 ans environ, fils du précédent. Ils les ont emmenés derrière la mairie, leur ont bandé les yeux et les ont fusillés.

Pendant ce temps-là, avec d'autres de mes compatriotes, j'étais prisonnier dans l'école.

Ce régiment partit le matin; il revint le soir, et le même officier demanda dix-huit otages, qui furent gardés toute la nuit.

Ils ont enlevé beaucoup de bétail; pour les uns, ils ont donné des bons de réquisition, mais pour la plupart ils n'ont rien donné. Ils nous ont enlevé nos instruments agricoles et les ont fait transporter à Crisolles, où ils ont été détruits en grand nombre.

Avant le départ, les arbres fruitiers ont été sciés, les puits ont été comblés de fumier, beaucoup de caves ont été détruites à l'explosif.

Ils se sont emparés des titres au porteur que possédait M⁽ᵐᵉ⁾ Mazier, pour une somme de 12.000 à 14.000 francs. Chez M. Gret (Ernest), ils ont pris les récépissés de dépôt des titres déposés à la Société Générale. La commune a été imposée de 58.000 francs de contributions de guerre pendant leur séjour.

Tous les habitants étaient obligés de saluer, sous peine d'amende et de prison; tous étaient obligés de travailler; des jeunes filles furent mises en prison pour n'avoir pas été travailler. Les Allemands obligèrent plusieurs fois de mes compatriotes à vider leurs cabinets.

Le lendemain du jour où M. Picard et ses compatriotes furent fusillés, M⁽ᵐᵉ⁾ Picard demanda un laissez-passer à l'officier qui commandait. Ce laissez-passer est signé : v. Koscielsky, général-major commandant la 42ᵉ brigade de cavalerie royale de Prusse.

Lecture faite, persiste et signe avec nous.

Nᵒˢ 138, 139.

DÉPOSITIONS reçues, le 22 avril 1917, à SERMAIZE (Oise), par M. le capitaine VITALI, substitut du rapporteur près le Conseil de guerre de la ⋅ Armée.

SIMART (Alexandre), 66 ans :

Serment prêté.

Au commencement du mois de novembre 1914, j'habitais à côté de M. Chatelain, sur le bord de la route de Sermaize. Une colonne de fantassins passait sur la route, se dirigeant sur Roye; deux hommes se sont détachés et ont voulu entrer chez M. Chatelain, tenant auberge au lieudit « la Maison Bleue ». Les deux Allemands voulurent entrer; M. Chatelain et sa femme s'étaient enfermés. Alors, les Allemands vinrent chez moi, mangèrent et burent; l'un d'eux, regardant l'horloge, dit : « A six heures, tous kapout ». Ma femme et ma fille s'enfermèrent, en appelant au secours M. et M⁽ᵐᵉ⁾ Chatelain, dont la maison était voisine; M. Chatelain sortit de chez lui à ces appels et fut tué de plusieurs coups de feu. Son corps fut transporté et enterré à Bussy, sans que les Allemands permissent à personne d'y assister. Une instruction a été ouverte à Noyon; j'ai été appelé à la Kommandantur par trois fois, et l'on dit que l'un des meurtriers fut condamné à trois ans et six mois; l'autre fut acquitté. Je ne me souviens pas des numéros des régiments.

Mon linge, le mobilier, des montres ont été emportés par eux.

Avant de partir, ils ont mis le feu à un groupe de cinq ou six maisons.

Lecture faite, persiste et signe avec nous.

Veuve CHATELAIN, 62 ans, débitante à Sermaize :

Serment prêté.

Le 18 novembre 1914, une troupe d'infanterie passait le long de la route; deux hommes se détachèrent et pénétrèrent chez M. Simart. Mon mari, entendant appeler au secours, sortit sur la route, pour aller les secourir. A ce moment, deux Allemands l'arrêtèrent et s'emparèrent de moi, me renversèrent sur la route; mon mari s'interposant, les Allemands firent feu sur lui et le tuèrent.

Je me suis sauvée à Sermaize et me suis réfugiée chez M. Dubois; ma maison a été pillée et saccagée.

Ni moi ni mon mari n'avions eu aucune difficulté ni discussion d'aucune sorte avec les Allemands.

Lecture faite, persiste et signe avec nous.

Nᵒˢ 140, 141, 142.

DÉPOSITIONS reçues, le 22 avril 1917, à PORQUERICOURT (Oise), par M. le capitaine VITALI, substitut du rapporteur près le Conseil de guerre de la ᵉ Armée.

CHARLET (Césairi), maire de la commune de Porquericourt :

Serment prêté.

Le 30 août 1914, les Allemands sont arrivés dans le pays. Le neveu de Mᵐᵉ Trouillet, âgé de dix-huit ans, sorti pour aller à la rencontre de leurs troupes, fut arrêté par eux, fusillé séance tenante, sous un prétexte quelconque; ce n'est que plusieurs jours après, que l'on retrouva le cadavre de ce jeune homme dans un bas-fond d'une prairie, à peine recouvert de terre.

Un autre habitant du pays, M. Dumez, âgé de cinquante-six ans environ, conseiller municipal, eut des contestations avec la troupe au sujet des déprédations dont il était l'objet. Un jour, vers le 15 ou 20 septembre, M. Dumez, qui portait des traces de coups à la figure, fut conduit à l'hôpital, sous prétexte d'être lavé, prétexte que l'on donna à sa femme. On le chercha, et on retrouva son cadavre sous une petite butte de terre : on sut qu'il avait été fusillé par les Allemands.

Quelque temps après, en décembre 1916, ils firent travailler les habitants à une scierie militaire et à des abatages d'arbres et autres travaux militaires; ils les gardèrent, sauf un blessé et deux malades.

Trois ou quatre jours après, le commandant me donna une liste qui comprenait vingt-cinq hommes et trois femmes : une jeune veuve de trente ans, deux jeunes filles de dix-sept et vingt-trois ans. Ce papier me fut remis à neuf heures du soir, et à trois heures trente du matin, on emmenait ces malheureux, à pied, à Beaulieu; on leur interdit d'emporter des bagages, et les Allemands défendirent à leurs parents de les accompagner au rassemblement, pour éviter les pleurs, les protestations. Personne dans la commune n'a plus jamais entendu parler de nos malheureux compatriotes; il y avait parmi eux des hommes de quarante-huit à soixante ans et des jeunes gens de quinze ans.

Dans les derniers temps avant leur départ, ils ont scié des arbres fruitiers sur la route de Porquericourt à Lagny.

Ils ont réuni tous les instruments aratoires de la commune et les ont fait sauter à la dynamite; ils ont scié les roues et brancards de toutes les voitures; ils ont miné l'église, qui a sauté.

Lecture faite, persiste et signe avec nous.

TROUILLET (Juliette), née MINARD, domiciliée à Porquericourt :
Serment prêté.

Le 3o août, à l'arrivée des Allemands, mon neveu, Lucien Trouillet, âgé de dix-sept ans et demi, partit à bicyclette à la rencontre des troupes, par curiosité, et nous ne le vîmes plus revenir. Ce n'est que deux jours après, alors que les Allemands ne nous disaient rien concernant notre neveu, qu'un de nos amis nous avertit que le corps de notre neveu était étendu sur le bord de la route, près Sermaize, et qu'il avait été fusillé à la Maison Bleue, auberge qui se trouve sur la route de Roye, au carrefour de la route de Sermaize; ces troupes étaient des uhlans.

Mon mari, qui est âgé de quarante-neuf ans et demi, a été emmené par les Allemands, pendant cinquante-deux jours, à Crisolles, avec d'autres civils du pays, pour travailler à une usine militaire allemande. On l'a ramené trois jours au pays, puis on l'a dirigé sur le nord, avec vingt-sept ou vingt-huit autres habitants de Porquericourt, et j'ai su qu'il était à Macquigny, entre Saint-Quentin et Guise, ceci en mars dernier; depuis, je suis sans nouvelles de lui.

J'ajoute qu'ils m'ont demandé de détruire mes voitures et mes outils agricoles; je n'ai pu le faire, et ce sont eux qui, sous les ordres de leurs officiers, ont scié les rayons des voitures, les brancards, et fait sauter les instruments agricoles. Ils m'ont enlevé trois chevaux, cinq vaches, un veau, quatre cochons, quatre-vingts poules, trois canards. Ils ont saccagé la maison de ma mère, âgée de soixante-quinze ans; elle-même est morte à la suite de ses frayeurs et des mauvais soins et traitements.

Lecture faite, persiste et signe avec nous.

Veuve DUMEZ, née FROISSE, 5o ans, cultivatrice à Porquericourt :
Serment prêté.

Le 26 septembre 1914, un soldat allemand, qui voulait pénétrer dans un bâtiment, en fut empêché par ma belle-sœur, âgée de trente-huit ans. Comme l'Allemand menaçait ma belle-sœur avec une bûche de bois, mon mari le désarma par deux fois. L'Allemand alla chercher son fusil dans un camp voisin, et des camarades. Craignant un assassinat, nous avions fermé la porte, mon mari et moi; l'Allemand enfonça la porte à coups de crosse; nous nous réfugiâmes dans un autre appartement, puis dans un troisième qui fut également enfoncé à coups de crosse. Mon mari, voyant l'assassin entrer, s'interposa entre lui et moi. Ils se ruèrent sur mon mari, au nombre de vingt environ, et le frappèrent à la tête à coups de crosse. Je me sauvai chez ma fille, avec ma belle-sœur. Je rencontrai des officiers et leur fis part du malheur qui m'était arrivé; ils m'ont demandé une casquette et des vêtements pour habiller mon mari, me disant « qu'ils le transportaient à l'hôpital pour le soigner de ses blessures ».

Un instant après, j'entendis des coups de fusil; je ne pensais pas que mon mari venait d'être fusillé.

Pendant quatre jours, je le fis rechercher dans les hôpitaux de Noyon et de Roye. Un ouvrier qui travaillait chez moi découvrit le corps de mon mari dans un champ, à peine enterré, portant à la poitrine les traces de la fusillade; cet ouvrier s'appelait Moreaux (Eugène). Il fallut l'intervention de M. Noël pour faire inhumer mon mari dans le cimetière.

A peine mon mari était-il emmené, baïonnette au canon, le jour où il a été fusillé, que les Allemands m'intimèrent l'ordre de rester dans la maison avec ma fille, et le pillage commença. Ils ont éventré trois pièces de cidre et fait couler une pièce d'eau-de-vie, enlevé trois pièces et demie de vin. Ils ont enlevé les quatre chevaux, ont tout déménagé, et brisé le coffre-fort.

L'officier qui a fait emmener mon mari, me disant qu'on le conduisait à l'hôpital, s'appelle: lieutenant Rudolf Schulz, IIe Corps d'armée, 4e division, 17e régiment d'artillerie de campagne, 2e groupe.

Lecture faite, persiste et signe avec nous.

N°s 143, 144.

DÉPOSITIONS reçues, le 23 avril 1917, à Ognolles (Oise), par M. le sous-lieutenant Rollet-Maine, commissaire-rapporteur près le Conseil de guerre de la   ^e D. I.

Douville (Louis-Léon), 72 ans, propriétaire, demeurant à Ognolles :

Serment prêté.

Je puis vous faire constater que dans mon jardin, avant de partir, les Allemands ont coupé au niveau du sol la plupart des arbres fruitiers, pommiers, poiriers, etc., même un cognassier, alors qu'ils ont épargné une tonnelle de charmille et une allée de tilleuls. Ces déprédations ont été commises à la veille de leur départ, en même temps qu'ils mettaient le feu à deux ou trois fermes du village.

Pour les faits depuis longtemps passés, je puis vous donner le renseignement suivant. Le jour où les Allemands sont entrés à Ognolles, j'étais devant ma porte avec M. Jacquard, le fermier, aujourd'hui otage en Allemagne, lorsque nous avons vu, à l'entrée du village, deux officiers à cheval qui étudiaient leur carte, au milieu du chemin; nous étant approchés, M. Jacquard leur a demandé s'ils étaient anglais ou allemands; ils ont d'abord dit qu'ils étaient anglais; cela m'a semblé drôle, parce que j'avais remarqué leurs casques à pointe; ils ont alors dit qu'ils étaient allemands, et ont affirmé qu'ils ne faisaient pas la guerre aux civils. Au même moment, une fusillade a éclaté sur notre droite; c'était le peloton de uhlans qui accompagnait les officiers. Il tirait sur un jeune homme de quatorze ans, du village, nommé Gay, qui passait à bicyclette sur un chemin de terre; je l'ai vu échapper à la première salve et tomber à la seconde. Je sais également, mais je ne l'ai pas vu, qu'un nommé Millet, de Libermont, a été tué dans les mêmes circonstances, de l'autre côté du village.

Derrière les uhlans de reconnaissance est arrivée l'infanterie, qui a complètement pillé le village; personnellement, on m'a volé pour près de trois mille francs de bijoux et d'objets divers; c'est le 72e régiment d'infanterie qui a commis ces vols.

Lorsque, ensuite, les Français sont revenus, les Allemands les ont repoussés une seconde fois et se sont définitivement installés. Un grand nombre de personnes ont eu à souffrir de sévices. Un jour de l'automne 1914, j'ai été roulé depuis ma porte jusqu'à la croisée des chemins (environ cinquante mètres).

Les Allemands ont alors pris toutes les récoltes qu'ils n'avaient pas prises la première fois. Ils ont aussi, dès ce moment-là, emmené en Allemagne un certain nombre d'hommes valides et tout le bétail. Les évacuations des civils ont continué régulièrement vers l'Allemagne, de même qu'ils dévastaient les maisons inoccupées dont ils ne se servaient pas. Des sévices étaient régulièrement exercés sur tous les récalcitrants. Un jour, je n'avais pas voulu leur laisser démolir un étau dans ma grange ; ils m'ont laissé ligoté pendant deux heures, en plein mois de décembre 1915. Dans le courant de 1915, les Allemands ont interdit de sortir du village, sous peine d'être fusillé.

Lecture faite, persiste et signe avec nous.

Mme GRANELLI, née CANTARELLI, 29 ans, demeurant à Ognolles :

Serment prêté.

Nous exercions, mon mari et moi, notre commerce de confections et chaussures. Dès le début, les Allemands ont commencé à piller et dévaliser le magasin comme tous les autres.

Je sais que le jour de leur arrivée, les uhlans ont tué à coups de fusil un petit garçon de quatorze ans, nommé Gay, et un jeune homme de Libermont, nommé Millet.

Pendant leur séjour, ils ont été avec nous comme avec les autres habitants. Un jour de l'hiver 1914, ils m'ont mise brutalement, ainsi que mon mari, à la porte d'une pièce de mon habitation, parce que j'avais voulu fermer les fenêtres. Un jour que mon mari passait dans la rue, un officier lui a fait des observations, sous prétexte qu'il ne l'avait pas salué, lui a retiré sa casquette et la lui a enfoncée brutalement sur la tête. Faute de soins et de médicaments, ils ont été la cause de la mort de mon petit garçon, âgé de six ans ; ils m'ont refusé trois jours le laissez-passer pour aller chez le pharmacien à Nesle, et quand le médecin militaire allemand est venu, il n'a pu le sauver.

Lecture faite, persiste et signe avec nous.

N° 145.

PROCÈS-VERBAL DE CONSTAT dressé, le 24 avril 1917, à AMY (Oise), par M. le capitaine VITALI, substitut du rapporteur près le Conseil de guerre de la   ᵉ Armée.

A la date de ce jour, nous nous sommes transporté dans le cimetière civil d'Amy, canton de Lassigny, département de l'Oise, et avons fait les constatations suivantes :

Les tombeaux appartenant aux familles dont les noms sont ci-dessous énumérés, ont tous été violés suivant un procédé uniforme : la pierre tombale est brisée, et l'intérieur du tombeau porte les traces d'une fouille faite à la pioche ; des débris de planches et d'ossements sont mélangés à la terre.

LISTE DES TOMBEAUX VIOLÉS : Semé-Delavenne, Vennier, Roux-Deberscq, Thuin, Cavoué-Calippe, Calippe-Julien, Baillon, Capelle, Alexandre-Baudet, Dubois.

L'absence totale d'habitants dans ce village ne nous a pas permis de recueillir d'autres renseignements.   (*Suivent les signatures.*)

N° 146.

DÉPOSITION reçue, le 24 avril 1917, à OURSCAMPS (Oise), par M. le sous-lieutenant ROLLET-MAINE, commissaire-rapporteur près le Conseil de guerre de la   ᵉ D. I.

LEMAIRE (Jules), 55 ans, jardinier-gardien du château d'Ourscamps :

Serment prêté.

Ma femme et moi, nous sommes à Ourscamps depuis près de vingt-cinq ans. Lorsque la guerre a éclaté, je suis resté à Ourscamps à la suite du départ de M. Moritz, administrateur-délégué. Lorsque l'ennemi est arrivé, M. Kiener et M. Schurer, sous-directeur, étaient à l'usine; ils y sont restés jusqu'à la mi-octobre 1914, moment où ils ont été emmenés à Noyon par les Allemands; depuis cette époque, en février 1917, ils ont été emmenés plus loin par l'ennemi.

Sitôt que le front a été stabilisé, soit en septembre 1915, les Allemands ont emporté tout le stock de tissus finis et toutes les matières premières en magasin; ils ont également enlevé toutes les pièces de la machinerie, qu'ils ont démontées : bronzes, cuivres, courroies, robinetterie, tuyauterie, réserves d'huiles et de pétroles, etc. Ils ont encore enlevé la valeur de quinze bateaux de charbon, qui était dans la cour. Le commandant qui a procédé à cette dévastation de l'usine s'appelait Braun (1), du 75e régiment d'infanterie prussienne. La fin du travail a été faite par un commandant nommé Hermann, puis par le commandant von Trautmann. Lorsqu'ils eurent saboté l'usine, les Allemands ont enlevé toutes les fenêtres des salles de machines, de façon à rendre inutilisables par l'humidité tous les métiers qu'ils avaient laissés.

Le jour du mardi-gras 1915, un obus français a mis le feu, la nuit, aux usines; les Allemands n'ont rien fait pour l'éteindre.

A partir de 1915, les Allemands ont commencé à déménager tous les objets d'art qui étaient dans la partie non incendiée du château (appartenant à MM. Moritz et Kiener). Tous les tableaux, objets d'art, meubles de valeur, tapisseries anciennes, bijoux, ont été enlevés; il ne reste que les cadres vides des tableaux et des tapisseries, et les meubles que les officiers ont gardés pour leur usage personnel. Toutes les voitures ont été brisées.

Les commandants qui se sont succédé étaient de différents grades; je ne me les rappelle pas. Je me souviens du nom du dernier, qui m'a donné un reçu le 21 février 1917: il signait Frost, lieutenant et commandant de place. C'est lui qui est resté jusqu'à la fin, et qui peut être rendu responsable de toutes les dévastations qui ont marqué les derniers jours de leur séjour ici. Avant de partir, ils ont en effet détruit et souillé tout ce qui existait dans le château, à part deux chambres occupées par les officiers : les glaces ont été brisées, les fauteuils défoncés, la literie déchirée, les portes fracassées, la bibliothèque pillée, les coffres-forts éventrés. Je n'ai pas assisté personnellement à ces dévastations à partir du 1er mars, car, ma femme et moi, nous avons été évacués ce jour-là à Grandru; mais en revenant après l'arrivée des Français, le 22 mars, j'ai pu les constater.

C'est pendant mon absence que les appartements ont surtout été dévastés et les meubles mis hors d'état.

Lecture faite, persiste et signe avec nous, et avec Albertine COUVERCELLE, épouse LEMAIRE, demeurant au château d'Ourscamps, qui déclare confirmer la déposition de son mari.

N° 147.

DÉPOSITION reçue, le 7 mai 1917, à OURSCAMPS (Oise), par M. le capitaine VITALI, substitut du rapporteur près le Conseil de guerre de la ⁰ Armée.

LEMAIRE (Jules), 55 ans, jardinier à Ourscamps :

Serment prêté.

Les premiers enlèvements d'habitants ont eu lieu le 8 avril 1915: trois cent cinquante habitants, en général des familles entières, aussi bien des enfants en bas âge que des vieillards, ont été déportés dans la direction de Guise, et depuis, on n'a pas de nouvelles d'eux. Une deuxième série d'enlèvements a eu lieu le 13 février 1917: trois cent cinquante environ.

(1) Ou Bruhn.

Le village, avant la guerre, comptait mille habitants. Sept otages : le directeur de l'usine de velours, le curé du village, deux conseillers municipaux et trois employés de la fabrique, de cinquante-cinq à soixante ans environ, ont été déportés en Allemagne quand les Allemands se sont retirés.

Tous les mois, les gendarmes allemands procédaient à des revisions. Les matelas, les objets en cuivre et en bronze, une partie de l'argenterie du château, tout le linge de luxe, les meubles, les tableaux, ont été détériorés ou mis dans des caisses et envoyés en Allemagne.

Organisateurs du pillage : commandant Braun, du 75ᵉ d'infanterie; lieutenant Kock, du même régiment; Wolfkopf, également du 75ᵉ.

Les deux coffres-forts de MM. Moritz et Kiener ont été éventrés et spoliés.

J'ajoute que toute la population valide était soumise au travail obligatoire (abatage d'arbres, confection de caillebotis et fascines, culture).

Lecture faite, persiste et signe avec nous.

N° 148.

DÉPOSITION reçue, le 15 mai 1917, à Chiry (Oise), par M. le capitaine Vitali, substitut du rapporteur près le Conseil de guerre de la ᵉ Armée.

Decamps (Léon), 52 ans, adjoint faisant fonctions de maire à Chiry :

Serment prêté.

A trois reprises différentes, en septembre 1914, en septembre 1916 et en février 1917, les Allemands se sont livrés à des déportations de la population civile du village. La première fois, tous les hommes mobilisables furent enlevés; la deuxième fois, les Allemands se contentèrent d'emmener les bons ouvriers de Chiry à Noyon pour les faire travailler; la troisième fois, ils ont déporté en Allemagne un convoi composé de vieillards, de jeunes gens devenus mobilisables depuis 1914, et de femmes et jeunes filles depuis l'âge de quinze ans jusqu'à soixante et un ans. J'estime à plus de cent le nombre de personnes enlevées dans ces conditions.

Les voitures, les chevaux, la sellerie, les sacs, les machines agricoles, les instruments de toute sorte, les récoltes de toute nature ont été enlevés et pillés par les Allemands, qui ne nous ont donné que des bons sans valeur en échange. Ils ont précipité dans le canal tout ce qu'ils n'ont pu emporter. Beaucoup de puits ont été détruits à la mine.

Quelques jours avant leur départ, exactement le 25 février, les Allemands nous ont tous évacués sur Noyon, et durant notre absence, qui a duré quatre semaines, ils ont détruit de très nombreuses maisons, soit à la mine, soit au bélier. Toutes ces maisons, comme vous pouvez le voir vous-même, se sont complètement effondrées et ne sont plus qu'un amas de décombres. Il faudra tout refaire, car rien n'est susceptible d'être réparé.

En rentrant, nous avons constaté que le local servant de dépôt au ravitaillement américain avait été mis au pillage, et qu'il manquait notamment quatre quintaux de farine blanche, trente kilos de graisse, quinze kilos de café, vingt kilos de lard, huit kilos de sucre, trois caisses de boîtes de lait condensé, cent kilos de sel, et d'autres denrées qui étaient réservées à notre consommation jusqu'à la fin du mois.

Un enfant de onze ans, le petit Bonnard (Optat), a été tué d'un coup de fusil par une sentinelle allemande.

C'est le 52ᵉ Landwehr qui a occupé Chiry pendant deux ans et demi. Le colonel, qui était logé dans le village, s'appelait Beguelin, descendant d'une ancienne famille française.

Lecture faite, persiste et signe avec nous.

N° 149.

DÉPOSITION reçue à Passel (Oise), par M. le capitaine Vitali, substitut du rapporteur près le Conseil de guerre de la ° Armée.

Dupouy (Octave), 64 ans, garde champêtre à Passel :

Serment prêté.

Ce sont les troupes du 52° régiment d'infanterie allemande de réserve (1) qui ont cantonné à Passel pendant plus de deux ans; le colonel était à Chiry.

Le premier enlèvement d'habitants eut lieu le 25 septembre 1914. Tous les hommes furent évacués à Noyon, et là, dans la cour de la mairie, une sélection fut faite; tous les hommes entre quinze et cinquante ans furent envoyés en Allemagne; il y en avait environ une trentaine. Le deuxième enlèvement eut lieu au mois de février 1917; les Allemands évacuèrent trente-sept personnes, parmi lesquelles des femmes même âgées, la mienne par exemple, qui a cinquante-sept ans, et des jeunes filles.

Nous avons été pillés d'une odieuse façon : chevaux, bestiaux, animaux de basse-cour, machines agricoles, tout ce qui avait une utilité quelconque a été enlevé par eux.

Au moment de leur départ, ils nous ont évacués sur Noyon, et en notre absence, ils ont détruit à la mine un grand nombre de maisons, parmi lesquelles la mienne.

Parmi les officiers, je n'ai retenu que deux noms : ceux d'un certain Schmitt et d'un certain Muller.

Lecture faite, persiste et signe avec nous.

N° 150.

DÉPOSITION reçue, le 14 mai 1917, à Caisnes (Oise), par M. le capitaine Vitali, substitut du rapporteur près le Conseil de guerre de la ° Armée.

Paulet (Anatole), 51 ans, propriétaire, faisant fonctions de maire à Caisnes :

Serment prêté.

Une première fois, le 13 janvier 1917, et une seconde fois, le 22 février, les Allemands ont enlevé toutes les personnes valides des deux sexes depuis quinze ans jusqu'à soixante-cinq ans. A la même époque, ils ont réquisitionné les cuivres, nickels, matelas, les bestiaux, chevaux, animaux de basse-cour, légumes de toute sorte, la plupart du temps sans donner de bons.

Treize cents arbres environ, fruitiers ou autres, ont été coupés sur le territoire de la commune de Caisnes par les Allemands avant leur départ. Dans le courant de 1915 et 1916, ils ont enlevé un grand nombre de noyers, que chargeaient les auto-camions et qui étaient ensuite embarqués sur le canal de Noyon, Chauny, Saint-Quentin. On est sans nouvelles des personnes enlevées en janvier 1917.

Lecture faite, persiste et signe avec nous.

---

(1) Lire : de Landwehr.

N° 151.

DÉPOSITION reçue, le 14 mai 1917, à Cuts (Oise), par M. le capitaine VITALI, substitut du rapporteur près le Conseil de guerre de la ˑ Armée.

LEROY (Alexandre), 79 ans, propriétaire à Cuts :

Serment prêté.

A partir du 15 ou 16 février 1915, notre ravitaillement a été assuré par le Comité hispano-américain. Pendant les trois premières semaines, nous avons reçu de la farine blanche, en sacs plombés ; plus tard, nous n'avons plus reçu que de la farine de seigle, qui nous faisait du pain très noir, et que les Allemands faisaient payer à la commune à raison de quarante-deux francs les cent kilos. Coïncidence curieuse, à partir de ce moment-là tous les officiers allemands ont mangé du pain blanc ; c'est donc, à n'en pas douter, que les Allemands ont substitué à leur profit la farine blanche du ravitaillement hispano-américain à la farine de seigle provenant de leur propre ravitaillement.

A plus de vingt reprises, les Allemands ont procédé à des visites minutieuses de ma maison. Ils ont emporté toile, draps, voitures, chevaux, sellerie, un grand nombre de matelas, tous les vins de ma cave, parmi lesquels les bourgognes les plus authentiques et les plus vieux ; ils m'ont encore volé trois ou quatre bronzes de grande valeur ; enfin, ils ont fouillé mon coffre-fort et se sont emparés de ce qu'il contenait, et notamment de la liste de toutes les valeurs que j'avais déposées à la banque Chéneau et Barbier, à Noyon. Les Allemands ayant cambriolé cette banque avant leur départ, je considère ces titres comme définitivement perdus.

Lecture faite, persiste et signe avec nous.

N° 152.

DÉPOSITION reçue, le 26 juin 1917, à LA POMMERAYE, hameau de Cuts (Oise), par M. le capitaine VITALI, substitut du rapporteur près le Conseil de guerre de la ˑ Armée.

DESHAYES (Antoinette), 25 ans, sans profession, demeurant à La Pommeraye, hameau de Cuts :

Serment prêté.

A dater de mars 1915, l'autorité militaire allemande a réquisitionné toutes les jeunes filles à partir de treize ans, pour effectuer différents travaux agricoles et domestiques ; toutes les jeunes filles devaient se rendre à l'appel, en général à huit heures du matin, et l'après-midi à une heure. Nous avons d'abord été occupées à arracher les mauvaises herbes dans les champs, de huit heures à midi et d'une heure à sept heures. Nous étions surveillées par des soldats. Les jeunes filles qui ne se rendaient pas à l'appel étaient punies de trois marks d'amende ; en cas de non payement, elles étaient condamnées à trois jours de prison. Mlles Amélie Mathieu et Émilienne Nathier furent condamnées, et l'une d'elles emprisonnée, pour avoir refusé de charger du fumier sur des voitures, par une pluie battante. On nous obligeait à travailler avec des soldats allemands : deux soldats allemands et deux jeunes filles ensemble ; plusieurs fois, j'ai vu mes camarades brutalisées par des soldats allemands, qui les ont frappées avec leur bâton.

La deuxième année, nous avons dû travailler à la batteuse agricole, travail excessivement pénible, pendant un mois environ.

Les jeunes filles employées dans le pays à des travaux domestiques lavaient les appartements des officiers ; j'ai entendu dire que quelques-unes avaient même fait le lit des officiers. D'autres jeunes filles nettoyaient le Casino des officiers et le Foyer du soldat.

J'ajoute que, parmi les travaux les plus pénibles que nous avons effectués, l'arrachage et le triage des pommes de terre en silos a été de beaucoup le pire. Nous étions obligées de travailler, en novembre et décembre, sous la pluie glaciale, les pieds dans l'eau et la boue glacée ; nous avions des souliers percés, car notre cordonnier travaillait uniquement pour les Allemands ; nous avions souvent nos vêtements traversés par la pluie, car les Allemands nous avaient dépouillées de la plupart de nos vêtements.

Quelquefois, nous recevions en payement de notre travail des bons régionaux, mais souvent rien du tout.

J'indique que, dans les huit derniers mois, les garçons travaillaient dès l'âge de dix ans.

Un des commandants de place s'appelait Kronemaer. Le régiment qui a occupé le village de mai 1915 à septembre 1916 était le 48ᵉ à La Pommeraye ; à Cuts, c'était le 35ᵉ(1). Pendant que nous faisions les travaux des champs, nous étions surveillées par des hommes du 212ᵉ régiment d'infanterie, de Hambourg.

Lecture faite, persiste et signe avec nous.

N° 153.

DÉPOSITION reçue, le 28 juin 1917, à Cuts (Oise), par M. le capitaine VITALI, substitut du rapporteur près le Conseil de guerre de la ᵉ Armée.

FAROUX (Arsène), 70 ans, propriétaire-cultivateur à Cuts :

Serment prêté.

C'est devant ma maison que se faisait l'appel des hommes, femmes et enfants embrigadés pour les travaux des champs et travaux domestiques. Les jeunes filles de la localité fanaient, binaient, arrachaient des pommes de terre par tous les temps, même par les temps de gelée ; elles étaient en outre obligées de faire les chambres des officiers, notamment dans ma maison, où logeaient des officiers ; et surtout vers la fin du séjour des Allemands, des jeunes filles venaient faire les chambres. J'étais tellement révolté par ces faits, que je sortais de ma maison. La Kommandantur les désignait individuellement pour aller faire ces chambres. A partir de dix ans, les garçons et les filles étaient également employés à des travaux agricoles, par tous les temps et presque pieds nus. Des jeunes filles ont été mises en prison pour avoir refusé de travailler et n'avoir pas voulu payer l'amende qui leur avait été infligée pour ce refus ; d'autres ont été brutalisées par des soldats allemands. Les jeunes filles allaient également nettoyer le Foyer des soldats et le Casino des officiers, qui, le lendemain de leurs orgies, était une véritable étable.

J'ai été quatre fois arrêté et enfermé dans une maison voisine et gardé à vue par deux sentinelles, baïonnette au canon, pour des motifs futiles. J'ai été également menacé souvent d'être fusillé et j'ai même, au début de la guerre, essuyé plusieurs coups de feu de soldats allemands, qui ne m'ont heureusement pas atteint. J'ai été déporté pendant neuf mois ; je suis resté cinq mois en Allemagne et quatre mois à Guise (Aisne).

Le château du baron de Langlade, qui était richement meublé, a été déménagé de fond en comble par les Allemands. J'ai vu fabriquer dans ma maison des caisses, dans lesquelles

---

(1) Ainsi déclaré.

des officiers ont ensuite expédié en Allemagne des objets pris au château. A diverses reprises, j'ai vu des camions automobiles revenir du château chargés de mobilier.

Dans ce château, il y avait, au début de la guerre, une ambulance de la Croix-Rouge. Les Allemands ont enlevé tout le personnel de l'ambulance; je ne sais où ils l'ont envoyé. Quelques infirmiers ont été tués dans le château même, à l'époque où le pavillon de la Croix-Rouge flottait sur le château.

En mars 1917, la population fut rassemblée dans l'église; pendant ce temps-là, toutes les maisons du village furent pillées. Le château fut incendié volontairement par les Allemands.

Nous entendions les détonations produites par les matières incendiaires que les Allemands avaient employées pour détruire le château. J'ai vu des militaires allemands photographier le château en feu. Le commandant de place assistait à l'incendie.

Au moment de leur départ, les Allemands ont laissé dans les écuries et les jardins des engins qui devaient exploser au moindre contact. On a trouvé sur les routes des engins en acier à trois griffes, que les Allemands avaient placés là dans le but de blesser les chevaux et de crever les pneus des automobiles.

Pendant l'occupation allemande, nous avons manqué de tout; nous n'avions, au début, que cent vingt-cinq grammes de pain par jour; il est vrai qu'ensuite la ration a été un peu augmentée. Je suis certain que les Allemands gardaient pour eux la farine blanche américaine et nous donnaient leur farine noire. J'ai fait fonctions de boulanger, le boulanger du pays ayant été enlevé par les Allemands, et j'ai donc pu me rendre compte facilement de cette substitution. Les sacs que les Allemands me donnaient, et qui contenaient de la farine noire, étaient plombés à leur marque; ils ne prenaient donc aucune précaution pour cacher cette substitution.

Lecture faite, persiste et signe avec nous.

N° 154.

DÉPOSITION reçue, le 15 mai 1917, à GOLANCOURT (Oise), par M. le capitaine EDART, commissaire-rapporteur près le Conseil de guerre de la ° D. I.

GUFFOIS (Pascal), 64 ans, garde champêtre à Golancourt :

Serment prêté.

En mars 1917, les Allemands ont enlevé la cloche de l'église et l'ont emportée.

En mars 1917, les Allemands ont emmené quatre-vingts habitants de la commune, des deux sexes, de toutes conditions, de quinze à soixante ans.

Le 18 mars 1917, à neuf heures et demie du soir, deux soldats allemands sont entrés par force dans la maison de Mme Doyen, femme de l'instituteur, dans le but de s'emparer d'une partie du ravitaillement hispano-américain; ils ont saisi Mme Doyen à la gorge, après avoir soufflé la bougie, et ils ne se sont retirés que sur l'intervention de M. Pecqueux, originaire de Tugny-et-Pont (Aisne) et réfugié à Golancourt, attiré par le bruit de la lutte.

Les Allemands obligeaient les habitants à aller travailler aux champs sous leur direction, sous peine d'amende et même de prison. En été 1916, sans que je puisse préciser la date, j'ai été témoin d'une scène de violence sur la personne de M. Prévost, scène motivée par un travail des champs auquel il n'aurait pas assisté; M. Prévost a reçu des coups de pied et des coups de poing.

A de nombreuses reprises, au cours de leur occupation, les Allemands ont fait chez les habitants des perquisitions pour rechercher et prendre l'or, l'argent et tous les métaux qui pouvaient leur servir dans la conduite de la guerre, tels que cuivre, zinc, bronze, fer, plomb, etc. Un grand nombre de noyers ont été abattus, quelques arbres fruitiers ont été mutilés, avant leur retraite. Les matelas et la laine se trouvant dans chaque maison ont été enlevés et emportés par eux. Il ne reste plus, dans la commune, aucune tête de bétail, ni aucun matériel de culture; le bétail et une partie du matériel de culture ont été emmenés en différentes fois; le matériel de culture qui n'a pu être emmené, a été détruit ou rendu inutilisable.

La commune de Golancourt a dû payer, en plusieurs fois, des impositions de guerre s'élevant au total à la somme de trente-deux mille francs.

Lecture faite, persiste et signe avec nous.

Nᵒˢ 155, 156.

DÉPOSITIONS reçues, le 17 mai 1917, à Morlincourt (Oise), par M. le capitaine Vitali, substitut du rapporteur près le Conseil de guerre de la ᵉ Armée.

De Chauvenet (Madeleine), née de Roucy, 29 ans, demeurant au château de Morlincourt :

Serment prêté.

Pendant les trois premiers mois de l'occupation allemande: septembre, octobre, novembre, nous avons logé la colonne d'artillerie à pied (régiment nᵒ 20 prussien). Les officiers de cette colonne ont enlevé, sans délivrer de bons, tout le bétail, les animaux de basse-cour, toute la sellerie, chevaux, voitures, huit literies complètes et tout le mobilier de la ferme; j'évalue à cinquante mille francs environ la valeur de ces objets mobiliers.

En février 1916, je fus informée que le grand-duc de Mecklembourg, qui a habité à Babœuf chez M. Rigault, fabricant de souliers, voulait prendre les meubles anciens de la maison; après que j'eus énergiquement protesté contre ce pillage, il est parti sans rien prendre; mais je sais qu'il s'est livré à des vols de mobilier dans les maisons du pays.

Dès le début de l'invasion, un prince allemand, dont j'ignore le nom, qui a logé pendant quatre jours chez moi, a fait faire des sondages dans le potager et a découvert une caisse d'argenterie, qu'il a fait forcer. Il a choisi un certain nombre d'objets de valeur et les a emportés. Mlle de Roucy est allée réclamer auprès du prince, qui lui a répondu : « Ne vous plaignez pas, les Russes nous en font bien d'autres. »

Le 14 février 1917, le capitaine Haache, 15ᵉ division de Landwehr de Prusse, après avoir fait enlever tous les cuivres et tous les matelas, les tonneaux, scier les arbres, a fait prendre comme otages mon frère, M. Antoine de Roucy (dix-neuf ans), et Mlle de Roucy, ma sœur, qu'ils ont fait coucher trois jours sur la paille. Mon père, maire de Morlincourt depuis trente ans, a été enlevé en décembre 1914 par les Allemands et conduit au camp de Wetzlar; il est mort le 1ᵉʳ mars 1915, des suites de privations qu'il a endurées, à l'âge de soixante ans.

Lecture faite, persiste et signe avec nous.

Fontaine (Paméla), épouse Bera, 28 ans, concierge de la maison Henri Rugot, à Morlincourt :

Serment prêté.

En septembre 1914, nous avons logé des officiers des 13ᵉ et 14ᵉ régiments d'infanterie, qui ont mis en caisse, sous mes yeux, différents objets de valeur, tels que pendules, garnitures de cheminée, vases, argenterie, meubles de salon, glaces, etc.; les objets ont été chargés sur des voitures et expédiés en Allemagne.

Lecture faite, persiste et signe avec nous.

N° 157.

DÉPOSITION reçue, le 14 juin 1917, à Muirancourt (Oise), par M. le lieutenant Franck, commissaire-rapporteur près le Conseil de guerre de la   ᵉ D. I.

Thiroux (Julia), dame Tertiaux, 41 ans, débitante à Muirancourt :

Serment prêté.

Les Allemands faisaient dans les domiciles des habitants de fréquentes perquisitions. Chez moi, elles se produisaient tous les cinq ou six mois. Ces perquisitions étaient faites par des gendarmes et des hommes de troupe; je n'ai pas remarqué la présence d'officiers avec eux. Au cours de ces perquisitions, ils fouillaient tout, de la cave au grenier, les tiroirs des armoires, etc. Ils ne présentaient aucune pièce justificative de leurs opérations. La plupart du temps, ils nous interdisaient de les accompagner dans leurs recherches. Quand on leur demandait ce qu'ils cherchaient, ils répondaient : « Nous ne cherchons rien, et nous cherchons tout ». Au cours de ces opérations, ils notaient différentes choses, faisaient des inventaires dont ils ne nous donnaient pas connaissance, et quelque temps après, des hommes venaient et s'emparaient d'objets mobiliers, de vaisselle, de linge, etc., qu'ils emportaient. Nous avons pu nous rendre compte que les choses qu'ils notaient au cours de leurs perquisitions étaient celles qui leur plaisaient et qu'ils faisaient chercher par la suite. Ils ont pris chez moi pas mal de choses, notamment un billard qu'ils ont transporté à la mairie et qu'ils ont, par la suite, complètement brisé; des bancs, des tables, des lits garnis. Jamais je n'ai eu de bons pour tous ces objets; certaines personnes, qui avaient plus d'audace que moi, sont allées, à la suite de vols de ce genre, réclamer des bons à l'autorité militaire allemande; certaines en obtenaient; d'autres, au contraire, étaient obligées de se contenter de promesses.

Dans les maisons où cantonnaient, ou dans les parties de maisons qu'occupaient les Allemands, il était interdit aux propriétaires de pénétrer. C'est ainsi que, chez moi, je ne suis pas entrée une fois dans les pièces qu'ils s'étaient réservées. Ils s'y conduisaient comme chez eux, et le mobilier en disparaissait sans qu'on puisse s'en rendre compte, ni savoir ce qu'il devenait.

Lecture faite, persiste et signe avec nous.

AISNE

N° 158.

DÉPOSITION faite, le 25 mars 1917, à Compiègne, devant la Commission d'enquête instituée par décret du 23 septembre 1914.

Sœur Marie, de la congrégation des Servantes du Cœur de Jésus, attachée à l'orphelinat de Fayet (Aisne) :

Je jure de dire la vérité.

Du 14 au 23 février dernier, les Allemands ont évacué toute la population civile de Fayet. Il y a eu deux convois. Le premier comprenait les personnes valides de quinze à soixante ans. Il a été dirigé vers Maubeuge. Le second, dont je faisais partie, et qui était composé de malades, de vieillards et de mères de famille avec leurs jeunes enfants, a été envoyé à Noyon.

Lecture faite, le témoin a signé avec nous et avec M. Cornet (François), âgé de 62 ans, domestique au château de Fayet, qui, après serment, a déclaré confirmer la déposition ci-dessus.

N°ˢ 159, 160.

DÉPOSITIONS faites, le 25 mars 1917, à Compiègne, devant la Commission d'enquête.

Cocu (Hector), 65 ans, cultivateur à Gricourt (Aisne), conseiller municipal :

Je jure de dire la vérité.

La commune de Gricourt, pendant l'occupation allemande, a subi un régime très dur et a eu à payer des contributions de guerre hors de proportion avec ses ressources et avec le nombre des habitants. Dès son arrivée, l'ennemi a incendié les maisons situées sur la grande route de Saint-Quentin. La ferme de *Mon Idée* et celle des *Trois Sauvages* ont été aussi anéanties. Il va sans dire que toutes les maisons dont les propriétaires avaient quitté le village ont été pillées.

Vers le 14 ou le 15 février dernier, l'évacuation de la population a commencé. On a fait partir d'abord un groupe de gens valides. J'ai appris qu'il a été dirigé vers Maubeuge. Mes trois filles en faisaient partie. Deux ou trois jours après, ce fut le tour du curé, du maire, de l'instituteur et d'une trentaine de notables. J'ignore ce qu'ils sont devenus. Enfin, le 23 février, j'ai été emmené moi-même avec environ trois cent cinquante personnes du pays : enfants, vieillards, malades ou infirmes ; en un mot, des gens hors d'état de travailler.

Nous avons été conduits à Noyon dans des wagons à bestiaux. Là, inquiet du sort de mes filles, j'ai demandé à un sous-officier employé à l'état civil, qui parlait très bien français, si je ne pourrais pas, en m'adressant à la Kommandantur, savoir où elles avaient été envoyées et obtenir de leurs nouvelles. Le sous-officier m'a répondu : « C'est justement cela qu'on ne veut pas » ; et comme j'insistais, il a ajouté : « N'allez pas à la Kommandantur, on vous ficherait à la porte. » Je suis encore aujourd'hui dans l'ignorance du sort de mes enfants.

Je ne sais ce qu'il est advenu de Gricourt, mais je m'en doute ; car dès la veille de mon départ, les Allemands enlevaient déjà tout ce que les maisons contenaient et en arrachaient même les gouttières.

Après lecture, le témoin a signé avec nous.

Nous avons entendu ensuite les dames Lefèvre (Laure), née Maillet, âgée de 45 ans, et Polard (Blanche), née Potel, âgée de 24 ans, qui, après avoir prêté serment de dire la vérité, ont confirmé les déclarations ci-dessus de M. Cocu sur le pillage de Gricourt et l'évacuation de la population. Mᵐᵉ Lefèvre a ajouté : « Mon fils Henri, âgé de quatorze ans, a été emmené dans le premier groupe, et j'ignore ce qu'il est devenu depuis. »

Après lecture de ce qui précède et de la déposition de M. Cocu, les témoins ont signé avec nous.

N° 161.

DÉPOSITION faite, le 25 mars 1917, à Compiègne, devant la Commission d'enquête.

Fossier (Antoine-Jean-Marie), 78 ans, ancien négociant à Chauny :

Je jure de dire la vérité.

J'ai logé chez moi des officiers et des sous-officiers allemands. Ils s'y sont montrés d'une inconvenance révoltante et leur conduite a été scandaleuse.

Le 23 février dernier, sur l'ordre de la Kommandantur, notifié la veille ou l'avant-veille, j'ai dû quitter ma maison à sept heures du matin et me rendre sur la grande place, d'où, cinq heures après, on a envoyé à l'ouest de la ville, faubourg du Brouage, les femmes avec enfants, les vieillards et les malades sans exception. On s'est entassé dans les maisons, et les malades ont été pour la plupart placés à l'Institution Saint-Charles. J'ai passé un mois au Brouage, où se trouvaient non seulement mes concitoyens, mais beaucoup d'habitants des villages environnants. Nous y étions au nombre d'environ cinq mille. Pendant ce temps, l'ennemi, après avoir pillé les maisons, les faisait sauter à la dynamite ou les incendiait. Chauny n'est plus qu'un amas de ruines.

Après s'être retirés, les Allemands ont bombardé le faubourg. Le bombardement a fait plusieurs victimes.

J'ai obtenu, il y a deux jours, de l'autorité militaire française, mon évacuation sur Compiègne.

Après lecture, le témoin a signé avec nous.

Nᵒˢ 162, 163, 164, 165, 166.

DÉPOSITIONS faites, le 25 mars 1917, à Pont-Sainte-Maxence (Oise), devant la Commission d'enquête.

Habar (Charles-Joseph-Omer), 76 ans, receveur économe des hospices et du Bureau de bienfaisance de Chauny (Aisne) :

Je jure de dire la vérité.

Je suis resté à Chauny pendant tout le temps de l'occupation. Avant d'évacuer la ville, les Allemands l'ont complètement détruite, depuis les derniers jours de février jusqu'au 18 mars, en faisant sauter les maisons à la mine, et en incendiant celles que l'explosion n'avait pas entièrement démolies. La plupart des habitants, hommes et femmes de moins de soixante ans, ont été emmenés pour être dirigés vers divers points du nord. Les vieillards, les enfants et les malades ont été conduits sur la place et dans le faubourg du Brouage, près de l'Institution Saint-Charles, où les malades ont été enfermés. Quand l'ennemi s'est ensuite retiré, ses batteries installées à Saint-Gobain et sur les buttes de Rouy ont ouvert le feu sur cet établissement. Il y a eu des tués et des blessés.

Après lecture, le témoin a signé avec nous.

———————

Afchain (Gustave-Arthur), 62 ans, blanchisseur à Chauny :

Je jure de dire la vérité.

Pendant la durée de l'occupation, notre ville a été frappée de nombreuses contributions de guerre, et les réquisitions, sanctionnées par des peines très rigoureuses, ont été incessantes. Le 17 février dernier, l'évacuation sur le nord a commencé pour toutes les personnes âgées de moins de soixante ans. En ont cependant été exemptées les mères de famille ayant des enfants de moins de quatorze ans, et dont les maris étaient absents. Les habitants restés à Chauny, au nombre de quinze cents à deux mille, plus ceux des villages environnants, soit, au total, environ cinq mille personnes, ont été parqués au faubourg du Brouage pendant près d'un mois. Alors le pillage, qui avait été commencé quelques jours auparavant dans les maisons abandonnées, est devenu général. Tout ce que contenaient les logements a été enlevé, chargé sur des trains et emmené dans la direction de l'Allemagne. A partir du 24 février jusqu'au 18 mars, a été opérée la destruction systématique et totale de la ville, par des explosifs et par l'incendie.

Aussitôt après l'arrivée des troupes françaises dans la nuit du 19 au 20 mars, pendant la journée du 20 et dans la nuit suivante, les batteries allemandes installées à Rouy ont bombardé le Brouage et spécialement l'Institution Saint-Charles. L'ennemi n'ignorait cependant pas que cet établissement était rempli de malades, puisque c'était lui-même qui les y avait placés. Les Allemands avaient même peint sur les toitures d'énormes croix rouges entourées de cercles blancs. Un homme de soixante-huit ans, sa femme âgée de soixante-quatre ans, un enfant de dix ans ont été tués, et il y a eu plusieurs blessés, parmi lesquels une religieuse.

Après lecture, le témoin a signé avec nous.

———————

Dervillez (Jules-Alfred), 64 ans, chef de district à la Compagnie du Nord, en retraite, demeurant à Tergnier (Aisne) :

Je jure de dire la vérité.

A partir du 17 février dernier, les Allemands ont évacué la population civile de Tergnier ; la plupart des habitants ont été conduits dans la région du nord. Un groupe de cinq cents, considérés comme bouches inutiles, et dont j'étais, a été dirigé sur Chauny et parqué au faubourg du Brouage. J'ai assisté au bombardement de ce quartier, et une bombe est tombée dans le jardin de la maison où j'étais logé. Nous étions littéralement entassés ; ainsi, dans cette maison qui était fort petite et ne comprenait que trois pièces, nous nous trouvions au nombre de vingt-cinq.

Après lecture, le témoin a signé avec nous.

———————

Chauderlier (Claire), femme Dubois, 32 ans, institutrice publique à Vouël (Aisne) :

Je jure de dire la vérité.

La commune de Vouël a été occupée par des troupes de toutes sortes, sans interruption, depuis le 1ᵉʳ septembre 1914. Elle a été fortement pillée. La population a été évacuée à partir du 17 février, en plusieurs groupes, qu'on a dirigés l'un sur Chauny et les autres vers le nord. J'ai été envoyée à Chauny et internée au Brouage, où nous étions littéralement entassés. Nous n'avions pour nous alimenter que ce que nous avions pu emporter de chez nous. Je suis partie au commencement du bombardement; j'ai néanmoins vu quelques personnes, dont deux de ma commune, blessées par des obus.

A Vouël, les Allemands obligeaient les habitants à cultiver et s'emparaient ensuite de tous les produits de la terre, sans donner la moindre indemnité.

Après lecture, le témoin a signé avec nous.

DOLLÉ (Marcel), 17 ans, sans profession, domicilié à Vendeuil (Aisne) :

Je jure de dire la vérité.

Je me trouvais à Chauny, à l'Institution Saint-Charles, où j'avais été hospitalisé pour des crachements de sang contractés à la suite de mauvais traitements dont j'avais été l'objet de la part de la gendarmerie allemande, quand a eu lieu le bombardement du Brouage. Une religieuse et une femme de service ont été blessées à mes côtés par les éclats d'un obus. D'autres personnes ont été atteintes dans l'hôpital; trois ont été tuées.

C'est à La Fère que j'avais été brutalisé, dans les circonstances suivantes : quatre gendarmes étaient venus perquisitionner chez nous, à Vendeuil, et avaient voulu me faire déclarer où j'avais caché nos bicyclettes. Comme je m'y refusais, ils m'ont passé autour du cou un licol, avec lequel l'un d'eux me soulevait de terre tandis que les autres me rouaient de coups. Mon frère, qui était âgé de treize ans, a été enfermé dans un panier d'emballage pour bicyclettes, et battu plus cruellement encore que moi-même.

Après lecture, le témoin a signé avec nous.

N° 167.

DÉPOSITION faite, le 28 mars 1917, à CHAUNY (Aisne), devant la Commission d'enquête.

BROGLIN (Louis), 62 ans, adjoint faisant fonctions de maire à Chauny, juge au Tribunal de Commerce :

Je jure de dire la vérité.

Notre ville a été occupée sans interruption depuis le 1er septembre 1914 jusqu'au matin du 19 mars 1917. J'ai vu deux invasions. Celle de 1870 n'était rien à côté de celle que nous venons de subir. Pendant près de trente mois, nous avons vécu sous le régime le plus intolérable et le plus humiliant. Obligés de ne pas sortir de chez nous avant huit heures du matin, de rentrer à sept heures du soir, de rester sans lumière dans nos demeures, de saluer chapeau bas les officiers sous peine d'emprisonnement, menacés de perdre ce qui nous restait de liberté pour les raisons les plus futiles, accablés de contributions et de réquisitions, nous attendions avec angoisse l'heure de la délivrance. Quelle n'a pas été notre joie, malgré l'horreur des derniers jours, quand elle est enfin arrivée!

A partir du 18 février dernier, les Allemands ont commencé l'évacuation vers le nord de tous les habitants des deux sexes, de quinze à soixante ans, à l'exception des femmes ayant des enfants de moins de dix ans. Elle a duré jusqu'au 23 du même mois, date à laquelle ont été emmenés le maire, M. Descambres; le directeur du ravitaillement, M. Soulier; M. Vasseur, délégué; MM. Halland et Emond, comptables du comité. Le même jour, les médecins, les pharmaciens et les prêtres nous avaient été enlevés. Le 23, en exécution d'un ordre publié la veille, le reste de la population a dû se rassembler, à huit heures du matin, place de l'Hôtel-de-Ville, avec ses bagages; et de là, elle a été envoyée dans la partie ouest de Chauny, qui comprend le faubourg du Brouage. Mille neuf cent quatre-vingt-dix Chaunois ont été entassés, avec environ trois mille habitants de treize communes de la région, dans ce faubourg, où il n'y avait guère place que pour loger mille habitants.

Le 3 mars, un avis de la Kommandantur a ordonné à toutes les personnes consignées au Brouage de se réunir le lendemain, à sept heures du matin (heure allemande), dans la rue où avait été transférée la mairie. Les malades et les infirmes eux-mêmes ont été astreints à l'exécution de cette mesure, et un certain nombre d'entre eux ont été transportés dans des fauteuils au lieu indiqué. Un appel a été fait alors, un officier a passé une revue et a prélevé trois hommes, trente et une femmes ou jeunes filles et un jeune garçon de treize ans, pour les envoyer travailler dans le nord. La revue a duré six heures. Le froid était terrible : aussi, le lendemain, ai-je eu à constater vingt-sept décès. J'ajoute que les jours suivants, il s'en est produit de nouveaux.

Dès le début de l'internement de la population au Brouage, les Allemands se sont livrés dans Chauny à un pillage effréné, enlevant les meubles, éventrant les coffres-forts, saccageant même les églises, et pendant quinze jours, ils ont procédé méthodiquement, par la mine et par l'incendie, à la destruction de la ville, dont il ne reste rien, sauf le Brouage, comme vous avez pu le constater. En vue de cette abomination, ils prenaient depuis environ deux mois les mesures des caves de toutes les maisons. Ils savaient donc exactement la quantité d'explosifs qui leur était nécessaire.

Le 20, a commencé le bombardement du faubourg où l'ennemi nous avait entassés. Il a duré deux jours et demi, visant notamment l'Institution Saint-Charles, qui servait de refuge aux vieillards, et sur le toit de laquelle les Allemands avaient fait peindre d'énormes croix rouges sur fond blanc. Dans cet établissement ainsi que dans les rues avoisinantes, plusieurs personnes ont été tuées, d'autres blessées plus ou moins grièvement.

Quoi qu'il en soit, la vie municipale n'a jamais été suspendue, et tous les huit jours, il y avait délibération du conseil.

Après lecture, le témoin a signé avec nous.

N° 168.

PROCÈS-VERBAL DE CONSTAT, dressé à CHAUNY (Aisne), par la Commission d'enquête.

L'an mil neuf cent dix-sept, le vingt-huit mars,

Nous, Georges PAYELLE, Premier Président de la Cour des Comptes ; Armand MOLLARD, Ministre plénipotentiaire ; Georges MARINGER, Conseiller d'État ; Edmond PAILLOT, Conseiller à la Cour de Cassation, membres de la Commission instituée par décret du 23 septembre 1914, nous sommes transportés à Chauny (Aisne), pour procéder à une enquête et à des constats sur les dévastations commises par les Allemands dans cette ville et sur son territoire.

Le long de la route, entre Noyon et Chauny, nous avons constaté que l'ennemi venait de procéder à une destruction systématique d'arbres fruitiers. Ce qui démontre avec évidence que ces dommages ne répondaient à aucune considération d'utilité militaire et n'ont été causés que dans la seule intention de nuire, c'est que, si un grand nombre d'arbres sont abattus, beaucoup d'autres ont été seulement entaillés en biseau à un mètre environ du sol, ou écorcés à la même hauteur, sur une largeur de vingt à trente centimètres embrassant toute la circonférence du tronc.

La ville de Chauny, qui comptait 10.600 habitants, a été méthodiquement détruite au moyen des explosifs et de l'incendie. À l'exception du faubourg du Brouage, qui est resté debout, elle n'est plus qu'un monceau de ruines. Devant les bureaux de la Société Générale, nous avons remarqué un tonneau en fer, abandonné là par les incendiaires et contenant encore un peu de pétrole.

Il est visible que le pillage a été complet, car on ne retrouve guère, dans les décombres, d'autres meubles que des coffres-forts éventrés.

De l'église Saint-Martin, il ne reste que des parties de mur. L'église Notre-Dame, bien que fortement éprouvée, a été moins endommagée; mais elle a été littéralement mise à sac. Les trois troncs sont brisés, et les traces des instruments ayant servi à l'effraction sont très apparentes. Les serrures des placards faisant partie des boiseries du transept sont forcées. La sacristie offre le spectacle d'un désordre indescriptible; les portes en sont fracturées, et le sol est couvert d'ornements sacerdotaux maculés, qui y ont été jetés pêle-mêle après avoir été extraits des tiroirs qui les contenaient.

(Suivent les signatures.)

N° 169.

DÉPOSITION reçue, le 31 mars 1917, à CHAUNY (Aisne), par M. le sous-lieutenant FLACH, commissaire-rapporteur près le Conseil de guerre de la ⋅ D. I.

BROGLIN (Louis), 62 ans, industriel, juge au Tribunal de Commerce de Chauny et deuxième adjoint au maire, demeurant à Chauny, 32, place du Brouage :

Serment prêté.

D. — *Quelles précisions pouvez-vous nous donner sur les atteintes à la liberté individuelle et à la propriété privée commises par l'autorité allemande, tant pendant l'occupation qu'au moment du départ de l'armée ennemie?*

R. — En ce qui concerne les attentats officiellement commis pendant l'occupation, la municipalité a eu le soin de conserver et de mettre en lieu sûr les preuves les plus convaincantes. C'est ainsi qu'un dossier a été constitué, jour par jour et heure par heure, de tous les ordres, de toutes les réquisitions émanant de l'autorité allemande; ce dossier se trouve en lieu sûr, muré; mais je ne me crois pas l'autorité suffisante, en l'absence du maire, pour mettre au jour ces documents.

D. — *En ce cas, veuillez, dès à présent et à grands traits, m'indiquer les faits les plus saillants commis en violation du droit des gens, qui ont marqué l'occupation ennemie.*

R. — Le 18 septembre 1914, ordre a été donné à tous les hommes, sans distinction d'âge, de se réunir place Saint-Martin. Les procédés les plus violents ont été employés pour s'assurer que personne n'échappait à la convocation; c'est ainsi que des soldats, baïonnette au canon, ont pénétré dans tous les logements et ont fouillé partout, allant même jusqu'à percer avec leur baïonnette les literies, pour se rendre compte si aucun homme ne s'y cachait. Tous les hommes, depuis l'âge de dix-sept ans jusqu'à un âge dépassant cinquante ans, ont été envoyés en Allemagne. Je dois dire que la précision que je donne quant aux âges n'est qu'approximative, parce qu'aucun acte de naissance n'a été consulté et que les désignations ont été faites en tenant compte uniquement des apparences.

D. — *Un certain nombre des hommes qui ont été ainsi emmenés ne sont-ils pas revenus?*

R. — Oui, sur environ huit cents hommes qui avaient été emmenés, il en a été plus tard ramené une centaine.

D. — *Pour quelles raisons?*

R. — J'en suis réduit aux hypothèses pour quelques-uns, qui semblent avoir bénéficié d'une protection spéciale de la part de l'autorité allemande ; mais pour la plupart, la mesure qui les concernait a été prise dans les conditions suivantes. Dès leur arrivée en Allemagne, parce qu'ils y avaient consenti, ils avaient été employés dans des fermes aux travaux de la culture ; ultérieurement, ils avaient été envoyés, toujours pour se livrer aux travaux agricoles, dans le nord de la France (région de Hirson, Vervins). Puis, leur présence n'y ayant plus été jugée indispensable, ils ont demandé à revenir dans leur pays pour travailler, et ils y ont été autorisés.

D. — *Sdvez-vous quel est le sort des prisonniers civils qui, en Allemagne, ont refusé de travailler ?*

R. — Je n'en sais rien.

D. — *Quels autres faits portant atteinte à la liberté des individus pouvez-vous encore me signaler pendant la durée de l'occupation ?*

R. — Les hommes étaient astreints à saluer les officiers ; ceux qui ne voulaient pas se plier à cette obligation étaient emprisonnés pendant trois jours avec, pour toute nourriture, du pain et de l'eau.

D. — *L'autorité allemande a-t-elle imposé aux populations l'obligation de travailler ?*

R. — Cette obligation était imposée à tout le monde, sans distinction de classe ni de sexe. Cependant, en ce qui concerne les femmes, elle n'était pas aussi générale. L'autorité allemande procédait ainsi : elle avisait la municipalité, par un ordre écrit, que deux cents femmes, par exemple, devaient être fournies, dans un délai très réduit, pour travailler aux champs ; nous prenions alors le soin de ne faire porter la décision que sur des femmes aptes à ces travaux et surtout n'ayant pas de petits enfants.

D. — *Pour la désignation des hommes, comment procédait-on ?*

R. — De la même façon, par notre intermédiaire.

D. — *Quelles mesures de coercition étaient exercées en cas de résistance à ces ordres ?*

R. — Les personnes qui étaient portées sur les listes que nous dressions ainsi étaient convoquées individuellement par nous ; ceux qui ne déféraient pas à la convocation étaient condamnés à quinze jours de travaux forcés ; ils couchaient en prison, et le jour, étaient conduits de force au travail.

D. — *Quels sont les faits les plus saillants que vous pouvez rapporter, concernant les atteintes à la propriété privée durant l'occupation ?*

R. — Je vais indiquer d'une manière générale de quelles vexations, de quels abus était entouré l'exercice du droit de réquisition.

Tout d'abord, ce droit de réquisition était exercé sans aucune considération des besoins essentiels de ceux qui en étaient l'objet. C'est ainsi que tous les matelas, sans exception, ont été requis ; des perquisitions ont été faites pour rechercher si des habitants s'étaient soustraits à cette obligation, et ceux qui avaient conservé des matelas ont été condamnés à vingt marks d'amende. D'autre part, pour tous les objets mobiliers, quels qu'ils soient, une déclaration de chaque habitant avait été ordonnée : chacun devait dire ce qu'il possédait comme linge, ustensiles de ménage et de cuisine ; mais jamais l'autorité allemande ne s'est contentée de ces déclarations, qu'elle sollicitait pourtant : des perquisitions ont eu lieu pour vérifier la sincérité des affirmations de chacun. Mais je tiens à préciser que beaucoup d'objets ont été pris sans réquisition, notamment le vin et beaucoup d'objets d'ameublement. Dans d'autres cas, la réquisition n'a été qu'apparente : en ce qui me concerne, deux de mes automobiles m'ont été prises, et on m'a délivré en retour des bons de réquisition qui étaient une véritable dérision ; pour l'une, le prix de réquisition était de trois francs soixante-quinze, et l'autre de dix francs cinquante.

D. — *Êtes-vous bien certain que ces deux bons de réquisition émanaient de l'autorité ?*

R. — Il n'y a pas de doute ; ils m'ont été délivrés par la Kommandantur.

D. — *Quel a été le régime adopté par l'autorité allemande relativement aux cultures et aux récoltes ?*

R. — Les champs étaient cultivés et les récoltes étaient faites par des civils, sous la direction de l'autorité allemande.

D. — *Qui payait les ouvriers ?*

R. — La municipalité.

D. — *Qui bénéficiait des récoltes ?*

R. — L'autorité allemande.

D. — *En donnait-elle une part, soit en nature, soit en argent, aux propriétaires des terrains ?*

R. — Une partie, un cinquième, je crois, revenait aux propriétaires ; cette fraction de la récolte était appréciée en argent, et la somme qu'elle représentait diminuait d'autant la contribution de guerre imposée à la ville.

D. — *Qu'est-ce que l'ennemi a fait du bétail et des chevaux ?*

R. — Le bétail, les animaux servant à la culture ont été l'objet de réquisitions régulières. Quant aux lapins et aux poules, ils ont été, pour la plus grande partie, purement et simplement pris, sans indemnité.

D. — *Quels sont les faits d'atteinte à la liberté et à la personne qui se sont produits, particulièrement au moment du repli des troupes ?*

R. — Une première mesure générale a été prise relativement aux habitants de quatorze à soixante ans, hommes et femmes ; tous ont reçu des convocations individuelles à se trouver à la gare avec leurs bagages, et ont été emmenés pour une destination inconnue ; sept mille trois cents personnes ont ainsi disparu du 18 au 23 février. Le reste de la population, qui se composait de dix-neuf cents personnes restant à Chauny, a été rassemblé sur la place de l'Hôtel-de-Ville, le 23 février, et a été évacué sur la partie ouest de la ville, que l'on nomme le Brouage. Ces habitants ont été rejoints là par deux mille huit cents personnes appartenant à treize communes différentes. Tout ce monde a été obligé de se loger dans des locaux qui pouvaient à peine contenir quinze cents personnes. Ces quatre mille sept cents personnes ont reçu l'ordre, par voie d'affiche, de se trouver réunies, le 4 mars, à sept heures du matin, sur la route partant de la rue le Noyon et conduisant à Ognes ; le motif de la convocation n'était pas indiqué. Les personnes convoquées durent rester de sept heures du matin à une heure de l'après-midi. A onze heures, un officier passa tout le monde en revue et désigna à nouveau trente et une femmes et quatre hommes, qui eurent le sort de ceux qui, antérieurement, avaient été emmenés. Cette revue passée, cette nécessité de demeurer immobiles pendant six heures, sous un froid très rigoureux, ont eu des conséquences très graves. Je dois dire que l'ordre de la Kommandantur portait que « les malades et infirmes n'étaient pas exclus de la convocation ». Dans les jours qui ont suivi, nous avons enregistré une centaine de décès.

D. — *Dans quelles conditions a eu lieu la destruction systématique d'une partie de la ville ?*

R. — Le 25 février, c'est-à-dire après que les habitants restant encore à Chauny avaient été rassemblés au faubourg du Brouage, les maisons de toute la ville, ce faubourg excepté, ont commencé à sauter. Les explosions et les incendies se sont poursuivis du 25 février au 18 mars, nuit et jour.

D. — *Qu'était-il advenu du mobilier garnissant les immeubles détruits ?*

R. — Le mobilier avait été déménagé par l'autorité allemande, qui avait laissé ce qui lui paraissait ne pas avoir de valeur; aucune réquisition ne fut exercée pour ces objets, qui furent purement et simplement enlevés. Ce qui n'a pas été pris a été détruit.

Lecture faite, persiste et signe avec nous et avec M. Guilbert (Alfred-Léon), secrétaire de la mairie de Chauny, à qui a été donnée connaissance de la déposition ci-dessus, et qui a déclaré en approuver les termes comme exacts et conformes à la vérité.

N° 170.

ORDRE DE LA KOMMANDANTUR de Chauny (Aisne), pièce communiquée par M. Broglin, adjoint au maire de Chauny.

Le quatre mars mil neuf cent dix-sept, à sept heures du matin, temps allemand, un contrôle sera fait de toute la population en ce moment à Chauny.

Tout le monde doit être présent, les parents avec leurs enfants ainsi que ceux confiés à leur garde; les malades ou infirmes ne sont pas dispensés du contrôle, ils doivent se présenter; en cas d'impossibilité, ils seront, sur la déclaration faite avant demain soir, à la mairie, par leurs parents ou voisins, transportés à Saint-Charles pour être visités.

La réunion aura lieu en face de la mairie et aucun bagage ne doit être apporté.

Les personnes qui ne se présenteront pas seront privées de ravitaillement et punies.

Le 1er mars 1917.

Copie certifiée conforme de la traduction de l'ordre de la Kommandantur, telle que cette traduction a été communiquée au Commissaire-Rapporteur par la municipalité de Chauny, le 1er avril 1917.

Le Commissaire-Rapporteur,
Signé : Maurice FLACH.

Le Commis-greffier,
Signé : BOUTTIER.

N° 171.

DÉPOSITION reçue, le 1er avril 1917, à Chauny (Aisne), par M. le sous-lieutenant FLACH, commissaire-rapporteur près le Conseil de guerre de la ᵉ D. I.

RONDELLE (Julien), 61 ans, sans profession, actuellement employé auxiliaire à la mairie, domicilié à Chauny :

Serment prêté.

D. — *Veuillez nous faire connaître ce que vous savez relativement à une revue de tous les habitants de Chauny, qui a été ordonnée par l'autorité militaire allemande pour le 4 mars.*

R. — A cette époque du 4 mars, la population de Chauny avait été rassemblée dans le faubourg du Brouage, mais elle se trouvait singulièrement réduite, parce que, par une mesure générale prise antérieurement, tous les hommes et toutes les femmes sans enfants en bas âge, de quatorze à soixante ans, avaient été emmenés dans la direction du nord, pour une destination inconnue. Les habitants de treize communes avoisinantes, privées, dans les mêmes conditions, des hommes et des femmes de quatorze à soixante ans, se trouvaient également concentrés au Brouage. Il restait ainsi, dans ce faubourg de Chauny, quatre mille huit cents personnes environ.

Le 1er mars, la Kommandantur fit afficher par la municipalité et publier à son de cloche un ordre, suivant lequel « tout le monde » devait être présent, le 4 mars 1917, à sept heures du matin, en face de la mairie. L'ordre ajoutait : « Les malades ou infirmes ne sont pas dispensés du contrôle. »

Le 4 mars, le froid était extrêmement rigoureux ; la température était descendue bien au-dessous de zéro. Les vieillards, les femmes avec leurs enfants à la mamelle furent contraints de demeurer immobiles, en plein air, de sept heures du matin à une heure de l'après-midi.

D. — *Quel était le but de cette réunion ainsi ordonnée ?*

R. — La Kommandantur voulait se rendre compte si personne, parmi la population, n'avait échappé à la mesure qu'elle avait prise de faire partir tous ceux qui étaient aptes au travail.

Vers onze heures environ, un officier du service de santé a passé devant les rangs des habitants rassemblés et a ainsi prélevé vingt-trois femmes, de vingt à trente ans, trois hommes et un jeune garçon de treize ans et demi, qui sont partis le lendemain.

D. — *Quelles conséquences au point de vue de la santé de la population a eues cette mesure ?*

R. — Les vieillards et les enfants en bas âge ont beaucoup souffert de cette station prolongée pendant plusieurs heures en plein air, par une température rigoureuse. A la suite de cette revue, la mortalité a augmenté dans une très grande proportion. La municipalité a enregistré, certains jours qui ont suivi, jusqu'à dix et douze décès, particulièrement chez des vieillards qui sont morts de bronchite et de pneumonie.

D. — *Pouvez-vous nous citer des cas précis ?*

R. — Je peux vous en citer deux : M. Broise, qui était un septuagénaire, est mort certainement des suites de cette épreuve. En second lieu, un de mes oncles, Édouard Rondelle, qui avait soixante-dix-huit ans, était parfaitement valide avant le 4 mars ; il a dû se coucher dans l'après-midi, et il est mort une quinzaine de jours plus tard.

Lecture faite, persiste et signe avec nous.

N° 172.

RAPPORT dressé par la Justice militaire sur la dévastation par l'ennemi de la ville de Chauny (Aisne).

L'an 1917, le 5 avril,

Nous, Roger Grébaut, commissaire-rapporteur près le Conseil de guerre de la ᵉ D. I.,

Agissant en vertu des circulaires du G. Q. G. des 18 août 1916 (n° 22672) et 21 mars 1917, § 2,

Avons examiné en détail la ville de Chauny (Aisne), où l'ennemi s'est livré à des actes de destruction et de pillage, et avons procédé aux constatations suivantes :

A l'heure actuelle, à l'exception du faubourg du Brouage, à l'entrée de la ville du côté de Noyon, il ne subsiste *rien* de ce qui fut Chauny.

Avant d'évacuer la ville, les Allemands l'ont entièrement et méthodiquement détruite. Elle offre le spectacle d'une dévastation lamentable. Pas *une maison* n'est restée, non pas même intacte, mais seulement debout ; partout ce ne sont que pans de murs ruinés ou prêts à s'écrouler, tas de décombres dans lesquels gît, pêle-mêle au milieu des pierres, briques et débris de toitures, le peu de mobilier que l'ennemi n'a pas pu ou n'a pas voulu emporter.

Il n'est pas un édifice public qui n'ait subi le sort des maisons particulières et des fabriques et usines. Sans qu'il soit nécessaire de les citer un par un, ceux qui se trouvaient sur la place principale, c'est-à-dire l'hôtel de ville, le théâtre, le palais de justice, la caisse d'épargne, sont en ruines; des trois derniers, il ne reste plus que les façades, d'ailleurs inutilisables pour une future reconstruction. Quant à l'hôtel de ville, il est complètement éventré; à la place de la façade, c'est une ouverture béante, par laquelle on peut facilement constater les désastres irréparables de l'intérieur; la toiture en est, pour la plus grande partie, tombée. Il en est de même des deux églises. Sur la principale, notamment, s'est acharnée la rage de l'ennemi : plus aucun vestige du clocher; la toiture est entièrement effondrée à l'intérieur. Les murs, en maints endroits, sont percés ou détruits. De tout ce qui se trouvait au dedans : objets d'art, objets religieux, statues, etc., il va sans dire qu'il ne reste que des débris informes. De l'école supérieure, de l'hôpital Saint-Étienne, il ne reste que les murs extérieurs, en mauvais état. La gare a été rasée, et il est difficile même de se rendre un compte exact de l'emplacement qu'elle occupait. Tous les rails ont été enlevés; les réservoirs d'eau, et en général, tout ce qui est nécessaire à l'exploitation d'une voie ferrée, ont été détruits.

Toutes les conduites d'eau de la ville ont été coupées. Le pont qui faisait communiquer Chauny avec son grand faubourg ouvrier de la rive gauche de l'Oise a sauté. A certains endroits, et principalement là où des égouts ou de petits ruisseaux passent sous les rues, des entonnoirs ont été pratiqués, de manière à rendre la voie publique inutilisable.

Il est de toute évidence, à l'examen, que le principal mode de destruction a été l'explosif, qui généralement a ensuite déterminé l'incendie. On peut se rendre compte qu'uniformément la charge d'explosifs était placée à l'intérieur de chaque immeuble, vraisemblablement à la hauteur du rez-de-chaussée ou du premier étage, car toutes les maisons sont démolies de la même manière, les toitures et les étages supérieurs étant généralement effondrés jusqu'au sol.

La façon particulière dont l'ennemi a opéré pour détruire l'hôpital Saint-Étienne, avenue Gambetta, mérite d'être signalée. Là, on ne s'est pas borné à faire sauter le bâtiment, qui était d'une très grande importance; on a dû également y mettre le feu et employer le goudron. Deux barils de ce produit sont encore intacts dans la cour de l'hôpital. Le feu a dû être effroyablement intense, car, sur deux cents mètres de longueur, le goudron enflammé a coulé dans un des caniveaux de l'avenue, le long du trottoir, dont les pierres ont en partie éclaté sous l'action de la chaleur.

Le travail de destruction est si complet et si méthodique, qu'il a dû évidemment exiger plusieurs semaines. Il n'était nullement nécessité par les opérations militaires, et l'ennemi, par les actes de vandalisme ci-dessus relatés et dont le résultat est impressionnant, ne pouvait avoir en vue que la ruine de toute une population : il a détruit uniquement pour détruire.

Avant la guerre, Chauny, petite ville à peu près exclusivement industrielle, comptait de dix à onze mille habitants environ, et se trouvait dans un très bel état de prospérité. Aujourd'hui, c'est un ensemble de décombres, attenant à un faubourg qui, lui, s'il n'est pas détruit, a été en grande partie pillé; faubourg dont l'importance est à peu près égale à celle d'un petit village de quatre à cinq cents habitants.

Et desdites constatations, nous avons dressé le présent procès-verbal.

Aux Armées, le 5 avril 1917.

Le Commissaire-Rapporteur,
Signé : GRÉBAUT.

N° 173.

AFFICHE ALLEMANDE, dont la photographie a été communiquée à la Commission d'enquête par le Ministère de la Guerre (1).

Oberkommando der Armee. A. H. Q. den 1. Oktober 1915.

VERORDNUNG.

In letzter Zeit sind verschiedentlich Anschlaege auf Eisenbahnen des besetzten Gebiets verübt worden,

Es wird daher hiermit Verordnet :

1. Jede nicht zu den feindlichen Truppen gehoerige oder als solche aeusserlich nicht erkennbare Person, die einen Eisenbahntransport im besetzten Gebiet vorsaetzlich gefaehrdet, oder den Bahnkoerper, die Bahnhofs- und Gleisenlagen, Brücken, Tunnels, das rollende Material oder irgenwelche sonstigen, dem Eisenbahnbetrieb dienenden Gegenstaende oder Einrichtungen beschaedigt oder zerstoert, eine solche Beschaedigung oder Zerstoerung versucht oder bei einer solchen versuchten oder vollendeten Beschaedigung oder Zerstoerung mitwirkt oder sie begünstigt, wird

MIT DEM TODE,

in minder schweren Faellen, sowie bei Fahrlaessigkeit, mit ZUCHTHAUS oder GEFAENGNIS bis zu 15 Jahren und mit GELDSTRAFE bis zu 15000 Mark oder mit einer dieser Strafen bestraft.

2. Wer feindlichen Heeresangehoerigen oder unbekannten Zivilpersonen Nahrung, Unterkunft oder Unterstützung irgendwelcher Art gewaehrt oder es unterlaesst, von den zu seiner Kenntnis gelangtem Vorhandensein solcher Personen unverzüglich der naechsten Militaerbehoerde Anzeige zu machen, wird, sofern nach den Bestimmungen nicht eine hoehere Strafe verwirkt ist, mit ZUCHTHAUS nicht unter 5 Jahren und mit GELDSTRAFE bis zu 10000 Mark, in minder schweren Faellen mit GEFAENGNIS bis zu 2 Jahren und mit GELDSTRAFE bis zu 3000 Mark oder mit einer dieser Strafen bestraft.

3. Verboten ist :

   a. Der Aufenthalt oder Verkehr ausserhalb der festgesetzten Ortsgrenzen oder Gehoefte waerend der Dunkelheit (d. h. unter Ueberschreitung der von der Militaerbehoerde für den Verkehr der Bevoelkerung freigegebenen Stunden).
   b. Das betreten von Waeldern oder Gehoelzen ausser in den von der zustaendigen Militaerbehoerde festgesetzten Raeumen.
   c. Die unbefugte Annaeherung an Eisenbahnanlagen oder Geleise an anderen als an den zur Ueberschreitung bestimmten Stellen auf weniger als 200 Meter Entfernung, oder das unbefugte Stehenbleiben an Bahnüber- gaengen, in der Naehe von Bahnhofsanlagen u. s. w. in einem Umkreis von 50 Metern.
   d. Im Freien oder aus Gebaeuden Zeichen irgenwelcher Art, z. B. durch Flaggen, Licht, Feuer, u. s. w. zu geben, im Freien oder in unbewohnten Gebaeuden bei Tag oder bei Nacht ohne Genehmigung des zustaendigen Etappenkommandanten Feuer anzuzünden oder mit brennendem Licht sich aufzuhalten und umherzugehen.
   e. Jede Annaeherung an niedergegangene oder im Niedergang begriffene feindliche Luftschiffe oder Flugzeuge und jede Hülfeleistung beim Landen, sowie das Aufheben von Gegenstaenden, die aus feindlichen Luftfahrzeugen abgeworfen sind.

   Zuwiderhandlungen werden wie folgt bestraft :
   Zu *Ziffer 3 a und b* mit GEFAENGNIS bis zu 5 Jahren und mit Geldstrafe bis zu 6000 Mark oder mit einer dieser Strafen ;
   Zu *Ziffer 3 c, d und e* mit den TODE, in minder schweren Faellen mit ZUCHTHAUS oder mit GEFAENGNIS bis zu 15 Jahren oder mit Geldstrafe bis zu 15000 Mark.

4. In jeder Gemeinde wird eine Anzahl angesehener Persoenlichkeiten, deren Namen oeffentlich bekannt gemacht werden, *mit ihrem LEBEN* für die Sicherheit der Bahnen im Gemeindebezirk verantwortlich gemacht.
   Ausserdem wird jede GEMEINDE, in deren Gebiet eine Bahnanlage zerstoert oder beschaedigt wird, mit einer Kontribution oder anderen Strafmassregel belegt. Unter Umstaenden kann die ganze Gemeinde geraeumt, die Maenner in ein Gefangenenlager abgeführt und die übrige Bevoelkerung auf andere Ortschaften verteilt werden.

5. Nach dem Ermessen der Militaerbehoerden werden angesehene Bürger als *Geiseln* auf den gefaehrdeten Eisen- bahnzügen mitgeführt werden.

Der Oberbefehlshaber,

(gez.) v. BELOW,

General der Infanterie.

(1) Le texte allemand et le texte français sont imprimés en regard l'un de l'autre sur cette affiche et les deux suivantes, et nous en reproduisons la disposition typographique.

Commandement suprême de l'Armée.　　　　A. H. Q. le 1er Octobre 1915.

ORDONNANCE.

Divers attentats ayant été commis ces temps derniers sur les chemins de fer du territoire occupé,

Nous ordonnons ce qui suit :

1. Toute personne n'appartenant pas aux troupes ennemies ou n'étant pas, extérieurement, reconnaissable comme telle, qui mettra intentionnellement en danger un convoi de chemin de fer dans les limites du territoire occupé, qui endommagera ou détruira le corps de la voie, les gares, voies, ponts, tunnels, le matériel roulant, ou les objets et installations quelconques servant à l'exploitation des chemins de fer, qui essayera d'accomplir un dommage ou une destruction semblable, ou encore qui concourra à un tel dommage ou à une telle destruction tentée ou accomplie ou qui la favorisera, sera punie de la

PEINE DE MORT,

et dans des cas moins graves ou dus à l'imprudence, des travaux forcés ou de la prison pouvant atteindre une durée de 15 ans, et d'une amende pouvant s'élever jusqu'à 15.000 Marks ou d'une de ces peines.

2. Quiconque nourrira, abritera ou aidera de n'importe quelle manière des personnes appartenant à l'armée ennemie ou des civils inconnus, ou qui n'avertira pas immédiatement l'autorité militaire la plus proche de l'existence de telles personnes une fois qu'elle en aura eu connaissance, sera punie, si toutefois les décrets ne la reconnaissent pas passible d'une peine plus élevée, des travaux forcés au minimum de 5 années et d'une amende s'élevant jusqu'à 10.000 Marks — dans des cas moins graves, d'un emprisonnement pouvant atteindre 2 ans et d'une amende s'élevant jusqu'à 3.000 Marks ou d'une de ces peines.

3. Il est défendu :

   a. De séjourner ou de circuler dans l'obscurité hors des limites fixées aux localités et aux fermes (c'est-à-dire en dehors des heures laissées par l'autorité militaire à la circulation de la population).
   b. D'accéder dans les forêts et les bois hors des endroits fixés par l'autorité militaire compétente.
   c. De s'approcher sans autorisation, à moins de 200 mètres, des lignes et voies de chemin de fer à d'autres endroits qu'à ceux destinés à les traverser, ou de stationner sans autorisation aux passages à niveau, dans le voisinage des gares, etc., dans un cercle de 50 mètres.
   d. De faire des signaux de n'importe quelle façon, par exemple par des fanions, des lumières ou des feux, etc., soit en plein air, soit de bâtiments quelconques ; d'allumer du feu en plein air ou dans des immeubles non habités, le jour comme la nuit, d'y séjourner, ou de circuler avec une lumière allumée sans l'autorisation du Commandant d'Etape compétent.
   e. D'approcher des dirigeables qui viennent d'atterrir ou qui atterrissent, ainsi que de prêter aide à l'atterrissage, ou encore de relever des objets jetés par des appareils aériens ennemis.
   Les infractions seront punies comme il suit :
   à l'article 3 a et b d'un emprisonnement allant jusqu'à 5 années et d'une amende s'élevant jusqu'à 6.000 marks ou d'une de ces peines ;
   à l'article 3 c, d et e, de la peine de mort, et dans des cas moins graves des travaux forcés ou d'un emprisonnement allant jusqu'à 5 années ou d'une amende s'élevant jusqu'à 15.000 marks.

4. Dans chaque commune, un certain nombre de notables dont les noms seront publiés, *répondront par leur vie* de la sûreté des chemins de fer sur le territoire dépendant de la commune.
   En outre, *toute commune* sur le territoire de laquelle une ligne de chemin de fer aura été endommagée ou détruite, devra payer une contribution ou subir une autre peine. Dans certaines circonstances, la commune entière pourra être évacuée ; les hommes conduits dans un camp de prisonniers et le reste de la population réparti dans d'autres localités.

5. Si les autorités militaires le jugent bon, les notables seront, en qualité d'otages, emmenés sur les trains qu'on aura mis en danger.

(signé) von BELOW,

Général Commandant en Chef.

N° 174.

AFFICHE ALLEMANDE trouvée à CHAUNY (Aisne), et dont la photographie a été communiquée à la Commission d'enquête par le Ministère de la Guerre.

BEKANNTMACHUNG

In letzter Zeit sind zahlreiche Angehoerige der franzœsischen Armee, die sich in Zilkleidern in Ortschaften und Wældern verborgen gehalten hatten, aufgegriffen worden.

Bei der gerichtlichen Vernehmung gaben die meisten an, sie hætten sich aus Furcht, erschossen zu werden, den deutschen Militærbehœrden nichst gestellt.

Eine Bestrafung solcher Versprengter tritt, falls sie sich nicht eines anderen Vergehens schuldig gemacht haben, bei freiwilliger Meldung nicht ein.

Werden sie ergriffen, so wird gegen sie gerichtliche Untersuchung wegen spionageverdachtes eingeleitet.

Allen Landeseinwohnern ist es **strengstens** untersagt, solche Versprengte bei sich aufzunehmen oder in irgend einer Wiese zu unterstützen.

Alle Bewohner, die über den Aufenthalt solcher Versprengter etwas wissen, haben dies unverzüglich ihrem Orstvorsland zu melden. Der Maire hat der Militærbehœrde Mitteilung zu machten.

Jeder Einwohner, der Versprengte beherbergt oder unterstützt, ohne sofort die befohlene Mitteilung zu machen, wird erschossen. Ausserdem wird der betreffenden Gemeinde eine hohe Geldstrafe auferlegt.

Chauny, den 6 Mærz 1915.

Etappenkommandantur.

Avis à la Population

Dans ces derniers temps beaucoup de soldats de l'armée française, habillés en civils, ont été pris cachés dans les villages et les bois.

Lors de l'interrogatoire judiciaire ils ont déclaré le plus souvent ne pas s'être livrés à l'armée allemande de peur d'être fusillés.

Pourtant les dispersés — à moins qu'ils ne se soient rendus coupables d'un véritable délit — n'ont à craindre aucune punition en se livrant **spontanément et volontairement.**

Au cas contraire, s'ils sont pris par l'autorité militaire, ils pourront être poursuivis comme soupçonnés d'espionnage.

Il est **sévèrement** interdit à tous les habitants d'héberger ou secourir d'une manière quelconque de tels soldats dispersés.

Tous les habitants qui connaissent la retraite de pareils dispersés devront l'indiquer sans délai au Maire de leur commune. Les Maires devront aviser l'autorité militaire.

Tout habitant qui hébergerait ou secourrait des dispersés sans faire immédiatement la déclaration ordonnée sera fusillé. En outre la commune sera frappée d'une forte amende.

Chauny, le 6 Mars 1915.

Kommandantur.

N° 175.

AFFICHE ALLEMANDE apposée sur les murs de la distillerie de FARGNIERS (Aisne), et dont la photographie a été communiquée à la Commission d'enquête par le Ministère de la Guerre.

Bekanntmachung

Die Einwohner erwarten ihre Abreise in den zu diesem Zweck vorgesehenen Orten.

Es ist strengstens verboten, weder das Lager zu verlassen noch mit irgend einem Insassen eines anderen Lagers in Verbindung zu treten.

Im Lager hat Ruhe zu herrschen.

Die festgenommenen Geiseln werden für die Haltung ihrer Mitbürger verantwortlich gemacht.

Die Befehle der Ortskommandanten, ihrer Beauftragten oder der Wachen müssen strengstens befolgt werden.

Jeder, der gutwillig den Anordnungen der militærischen Befehlshaber nachkommt, wird mit der grœssten Nachsicht behandelt werden.

Jeder, der Widerstand leistet, insbesondere den Versuch zu Aufruhr oder zur Flucht macht,

wird erschossen.

A.H. Qu., den 10. Februar 1917.

Der Oberbefehlshaber,

v. Schubert.

Proclamation

Les habitants attendent leur départ dans les locaux destinés à cet effet.

Il est strictement défendu à toute personne de quitter le camp ainsi que de correspondre avec toute personne d'un autre camp.

Le silence doit régner au camp.

Les otages arrêtés seront rendus responsables de l'attitude de leurs concitoyens.

Les ordres des commandants de place, de leurs subordonnés ou des sentinelles doivent être rigoureusement suivis.

Toute personne qui exécutera de bonne volonté les ordres des commandants militaires sera traitée avec les plus grands égards.

Toute personne qui s'y opposera, principalement qui fera l'essai de rébellion ou d'évasion,

sera passée par les armes.

Qu. G., le 10 Février 1917.

Le Général Commandant en Chef,

v. Schubert.

N° 176.

DÉPOSITION reçue, le 26 mars 1917, à Pontoise (Oise), par M. le lieutenant Grébaut, commissaire-rapporteur près le Conseil de guerre de la ° D. I.

Briquet (Aline-Julie), femme Vaquette (Phiophane), 65 ans, sans profession, demeurant à Villequier-Aumont (Aisne), actuellement évacuée à Couarcy (Oise) :

Serment prêté.

Depuis le début de l'occupation allemande, nous avons été soumis, à Villequier-Aumont, sinon à de véritables brutalités, du moins à toutes les vexations possibles. Au mois de juillet 1915, une perquisition a été faite sans aucun motif et a duré de neuf heures du matin à cinq heures de l'après-midi. Les hommes chargés de l'opérer se sont livrés à beaucoup de déprédations, dans le seul désir d'abîmer ou de détruire. Ils ont enlevé de ma maison une quantité d'objets d'art et d'objets de valeur. Ils obéissaient aux ordres d'un officier supérieur nommé von Schenk, qui habite Hambourg. Je ne sais quel était son grade à cette époque, mais je sais que depuis il est devenu major. Ce von Schenk habitait à Chauny, où il s'est montré d'un cynisme odieux à l'égard de toute la population. Les habitants de Chauny pourront d'ailleurs en dire long sur son compte, car il était universellement détesté d'eux.

Beaucoup d'autres réquisitions vexatoires ont été faites ensuite chez moi. Chaque fois, on pillait et on emportait quelque chose. La dernière fois même, nous avons dû discuter avec énergie pour qu'ils ne nous prennent pas notre nourriture personnelle, qui nous venait du ravitaillement américain. On m'a pris pour cinq à six mille francs de bronzes, que j'ai vu briser devant moi à coups de marteau. Comme je me plaignais à von Schenk de ces perquisitions odieuses et de l'enlèvement de mes cuivres, il m'a répondu textuellement : « De quoi vous plaignez-vous? Tout ce qu'on vous prend, vous le retrouverez dans les plaines de la Somme et à Verdun. »

Je ne puis entrer dans le détail de toutes les vexations qui nous ont été imposées. Je dois dire que, d'une façon générale, les soldats se montraient moins mauvais que les officiers; ces derniers étaient d'un cynisme révoltant, à l'exception des médecins.

Le 15 février dernier, les Allemands ont emmené, pour les diriger vers le nord, ont-ils dit, deux cent cinquante habitants de Villequier-Aumont. Il y avait des gens de quinze à soixante ans, tous les gens valides, et de nombreuses jeunes filles. Les Allemands disaient que c'était pour travailler. Le maire, le notaire et le garde champêtre, ainsi que le curé, se trouvaient au nombre des gens ainsi emmenés. Cela n'a pas empêché les Allemands, quelques jours après, de demander à la commune une indemnité de trente mille francs. Ils ont pris alors comme otages mon mari, qui a soixante-dix-huit ans, M. Bourgogne, qui en a quatre-vingt-un, et plusieurs autres personnes, toutes menacées d'être envoyées en Allemagne si l'argent n'était pas trouvé. Mon mari et M. Bourgogne sont arrivés à trouver douze mille francs, dont les Allemands se sont tout de même contentés.

Le 27 février, on nous a évacués sur Pontoise avec ce qui restait d'habitants de Villequier. Nous avons fait une trentaine de kilomètres à pied dans les conditions les plus pénibles, marchant comme un troupeau et encadrés par des cavaliers la lance à la main.

À Pontoise, les Allemands ont formé un nouveau convoi de personnes qu'ils ont évacuées vers le nord (j'ai entendu dire Hirson). Il y avait à Villequier-Aumont dix-neuf personnes, et en particulier. . . . . Mme . . . . . , qui parle l'allemand, a fait toutes les démarches possibles pour ne pas être obligée de partir, faisant valoir qu'on la séparait ainsi du reste de sa famille; mais elle a eu affaire à une véritable brute, qui lui a dit : « Vous êtes jeune, vous pouvez travailler! » et on l'a emmenée.

Deux jours avant le départ des Allemands, j'étais entrée dans une maison du hameau voisin pour voir une petite fille malade; sans aucun motif, j'ai été brutalisée par un soldat, qui m'a adressé des injures et m'a porté au bras un coup de crosse de fusil. Je sais qu'à Chauny on pourra en dire long à cet égard. Je puis citer un exemple qui s'est passé dans ma famille. Mon cousin, M. Paul Ternynck, ancien conseiller général, a été emprisonné pendant plusieurs jours à la fin de 1914, parce qu'on avait trouvé dans son usine des fusils cachés, et il a été pour cela condamné à cent mille francs d'amende. On l'a bien autorisé à faire des démarches pour se procurer cette somme, mais à condition qu'il remît en garantie un titre qui valait cent cinquante mille francs. Lorsque, s'étant procuré les cent mille francs, il les apporta à la Kommandantur, on prit cet argent, mais on refusa de lui rendre le titre, disant qu'il était égaré; et comme il protestait, on lui répondit : « Vous n'avez qu'à considérer que vous avez payé deux cent cinquante mille francs d'amende. » Il paraît cependant que, depuis quelque temps, il touche les intérêts du titre. Mon cousin, d'ailleurs, a subi de nombreuses vexations et a été mis à la porte de chez lui.

. . . .

A Chauny, il y avait un ordre obligeant tous les hommes au dessus de quinze ans à saluer tous les officiers et même les sous-officiers. Quiconque y contrevenait avait une amende à payer. Un autre ordre prescrivait aux habitants d'être renfermés chez eux à partir de sept heures du soir. La servante du vicaire, qui se trouvait non pas dans la rue, mais dans le couloir de sa maison, la porte ouverte, a été condamnée pour cela à neuf mois de prison et envoyée en Allemagne. Le vicaire, ayant protesté contre cette condamnation, a été, lui, puni de quinze mois de prison et emmené en Allemagne, dans une forteresse, je crois.

Les Allemands cherchaient tous les prétextes possibles pour infliger des amendes. C'est ainsi qu'ils arrêtaient les gens dans la rue, leur faisaient tirer leur montre, et les condamnaient quand ces montres ne marquaient pas l'heure allemande.

La sœur qui dirige l'hôpital de Villequier pourrait vous dire dans quelles lamentables conditions trente-deux vieillards plus ou moins infirmes ont été transférés de cet hôpital jusqu'à Pontoise.

Cette déclaration a été faite en présence de Mlle Angèle VAQUETTE, nièce et légalement fille adoptive du témoin, âgée de 42 ans, demeurant à Villequier-Aumont, laquelle, après avoir prêté serment, confirme entièrement ce qui précède.

Lecture faite, persistent et signent avec nous.

———————

N° 177.

DÉPOSITION faite, le 25 juillet 1917, à PARIS, devant la Commission d'enquête.

Mme THÉRY (Valentine), veuve de M. Charles-Nicolas SÉBLINE, sénateur et conseiller général du département de l'Aisne, âgée de 61 ans :

Je jure de dire la vérité.

Au début de la guerre, mon mari s'est rendu avec moi dans nos propriétés de Montescourt-Lizerolles, près de Saint-Quentin, dans la pensée de se rendre utile en soutenant le courage des habitants.

Pendant les trente mois que nous avons passés sous la domination ennemie, nous avons énormément souffert. Le pays, en effet, a été très éprouvé. Une colonne allemande s'installait dans chaque village pour procéder aux récoltes, effectuer les perquisitions et organiser un pillage méthodique et progressif; elle était placée sous les ordres d'un capitaine ou d'un lieutenant commandant de place, qui avait toute autorité.

Parfois des gendarmes entraient chez nous dès le matin, pénétraient dans ma chambre, ouvraient mes armoires et prenaient des notes sur tout ce que nous possédions. Persuadés que nous avions un coffre-fort, ce qui n'était pas, ils m'ont véritablement persécutée à ce sujet.

Le village a été frappé de nombreuses amendes et contributions. Un jour, les Allemands, ayant coupé eux-mêmes un fil téléphonique sur un point situé à distance égale entre Montescourt et Jussy, ont comme sanction de ce fait qu'ils imputaient à la population, exigé de chacune des deux communes un versement de deux mille francs. Mon mari a été emprisonné jusqu'à ce que le payement imposé à Montescourt eût été effectué, et comme il s'élevait contre l'arbitraire d'une pareille mesure, le capitaine Ludwig, de Potsdam, commandant de place, lui a répondu : « Je n'aurai égard ni à la situation, ni à l'âge, ni à la santé; si vous continuez, je vous ferai fusiller. »

Dès octobre 1914, nous avons assisté à l'enlèvement des hommes âgés de moins de quarante-cinq ans. Les malheureux, empoignés brutalement chez eux ou dans les champs, étaient enfermés dans un bâtiment, puis expédiés à Saint-Quentin et de là en Allemagne, sans avoir pu se munir de linge ni de vêtements de rechange. La plupart ont été rapatriés au bout de dix-huit mois; mais pendant une année, leurs femmes n'avaient eu d'eux aucune nouvelle.

C'est à partir de janvier 1917 que nous avons été le plus à plaindre. Nous avons alors vu abattre tous les arbres de notre jardin, dans lequel il semblait qu'un cyclone eût passé, et préparer la mine qui devait faire sauter notre maison. L'ennemi prenait d'ailleurs ses dispositions pour la destruction totale du village, et contraignait aux travaux nécessaires à cet effet des prisonniers russes, ainsi que nos propres gens, qui faisaient cette besogne en pleurant.

Le capitaine Ludwig, dont je viens de vous parler, est resté pendant deux mois dans la ferme de mon fils, où il se livrait à d'ignobles orgies avec des femmes de la Croix-Rouge allemande. En vingt et un jours, il a volé à son profit, et non pour les besoins de l'armée, vingt-cinq bœufs, sans donner un seul bon de réquisition, de même qu'il avait encaissé sans délivrer de reçu les deux mille francs qui représentaient l'amende imposée à Montescourt dans les conditions que je vous ai fait connaître. Il paraît qu'il a été puni de ces exactions; c'est du moins ce qu'a dit à mon mari un général, qui a régularisé les actes de cet officier.

Le 10 février dernier, nous avons été évacués. On nous a accordé une heure à peine pour faire nos préparatifs. Agé de près de soixante et onze ans et malade, M. Sébline ne se levait que quelques heures chaque jour et marchait avec beaucoup de difficulté. Pour qu'on ne l'obligeât pas à partir, des officiers qui étaient logés chez nous ont fait une démarche auprès du commandant de place; mais celui-ci n'a rien voulu entendre, mon mari, d'après ce que nous a dit le maire, ayant été désigné comme otage. Sur l'intervention du major von Willis, j'ai pourtant été autorisée à accompagner le prisonnier, avec ma femme de chambre. M. Sébline se résigna courageusement, et comme je voulais encore tenter une réclamation, il me dit : « Qu'est-ce que vous voulez, c'est inutile; nous boirons le calice jusqu'à la lie! »

Au moment où nous quittions notre demeure, des officiers qui se tenaient sur le perron nous ont salués: « Messieurs, dit mon mari, chacun sert sa patrie comme il le peut; moi, j'offre à mon pays ma vie et mes souffrances. Vive la France! »

Le major crut devoir néanmoins nous conduire auprès du commandant de place, pour lui faire remarquer l'état de santé précaire de M. Sébline; mais il n'obtint que cette réponse: « Il faut qu'il parte! » Il eut alors l'humanité de nous prêter sa voiture pour nous transporter à Flavy-le-Martel.

Nous avons rejoint, sur la route, deux ou trois cents habitants de Montescourt, qui allaient à pied. Le lamentable voyage s'effectuait par l'une des journées les plus froides de cet hiver rigoureux. Porteurs d'un maigre baluchon, riches et pauvres cheminaient péniblement sur la terre couverte de neige.

Tandis que nos compagnons étaient envoyés à la gare de Flavy, nous étions remis tous trois aux mains du commandant d'étape baron von Gommigen, grand propriétaire du Grand-Duché de Bade. Celui-là, nous le connaissions. Il avait logé chez nous pendant une année, et s'y était montré fort dur. Il obligeait, sous peine de prison, les habitants du village à le saluer, et quand le salut ne lui paraissait pas assez humble ou assez profond, d'un coup de cravache appliqué sur le bras il faisait tomber la casquette. Cet Allemand nous laissa attendre dans son bureau pendant une heure; puis, lorsqu'il daigna se présenter devant nous, il se contenta de nous dire : « Suivez les autres ».

A dix heures du matin, nous arrivions à la gare de Flavy-le-Martel, où stationnait un train composé de wagons à bestiaux et à marchandises. En queue se trouvait une voiture garnie de bancs en bois ; nous y montâmes et nous dûmes y rester jusqu'à six ou sept heures du soir, par une température glaciale. Malgré tous nos soins, mon pauvre mari grelottait. Nous étions tous à jeun depuis le départ. Parvenus en gare d'Aulnoye, nous fûmes refoulés à un kilomètre en arrière, et un soldat vint nous donner l'ordre de descendre. Je demandai qu'on nous conduisît à quai, et le soldat s'éloigna; mais, quelques instants après, survinrent quatre hommes qui, baïonnette au canon, nous contraignirent à obéir.

M. Sébline, à sa sortie du wagon, fit à peine dix pas et tomba évanoui. M'adressant alors aux soldats : « Je vous en prie, m'écriai-je, ayez pitié: il se meurt ; prenez-le et portez-le dans une de ces maisons. — Non, répondirent-ils, pas de pitié : il se lèvera et il marchera. » Nous étions tout en pleurs, ma femme de chambre et moi, et nous ne savions que devenir, quand la veuve d'un employé de chemin de fer, Mme Demilly, son fils et son frère, sortant de leur maison située près de la voie, s'approchèrent, et malgré l'opposition de nos gardiens, emportèrent chez eux mon infortuné mari; il ne reprit pas connaissance, et ne tarda pas à succomber.

Dans l'affreux malheur qui m'accablait, le maire d'Aulnoye vint, accompagné d'un prêtre, m'apporter un témoignage de sympathie, et le prêtre me proposa d'aller me reposer chez lui. Nous partîmes, en passant par les champs pour ne pas rencontrer d'Allemands; mais en arrivant près du presbytère, nous tombâmes sur un officier ivre, qui m'enjoignit de me rendre au poste. Mon compagnon demanda à s'y transporter à ma place, mais l'ivrogne répondit : « Non, elle ira! » Puis, s'adressant à moi, il ajouta : « Je suis gradé; marchez derrière. » A la Kommandantur, où je fus conduite, on me permit de retourner chez le curé. Ce dernier, avec le concours du maire, fit à mon mari des obsèques dignes de lui, auxquelles assista toute la population d'Aulnoye.

Au bout d'un mois, je fus envoyée à Noyelles et j'y demeurai trois mois. Quelque temps après mon arrivée dans cette commune, je fus convoquée au tribunal militaire d'Aulnoye. Le maire de Noyelles put m'y mener en voiture, sans quoi j'aurais eu à faire à pied un trajet de sept kilomètres. Au tribunal, je me trouvai en présence de trois officiers à peine polis. L'un d'eux m'enjoignit de faire le récit des événements du 10 février. Ma déposition me fut ensuite lue en allemand et traduite verbalement en français. J'eus le sentiment qu'on s'était efforcé de l'atténuer; aussi, quand on m'invita à la signer, je crus devoir m'y refuser absolument. L'officier se fâcha et me cria : « Sortez ! »

Quand l'autorité allemande établit plus tard une liste en vue du renvoi en France des évacués, je demandai à la Kommandantur d'Aulnoye que mon nom y fût inscrit. La réponse fut la suivante : « Elle ne partira pas, si elle ne signe pas ! » Cependant les Allemands ne se sont plus occupés de moi à dater de ce moment, et ils n'ont pas fait d'autre opposition à mon départ.

Après lecture, le témoin a signé avec nous.

N° 178.

DÉPOSITION reçue, le 28 mars 1917, à Quierzy (Aisne), par M. le lieutenant Grébaut, commissaire-rapporteur près le Conseil de guerre de la ° D. I.

Cadra (Auguste), 41 ans, cultivateur, demeurant à Quierzy, conseiller municipal de la commune d'Autreville (Aisne) :

Serment prêté.

Depuis le début de l'occupation allemande, nous avons été soumis à Autreville à toutes les vexations possibles. Les Allemands faisaient dans nos maisons des perquisitions continuelles et prenaient tout ce qui leur plaisait. A chaque changement d'occupants, nous voyions partir du mobilier. La population était forcée au travail et était menée avec une grande dureté et des menaces. Si on arrivait au travail cinq minutes en retard, c'était trois jours de prison ou dix marks d'amende. Mes deux belles-sœurs, pour ce motif, ont même été condamnées à dix jours de prison ; dix-huit personnes ont été condamnées également ce jour-là. Les Allemands forçaient même à travailler des enfants de huit à dix ans.

Tous les trois mois à peu près, la commune était imposée pour une somme de vingt mille francs, je crois. En dehors de cela, les amendes étaient excessivement fréquentes, pour n'importe quel motif.

Le 18 septembre 1914, tous les hommes de dix-sept à quarante-cinq ans ont été envoyés en Allemagne, où ils mouraient de faim. Il y en a qui y sont restés sept ou huit mois et même un an. Certains d'entre eux même ne sont pas revenus.

Le 16 février dernier, tout ce qu'il y avait de valide dans la population a été envoyé dans le nord, c'est-à-dire environ deux cent trente habitants : hommes, femmes, jeunes filles et enfants, de quatorze à soixante ans. Une quarantaine encore sont partis le 22 février. Tout le reste a été évacué à Quierzy les 27 et 28 février.

Au moment où nous quittions Autreville, le village était en feu et les Allemands faisaient sauter les maisons. Un de nos concitoyens, M. Leblanc, était encore dans sa maison au moment où on allait la faire sauter, et sans ses protestations, il risquait d'y rester.

Un des plus durs chefs de cantonnement que nous ayons eus était un capitaine nommé Milnos, qui est fabricant de savon à Cologne : ce sont ses soldats, du moins, qui nous l'ont dit. Il était d'ailleurs détesté de ses hommes et même de ses sous-officiers, qui nous ont dit souvent qu'après la guerre ils lui « feraient son affaire ».

Personnellement, j'ai été condamné à deux jours de prison, pour n'avoir pas été à la mairie donner ma signature pour une émission de bons régionaux. Mon oncle a eu le même sort. Je n'en finirais pas de vous citer toutes les condamnations prononcées pour les motifs les plus divers.

Ce Milnos est resté neuf mois à Autreville ; la première chose qu'il avait faite à son arrivée avait été de faire faire des prisons.

Cette déclaration a été faite en présence de M. PHILIPPON (Alphonse), ouvrier retraité de la glacerie de Chauny, domicilié à Autreville, lequel, après avoir prêté serment, confirme entièrement ce qui précède.

Lecture faite, persistent et signent avec nous.

N° 179.

DÉPOSITION reçue, le 3 avril 1917, à GOLANCOURT (Oise), par M. le capitaine LAFFITE, commissaire-rapporteur près le Conseil de guerre de la ᵉ D. I.

BERNIER (Marguerite), femme LECOMTE-LARMUZEAUX (Louis-Henri-Eugène), domiciliée à Saint-Simon, actuellement réfugiée à Golancourt :

Serment prêté.

Je suis l'épouse de M. Lecomte-Larmuzeaux, notaire à Saint-Simon, mobilisé en août 1914, et j'ai quitté mon pays le 27 août 1914, lors de l'arrivée des Allemands, pour me rendre chez ma mère, à Saint-Quentin. Je suis revenue à Saint-Simon le 9 octobre 1914 et y suis restée jusqu'au 22 février 1917, date de mon évacuation sur Golancourt.

Pendant mon absence, du 27 août au 9 octobre 1914, deux officiers allemands ont logé chez moi, fin septembre, pendant trois jours, et Mme Lemaire, ma femme de ménage, qui habitait à cinq ou six cents mètres de chez moi, est rentrée un soir, avec M. Parent, curé de Saint-Simon, le jour du départ de ces officiers, et a trouvé le coffre-fort du cabinet de mon mari fracturé. Des voisins ont entendu frapper, durant l'après-midi, dans la pièce où se trouvait le coffre-fort, après y avoir vu entrer les officiers. Le coffre-fort avait été renversé sur le parquet et défoncé par derrière. Il contenait 13.837 fr. 25, dont 9.000 francs appartenaient à des clients et 4.000 francs au notaire, qui ont été emportés par les voleurs. En outre, diverses valeurs, dont j'ai conservé la nomenclature et qui représentent un capital d'environ 25.000 francs, appartenant à des clients, ont également été dérobées dans le coffre-fort. De plus, une dizaine de testaments mystiques ont été également sortis de leurs enveloppes et emportés par les Allemands; j'ai conservé d'ailleurs toutes les enveloppes qui les contenaient. Enfin, d'autres valeurs qui avaient été laissées sur le plancher, près du coffre-fort éventré, m'ont été demandées le 21 février 1917; cette réquisition m'a été notifiée le 10 décembre 1916, comme étant ordonnée par le général en chef, suivant instructions du 23 septembre 1916. J'ai donc été contrainte de remettre une liasse de valeurs, dont j'ai la liste, contre reçu daté du 21 février 1917 et signé de l'Ortskommandantur de Saint-Simon; ces valeurs comprenaient des obligations représentant un capital de 170.000 francs, et en outre, trois cent vingt-sept actions de diverses valeurs. Cette réquisition était faite, m'a-t-on écrit, en vue du dépôt des titres à l'office de surveillance des banques de Saint-Quentin, rue des Canonniers, n° 22 bis, à l'effet de simplifier la surveillance et la direction des notaires, pour être déposés ensuite à la filiale du Comptoir d'Escompte de Paris.

Les deux officiers que j'accuse d'avoir fracturé ou d'avoir autorisé l'effraction du coffre-fort sont, l'un le sous-lieutenant Diehl, commandant la Proviant-Kolonne n° 3 du 18ᵉ A. K. (Hessois); cet officier est identifié par un laissez-passer que j'ai entre les mains, et qui a été délivré par lui à M. Parent, curé de Saint-Simon; le nom de l'autre officier, dont je ne me souviens pas, est mentionné sur un bon que possède encore Mme Magnier, femme d'un cultivateur de Saint-Simon, actuellement avec son mari, mobilisé comme maréchal des logis au 11ᵉ régiment d'artillerie, à Cherbourg.

L'autorité allemande, sans que j'aie porté plainte, s'est occupée de cette affaire, et le major du cantonnement m'a déclaré, vers le début du mois de janvier ou février 1915, que l'argent volé serait remboursé par le général à Moyencourt; mais je n'ai jamais entendu parler de rien. Le 15 septembre 1915, j'ai été interrogée à Ham sur le contenu du coffre-fort, mais je n'ai jamais eu de nouvelles.

Lecture faite, persiste et signe avec nous.

N° 180.

DÉPOSITION reçue, le 27 avril 1917, à CAILLOUËL-CRÉPIGNY (Aisne), par M. le lieu-tenant GRÉBAUT, commissaire-rapporteur près le Conseil de guerre de la ᵉ D. I.

POTTIER (Arthur), 68 ans, docteur en médecine, maire de la commune de Caillouël, y demeurant:

· Serment prêté.

Pour caractériser l'occupation allemande à Caillouël-Crépigny, il n'y a qu'un mot à dire : c'est que les Allemands ont tout pris. Ils arrivaient dans un pays riche, et pendant deux ans et demi, ils se sont nourris aux dépens de l'habitant. Ils ne lui ont laissé ni un animal, ni un brin d'herbe, ni un grain de blé, ni un instrument de culture; on a même enlevé tout ce que j'avais chez moi de médicaments; il en a été de même chez mon fils, qui est major dans l'armée française. Continuellement, des perquisitions étaient faites chez nous, et l'ennemi en profitait pour prendre tout ce qui était à sa convenance. La plupart du temps, ces perquisi-tions n'étaient que des prétextes à pillage : on éventrait les meubles, et surtout les coffres-forts. Les soldats allemands se sont emparés d'or et d'argent, qu'ils trouvaient au cours de ces fouilles. Je puis citer, comme fait précis, que les Allemands ont pris 300 francs en or, trouvés par eux, d'après leurs propres déclarations, chez une tante de mon fils, Mᵐᵉ veuve Duval-Iverlet, décédée. Ils ont également pris plus de cent francs en argent au domicile de Mˡˡᵉ Lamare, décédée à l'asile de Prémontré.

Le 20 février et jours suivants, les Allemands ont enlevé près de la moitié de la popula-tion, quatre-vingts personnes environ, de quatorze à soixante-cinq ans, et de tout ce monde nous n'avons pas de nouvelles. Ils ont même pris des enfants au-dessous de quatorze ans, pour avoir toute la famille, lorsqu'ils y trouvaient des ascendants, même âgés, capables de pouvoir encore travailler. En ce qui me concerne personnellement, ils ont agi à mon égard d'une façon odieuse. Ma femme était très gravement malade, au quatrième jour d'une pneumonie; quoi que j'aie pu dire, on l'a emmenée de force à l'hôpital de Chauny; je l'ai accompagnée, et on m'a donné deux heures pour notre départ. L'hôpital de Chauny était dans un état d'encombrement indescriptible (c'était « l'antre de toutes les infections »). Trente heures après, ma femme est morte dans mes bras, et elle est morte tuée par le déplacement et l'émotion. Ensuite, on m'a gardé à Chauny; les Allemands m'ont dit : « Vous resterez, vous êtes prisonnier, parce que vous êtes le seul médecin pour soigner tout Saint-Charles, ainsi que les évacués de la région. » A ce moment-là, ceux-ci étaient au moins cinq mille à Chauny, dont trois mille malades.

Les Allemands ne pouvaient ignorer, au moment de leur évacuation, qu'il y avait de nombreux malades dans Chauny, et spécialement dans le quartier du Brouage; ils n'en ont pas moins envoyé des obus sur l'hôpital de Saint-Charles dès l'arrivée des Français, et ils visaient spécialement ce point précis de la ville. Plusieurs personnes ont été atteintes devant moi, notamment une religieuse et un enfant. J'ai vu également trois vieillards et un enfant tués par un obus au-dessus de ma chambre.

Lecture faite, persiste et signe avec nous.

N° 181.

DÉPOSITION reçue, le 5 mai 1917, à OLLEZY (Aisne), par M. le sous-lieutenant ROLLET-MAINE, commissaire-rapporteur près le Conseil de guerre de la ᵉ D. I.

RENAUX (Alexis), 70 ans, adjoint au maire de la commune d'Ollezy :

Serment prêté.

Les Allemands ont procédé dans notre commune comme dans toutes les communes avoisinantes.

Le 12 février dernier, ils ont emmené vers le nord quarante-cinq jeunes filles et jeunes femmes du village et cinq hommes, comme otages. Le 16 février, ils ont de nouveau emmené vingt autres personnes, plus particulièrement des jeunes gens et des hommes âgés. Vers le 10 mars, les Allemands ont évacué toutes les personnes qui restaient dans le village à Dury et à Pithon, de l'autre côté du canal. M. le maire d'Ollezy, M. Pierre Lourson, était parmi les évacués; mais quelques jours après, les Allemands l'ont emmené plus loin comme otage. Nous n'avons pu revenir dans notre village que quelques jours après l'arrivée des Français; mais, la veille de l'arrivée de ceux-ci, le 18 mars, nous avons vu de loin brûler le village. En revenant, nous avons constaté que sur les soixante-dix maisons à peu près, il n'en restait que quatre ou cinq d'intactes, ou plutôt qui n'aient pas été complètement brûlées. Du reste, l'intérieur de ces maisons était complètement dévasté et pillé; il a certainement dû en être de même des autres avant l'incendie. Les quatre ou cinq maisons subsistantes ne sont encore là que parce que l'incendie a dû s'éteindre et que l'ennemi a dû se replier en hâte. Le château de Mᵐᵉ de Vienne a été brûlé quelque temps auparavant par accident.

En même temps qu'ils brûlaient le village, les Allemands ont dévasté tous les vergers; le garde champêtre a compté huit cent quinze arbres fruitiers abattus à soixante centimètres de terre sur le territoire de la commune. Le parc du château a été complètement saccagé; des arbres centenaires ont été abattus sans aucune nécessité et dans un but de destruction; il en a été de même des tilleuls de la place du village.

La nouvelle mairie, toute neuve, qui n'avait jamais été habitée, a été saccagée et dévastée à la dynamite; les archives ont été transportées à Ham par les Allemands. La cloche de l'église a été enlevée en février, quand ils ont pris les gouttières des maisons; pour avoir la cloche, ils ont fait un trou sur le côté de l'église.

Je ne me rappelle pas le nom des derniers commandants, ni les numéros des régiments; tout ce que je puis dire, c'est que les derniers qui étaient ici appartenaient à la Garde, dont ils portaient l'insigne sur l'épaule.

Lecture faite, persiste et signe avec nous, et avec M. LOBRY (Céleste), 54 ans, garde champêtre de la commune d'Ollezy, y demeurant, qui, après avoir prêté serment, a déclaré n'avoir rien à ajouter à la déclaration de M. Renaux, qu'il a certifiée conforme à ce qu'il peut dire lui-même.

N° 182.

DÉPOSITION reçue, le 6 mai 1917, à Flavy-le-Martel (Aisne), par M. le capitaine Loubet, commissaire-rapporteur près le Conseil de guerre de la ᵉ D. I.

Cailleaux (Achille), 62 ans, garde champêtre de Jussy, résidant à Cugny :

Serment prêté.

Dans les communes d'Annois, Jussy et Frières-Faillouël, les Allemands ont tout détruit, y compris les arbres des jardins : ils n'ont laissé que le ciel et la terre mutilée.

Vers le 1ᵉʳ février 1917, à Jussy, un bataillon de pionniers, dont je ne me rappelle pas le numéro, a préparé plus de deux mille couronnes de paille goudronnée, destinées à incendier les maisons. Nous sommes partis le 24 février. L'incendie n'a été allumé que vers le 7 ou 8 mars. Après avoir incendié les maisons, ils ont fait sauter les caves et les décombres à l'aide de mines.

Vers le 20 février, les Allemands ont ramassé dans des voitures tout le matériel de literie et le linge des habitants, ajoutant que le reste serait enlevé après notre départ.

Ils ont commencé à abattre les arbres vers le 20 janvier, et à démolir les murs de clôture vers le 10 février.

Lecture faite, persiste et signe avec nous.

N°ˢ 183, 184.

DÉPOSITIONS reçues, le 14 mai 1917, à Camelin (Aisne), par M. le capitaine Vitali, substitut du rapporteur près le Conseil de guerre de la ᵉ Armée.

Duburquoy (Arthur), 59 ans, entrepreneur de charpentes, faisant fonctions de maire à Camelin :

Serment prêté.

Je ne fais fonctions de maire que depuis le départ des Allemands, qui ont quitté le village le 25 février dernier, emmenant avec eux, parmi d'autres habitants au nombre de soixante environ, le maire de la commune, nommé Bocquet.

Je ne sais rien personnellement et je n'ai rien vu des dilapidations reprochées aux Allemands au sujet du ravitaillement américain. Je sais une seule chose, c'est que les officiers allemands mangeaient du pain blanc, alors que nous mangions du pain noir.

Je puis ajouter toutefois qu'en partant, les Allemands ont enlevé et emporté 675 kilos de farine de seigle, qu'ils nous avaient vendus la veille.

Lecture faite, persiste et signe avec nous.

Bocquet (Henri), 30 ans, cultivateur à Camelin :

Je suis le fils de M. Bocquet, maire de la commune, emmené en captivité par les Allemands au mois de février.

Mon père m'a dit qu'en juin 1915, étant allé acheter du sucre à l'Intendance allemande, il avait remarqué dans les magasins de l'Intendance des sacs de farine provenant du ravitaillement américain. C'étaient des sacs de trente kilos environ et plombés, analogues à ceux que nous avons reçus au début. Peu après, nous avons remarqué que la farine dont nous nous servions était grise, tandis que les officiers allemands mangeaient du pain blanc et trouvaient même le moyen de se faire confectionner des petits pains de luxe.

Depuis le mois de février, je n'ai jamais reçu de nouvelles de mon père, et je ne sais pas où il est. Soixante à soixante-dix personnes de la commune, parmi lesquelles des femmes, des vieillards et des enfants, ont subi le même sort que lui.

Lecture faite, persiste et signe avec nous.

N° 185.

DÉPOSITION reçue, le 15 mai 1917, à BLÉRANCOURT (Aisne), par M. le capitaine VITALI, substitut du rapporteur près le Conseil de guerre de la ᵉ Armée.

MARANDON (Adrien), 39 ans, employé d'assurances à Paris, actuellement sergent au ᵉ génie :

Serment prêté.

Je suis le sergent chargé du service de recherche des engins de toute nature laissés par les Allemands dans les pays récupérés, secteur du ᵉ C. A.

A Blérancourt, nous avons trouvé vingt-sept bombes destinées à faire sauter les maisons du village, mais dont les Allemands n'ont pas eu le temps de se servir avant leur départ : elles n'étaient pas amorcées.

Encore à Blérancourt, nous avons découvert, dans les armoires et placards des habitations, un certain nombre de grenades dépourvues de tout dispositif d'allumage, et qui paraissent avoir été éparpillées dans les cantonnements uniquement pour inquiéter les nouveaux occupants.

A Blérancourt et à Caisnes, nous avons trouvé, dans les jardins ou maisons, des grenades à manche disposées de façon à exploser au moindre déplacement. Ces grenades se trouvaient dans l'herbe des jardins ou dans les décombres ; elles étaient reliées par un fil de fer à un objet quelconque, dont le déplacement devait provoquer l'explosion de l'engin. C'est ainsi qu'à Blérancourdelle, une hache, appuyée contre le tronc d'un pommier abattu, était reliée à deux grenades placées à un mètre de chaque côté ; si cette hache avait été soulevée, elle aurait provoqué une double explosion. Des grenades étaient cachées dans l'herbe ; elles étaient maintenues au ras du sol par de petits piquets, et leurs détonateurs à traction étaient accrochés à des fils de fer dissimulés également dans l'herbe et tendus en travers des passages. Je ne puis guère donner de précisions au sujet du nombre exact des grenades à manche que l'ennemi avait ainsi dissimulées pour les faire exploser au moyen d'un dispositif spécial, mais j'estime que le nombre total de ces grenades ne dépassait pas quinze à dix-huit.

Une bombe a été trouvée dans un jardin, à Blérancourt, près du château, sous une légère couche de pierres ; elle était pourvue d'un double amorçage avec allumeurs à friction, et il est certain qu'une explosion se serait produite au moindre heurt, par exemple sur un coup de pioche.

Lecture faite, persiste et signe avec nous.

Nᵒˢ 186, 187, 188.

DÉPOSITIONS reçues, le 16 mai 1917, à Blérancourt (Aisne), par M. le capitaine Vitali, substitut du rapporteur près le Conseil de guerre de la ⁕Armée.

Himbert (André), 40 ans, menuisier à Martizay (Indre), actuellement caporal au ⁕génie :

Serment prêté.

Je confirme en tous points la déposition du sergent Marandon, qui a la direction de l'équipe à laquelle j'appartiens moi-même comme caporal.

Je me trouvais là avec mes hommes, au moment où nous avons découvert quinze bombes dans un champ à toute proximité de la route et à trois cents mètres de Blérancourt; les bombes, nous a-t-on dit, provenaient de l'orphelinat, actuellement hôpital 1 et 2-70, où les Allemands les avaient placées pour faire sauter l'immeuble. Il paraît que la directrice aurait protesté, et alors les Boches auraient renoncé à leur projet. Les artilleurs qui auraient transporté ces bombes dans le champ dont j'ai parlé, les avaient trouvées déposées dans la cour de l'établissement.

J'étais également avec mon équipe, lorsque les douze autres bombes ont été trouvées rue Neuve, à Blérancourt.

Toutes ces bombes, au nombre total de vingt-sept, ont été détruites en les faisant exploser. En ce qui concerne les grenades à manche, qui pouvaient être au nombre de quinze ou vingt en tout, c'est moi qui m'en suis particulièrement occupé. Le bouton d'allumage était relié au sol tantôt par une ficelle, tantôt par un fil de fer, attaché à des bouts de bois ou à des petites fourches plantées en terre. Ce dispositif était analogue à ce qu'on appelle un « cavalier »; tous les dispositifs étaient identiques à celui que je viens d'indiquer. Deux grenades cependant, trouvées à Blérancourdelle, sur le bord d'un chemin, à l'entrée du village, affectaient un dispositif différent; elles étaient reliées à une hache appuyée contre le tronc d'un pommier abattu, et il aurait suffi d'appréhender cette hache pour déterminer l'explosion.

Lecture faite, persiste et signe avec nous.

———

Godart (Louise), 39 ans, concierge de l'orphelinat de Blérancourt :

Serment prêté.

Les Allemands, avant de partir, avaient déposé quinze bombes, vulgairement dénommées « seaux à charbon », dans la cour de l'orphelinat; je ne me suis aperçue de l'existence de ces bombes qu'après le départ des Allemands. Avant le départ, j'étais fort inquiète au sujet des intentions des Allemands, car nous savions tous qu'ils voulaient faire sauter les immeubles; plusieurs même brûlaient. Aussi, ayant rencontré l'aumônier catholique allemand, la veille du départ de l'ennemi, je lui dis que je pensais bien que l'orphelinat ne sauterait pas. « C'est entendu, Madame, me répondit-il; mais cela n'a été décidé que depuis trois heures. » Les bombes sont restées en place pendant une huitaine, et ce sont les premières troupes françaises qui les ont enlevées.

Le 4 août 1915, les Allemands ont évacué sur Buironfosse, aux environs de Guise, les enfants et les religieuses de l'orphelinat, et ce sont leurs malades qui, depuis lors, ont occupé tout l'immeuble. Les religieuses étaient au nombre de six et les enfants au nombre de quarante-deux.

Malgré mes protestations, ils ont emporté les tableaux de l'orphelinat, les objets de culte de notre chapelle, ainsi que ceux de l'église de Blérancourt, et enfin tout le linge et toute la literie, notamment quatre-vingt-dix matelas environ.

Lecture faite, persiste et signe avec nous.

———

VAILLANT (Jean-François), 70 ans, économe de l'orphelinat de Blérancourt :

Serment prêté.

Je suis l'économe de l'orphelinat de Blérancourt. Le personnel et les enfants de l'hôpital (une cinquantaine de personnes en tout) furent évacués par l'ennemi. Les Allemands ont dépouillé l'hôpital de toute espèce de mobilier; c'est ainsi que les meubles meublants, la literie, la lingerie (environ cinq cents paires de draps) et les vêtements ont disparu. L'hospice soignait des orphelins entre quatre et dix-sept ans. La cloche et tous les objets du culte ont été enlevés.

Le 18 février 1917, les Allemands ont enlevé et emmené avec eux quatre cent cinquante personnes du village environ, et le 22 février, une nouvelle série de vingt-cinq a été emmenée en exil. Après ces déportations, les maisons ont été pillées et vidées de tout le mobilier, qui a été chargé dans des voitures et dirigé sur l'Allemagne. Enfin, en partant, ils ont fait sauter une soixantaine de maisons du village.

En temps de paix, Blérancourt a neuf cent cinquante habitants environ; il y avait trois cents maisons.

Il y a dans la commune environ deux mille cinq cents arbres fruitiers sciés ou écorcés par l'ennemi avant son départ.

La commune a eu à supporter des amendes déguisées sous forme de réquisitions collectives; mais je ne puis donner à ce sujet aucune précision, le maire et le conseil municipal ayant été emmenés en captivité.

Lecture faite, persiste et signe avec nous.

———

N° 189.

DÉPOSITION reçue, le 23 mai 1917, à ABBECOURT (Aisne), par M. le lieutenant GRÉBAUT, commissaire-rapporteur près le Conseil de guerre de la • D. I.

BRIQUET (Julienne), épouse VREVIN (Xavier), 72 ans, ménagère, demeurant à Abbecourt, résidant actuellement à Marest-Dampcourt :

Serment prêté.

Le village d'Abbecourt comptait environ six cents habitants avant la guerre. C'est, je crois, le 28 août 1914, que les Allemands y sont entrés, et à partir de cette époque, le village a toujours été occupé par quatre cents ou cinq cents hommes en moyenne. Il y a eu beaucoup de troupes de passage : dragons, chasseurs, hussards, infanterie. La Croix-Rouge est restée longtemps. Il y avait des médecins, mais pas d'ambulances. Nous avons eu aussi pendant très longtemps deux boulangeries de campagne avec leur personnel et leur matériel. Il y avait également une grande cantine centrale, qui ravitaillait toute la région et qui produisait un gros mouvement de voitures.

Les Allemands se sont montrés très durs avec la population, et à cet égard, la Croix-Rouge s'est spécialement signalée. Des perquisitions étaient faites chez nous jour et nuit, et les Allemands emportaient tout ce qui se trouvait à leur convenance, principalement du vin et des provisions; une fois même, les gendarmes sont venus ramasser toutes les peaux de lapin. Les chefs choisissaient les plus beaux mobiliers, pour en garnir les maisons qu'ils habitaient, et quand ils partaient, ils les emportaient avec eux. Dans la rue, on était obligé de saluer jusqu'à terre tous les gradés allemands à partir du grade de caporal, faute de quoi on était condamné à une amende ou à la prison. Mon mari, notamment, a été condamné à trois marks d'amende ou à trois jours de prison; or, il est infirme, ankylosé, et ne peut marcher que la tête baissée. Un homme de soixante-quinze ans, qui n'avait pas salué, a été giflé par un commandant, assez fort pour que sa casquette tombât à terre. On n'avait pas le droit de tuer une poule ou un lapin sans le demander à la Kommandantur; si une poule était tuée sans autorisation, c'était vingt-cinq marks d'amende. Les œufs étaient comptés avant qu'ils soient pondus; il fallait dire au mois de janvier combien les poules pondraient d'œufs en février. Quand on avait tué un lapin, il fallait porter la peau à la Kommandantur.

C'est surtout pour le travail auquel ils obligeaient la population, que les Allemands se sont montrés durs. Tout le monde devait travailler : hommes, femmes, enfants, garçons et filles, de dix à soixante-dix ans. On faisait l'appel à quatre heures du matin, et c'était encore une amende ou de la prison pour deux minutes de retard. Une jeune fille, qui était occupée à une batteuse à un travail au-dessus de ses forces, a été violemment frappée au visage par un soldat, et elle en a eu la figure toute enflée; elle s'appelle Andréa Berthoud; elle est d'Appilly, mais habitait ici, chez sa sœur. Mme Sephaire-Toutefert a fait quatre jours de prison pour avoir cueilli un peu d'herbe pour ses lapins, sur un terrain qui n'était pas cultivé depuis quatre ans.

Nous étions aussi mal nourris que possible; si, un peu plus tard, nous n'avions pas eu le ravitaillement américain, nous serions morts de faim. Il m'est difficile de savoir si les Allemands volaient une partie de ce ravitaillement. Au début, en effet, c'étaient des habitants du village qui allaient le chercher à Appilly, sous la conduite d'un Allemand; mais, vers la fin de 1916, les Allemands y ont été eux-mêmes, et il fallait que la commune leur payât une somme assez forte; je crois qu'ils demandaient chaque fois vingt-cinq francs environ. C'était, en somme, de l'argent qu'il leur fallait, par n'importe quel moyen, et c'est pour cela que les amendes étaient fort nombreuses. On disait à la fin qu'ils gardaient pour eux la farine qui nous était destinée, et nous donnaient la leur en échange; aussi, nous ne pouvions faire que du très mauvais pain, qu'il fallait bien manger tout de même parce qu'on avait faim, et nous n'en avions, d'ailleurs, qu'une très petite quantité.

Le 22 septembre 1914, vingt-cinq hommes à peu près ont été emmenés en Allemagne pour travailler; on les a pris là où ils se trouvaient, même dans les champs, sans leur permettre, à ceux qui n'avaient que leur chemise, de prendre un paletot; il y en a qui sortaient de l'enterrement et qui ont été emmenés vêtus de leurs vêtements de cérémonie et de leurs chapeaux hauts-de-forme, sans qu'on leur permette de se changer. Tous ceux-là sont restés pour le moins dix-sept mois en Allemagne; ils ont été très maltraités, d'après ce qu'ils nous ont dit ensuite, et ont subi toutes les misères possibles; ils n'étaient nourris qu'avec des betteraves, des navets, des épluchures de pommes de terre. Il y en a parmi eux qui ne sont pas encore revenus et dont nous n'avons pas eu de nouvelles.

Le 15 février 1917, cent cinquante personnes des deux sexes, de quatorze à soixante ans, ont été emmenées dans le nord, nous ne savons pas où; nous n'en avons pas eu de nouvelles davantage.

Le 18 février 1917, une trentaine de jeunes gens qui étaient restés à travailler ici ont été envoyés à Blérancourt, où ils sont restés une semaine; de là, on les a expédiés dans le nord ou en Allemagne, je ne sais où.

Le 27 février 1917, on a rassemblé sur la place tout ce qui restait d'habitants à Abbecourt, trois cents environ. La veille, on nous avait dit de déposer dans l'église ce que nous avions de plus précieux; mais les Allemands, en nous disant cela, ajoutaient qu'ils ne répondaient pas des dégâts que pourrait causer l'artillerie française. Il s'est accumulé énormément de choses dans l'église, et je pense que les Allemands ont dû tout emporter, car nous n'avons rien retrouvé. Le 27 février, on nous a tous reconduits à Varesnes; personne n'a donc été témoin de la destruction d'Abbecourt, qui a eu lieu ensuite. Je n'en ai pas été surprise, car, au moment du départ, les soldats allemands nous disaient : « Vous allez du côté de Paris; mais quand vous reviendrez, votre maison kapout. » Je pense que le procédé de destruction employé a été l'explosion et l'incendie. Il paraît que, pendant que les Allemands y procédaient, ils avaient interdit aux habitants de Marest-Dampcourt, village très voisin, de regarder dans la direction d'Abbecourt et même de sortir de chez eux.

Lecture faite, persiste et signe avec nous.

N° 190.

PROCÈS-VERBAL DE CONSTAT dressé, le 12 juin 1917, à ETREILLERS (Aisne), par M. le capitaine VITALI, substitut du rapporteur près le Conseil de guerre de la   ᵉ Armée.

. . . .

Nous nous sommes transporté à Etreillers (Aisne), où nous avons constaté que :

1° Tous les arbres fruitiers ont été sciés par les Allemands et laissés sur place, à l'exclusion des autres arbres, qui, pour la plupart, sont intacts.

2° Le village a été complètement rasé par les Allemands; les caves sont détruites à la mine; la plupart des puits ont été détruits à la mine; les autres portent nettement la trace de travaux destinés à la destruction : des excavations sont disposées autour de la margelle, pour servir de logement aux charges d'explosifs.

Des officiers du ᵉ génie nous ont déclaré qu'au moment où ils sont venus dans le secteur relever les troupes anglaises, des officiers anglais les ont avertis qu'une mare située sur la place de l'église avait vraisemblablement été empoisonnée par l'ennemi; en effet, une cinquantaine de chevaux anglais qui ont bu de cette eau sont morts. Quelques heures après, à côté de la mare, un écriteau rédigé en anglais portait l'inscription : eau dangereuse. Cet écriteau a été actuellement remplacé par un écriteau français portant l'inscription : eau dangereuse.

En foi de quoi nous avons dressé le présent procès-verbal, que nous avons signé avec le greffier et les deux officiers qui nous ont fait la déclaration susvisée.

(Suivent les signatures.)

SOMME ET PAS-DE-CALAIS

N° 191.

DÉPOSITION faite, le 27 avril 1917, à AMIENS, devant la Commission d'enquête instituée par décret du 23 septembre 1914.

MOULLÉ (Ernest), 54 ans, préfet du département de la Somme, officier de la Légion d'honneur :

Je jure de dire la vérité.

Dès le lendemain du repli allemand, je me suis rendu dans la partie récupérée de mon département. Je suis allé d'abord dans la région de Roye et de Nesle ; puis je me suis transporté à Ham, dès que les ponts sur la Somme ont été rétablis.

La situation à Roye était la suivante :

La ville avait moins souffert des bombardements qu'on ne le pensait ; mais les Allemands avaient, au moment de leur départ, déposé partout des mines, et s'il est resté quelque chose, c'est parce que dix-neuf d'entre elles n'ont pas explosé. L'hôtel de ville a été démoli le matin même de la retraite. La population ne comprenait plus que des enfants de moins de quinze ans et des habitants de plus de soixante ; encore des personnes d'un âge plus avancé, mais valides et pouvant encore travailler, avaient-elles été emmenées. C'est le cas notamment d'un vieillard de soixante-douze ans et du docteur Trèsfort, âgé de soixante-huit ans, qui avait rendu les plus grands services. Entre quinze et soixante ans, on n'avait laissé que les mères ayant de petits enfants.

Le canton de Roye comprenait trente-sept communes. Il n'en subsiste, outre le chef-lieu, que deux seulement : Ercheu et Moyencourt. Les Allemands avaient entassé là, dans des conditions d'hygiène lamentables, toute la population restante des environs. Ils ont mis le feu aux trente-quatre autres communes. Elles sont entièrement calcinées. Je fais observer, à ce propos, que la plupart des villages brûlés se trouvaient au delà des routes et que, par conséquent, on ne peut même pas alléguer que l'incendie aurait eu pour objet d'arrêter une armée poursuivante.

Dans le canton de Nesle, les procédés ont été les mêmes, bien que la ville soit moins détruite. Les communes étant plus petites, l'ennemi a dû empiler les habitants dans les six localités suivantes, qui ont été épargnées : Nesle, Languevoisin, Rouy-le-Grand, Rouy-le-Petit, Mesnil-Saint-Nicaise et Voyennes. Les seize autres ont été brûlées.

Mêmes procédés encore dans le canton de Ham. Au chef-lieu, les Allemands ont fait sauter le château, qui n'avait aucune valeur militaire, ni pour l'attaque ni pour la défense, et qui ne constituait plus qu'un monument historique. Sur vingt et une communes du canton, outre la ville de Ham, il n'en reste que trois : Estouilly, Saint-Sulpice et Eppeville. Toutes les autres ont été livrées aux flammes. A Ham, les officiers ont, quelques jours avant leur départ, déménagé les meubles des maisons qu'ils habitaient, et le général von Fleck, commandant le corps d'armée, a emporté les meubles de la maison Bernot, dans laquelle il était logé.

Ces trois cantons sont les seuls dans lesquels, à la date de ce jour, demeure encore quelque population. Pour le surplus de l'arrondissement de Péronne, les Allemands ont accumulé les habitants à Vraignes, à Bouvincourt et à Tincourt. Cette population, presque exclusivement composée de femmes et d'enfants, était dans un tel état de misère, que l'armée anglaise a dû en prescrire l'évacuation immédiate. Elle est actuellement dans l'Yonne. Quant aux habitants des cantons de Péronne, de Chaulnes, de Combles et de Roisel, et de la partie du canton d'Albert qui, avant l'offensive de la Somme, se trouvait au delà des lignes françaises, il n'en reste aucune trace : le pays est entièrement désert.

Il résulte de divers renseignements concordants, mais encore insuffisamment vérifiés, que dans cette partie du département, les armées allemandes ont commis, en 1914, d'abominables atrocités.

Dans un très grand nombre de communes de la Somme, l'ennemi a contaminé les puits en y jetant des cadavres et du fumier. Le premier soin de l'armée britannique et de l'autorité civile française, dans la mesure de ses moyens, a été de procéder aux mesures d'hygiène nécessaires. D'autre part, il est absolument certain que les Allemands ont semé des grenades et des objets divers, dans le but de tendre des pièges, non seulement à l'armée, mais à la population civile. Il en est déjà résulté plusieurs accidents.

J'attire votre attention sur ce point que, sauf à l'ouest de Roye, il n'y a pas eu de combat, et qu'ainsi la destruction a été purement criminelle.

Après lecture, le témoin a signé avec nous.

N° 192.

DÉPOSITION faite, le 25 août 1915, à AMIENS, devant la Commission d'enquête.

CARLIER (Julie), femme DEMAROLLES, 37 ans, demeurant à Ham (Somme), réfugiée à Amiens :

Je jure de dire la vérité.

La commune de Ham a été entièrement pillée par les Allemands au mois de septembre dernier. J'ai vu en gare des trains chargés de butin, et partant pour l'Allemagne.

Un voyageur en vins, du village de Muille-Villette, le sieur Denicourt, a été fusillé à la citadelle de Ham, sur l'ordre d'un commandant, qui avait trouvé chez lui des pigeons voyageurs. Sa femme, après avoir été emmenée en Allemagne, est revenue environ trois semaines après. Elle est allée, dès son retour, demander le corps de M. Denicourt au commandant allemand, mais celui-ci lui a répondu : « Vous ne l'aurez pas. » C'est elle-même qui m'a raconté son entrevue avec cet officier.

Après l'exécution, l'autorité militaire allemande a fait placarder des affiches à Ham pour l'annoncer.

Le 27 avril, j'ai été expulsée, avec cinq cents personnes, à cause de la rareté des vivres, et je me suis réfugiée ici.

Après lecture, le témoin a signé avec nous.

Nos 193, 194, 195, 196.

DÉPOSITIONS faites, le 3 avril 1917, à Ham (Somme), devant la Commission d'enquête.

Gronier (Charles), 66 ans, maire de Ham :

Je jure de dire la vérité.

Un jour, vers le 25 octobre 1914, j'étais en train de travailler dans mon cabinet à l'hôtel de ville, quand deux officiers sont venus me prévenir qu'on me demandait à la Kommandantur. M'y étant rendu sur-le-champ, j'y trouvai M. Georges Caurette, notaire, conseiller municipal.et suppléant du juge de paix. Il me dit qu'il était arrêté et qu'il ne savait pas pourquoi. Comme je venais de lui répondre que le commandant, qui était absent, lui rendrait sûrement la liberté dès son retour, un des officiers présents me déclara qu'il avait ordre de m'arrêter moi aussi. En effet, à trois heures, des gendarmes m'emmenèrent. Je fus transféré d'abord à Saint Quentin, où je restai huit ou dix jours, enfermé à l'hôtel de ville, puis en Allemagne, à Krefeld et ensuite au camp d'Holzminden. Au bout de cinq mois, j'ai été renvoyé en France, en passant par Rastadt, et je me suis fixé à Paris. Je n'ai jamais pu obtenir aucun renseignement sur les causes de mon arrestation.

Au début d'octobre 1914, un habitant de Muille-Villette, M. Denicourt, a été fusillé à Ham, parce qu'on avait trouvé dans son pigeonnier des pigeons voyageurs. J'ai essayé de lui sauver la vie en insistant sur ce fait, qu'il n'était ni éleveur ni membre d'une société colombophile, ni d'ailleurs aucunement suspect. Mais les Allemands ont été impitoyables; ils ont exécuté cet innocent dans un fossé du château, et j'ai dû, sur leur ordre, notifier par affiche sa mort à la population.

Mme Denicourt a été envoyée en Allemagne, ainsi que le maire de Muille, qui a été condamné à quatre ans de réclusion pour n'avoir pas dénoncé son concitoyen.

Après lecture, le témoin a signé avec nous.

———————

Étévé (Édouard), 65 ans, adjoint au maire de Ham :

Je jure de dire la vérité.

Les Allemands sont arrivés à Ham le 29 août 1914, vers six heures du matin. Nous n'avons pas eu trop à nous plaindre d'eux avant le 14 octobre, date à laquelle ils ont organisé l'occupation après leur retour de la bataille de la Marne. Alors ils ont donné libre cours à leur instinct de destruction, cassant les mobiliers, coupant les draps, et causant des dommages sans aucune utilité pour eux-mêmes. Les réquisitions sont devenues continuelles; les maisons et les magasins ont été vidés peu à peu. L'ennemi, au début, nous délivrait des bons de réquisition; plus tard, il a inauguré un nouveau système, celui des bons d'emprunt. Un jour, on est venu soi-disant emprunter, pour le chef de la Kommandantur, une très belle table ancienne appartenant à l'hôtel de ville, et qui avait été estimée cinq mille francs : elle ne nous a jamais été rendue.

Nous avons connu à la fin de janvier ou au commencement de février dernier l'intention de repli de l'armée allemande. A ce moment, « le déménagement complet a commencé », et les réquisitions ont pris une intensité nouvelle. Un officier nous a déclaré qu'un article de la Convention de la Haye lui permettait de réquisitionner tous les tissus et toutes les étoffes. Tout ce qu'on en avait « y a passé ». Le général kommando von Fleck a enlevé le mobilier de la maison Bernot, dans laquelle il était logé. Depuis le 10 mars 1917 jusqu'au moment de son départ, il le faisait emporter peu à peu; ce qu'il n'a pas pris a été brisé ou détérioré.

Ce pillage a été opéré si complètement que, le dernier jour, on a été obligé de venir nous emprunter des chaises pour l'usage du général. Mme Bernot était à Paris pendant que ces faits se passaient ; mais sa maison était gardée par des domestiques. D'ailleurs, les Allemands nous disaient fréquemment que tous les immeubles inoccupés leur appartenaient.

C'est le 17 septembre 1914 qu'a eu lieu la première levée d'habitants. Tous les hommes de dix-huit à quarante-sept ans, obligés à se réunir place de l'Hôtel-de-Ville, ont été appelés par classes. Ceux qui avaient des cas d'exemption du service militaire ont reçu l'ordre de sortir des rangs et ont été visités par des médecins ; puis, cent cinquante environ de nos compatriotes ont été emmenés. Un certain nombre d'entre eux ont été renvoyés plus tard à Ham. Il en reste actuellement en Allemagne une quarantaine. Ceux qu'on a rapatriés ne sont revenus que pour travailler au profit de l'envahisseur.

Le 16 février 1917, cinq cent vingt-deux personnes de quinze à soixante ans, des deux sexes, ont été envoyées dans la direction de Maubeuge. Quelques-unes étaient souffrantes. Enfin, le 13 mars, il est encore parti soixante hommes et vingt femmes, parmi lesquels se trouvaient quatre malades de l'hospice. Ces départs ont été l'occasion de scènes des plus douloureuses.

Dans la nuit du 17 au 18 mars dernier, j'ai reçu l'ordre d'enjoindre à tous les hommes de quinze à soixante ans restés à Ham de se trouver réunis dans l'église le lendemain dimanche, à neuf heures du matin, avec des vivres pour vingt-quatre heures. Là, on m'a fait lire à haute voix une proclamation, aux termes de laquelle la population était informée que les ponts, le château et le beffroi allaient sauter et que les explosions se produiraient de midi à quatre heures, après avoir été annoncées par des sonneries de clairon. En conséquence, ordre était donné à tous d'évacuer les maisons situées dans un rayon de trois cents mètres des ponts, de cinq cents mètres du château, et de se tenir, avec leurs familles, dans le centre de la ville. Or, les explosions n'ont commencé que vers minuit, et sans sonnerie de clairon ; elles ont duré jusqu'à deux heures et demie du matin. De nombreuses toitures ont été fortement endommagées par les débris du château, projetés à de grandes distances.

Après lecture, le témoin a signé avec nous.

LAPOINTE (Jules-Alexandre), 62 ans, géomètre et conseiller municipal à Ham :

Je jure de dire la vérité.

Le témoin a confirmé les déclarations ci-dessus relatées de M. Étévé, et ajouté :

J'ai assisté aux enlèvements d'habitants. C'était navrant ! Ma femme, âgée de cinquante-quatre ans, a été l'une des victimes de cette horrible mesure. Elle n'est pas encore revenue ; je n'ai jamais reçu de ses nouvelles, et j'ignore même où elle est. Elle avait exhibé aux Allemands un certificat médical établissant l'état précaire de sa santé ; il n'en a été nullement tenu compte. J'ai alors demandé à partir avec elle, mais je n'ai pu l'obtenir.

L'ennemi a détruit ici, par l'explosion, les deux fabriques de sucre Bocquet et Bernot, ainsi que la distillerie dite « de Sébastopol » ; une partie du matériel des ateliers mécaniques Mahot et Génin a été emportée ; le reste a été anéanti. Il en a été de même pour la brasserie Serré et pour la fabrique d'huile Dive. Enfin, les tuyaux du grand orgue de l'église ont été enlevés.

Après lecture, le témoin a signé avec nous.

Sergent (Pierre), 59 ans, employé de commerce à la quincaillerie Henri Gronier, à Ham :

Je jure de dire la vérité.

Le magasin Gronier, dont j'avais la garde, a été pillé sans cesse, du début à la fin de l'occupation.

Un officier d'un grade élevé est venu un jour choisir divers objets, notamment une suspension. Il m'a promis de me faire remettre un bon de réquisition, mais cette promesse n'a jamais été tenue. Les soldats m'ont dit que cet officier était le grand-duc de Hesse.

Après lecture, le témoin a signé avec nous.

N° 197.

DÉPOSITION faite, le 3 avril 1917, à Ham (Somme), devant la Commission d'enquête.

Jadin (Julienne), épouse Havart, 46 ans, demeurant à Ham :

Je jure de dire la vérité.

Le 10 février dernier, mes trois filles, Andrée (vingt-six ans), Renée (vingt ans) et Henriette (dix-huit ans), ont reçu l'ordre écrit de se rendre, à dix heures du matin, sur l'esplanade. Mes enfants sont parties, et à l'endroit fixé, elles ont trouvé réunis tous les habitants de la ville, de quinze à soixante ans, qui avaient reçu la même convocation. J'avais accompagné mes filles, dans la pensée d'obtenir de la Kommandantur qu'on me les laissât; mais j'ai dû renoncer à ce projet, car toutes les personnes qui avaient tenté des démarches dans ce but avaient été durement repoussées.

Je crois savoir que mes enfants auraient été emmenées dans la région de Hautmont.

Après lecture, Mᵐᵉ Havart a signé avec nous et avec son mari, M. Havart (Désiré), 47 ans, charcutier à Ham, lequel, après serment, a déclaré confirmer de tous points la déposition de sa femme.

N° 198.

DÉPOSITION reçue, le 27 mars 1917, à Ham (Somme), par M. le sous-lieutenant Dormand, commissaire-rapporteur près le Conseil de guerre de la ᵉ D. I.

Étévé (Édouard), 65 ans, ancien directeur de l'École primaire supérieure, adjoint au maire de Ham :

Serment prêté.

Je connais MM. Dehapiot, prédécesseur et successeur, depuis quarante ans environ. C'est à ce titre que, lors de l'occupation allemande, c'est-à-dire le 14 octobre 1914, je me suis occupé de la gestion du magasin, qui m'avait été confiée par M. Dehapiot.

Dans la nuit du 14 octobre 1914, les Allemands, au nombre d'environ cent cinquante, ont pénétré dans le magasin, qui était fermé, ont mis toute la cave au pillage et se sont emparés de pièces de toile et de drap, vêtements, draps, gants, chaussettes. Informé de ces fuites, je me suis rendu immédiatement au magasin. J'ai chassé les soldats. J'ai procédé à un inventaire des dégâts : j'évalue le dommage causé à environ dix mille francs.

A la fin de la première quinzaine de mars 1917, des soldats ont, en plein jour et à plusieurs reprises, enlevé complètement le restant des marchandises se trouvant en magasin.

Ces marchandises ont été, en ma présence, chargées sur des voitures, ainsi qu'une partie du matériel; le reste a été brûlé. J'évalue le préjudice causé de ce fait à environ treize mille francs.

M. Dehapiot, qui habite Beauvais depuis le début de la guerre, a, par conséquent, subi un préjudice global de vingt-trois mille francs environ.

Il est à ma connaissance que le général qui habitait la maison de Mme veuve Bernot a, en s'en allant, quelques jours avant l'évacuation du pays, vidé presque complètement la maison, de la cave au grenier.

Lecture faite, persiste et signe avec nous.

N° 199.

DÉPOSITION reçue, le 29 juin 1917, à HAM (Somme), par M. le capitaine VITALI, substitut du rapporteur près le Conseil de guerre de la   ° Armée.

ÉTÉVÉ (Édouard), 65 ans, adjoint au maire, demeurant à Ham :

Serment prêté.

Du 5 au 10 mars 1917, j'ai vu charger sur une douzaine de péniches, réquisitionnées depuis le début de la guerre par l'armée allemande, des caisses remplies d'objets mobiliers et des meubles de valeur; toutes les péniches qui circulaient sur le canal de la Somme ont d'ailleurs également transporté du mobilier. Ces péniches se dirigeaient du côté de Saint-Simon et de là en Allemagne, soit par le canal de Saint-Quentin, Maubeuge, Mons, Bruxelles, soit par la ligne de La Fère, Charleroi et Liège. Les bateliers ne sont pas encore revenus, et nous n'en avons aucune nouvelle.

Les officiers allemands, en commettant ces vols, suivaient l'exemple de leur chef, le général von Fleck, qui dévalisa entièrement la maison de Mme Bernot.

Lecture faite, persiste et signe avec nous.

N° 200.

DÉPOSITION reçue, le 29 juin 1917, par M. le capitaine VITALI, substitut du rapporteur près le Conseil de guerre de la   ° Armée.

DARMARCY (Achille), 68 ans, cultivateur à Muille-Villette (Somme) :

Serment prêté.

Un mois environ après l'arrivée des Allemands dans le village, le commandant de place fit publier un avis obligeant tous les habitants qui avaient chez eux des pigeons voyageurs à les livrer. Un habitant de Muille-Villette, M. Denicourt, qui possédait, d'après ce que j'avais entendu dire, des pigeons pouvant appartenir à la race des pigeons voyageurs, qu'il gardait dans son pigeonnier pour son plaisir et dont il ne se servait pas, ne les remit pas à l'autorité militaire et fut arrêté, ainsi que le maire, déclaré responsable de cette prétendue infraction. Ils furent tous les deux emmenés à Ham et passèrent tous deux devant le Conseil de guerre. Le maire, M. Denis, fut condamné à quatre ans de prison et emmené en Allemagne; quant à M. Denicourt, on a dit qu'il avait été condamné à la peine de mort et fusillé à Ham, au château-fort. J'ajoute que M. Denicourt ne faisait partie d'aucune société colombophile et ne prenait part à aucun concours.

Ma femme et mes trois filles, âgées respectivement de quarante, trente-cinq et vingt-huit ans, ont fait quatre jours de prison chacune à Ham, sans qu'on leur permît d'emporter le moindre bagage, sous prétexte qu'elles auraient protesté lorsqu'on est venu m'enlever mon unique cheval de travail; je ne peux pas préciser l'année, mais ceci se passait vers Noël. Mes trois filles ont été déportées en Allemagne ou en France envahie, le 10 février 1917; depuis cette date, je n'ai aucune nouvelle d'elles.

Tous les puits du village ont été bouchés par les Allemands, avant leur départ, avec du fumier et un peu de terre.

Tous les arbres fruitiers de la commune ont été sciés par les Allemands et laissés sur place; personnellement, tous mes arbres, au nombre de deux cents, ont été coupés.

Toute la population des deux sexes était astreinte au travail obligatoire, depuis l'âge de quinze ans jusqu'à soixante-dix; les femmes étaient employées, avec les enfants, à couper les chardons dans les champs et à biner les betteraves.

Les Allemands ont brûlé, avant leur départ, presque toutes les maisons du village.

Lecture faite, persiste et signe avec nous.

N° 201.

DÉPOSITION reçue, le 26 mars 1917, à Eppeville (Somme), par M. le sous-lieutenant Dousinelle, commissaire-rapporteur près le Conseil de guerre de la ᵉ D. I.

Devillers, 48 ans, instituteur et secrétaire de la mairie à Eppeville :

Serment prêté.

Les Allemands avaient organisé un système pour faire travailler la population civile : ils avaient établi des listes de tous les habitants, dans lesquelles ils choisissaient les travailleurs; quiconque refusait de travailler était d'abord condamné à l'amende, puis à la prison. Dans les derniers temps, l'amende était supprimée; on arrêtait les gens et on les conduisait en prison, au cachot, où, comme régime, ils étaient mis au pain sec et à l'eau, sans feu, pendant huit ou quinze jours. Les soldats les plus brutes étaient choisis pour ce service; ces soldats avaient une baguette à la main, et au moindre signe de désobéissance, ils frappaient les travailleurs. Ils payaient ceux-ci avec des émissions de bons provenant de contributions de guerre imposées à la commune; ils procédaient ainsi dans toutes les communes.

Méthodiquement, systématiquement, les Allemands ont tout enlevé dans la commune. Ils ont commencé par prendre tout ce qui pouvait leur être utile pour la guerre : chevaux, voitures, harnais, métaux, dans les usines, puis chez les particuliers, envoyant, pour chaque chose, des spécialistes. Ensuite, ils s'emparèrent des vivres, firent cultiver les jardins, ne laissant aux habitants que le strict nécessaire. Ils firent enlever enfin (il y a quatre ou cinq mois environ) les matelas, puis les meubles, que nous vîmes passer par trains et convois entiers; ensuite, le linge de table et de corps. Il y a plus d'un an, ils rassemblèrent dans un local les vaches qui restaient, et aucun civil ne put plus obtenir ni beurre ni lait; le petit lait seul était vendu aux civils, pour les enfants et les vieillards, et encore lorsqu'ils étaient porteurs d'une carte de la Kommandantur. Il y a un an, ils obligèrent les civils à leur donner tant d'œufs par poule; mais, il y a quatre ou cinq mois, les poules, après avoir été recensées, furent elles-mêmes rassemblées. Il fallait se bien cacher pour élever des lapins.

Ici, je n'ai pas entendu dire que les Allemands aient violé les femmes; mais je puis vous dire qu'un commandant, qui avait jeté son dévolu sur une jeune fille du pays, Mˡˡᵉ Grandoir (Émilie), et lui donnait son linge à laver, la fit jeter en prison pendant huit jours, sous le vain prétexte qu'elle lui avait roussi un faux-col, mais en réalité parce qu'elle n'avait pas voulu être sa maîtresse. Elle fut emmenée avec eux lors de leur départ.

Pour martyriser les gens, ils faisaient de préférence travailler aux champs ceux et surtout celles dont ce n'était pas la profession, et par tous les temps.

Mme Nogent (Octavie), née Delamotte, âgée de vingt-deux ans, était un jour occupée à une batteuse et s'était arrêtée de travailler pour manger un petit morceau de pain; un soldat chargé de la surveillance lui ordonna de continuer immédiatement le travail, et comme elle lui demandait d'attendre un moment qu'elle eût terminé son morceau de pain, il se jeta sur elle, la renversa, la piétina; d'autres soldats allemands, plus humains, la dégagèrent; elle resta au lit pendant trois jours.

Pour l'enlèvement des civils, le 2 juillet, au moment de la grande offensive de la Somme, ils ont enlevé soixante-dix hommes, qu'ils emmenèrent dans le département du Nord; ces civils revinrent un mois après. Le 9 février, les Allemands demandèrent et contrôlèrent la liste de tous les habitants; le lendemain, ils firent l'appel de tous les hommes et femmes de quinze à soixante ans, à huit heures; à neuf heures trente, tout le monde était parti, sans avoir eu le temps ni l'autorisation de prendre un bagage quelconque. A Eppeville, ils se montrèrent un peu plus doux pour la déportation des femmes. Je ne fus pas emmené à cause de ma fonction de secrétaire de la mairie, et j'ai réussi à me cacher ensuite dans ma cave.

Le pillage fut organisé avant l'incendie et après l'enlèvement des meubles. Chez moi notamment, j'ai vu un capitaine et un lieutenant commander une vingtaine d'hommes; ces deux officiers ont commencé par choisir leur part et ont abandonné le surplus aux soldats.

Lecture faite, persiste et signe avec nous.

N° 202.

DÉPOSITION faite, le 25 mars 1917, à COMPIÈGNE, devant la Commission d'enquête.

LEFORT (Edmond), 53 ans, cultivateur et brasseur à Roisel, délégué du Comité d'alimentation américain de la sous-région de Roisel (Somme) :

Je jure de dire la vérité.

C'est vers le 16 ou le 17 février dernier qu'a commencé l'évacuation forcée de notre commune. Les Allemands ont alors emmené les personnes des deux sexes âgées de plus de quinze ans et de moins de soixante ans, valides et en état de travailler.

Les familles se sont ainsi trouvées séparées, et des jeunes filles, notamment, ont été arrachées à leurs parents.

Le second convoi, dont j'ai fait partie, comprenait les vieillards, les malades et généralement les gens inutilisables. Il a été envoyé à Noyon. Un dernier groupe, composé des ouvriers travaillant au chemin de fer, a été gardé, et je crois savoir qu'après notre départ il a été emmené à son tour.

A Noyon, dix-sept vieillards de Roisel, complètement épuisés par les privations et très éprouvés par le froid, sont décédés en quinze jours.

Pendant l'occupation, les Allemands ont contraint quatre-vingt-trois communes, parmi lesquelles la nôtre, à émettre des bons représentant une somme de soixante mille francs par jour, pour la subsistance de soixante mille hommes de leurs troupes. Il en a été émis pour un million huit cent mille francs.

Je vous remets un de ces bons.

Après lecture, le témoin a signé avec nous.

N° 203.

DÉPOSITION faite, le 23 avril 1917, à AMIENS, devant la Commission d'enquête.

DUBOIS (Berthe), femme BIDENT, 34 ans, domiciliée à Roisel (Somme) :

Je jure de dire la vérité.

Avant d'être évacuée, le 4 mars dernier, sur Tincourt, j'ai vu les Allemands commencer à brûler Roisel. Quand nous sommes partis, la rue de Bapaume était en flammes. Je les ai vus également pratiquer des trous dans les murs pour placer des explosifs. Un an auparavant, les usines Seret, Mascret et Boulnois avaient été déjà démolies par eux.

Après lecture, le témoin a signé avec nous.

N° 204.

DÉPOSITION faite, le 27 avril 1917, à AMIENS, devant la Commission d'enquête.

VILLAIN (Désiré), 74 ans, rentier à Roisel (Somme) :

Je jure de dire la vérité.

Depuis le 3 octobre 1916, l'autorité allemande savait que je possédais des valeurs mobilières, pour la plupart au porteur, et représentant une somme d'environ cent cinquante mille francs. A cette époque, en effet, mes titres avaient été saisis par un officier, qui s'était présenté chez moi dans ce but, et avaient été gardés pendant soixante-quatorze jours.

Le 4 mars dernier, quand les habitants qui n'avaient pas été précédemment emmenés, c'est-à-dire les malades et les gens âgés de plus de soixante ans ou de moins de quinze ans, ont été évacués sur Tincourt, j'ai reçu l'ordre de rester à Roisel avec le boulanger, pour m'occuper du ravitaillement, et j'ai déposé toutes mes valeurs à la boulangerie. Elles étaient placées dans une valise, que je cachais ordinairement sous les couvertures de mon lit. Le boulanger, M. Briatte, et moi ne sortions jamais aux mêmes heures, et l'un de nous restait toujours à la maison. Le 15 mars, alors que mon hôte était parti à Tincourt, je fus invité à me rendre au ravitaillement, et comme je faisais remarquer que j'étais seul à la boulangerie, on me réitéra l'ordre, en me disant que le commandant voulait me voir. On me conduisit alors à la Kommandantur, où on me laissa pendant un certain temps, sans d'ailleurs m'introduire auprès du chef; et quand je rentrai chez M. Briatte, je m'aperçus que, pendant mon absence, ma valise m'avait été dérobée avec tout ce qu'elle contenait.

Depuis quelques jours, les Allemands « tournaient autour de mes valeurs » et étudiaient le vol qu'ils devaient exécuter. Plusieurs fois, les deux secrétaires de la Kommandantur étaient venus me trouver pour des motifs futiles. Le 14 mars, notamment, l'un d'eux était resté assez longtemps auprès de la porte d'entrée de la maison; je lui avais même adressé une remarque à ce sujet. Or, le soir même, nous nous apercevions que la clef avait disparu. C'est certainement en se servant de cette clef que les Allemands ont pu pénétrer dans la boulangerie pour me voler, car, avant de me rendre à la Kommandantur, j'avais eu soin de bien fermer la porte.

Je n'ai pas été la seule victime de la cupidité allemande. D'autres habitants ont été également dépouillés, et à Tincourt, où j'ai été envoyé le 16 mars, c'est-à-dire le lendemain du vol commis à mon préjudice, plusieurs d'entre eux, Mme Vancopenolle notamment, ont été à moitié déshabillés pour une fouille très minutieuse.

Le pillage a été complet; tout a été pris ou ravagé; on nous a enlevé jusqu'à notre dernier matelas.

Vers la fin du mois de février dernier, arrivait chez moi un officier du génie, qui, presque aussitôt, faisait préparer des caisses pour y entasser, en ma présence, mon linge, ma vaisselle et toutes sortes d'autres objets; les caisses étaient ensuite transportées à la gare et expédiées. Toute protestation était inutile. Un ouvrier, qui avait préféré casser une de ses chaises plutôt que de la voir emporter, a été emprisonné pour ce fait. Mme Boinet, qui, au moment où on allait déménager son piano, s'était permis de dire que c'était un vol, a été également mise en prison et frappée en plus d'une amende de deux cents marks.

Tous les stratagèmes étaient bons pour détrousser la population. En décembre 1916, les Allemands avaient demandé tous les bons de réquisition, soi-disant pour les vérifier; aucun de ces bons n'a jamais été rendu. Il s'agissait évidemment de les supprimer.

C'est dans la nuit du 3 au 4 mars 1917 que l'ennemi a commencé à détruire la ville. Des soldats pratiquaient des excavations dans les murs des maisons, mettaient le feu aux immeubles avec des bombes incendiaires; je les ai vus ensuite apporter dans les ruines des paquets ressemblant à des paquets de chicorée, et sur quelques-uns desquels j'ai lu, inscrit en caractères noirs, le mot « dynamite ». Quand je suis parti, les quatre cinquièmes de la ville étaient anéantis.

Environ un an auparavant, j'avais été déjà témoin de la destruction des usines d'engrais chimiques Seret, Mascret et Boulnois, et de la caoutchouterie Laflèche. Tous les appareils et tous les métaux avaient été enlevés; il ne restait que les murs des bâtiments, et aujourd'hui il ne reste plus rien du tout.

Après lecture, le témoin a signé avec nous.

N°s 205, 206.

DÉPOSITIONS reçues, le 25 mars 1917, à Tincourt (Somme), par M. le sous-lieutenant Genty, commissaire-rapporteur près le Conseil de guerre de la Mission militaire française.

Vancopenolle (Léonie), 32 ans, marchande de volailles à Roisel (Somme):

Serment prêté.

Vers le 15 février dernier, ma nièce, Gabrielle Monchecourt, âgée de quinze ans et deux mois, qui demeurait chez moi et dont j'avais la charge, fut enlevée, seule de sa famille, et dirigée sur Maubeuge dans un convoi d'environ cinq cents habitants. Une huitaine de jours auparavant, un gendarme s'était présenté à mon domicile et m'avait demandé l'âge des enfants; on ne se doutait pas alors que les Allemands prendraient une mesure aussi barbare.

Le 2 mars, j'ai été invitée à changer de quartier, et aussitôt mon départ, ma maison fut pillée de fond en comble. Le lendemain, ma maison fut incendiée; j'avais constaté, les jours précédents, que les Allemands préparaient la place des cartouches de dynamite.

J'ai été évacuée sur Tincourt, et lorsque les Allemands ont évacué ce village, la semaine dernière, cinq gendarmes sont venus chez nous, ont demandé mes valeurs et m'ont déshabillée pour me fouiller : j'ai dû remettre un titre de quinze cents francs. Les gendarmes ont profité de cette visite pour me prendre quatre boîtes de conserve et une petite lampe électrique que j'avais achetée à la cantine allemande.

Lecture faite, persiste et signe avec nous.

Cointement (Eugène), 63 ans, géomètre à Roisel (Somme) :

Serment prêté.

Il restait environ douze cents personnes à Roisel au 15 février dernier; le 16, les personnes des deux sexes âgées de quinze à soixante ans furent rassemblées et dirigées sur Maubeuge. Parmi elles se trouvaient ma femme, âgée de cinquante-trois ans, et ma fille, âgée de dix-sept ans. Je demandai à partir avec elles, mais cette faveur me fut refusée : les Allemands cherchaient uniquement à se procurer des personnes susceptibles de travailler. Les mères de famille furent seules exceptées de cette mesure.

Le 24 février et la nuit suivante, plus de deux cents personnes : vieillards, malades, femmes et enfants, furent conduites en convoi à la gare de Vermand, exposées au froid pendant longtemps, puis dirigées sur un lieu que je ne puis préciser.

Le 2 mars, cent trente personnes, ouvriers de chemins de fer et leur famille, furent évacuées sur Aubigny-au-Bac (région de Cambrai). Le maire, M. Troché, fut enlevé en même temps, pour un motif que nous ignorons. Les Allemands savaient sans doute qu'il possédait une caisse importante, environ six mille francs, appartenant au ravitaillement de Roisel; peut-être se la sont-ils appropriée, mais je ne puis l'affirmer.

Le reste de la population de Roisel, soit deux cent douze habitants, fut évacué sur Tincourt le 4 mars; déjà j'avais quitté mon domicile, car les autorités allemandes avaient fait évacuer dans la partie nord le côté sud du village.

Des cavités avaient été préparées dans l'intérieur des murs pour y placer des cartouches de dynamite; il ne nous a été possible d'emporter qu'une faible quantité de bagages, et notre mobilier ainsi que nos marchandises ont été pillés.

J'ai appris par des compatriotes demeurés à Roisel jusqu'au 17 mars, que, lors de notre départ, toutes les maisons avaient été détruites ou incendiées.

Lecture faite, persiste et signe avec nous.

N°s 207, 208.

DÉPOSITIONS faites, le 27 mars 1917, à Noyon (Oise), devant la Commission d'enquête.

Léger (Raoul), 53 ans, propriétaire, cultivateur à Verpillières (Somme) :

Je jure de dire la vérité.

Notre commune a été occupée par les Allemands, d'abord, du 30 au 31 août 1914 et du 20 au 22 septembre de la même année. Le 22, les Français sont arrivés; mais ils se sont retirés le 30, et les ennemis ont alors reparu. Dès leur retour, ils sont venus me chercher chez moi comme otage et m'ont conduit, avec beaucoup de mes concitoyens, dans l'église d'Amy, localité située à un kilomètre. Dans la soirée, j'ai pu rentrer chez moi; mais, le 8 octobre, ils ont fait une perquisition dans mon domicile, où ils comptaient trouver une installation téléphonique. J'avais bien un appareil, étant abonné au réseau du département, mais les fils en étaient coupés. Cela a suffi pour que je fusse mis en état d'arrestation. Pendant qu'on me maintenait, de neuf heures à dix heures du soir, devant ma porte, avec mon berger Maufroy, une trentaine de soldats ont pénétré dans la ferme et l'ont pillée de fond en comble. Ils ont, en même temps, consigné ma femme et mes beaux-parents dans la cuisine, en leur défendant de bouger avant quatre jours. J'ai été traduit ensuite devant un conseil de guerre présidé par un général et chargé de me juger, pour avoir entretenu des communications avec les troupes françaises. Le conseil a interrogé quelques soldats et m'a refusé le droit de prendre la parole pour me défendre. Je n'ai pas pu prononcer un mot. La séance levée, on ne m'a pas fait connaître quel serait mon sort, et on m'a conduit de nouveau dans l'église d'Amy, où, tandis que deux soldats étaient étendus à mes côtés, on m'a contraint à me tenir à genoux pendant toute la nuit. Le lendemain, à onze heures du matin, ce qui restait d'hommes dans le village a été amené également dans l'église. Douze de ces prisonniers étaient marqués d'une grande croix bleue sur la joue droite.

A midi trente-cinq, on a fait sortir tout le monde par rangs de quatre et on nous a dirigés vers Noyon. En passant à Avricourt, comme mon père m'appelait et me demandait de lui donner le bras, il fut frappé par un gendarme d'un coup de plat de sabre qui le fit tomber évanoui. Le même gendarme essaya aussi de me frapper à la tête, mais j'évitai le coup en me baissant brusquement, et me sauvai jusqu'en haut de la colonne. J'arrivai à Noyon vers cinq heures. Les douze personnes marquées d'une croix avaient été gardées à Avricourt. Deux d'entre elles, MM. Poizeaux, âgé de quarante-sept ans, et Vasset, un vieillard de soixante-dix-huit ans, furent ramenées à Verpillières. Ces deux hommes y ont été fusillés sans motif et sans avoir été soumis à aucun jugement. M. Poizeaux a été tué devant le mur de l'église; M. Vasset, contre le mur de ma grange. L'exécution a été faite par quatre soldats : deux du 17e régiment d'artillerie et deux du 31e d'infanterie (1). C'est un sous-officier allemand qui m'a donné ces derniers détails.

Quant à moi, sans avoir été inquiété depuis mon arrivée à Noyon, je suis resté dans cette ville, où ma femme a pu venir me rejoindre lors d'une évacuation ordonnée par les Allemands, le 9 décembre 1914.

Après lecture, le témoin a signé avec nous.

Robidet (Marthe), épouse Léger, 53 ans, domiciliée à Verpillières :

Je jure de dire la vérité.

Je confirme les déclarations qui viennent de vous être faites par mon mari, et j'ajoute que, quand les Allemands ont fusillé M. Vasset, j'ai entendu les détonations. J'ai vu ensuite les trous des balles qui ont traversé notre mur. J'ajoute aussi que, le 28 octobre 1914, avec une partie de la population, j'ai été enfermée dans l'église d'Amy, et que j'y suis restée jusqu'au 3 décembre de la même année, couchant sur de la paille pourrie. Le 9 décembre, nous avons été tous évacués. Je suis restée à Noyon, tandis que mes compagnons prenaient le chemin de l'Allemagne. Je crois savoir que certains d'entre eux ont été rapatriés depuis.

Après lecture de sa déposition et des déclarations ci-dessus relatées de M. Léger, le témoin a signé avec nous.

Nos 209, 210, 211.

DÉPOSITIONS faites, le 4 avril 1917, à Roye (Somme), devant la Commission d'enquête.

Mandron (Ernest), fabricant de sucre et adjoint au maire de Roye, chevalier de la Légion d'honneur :

Je jure de dire la vérité.

Lors de la première occupation allemande, qui a commencé le 30 août 1914, je faisais fonctions de maire. Le pillage a été général et a été opéré surtout dans les maisons abandonnées. La fabrique de sucre et l'habitation de M. Labruyère, faubourg Saint-Gilles, ont été incendiées volontairement.

------

(1) Régiments de réserve.

Le 6 ou le 7 septembre, deux soldats, appartenant à des groupes semblant spécialement affectés au pillage, se sont présentés, pendant la nuit, chez un de nos concitoyens, M. Colombier, qui était manchot, et lui ont demandé de leur indiquer un mauvais lieu. Pour se débarrasser d'eux, il leur répondit : « Je suis tout seul, cherchez plus haut. » Ils entrèrent alors chez M. Lesage. Celui-ci, pris de frayeur, essaya de s'esquiver par son jardin ; mais il fut mis en joue et abattu. Les soldats ayant ensuite aperçu Colombier qui cherchait aussi à se sauver, le tuèrent également.

Vers la même époque, deux autres soldats, qui avaient pénétré chez les époux X.., route de Roye à Carrépuis, ont jeté le mari à la porte ; puis, se saisissant de M⁽ᵐᵉ⁾ X..., une femme de cinquante-cinq ans, l'ont ligotée sur une table et l'ont violée l'un et l'autre. Le lendemain, la malheureuse est venue se plaindre à moi. Elle était dans un état épouvantable : ses jambes et ses poignets étaient couverts d'ecchymoses, et son visage était tellement tuméfié, qu'on ne lui voyait plus les yeux.

A trois reprises, les Allemands m'ont arrêté et emmené dans leurs lignes, sous le prétexte mensonger que des habitants avaient tiré sur eux. J'ai été mis au mur par des officiers, une première fois ici : j'y suis resté trois heures. Une seconde fois à Saint-Gilles : un officier m'y a maintenu pendant une heure, après m'avoir dit : « Venez, Monsieur le Maire, qu'on vous fusille. »

Le 22 septembre, les Français ont reparu à Roye, et sur l'ordre de l'autorité militaire, je suis parti pour Paris avec ma famille. Je suis enfin rentré chez moi en mars dernier, quand notre ville a été définitivement libérée. En arrivant, j'ai constaté que mon usine était détruite et que ma maison avait été incendiée. Vous venez de vous rendre compte de l'aspect de Roye. Beaucoup de toitures ont été endommagées par les combats : les dégâts étaient réparables ; mais les Allemands ont achevé volontairement la démolition des maisons au moment de leur repli. Ils ont détruit les usines Lebaudy, scié tous les arbres fruitiers dans les jardins ainsi que dans les champs, et emporté ou brisé tout le matériel agricole.

Après lecture, le témoin a signé avec nous.

Bouchez (Jean-Baptiste), 67 ans, chef de gare en retraite, demeurant à Roye :
Je jure de dire la vérité.

Le témoin confirme entièrement la déposition ci-dessus relatée de M. Mandron, et ajoute :

Je suis resté à Roye tout le temps de l'occupation. Les réquisitions, les perquisitions et le pillage ont été incessants. Le 17 février dernier, les Allemands ont enlevé les habitants de seize à soixante ans. Cent quatre-vingt-deux personnes ont été soumises à cette mesure, qui a causé le désespoir de toutes les familles. L'évacuation des jeunes filles a donné particulièrement lieu aux scènes les plus douloureuses. Le 13 mars, vingt-trois autres personnes considérées comme otages ont été emmenées. C'étaient M. Lefèvre, boulanger, faisant fonctions de maire à Roye ; M. Carpentier, huissier, délégué du Comité d'alimentation hispano-américain ; M⁽ᵐᵉ⁾ Dhilly, faisant fonctions de maire à Solente, et plusieurs maires des localités voisines, qui avaient été réunis précédemment ici.

Le 17 mars, à trois heures quarante-cinq du matin, les ennemis ont fait sauter l'église, l'hôtel de ville, les carrefours, et ont scié tous les arbres fruitiers. Beaucoup d'incendies avaient été déjà constatés ; il en a alors été allumé d'autres, notamment chez M. Mandron et chez M⁽ᵐᵉ⁾ Verquin.

Après lecture de sa déposition et de celle de M. Mandron, le témoin a signé avec nous.

Leblan (Frédéric), 46 ans, greffier de justice de paix à Roye :

Je jure de dire la vérité.

Le témoin confirme les dépositions de MM. Mandron et Bouchez. Il ajoute :

Pendant tout le temps de l'occupation, les Allemands ont organisé ici la destruction systématique et progressive de toutes les industries. Ils ont d'abord procédé à l'enlèvement des bronze, cuivre, zinc, plomb et laiton ; ils ont ensuite pris les pièces mécaniques pouvant avoir une certaine valeur ; enfin, ils ont brisé les pièces en fonte.

Dans quatre cents maisons environ, tout a été pillé ; les boiseries et planchers ont été arrachés et brûlés ; il ne reste que les murs. Pendant l'hiver de 1914-1915, nous avons constaté quatre-vingt-quinze incendies, parmi lesquels celui de l'hospice.

L'église Saint-Pierre, qui était classée parmi les monuments historiques, n'avait reçu par les obus que des dégâts réparables. Vers le 15 décembre 1914, les Allemands en ont fait sauter, avec des explosifs, le clocher et la toiture. Le 17 mars dernier, ils ont achevé la destruction de l'édifice en faisant encore sauter une plate-forme haute d'environ trente-cinq mètres, qui avait été épargnée jusque-là et qui leur servait d'observatoire. J'ajoute qu'avant de partir, ils ont rendu inutilisables tous les fours des boulangeries et détruit le service d'alimentation de la ville en eau.

Après lecture de sa déposition et de celles de MM. Mandron et Bouchez, le témoin a signé avec nous.

N° 212.

DÉPOSITION reçue, le 30 novembre 1914, à Orvillers (Oise), par M. Andrieux (Martial), brigadier, et M. Barathon (Gilbert), gendarme à cheval à la prévôté de la 25ᵉ division d'infanterie.

Delaporte (Clovis), 39 ans, facteur des postes en retraite à Roye (Somme), rue de Nesle, actuellement réfugié à Orvillers :

Dans les premiers jours de septembre dernier, sans pouvoir préciser la date exacte, au moment de l'occupation de Roye par les Allemands, Mᵐᵉ X..., âgée de cinquante-cinq ans, chemisière, domiciliée au même lieu, rue de Nesle, est venue chez moi un matin, vers neuf heures, ayant de fortes ecchymoses sur les yeux, marchant entièrement courbée, pleurant abondamment et paraissant très effrayée.

Aux questions que je lui ai posées, elle a répondu que, dans la nuit précédente, deux soldats allemands (infanterie, je crois,) s'étaient introduits chez elle, vers onze heures du soir, en enfonçant la porte ; puis ils avaient pénétré dans la chambre où elle était couchée avec son mari, avaient jeté ce dernier dans la rue en chemise, étaient revenus vers elle et l'avaient, à tour de rôle, frappée et violée, assouvissant ainsi leur lâche passion pendant deux heures au moins. Les deux soldats l'avaient ensuite abandonnée sur son lit et étaient partis.

Lecture faite, persiste et signe avec nous.

Mᵐᵉ Delaporte, née Julien (Amélie), 50 ans, fait une déclaration identique à celle de son mari, y persiste et signe.

N° 213.

DÉPOSITION reçue, le 26 mai 1917, à ROYE (Somme), par M. le capitaine VITALI, substitut du rapporteur près le Conseil de guerre de la ⁰ Armée.

X..., 62 ans, manouvrier à Roye :

Serment prêté.

Le 24 août 1914, vers vingt-trois heures, j'étais couché avec ma femme, lorsque deux soldats allemands, dont l'un armé d'une baïonnette, se présentèrent devant mon domicile et, après avoir cassé un carreau, me sommèrent d'ouvrir, ce que je fis, par peur de violences plus graves. Ces individus se jetèrent alors sur moi. L'un d'eux me mena dans la cour, et pendant qu'il me gardait à vue, l'autre couchait ma femme sur une table et la violait. Comme elle résistait, il lui asséna un violent coup de poing, qui lui cassa une dent. Le viol consommé, ce fut au tour de l'autre d'abuser de ma femme, tandis que j'étais maintenu par son camarade.

Avant de partir, les deux soldats s'emparèrent de mon argent. soit environ cent francs qui se trouvaient dans un tiroir du buffet, et me donnèrent un coup de pied dans le derrière (sic).

Ma femme a été emmenée par les Allemands au mois de février 1917.

Lecture faite, persiste et déclare ne savoir signer.

N⁰ˢ 214, 215, 216, 217, 218, 219, 220.

DÉPOSITIONS reçues, le 23 avril 1917, à ROYE (Somme), par M. le sous-lieutenant ROLLET-MAINE, commissaire-rapporteur près le Conseil de guerre de la ⁰ D. I.

MATTE (Arsène), 66 ans, demeurant à Roye, contremaître de la sucrerie Lebaudy :

Serment prêté.

Je puis vous indiquer comment l'usine a été dévastée, car, à ce moment-là, je l'habitais encore. Au cours de la première année, soit avant le 1ᵉʳ janvier 1915, les Allemands n'ont pas abîmé l'usine, parce qu'ils s'en étaient servis pour d'autres usages ; ils n'ont démonté, à ce moment-là, que des parties sans utilité pour eux. On continuait à chauffer, car ils avaient installé un établissement de bains dans l'usine, et un atelier de réparations de machines agricoles.

Mais en 1915, ils ont commencé le démontage en grand de l'usine ; ils ont d'abord enlevé soigneusement tout ce qui était en cuivre ou en bronze : tuyauterie, robinets, serpentins, soupapes, coussinets, etc. ; ils ont enlevé les courroies de transmission, et en général, tout ce qui pouvait servir à quelque chose : le tout a été emballé et emporté. Quand ceci a été fait, ils ont détruit et démoli tout le reste des machines à coups de marteau et même à coups de dynamite, comme la mâcherie à triple effet pour en retirer les tubes. Ils ont également fait sauter les deux cheminées de l'usine.

Il y avait une grange neuve pour les récoltes de moisson de l'usine, qui en était pleine quand ils sont arrivés ; ils ont battu les récoltes et se les sont appropriées, puis ils ont emmené la machine à battre et tous les instruments agricoles, et ils ont démoli la grange, pièce par pièce, pour avoir la couverture en tôle ondulée et les bois de faîtage. Les cent bœufs en service à la sucrerie et les douze chevaux ont été volés dès le début. Tout mon mobilier personnel a été volé et détruit, pillé, dévasté par l'ennemi.

Je sais que l'usine seule, sans compter le bétail, les voitures et le reste, avait été vendue six cent mille francs à M. Lebaudy.

Lecture faite, persiste et signe avec nous.

Soyer (Ange), 72 ans, demeurant à Roye :

Serment prêté.

En septembre 1914, j'ai été contraint par les Allemands, ainsi qu'un certain nombre d'autres ouvriers, à aider au pillage de la tannerie Demouy, 35, faubourg Saint-Gilles. Les Allemands ont fait charger et emmener tout le cuir des fosses, toutes les peaux brutes, tous les cuirs ouvrés ainsi que toutes les réserves de tan; ils les ont chargés sur des voitures qui ont été dirigées sur l'Allemagne. Je ne puis vous en dire la valeur exacte, car je ne m'y connais pas assez, mais je sais qu'ils ont tout enlevé : les fosses étaient pleines. Quand l'usine a été pillée, ils ont enlevé toutes les parties de machines en cuivre ou en fonte, pour les rendre inutilisables.

On m'a dit qu'avant de partir, ils avaient scié tous les montants du hangar qui se trouve sur la rue derrière, dont ils avaient autrefois déjà enlevé les planchers; mais je n'ai pu encore aller voir.

Lecture faite, persiste et signe avec nous.

Poret (Édouard), 65 ans, demeurant à Roye, après avoir prêté serment de dire toute la vérité, rien que la vérité, et après avoir pris connaissance de la déclaration de M. Soyer, déclare y adhérer, fournir les mêmes renseignements sur le pillage de la tannerie Demouy, et estimer à plus de deux cent mille francs la valeur des cuirs enlevés dans les fosses et magasins, non compris la valeur du tan, des bourres, des fournitures et de l'outillage détruit ou enlevé. Le témoin déclare également avoir été contraint de coopérer au démontage de tous les cuivres et bronzes de la sucrerie Lebaudy et des sucreries Mandron et Labruyère. Lorsque tout le cuivre et le bronze a été enlevé, entre septembre 1914 et juin 1915, les Allemands ont détruit tout ce qui restait du matériel de l'usine.

(Suivent les signatures.)

Collin (Eugène), 54 ans, menuisier, demeurant à Roye, 53, faubourg Saint-Gilles :

Serment prêté.

Je puis vous donner des renseignements sur la façon dont est morte la voisine de mes parents, Mᵐᵉ Espessel, demeurant 58, faubourg Saint-Gilles. Au début de l'occupation allemande, cette dame avait la garde de la clef de la maison n° 56, que la propriétaire lui avait laissée. Un sergent allemand a voulu pénétrer dans la maison; il faisait partie de l'état-major du général qui habitait la tannerie. Mᵐᵉ Espessel n'a pas voulu donner les clefs; mais trois jours après, des soldats, en pillant la maison, l'ont trouvée morte. On a alors fait une enquête pour savoir comment elle était morte, et on est venu demander à ma mère depuis combien de temps on ne l'avait pas vue; ma mère a répondu qu'il y avait trois jours, et comme le sergent était là, elle lui a dit : « Vous devez bien le savoir, puisque vous vous êtes disputé avec elle pour la clef. » Il est devenu très rouge. Ma mère a alors été chez Mᵐᵉ Espessel et l'a trouvée morte, recroquevillée dans un coin de la chambre et portant au cou des traces très apparentes de strangulation. Il n'a fait de doute pour personne dans le quartier, qu'elle avait été étranglée par le sergent pour lui prendre ses clefs. Du reste, il n'est pas resté longtemps là; les Boches l'ont fait partir.

Lecture faite, persiste et signe avec nous, et avec ses parents : M. COLLIN (Eugène-Alexandre) et Mme COLLIN, née Augustine PILLOT, qui ont déclaré son témoignage véritable, après avoir prêté serment.

MERCUSOT (Eugène), 52 ans, plombier, demeurant à Roye :

Serment prêté.

Je puis vous donner un certain nombre de renseignements sur l'occupation allemande de Roye; j'y suis resté tout le temps, et j'ai même dû travailler de ma profession pour l'ennemi.

Au sujet des déménagements de maisons, je puis vous affirmer que j'ai constaté comme tout le monde que, lorsque les officiers allemands changeaient de domicile, ils transportaient avec eux de maison en maison les meubles qui leur plaisaient. J'ai, en tout cas, vu déménager une partie du mobilier de mon voisin, M. Maillet, boucher, chez qui habitait le commandant de la place; ce commandant était le Rittmeister Becker, de la 21e division d'infanterie prussienne; il portait l'uniforme des uhlans.

Au sujet des enlèvements de personnes, dès 1914 ils ont enlevé tous les jeunes gens de seize à vingt ans; en 1915, 1916 et 1917, tous les dimanches, il y avait appel des hommes sur la place, et on en enlevait tantôt quatre, tantôt six, tantôt dix, qui étaient emmenés travailler vers le nord. Le 16 février, j'ai été chargé, avec quatre de mes concitoyens : MM. Blondeau, juge de paix; Lefèvre, maire; Carpentier, huissier; Brocard, commissaire, de prévenir plus de cent cinquante personnes de quinze à soixante ans de se rendre au théâtre, le soir, vers vingt-deux heures, avec leurs bagages à la main, des vivres pour vingt-quatre heures, et de se tenir prêtes à partir; j'avais pour ma part quarante-huit personnes à prévenir, à l'égard desquelles les Allemands m'avaient rendu responsable de l'exécution de leurs ordres. L'une des personnes de la liste du juge de paix ayant manqué à minuit, il a dû, avec deux soldats, la rechercher. Je vous remets les deux feuilles d'ordres à exécuter qui m'ont été remises à la Kommandantur par l'interprète allemand lui-même, en présence du commandant de la place.

Au sujet des préparations de mines dans Roye, faites par les Allemands avant leur départ, je ne puis rien vous apprendre de particulier, car étant tombé malade le 5 mars, j'ai habité chez ma mère, et je ne me suis levé que le 18, après les explosions; c'est pourquoi je ne puis rien vous dire de précis sur la dernière évacuation, que les Allemands ont faite le 14 mars.

Lecture faite, persiste et signe avec nous.

PIÈCES REMISES PAR LE TÉMOIN.

I.

On attend dans la région une augmentation de troupes. Pour assurer à ces troupes le logement, il est nécessaire qu'une partie de la population quitte la ville; ci-joint la liste des personnes désignées à la quitter. Chaque personne doit emporter des bagages à la main et la nourriture pour vingt-quatre heures.

Les évacués doivent se rendre au théâtre cette nuit, d'une heure et demie jusqu'à deux heures et demie.

Les autres personnes ne doivent pas accompagner au lieu de départ les évacués et doivent rester à leur domicile, selon les heures données par la Kommandantur.

Les personnes qui n'exécuteront pas les ordres reçus seront punies très sévèrement.

Les réclamations des évacués ne seront pas reçues.

La Kommandantur désigne les commissaires suivants :

1ᵉʳ district : Carpentier (Augustin), huissier ;

2ᵉ — Mercusot (Eugène), ex-conseiller municipal ;

3ᵉ — Blondeau (Adolphe), juge de paix ;

4ᵉ — Brocard (Henri), commissaire.

Ces quatre commissaires sont, avec M. Lefèvre (Paul), maire, responsables de l'exécution des ordres de la Kommandantur.

Le maire et les commissaires doivent être à une heure du matin à la Kommandantur et rester à la disposition de M. le Commandant toute la matinée du 17 février.

Les quatre commissaires remettront des bons de la valeur du mobilier laissé par les évacués entièrement. M. Lefèvre vient à six heures du soir, avec les quatre commissaires, à la Kommandantur ; il devra se munir du cachet de la ville de Roye.

II.

Les commissaires sont responsables que tous les évacués soient prévenus jusqu'à deux heures après-midi.

Les évacués doivent signer vis-à-vis de leurs noms sur les feuilles présentées par les commissaires.

Les évacués des communes et de la ferme de Grange doivent être rentrés en ville et se présenter à la Kommandantur à sept heures ce soir. M. Lefèvre est responsable de fournir un domicile à M. Mayeux (Vincent) dans la ville.

Les commissaires viennent à deux heures porteurs des listes signées.

Les commissaires sont responsables que tous les évacués soient en possession de leurs cartes jaunes.

Les évacués ayant travaillé pour la Kommandantur peuvent venir à trois heures toucher leurs salaires.

Tous les hommes restant dans la ville après l'évacuation sont informés qu'ils doivent se rendre sans exception samedi, à quatre heures, au théâtre, porteurs de leurs cartes jaunes.

Une amende très élevée sera infligée aux personnes manquantes, ainsi qu'aux commissaires.

Dimanche soir, à six heures, chaque commissaire devra remettre une liste de chaque habitant avec les noms de rues, numéros des maisons, situées dans leur district.

———

[Le commissaire-rapporteur près le Conseil de guerre affirme que les deux feuillets ci-dessus lui ont été remis par M. Mercusot, plombier à Roye, qui lui a déclaré qu'ils lui avaient été donnés par l'interprète allemand de la Kommandantur de Roye, pour lui servir d'ordres à exécuter dans la soirée du 16 février 1917.]

Le Commissaire-Rapporteur,

Signé : ROLLET-MAINE.

N°s 221, 222.

DÉPOSITIONS reçues, le 26 mai 1917, à Roye (Somme), par M. le capitaine Vitali, substitut du rapporteur près le Conseil de guerre de la   ^e Armée.

Mandron (Ernest), 49 ans, premier adjoint, faisant fonctions de maire de Roye : Serment prêté.

Le 14 septembre 1914, les Allemands m'ont pris, avec cinq ou six personnes, sous prétexte que les habitants avaient tiré sur leurs troupes. Nous avons été emmenés à Vaucourt, relâchés, repris par des cavaliers et emmenés à Réthonvillers, de telle sorte que, placés au milieu des troupes, nous recevions des coups de mitrailleuses françaises; l'un de nos compatriotes fut tué dans ces conditions. A la faveur du désarroi produit par la retraite, j'ai réussi à m'échapper et à rentrer à Roye, ainsi que mes compatriotes. Nous trouvâmes la ville occupée par de la cavalerie française.

Je n'étais pas à Roye pendant l'occupation qui a duré depuis le 1er octobre 1914 jusqu'en mars 1917; je ne puis vous donner de détails sur ce qui s'est passé durant cette période.

Pendant le mois de septembre 1914, c'est-à-dire pendant la première occupation, les Allemands se sont livrés à un pillage en règle de la ville de Roye. Ils ont pillé les maisons particulières et surtout les magasins, qu'ils ont mis complètement à sac. Ces actes s'accomplissaient sous les yeux des officiers, qui restaient impassibles et ne faisaient pas la moindre observation. Le pillage s'effectuait en bandes, mais il n'y avait pas de voitures pour emporter les objets; c'était chaque soldat qui, pour satisfaire ses convenances, emportait tout ce qui lui plaisait (chaussures, argenterie, linge, objets de consommation, etc.). Plus tard, le pillage fut organisé; les personnes qui y assistèrent pourront vous donner des détails à ce sujet, car, en ce qui me concerne, ainsi que je l'ai dit, je n'étais plus là.

Vers le 7 septembre 1914, les Allemands ont assassiné deux de mes compatriotes, les sieurs Colombier et Lesage, dans les conditions suivantes :

Deux soldats allemands sont entrés chez Colombier, un jeune homme de dix-sept ans, manchot. Ces soldats étaient ivres et croyaient, en pénétrant dans l'appartement de Colombier, y trouver des femmes. Déçus dans leur attente, ils veulent obliger Colombier à leur montrer la maison où ils pourront avoir satisfaction; celui-ci les accompagne et leur indique que c'est plus haut. Les deux soldats frappent à la maison. Lesage, qui était là avec sa femme et ses enfants, apercevant des Allemands, s'enfuit d'un côté, tandis que Colombier s'enfuit de l'autre; c'est alors que les Allemands ont tiré sur eux et les ont tués tous les deux.

Vers la même époque, une femme de cinquante-cinq ans environ fut violée par les Allemands à Roye, chez elle, sur la route de Nesle. Deux Allemands l'attachèrent à une table, après avoir mis le mari à la porte, et abusèrent d'elle tous les deux. Cette femme ayant voulu crier, ils la frappèrent brutalement. Le lendemain du viol, elle vint porter plainte auprès de moi, et je pus constater que ses jambes, ses bras, son visage étaient tuméfiés, et que les liens dont s'étaient servis les agresseurs avaient laissé sur la chair des empreintes très visibles et qui devaient être fort douloureuses.

En septembre 1914, les Allemands ont incendié la maison et la sucrerie Labruyère, route de Montdidier, faubourg Saint-Gilles.

Lecture faite, persiste et signe avec nous.

Louvet (Edmond), 62 ans, retraité des chemins de fer, exerçant bénévolement les fonctions de garde champêtre, domicilié à Roye :

Serment prêté.

En octobre 1914, les Allemands ont procédé aux premières déportations d'habitants, une vingtaine de jeunes gens de vingt à trente ans. Depuis lors, d'une façon à peu près régulière, il y a eu des enlèvements d'habitants, par paquets plus ou moins considérables. Le 17 février 1917, les Allemands ont emmené deux cent cinquante personnes environ de Roye, des deux sexes, de seize à soixante ans. Enfin, en mars 1917, vingt-quatre civils appartenant à plusieurs communes (Roye, Carrépuis, Balatre, Gruny, Solente) furent déportés.

Durant toute l'occupation, les habitants ont été contraints au travail. Ils devaient se présenter tous les jours, à une heure déterminée, et étaient conduits par groupes à leurs chantiers respectifs. Les uns étaient occupés aux travaux de voirie, les autres aux travaux agricoles, les autres à la manutention militaire en gare de Roye. Ceux que l'on employait à la voirie et à l'agriculture travaillaient environ douze heures par jour, mais ne travaillaient que pendant le jour; au contraire, ceux qui étaient occupés à la gare travaillaient la nuit, depuis dix heures du soir jusqu'à huit heures du matin. J'ajoute que la gare était souvent bombardée, soit par obus, soit par aéros. Le travail de nuit consistait à charger et à décharger des obus, des munitions de tout genre, des pelotes de fil de fer barbelé, chevaux de frise, piquets de réseaux, etc. Les Allemands ne se préoccupaient pas de la nourriture des travailleurs, qui devaient apporter à leurs frais ce qui leur était nécessaire. Le salaire s'élevait, pour le travail de jour, à 1 fr. 25 (un mark); pour le travail de nuit, à 1 fr. 75, en bons de papier émis par l'ennemi dans un grand nombre de villes occupées; ces bons de papier n'avaient du reste pas cours auprès des Allemands, qui exigeaient, pour être payés, de la monnaie allemande, du papier allemand. Les femmes et les jeunes filles étaient surtout employées à laver le linge des troupes allemandes; elles recevaient le même salaire.

Comme sévices ou brutalités mortels, je ne puis vous citer qu'un fait, en dehors de ceux dont vous a parlé M. le maire de Roye et que je confirme au surplus en tout point. Ce cas est celui d'une femme, Mme Espessel, de soixante-cinq ans environ, que j'ai trouvée morte chez elle, étendue sur son lit, le corps recouvert de toute espèce d'objets: chaises, vaisselle, débris de meubles, etc. Le major allemand procéda à la visite médicale en ma présence; le cadavre portait sur les cuisses les traces de coups et, sans être absolument affirmatif, je crois pouvoir dire que cette pauvre femme avait été violée. Il y eut une enquête, mais je ne suis pas au courant des résultats de cette dernière.

En ce qui concerne les faits de pillage, il semble qu'il y ait eu deux ordres de faits: ceux qui avaient trait aux maisons des personnes qui avaient quitté Roye avant l'invasion, et ceux concernant les gens qui n'avaient pas quitté la ville. Les habitations de ceux qui n'avaient pas cru devoir rester à Roye, furent l'objet d'une sorte d'inventaire et vidées de tout le mobilier qu'elles contenaient; une partie de ce mobilier fut brûlée (c'est ainsi que j'affirme avoir vu les Allemands brûler à la mairie un très beau bureau appartenant à Mme Bayard), l'autre partie disparut, sans que je puisse exactement dire quelle a été sa destination. Dans les immeubles occupés par les propriétaires, le pillage n'a pas été global; mais les Allemands, officiers ou soldats, prenaient ce qui leur plaisait. Quand un officier avait envie d'un meuble, il le réquisitionnait. En septembre 1914, ce furent surtout les magasins qui furent l'objet d'une vraie mise à sac. Le musée municipal, qui contenait de précieuses antiquités, a été cambriolé; il ne reste plus rien que les médailles et les monnaies, que j'ai pu sauver. A la mairie, un magnifique retable en bois sculpté, provenant de l'église Saint-Florent de Roye, a été brûlé.

Trois sucreries ont été systématiquement détruites, la machinerie enlevée et envoyée en partie en Allemagne. La chemiserie Dehesdin a été saccagée, et toutes les marchandises enlevées en camion; cette chemiserie occupe en temps normal cinq cents ouvriers. Enfin, le matin de leur départ, les Allemands ont fait sauter, dans toute la ville, de grandes quantités de maisons, non seulement dans les carrefours, mais même sur les places et dans les rues. Les canalisations d'eau ont été sabotées et le réservoir a été détruit à la mine.

Plus de deux mille arbres ont été sciés ou coupés sur le territoire de la commune, sans aucune nécessité militaire.

Lecture faite, persiste et signe avec nous.

N° 223.

LETTRE de M. Dollot, propriétaire du château de Moyencourt (Somme), à M. le Préfet de la Somme.

Paris, 2 avril 1917.

Monsieur le Préfet,

J'ai lu, dans le journal *le Temps* du 29 mars, une note communiquée disant que le Gouvernement s'est préoccupé de faire constater, d'une façon précise, toutes les violations du droit des gens commises par les troupes allemandes avant leur repli, et que le général commandant en chef les Armées du nord et du nord-est a désigné des commissaires-rapporteurs, chargés de procéder à des constatations nominatives et de fournir la preuve de tous les actes de barbarie et de dévastation commis en dehors de toute nécessité militaire, et uniquement avec l'intention de porter la ruine dans une des plus riches contrées de la France.

Je vous adresse, en ce qui me concerne, avec prière de la transmettre aux délégués pour cette mission, la déclaration suivante :

Le 18 mars dernier, à quatre heures du matin, les Allemands, qui, depuis le 27 août, occupaient ma propriété à Moyencourt, canton de Roye, arrondissement de Montdidier, ont fait sauter la maison d'habitation, très importante construction, connue sous le nom de château de Moyencourt. La destruction a été totale. Ils avaient antérieurement pillé, volé et emporté tout ce qu'il contenait : meubles, argenterie, pendules, objets d'art, tableaux, bibliothèques, collections, literie, linge, vêtements, tapis, etc. Ils ont aussi, en s'éloignant, mis le feu à des bâtiments annexes, mais le dégât n'est que partiel.

Il ne s'est, à ma connaissance, livré aucun combat aux abords de Moyencourt; pendant plus de deux ans et demi, les Allemands ont occupé paisiblement le village et le château, et on ne peut s'expliquer ces derniers actes de barbarie que par le parti pris de tout détruire systématiquement en se retirant. Le général qui a fait dynamiter le château a d'ailleurs déclaré que, par ordre supérieur, il ne devait laisser derrière lui aucun château debout.

Ma propriété elle-même a été complètement ravagée. Les serres sont détruites, les arbres fruitiers coupés à quatre-vingts centimètres du sol, les vignes arrachées; tous les arbres du parc et d'un petit bois y attenant sont sciés ou hachés. Pour terminer le tableau, ils ont enterré cent cinquante Boches dans l'allée principale conduisant au château, juste en vue de l'habitation.

Pour tous autres renseignements, je reste à votre disposition, Monsieur le Préfet, et à celle des agents enquêteurs.

Veuillez agréer, Monsieur le Préfet, l'assurance de mes sentiments dévoués.

Signé : Dollot.

N°s 224, 225.

DÉPOSITIONS reçues, le 23 avril 1917, à Moyencourt (Somme), par M. le sous-lieutenant Rollet-Maine, commissaire-rapporteur près le Conseil de guerre de la   ° D. I.

Thuillier (Henriette), née Pagecz, 60 ans, demeurant au château de Moyencourt :
Serment prêté.

Pendant tout le temps de l'occupation allemande, c'est un général qui a occupé le château de M. Dollot : d'abord le général commandant le XVIIIe Corps, puis celui du XVIIe. A la fin, après avoir été un hôpital, le château a été habité par le général commandant la 15e division (1) du XVIIe Corps.

Au début, rien n'a été abîmé dans le château, ni pillé ; mais le XVIIe Corps et surtout la 15e division ont tout déménagé. Dans le courant de février 1917, sept automobiles sont venues charger le reste, ne laissant que quelques meubles pour l'habitation des officiers.

Le 18 mars, au petit jour, les Allemands ont fait sauter à la dynamite tout le château, qui s'est écroulé d'une pièce ; ils ont mis le feu aux communs, mais l'incendie s'est éteint après avoir brûlé un seul bâtiment ; tout le parc a été dévasté.

Pendant que le château était un hôpital, ils ont fait un cimetière de l'allée qui lui fait face. Tout le jardin potager et le verger ont été dévastés également avant leur départ.

Lecture faite, persiste et signe avec nous et avec Mme Bourlon (Odile), épouse de M. Ducourtieux (Désiré), jardinier du château de M. Dollot, qui, après avoir pris connaissance de la déclaration de Mme Thuillier, déclare y adhérer et ne rien avoir à y ajouter.

———————

Guilbert (Edmond), 71 ans, conseiller municipal faisant fonctions de maire à Moyencourt :
Serment prêté.

Dans le village, comme dans tous les villages voisins, l'ennemi a marqué son séjour par des déprédations, des vols, des sévices et des exactions de toute nature.

Ils ont commencé le premier jour, 30 août 1914 ; ce jour-là, ils ont passé de sept heures et demie du matin à onze heures, sans discontinuer ; puis, des traînards et des reconnaissances jusqu'au milieu de l'après-midi. Vers cinq heures, on est venu me dire qu'il y avait un homme fusillé dans le jardin de la ferme de la Fourchelle, dont le propriétaire, M. Bocquet, était parti. J'y ai été avec le garde, et nous avons trouvé la victime, nommée Gellé, tombée au pied d'un pommier, les mains attachées derrière le dos, les pieds liés, avec quatre balles dans la poitrine et deux dans la tête ; une des balles avait coupé la longe qui l'attachait au pommier. Gellé avait dû être traîné sur un certain parcours, depuis la porte d'entrée, car son chapeau était resté par terre à la porte. Comme tout le monde était resté dans les maisons pendant le passage des ennemis, on n'a pas pu savoir pourquoi il avait été tué ; on a pensé que les Allemands l'avaient fusillé parce qu'ils avaient trouvé dans la maison un fusil, que son patron, qui était chasseur, y avait laissé.

Dans le courant de l'année 1915, j'ai été moi-même l'objet de brutalités de la part d'un soldat. Ils étaient un groupe, qui voulaient faire entrer leurs chevaux dans une étable où étaient mes moutons, qui la remplissaient ; j'ai essayé de leur dire d'attendre que je les fasse sortir ; ils n'ont pas voulu m'écouter, et l'un d'eux m'a frappé à la tête d'un coup de crosse de fusil ; le sang a coulé, et j'en porte encore la marque.

Il y a un peu plus d'un an, Mme Toppard (Charles), ayant vu des soldats allemands

———————

(1) Ou 35e division.

arracher des légumes dans son jardin, a été leur dire de cesser; l'un d'eux s'est relevé et lui a donné deux coups de poing dans la figure et des coups de pied dans le ventre.

Si je devais vous raconter toutes les brutalités qui se sont passées pendant ces trois ans, je n'en finirais pas; tous ceux qui restent ici et tous ceux qui ont été emmenés ont eu à en souffrir.

Pour ce qui est du château, il a été détruit le 18 mars, à quatre heures du matin. C'était ordinairement un général qui y logeait; le dernier est parti le 17 mars dans l'après-midi. C'est le commandant, le nommé Dantz, qui a donné les ordres pour la destruction du château de M. Dollot, maire de Moyencourt, de la sucrerie et du château de M. Legros. Le château de M. Dollot avait été entièrement pillé auparavant par le général qui l'occupait; c'était celui de la 15e division (1). Il y avait dans le château de très grandes richesses. Le parc a été saccagé auparavant. L'ennemi a détruit le château à la dynamite et incendié les communs, dont la totalité n'est pas détruite. Dans le jardin potager du château, tous les arbres fruitiers ont été sciés ou coupés, comme dans la plupart des vergers des villages.

Avant de détruire la sucrerie de fond en comble, ils l'avaient déjà dévalisée depuis longtemps; dès 1914, ils avaient enlevé toute la tuyauterie en cuivre et tout ce qui était en cuivre ou en bronze; ensuite, ils avaient détruit les machines; avant de partir, ils ont démoli tout le reste.

Ici comme ailleurs, ils ont emmené, à différentes reprises, toute la population, hommes et femmes, depuis l'âge de quinze ans jusqu'à celui de soixante ans; ils ont même emmené des évacués des autres villages, qui étaient à Moyencourt.

Lecture faite, persiste et signe avec nous, et avec M. CHAVIN (François), 66 ans, garde champêtre de la commune de Moyencourt, qui, après avoir prêté serment de dire la vérité et avoir entendu la lecture de la déposition de M. Guilbert, a déclaré adhérer à ses déclarations.

N° 226.

DÉPOSITION faite, le 23 avril 1917, à AMIENS, devant la Commission d'enquête.

RIGAUT (Philomène), femme WAGER, 43 ans, domiciliée à Douilly (Somme) :

Je jure de dire la vérité.

La commune de Douilly a été fortement pillée pendant tout le temps de l'occupation : tous les matelas, notamment, et une grande quantité de linge ainsi que de nombreux meubles ont été enlevés.

A diverses reprises, les Allemands ont envoyé des habitants dans des directions que j'ignore. Un jour, ils ont obligé une jeune femme, accouchée depuis l'avant-veille d'un enfant mort, à se lever et à partir. C'était une personne qui travaillait à la distillerie de M. Mortecrette et qui n'était pas du pays; elle se nommait Mme Christy. Comme cette malheureuse passait en pleurant devant chez nous, je lui ai jeté un châle sur les épaules. Je ne sais ce qu'elle est devenue; mais, pour moi, on l'envoyait à la mort en l'emmenant dans l'état où elle était.

Le 18 février, ce qui restait de la population, les vieux, les infirmes et les femmes ayant de jeunes enfants, ont été évacués sur Mesnil-Saint-Nicaise. Là, nous avons été parqués dans des fermes et dans des étables.

Une huitaine de jours avant leur départ, les Allemands nous ont sommés de leur remettre tous les titres et valeurs que nous pouvions posséder. J'ai été, pour ma part, dépouillée

_____

(1) Ou 35e division.

ainsi d'un bon de Panama, de deux titres de la Séquanaise et de plusieurs bons de l'Exposition de 1889. Il m'en a été donné un reçu, mais je ne sais ce que vaut ce chiffon de papier.

On m'a affirmé, et tout le monde en parlait d'ailleurs, que les Allemands avaient empoisonné les puits à Mesnil. En tout cas, un soldat m'a dit un jour, en me montrant le puits de la ferme dans laquelle j'étais logée : « Nicht boire : coliques ! »

J'ai vu les soldats mettre le feu aux maisons et démolir les toitures de celles qu'ils n'incendiaient pas. Certaines maisons, les plus solides, ont aussi été détruites à la mine. J'ai vu également les Allemands couper les arbres dans les jardins et dans les champs.

Après lecture, le témoin a signé avec nous et avec Mlle Leleu (Pauline), 23 ans, sa fille, issue d'un premier mariage, laquelle n'a pas été évacuée par les Allemands parce qu'elle était malade. Mlle Leleu, après avoir prêté serment, a confirmé la déposition ci-dessus relatée.

N° 227.

DÉPOSITION faite, le 23 avril 1917, à Amiens, devant la Commission d'enquête.

Gond (Jeanne), veuve Payen, 33 ans, domiciliée à Bernes (Somme) :

Je jure de dire la vérité.

Pendant leur séjour à Bernes, les Allemands ont fait de nombreuses réquisitions, prenant jusqu'aux matelas des malades. Dans mon magasin d'épicerie, des gendarmes sont venus enlever les plateaux en cuivre des balances et tous les poids du même métal.

Le 28 février dernier, j'ai été évacuée avec tous les autres habitants qui n'avaient pas été compris dans les rafles précédentes, et on nous a conduits à Bouvincourt. A ce moment, une partie de notre village avait été déjà incendiée.

Il y avait à Bernes et à Hervilly, commune voisine, deux importantes fabriques de sucre, appartenant l'une à M. Busignies et l'autre à M. Carpeza. Elles ont été d'abord pillées : tous les métaux ont été emportés; puis, après notre départ, nous avons, de Bouvincourt, entendu les explosions, quand les Allemands ont fait sauter les bâtiments.

Quelques jours avant notre évacuation, deux soldats accompagnés d'un gradé sont venus chez moi, comme dans d'autres maisons; ils m'ont demandé si j'avais fait ma provision d'eau, ajoutant qu'ils allaient boucher ma citerne avec du fumier. L'un des soldats m'a même dit : « C'est malheureux d'être obligés de faire cela ! » Je les ai vus ensuite prendre du fumier, qu'ils avaient apporté dans une brouette, et le jeter dans la citerne. Curieuse de savoir à qui j'avais affaire, j'ai dit au gradé : « Monsieur est sans doute lieutenant ? » Il m'a répondu : « Non, je suis architecte. »

Après lecture, le témoin a signé avec nous.

N°ˢ 228, 229, 230.

DÉPOSITIONS faites, le 23 avril 1917, à Amiens, devant la Commission d'enquête.

Mabilotte (Alzire), femme Polleux, 43 ans, domiciliée à Monchy-Lagache (Somme) :

Je jure de dire la vérité.

Dès leur arrivée à Monchy-Lagache, en août 1914, les Allemands ont pillé le village. « Tout était à eux. » Ils enlevaient les mobiliers et les transportaient vers leurs tranchées. Pendant tout le temps de l'occupation, ils se sont montrés fort exigeants, et le régime qu'ils nous imposaient était très dur. Quand on ne saluait pas un officier, on était frappé d'une amende de vingt-cinq marks. Les réquisitions étaient continuelles et les menaces incessantes.

A partir d'octobre 1916, ont eu lieu, en plusieurs convois, les évacuations sur Maubeuge des habitants valides de quinze à soixante ans. J'ai échappé à l'exécution de cette mesure, parce que j'ai de jeunes enfants.

Le 4 mars dernier, le reste de la population a été envoyé à Vraignes et cantonné, avec de nombreuses personnes d'autres communes, d'abord dans les maisons, puis dans l'église et dans les écuries d'une grande ferme appartenant à M. Saguet. J'étais moi-même dans ces écuries. Le lendemain de notre internement, les Allemands ont mis le feu à un côté de Vraignes, et le jour suivant, ils ont incendié d'un autre côté. La veille de leur départ, ils nous ont rassemblés dans la cour de la ferme, nous ont fouillés et nous ont pris notre argent.

Pendant notre séjour à Vraignes, nous avons vu plusieurs fois éclater des incendies dans notre commune. Le jour de notre fouille, des soldats nous ont dit : « Demain, vous pourrez regarder votre Monchy. » Effectivement, le lendemain, nous avons constaté que le village était en flammes.

J'ai été témoin à Monchy des abatages d'arbres fruitiers à la hache et à la scie, dans la campagne et dans les jardins. J'ai vu les Allemands couper jusqu'aux groseilliers et saccager les plants de fraisiers.

Après lecture, le témoin a signé avec nous.

GOSSUIN (Marie), femme PETITHOMME, 38 ans, domiciliée à Tertry (Somme) :

Je jure de dire la vérité.

A la fin de leur séjour à Tertry, les Allemands ont évacué vers le nord les habitants valides des deux sexes, de quinze à soixante ans, en deux convois. Dans le second, le maire et le curé ont été emmenés. J'avais été laissée chez moi, parce que j'ai un jeune enfant; mais, au commencement du mois de mars dernier, j'ai été envoyée, avec le reste de la population, à Vraignes, où on nous a internés dans la ferme Saguet.

La veille ou l'avant-veille de leur départ, les Allemands nous ont tous rassemblés dans la cour de la ferme et nous ont fait vider nos poches, pour nous enlever notre argent et nos billets, ne nous laissant que nos bons communaux.

Pendant notre séjour à Vraignes, ils ont incendié une partie de cette commune; nous voyions d'ailleurs brûler des villages tout autour de nous, notamment Beaumetz, Bouvincourt et Tertry.

Je sais qu'à Vraignes, les Allemands ont pris au magasin du Comité de ravitaillement américain une certaine quantité de denrées, entre autres des boîtes de lait concentré, qui auraient été bien utiles aux malades et aux enfants.

Après lecture, le témoin a signé avec nous.

SAVEUSE (Zoé), femme RIMETTE, 46 ans, domiciliée à Vraignes (Somme) :

Je jure de dire la vérité.

Pendant leur séjour à Vraignes, les Allemands se sont continuellement livrés au pillage.

Le 15 février dernier, ils ont emmené dans le nord tous les habitants valides, de quinze à soixante ans, à l'exception des femmes ayant de jeunes enfants. Bien que malade, mon mari a été au nombre des victimes de cette mesure. Le jeudi qui a précédé le départ des troupes ennemies, nous avons été enfermés dans la ferme Saguet, et quelques jours après, on nous a enlevé notre argent. On ne m'en a pas pris, parce que je n'en avais pas; mais j'ai été fouillée, et j'ai dû enlever une partie de mes vêtements pour qu'ils fussent visités.

La commune a été incendiée la veille de la retraite allemande. Les soldats répandaient du goudron dans les maisons et y mettaient le feu; c'est ainsi que la grande rue a été presque entièrement détruite sous mes yeux.

La râperie Cartigny avait été minée; elle a sauté, et il n'en reste rien.

Après lecture, le témoin a signé avec nous.

———

Nᵒˢ 231, 232, 233.

DÉPOSITIONS reçues, le 25 mars 1917, à VRAIGNES (Somme), par M. le sous-lieutenant GENTY, commissaire-rapporteur près le Conseil de guerre de la Mission militaire française.

CARPEZA (Edmond), 64 ans, maire de Vraignes (Somme) :

Serment prêté.

Pendant l'occupation allemande, la commune de Vraignes a été l'objet de vexations, tracasseries, traitements rigoureux de toute sorte, mais il m'est difficile de vous citer des faits précis à ce sujet.

A partir du 27 février dernier jusqu'au 3 mars, les habitants de diverses communes, la plupart voisines, les autres éloignées, ont commencé à arriver à Vraignes, où ils étaient évacués par les autorités allemandes. Ce sont les communes de Maissemy, Caulaincourt, Trefcon, Poeuilly, Tertry, Monchy-Lagache, Villevêque, Gricourt.

Les habitants de ces diverses communes ne comprenaient pas les hommes et femmes âgés de quinze à soixante ans, car, avant leur évacuation, la sélection avait été faite et les Allemands avaient dirigé sur l'arrière les personnes des deux sexes de quinze à soixante ans, exception faite toutefois des femmes et jeunes filles qui avaient la charge d'enfants en bas-âge.

Pour la commune de Vraignes, c'est le 15 février dernier que l'autorité allemande a rassemblé et dirigé sur l'intérieur des pays envahis toutes les personnes de quinze à soixante ans, au nombre de soixante-treize.

Le motif allégué par les Allemands était que ces habitants avaient l'âge de travailler. Comme dans la plupart des communes, les femmes ayant charge d'enfants ont été laissées.

Il y a une dizaine de jours, ordre fut donné à tous les habitants actuels du village de se rassembler dans l'église et dans une ferme avoisinante. Toute la population obéit, et nous fûmes ainsi réunis au nombre de mille quinze personnes, avec les sacs qu'on nous avait permis d'emporter. On resta ainsi pendant trois jours, durant lesquels les Allemands se livrèrent au pillage de toutes les maisons; puis, on nous invita à remettre les titres et l'argent que nous avions en notre possession, sans toutefois insister; mais le lendemain, à midi, on procéda à la fouille et on nous prit l'argent. Il est à ma connaissance que cette fouille a produit la somme de treize mille francs environ.

Quelques jours auparavant, la Kommandantur avait déjà ordonné de déposer à la mairie l'or et les titres; certains habitants y avaient obtempéré, et en échange, on leur avait remis des bons régionaux, tandis que, lors de la dernière fouille, nous avons eu des reçus informes.

Peu de temps avant leur départ, les Allemands se sont livrés à la dévastation des arbres fruitiers; ils ont même été jusqu'à couper tous les rosiers. Ils ont détruit tout le matériel agricole et incendié la plupart des fermes et granges.

Lecture faite, persiste et signe avec nous.

CASTEL (Ernest), 56 ans, maire de Monchy-Lagache (Somme), actuellement évacué à Vraignes :

Serment prêté.

Je n'ai guère à signaler, comme abus de l'autorité allemande pendant l'occupation, que les nombreux pillages qui étaient effectués, à chaque instant, sous les prétextes les plus divers.

Lors de l'offensive franco-britannique en juillet 1916, une centaine d'hommes furent dirigés sur l'intérieur des pays envahis.

Depuis octobre 1916 jusqu'à ces derniers temps, quatre listes d'évacuation sur l'arrière furent établies. Elles comprenaient tous les hommes, femmes et jeunes filles en âge de travailler. Il est parti ainsi quatre-vingts personnes au mois d'octobre, et parmi elles se trouvaient même des vieillards. Les trois autres listes comprenaient chacune de quatre-vingts à cent vingt travailleurs des deux sexes, si bien que l'agglomération de Monchy-Lagache, qui s'était augmentée des évacués d'Ablaincourt et de Fresnes, se trouva ramenée à cent trente-cinq personnes ne comprenant plus que des vieillards, des enfants et des mères de famille.

Nous avons tous été évacués à Vraignes dans les premiers jours de mars. Lors de mon départ, j'avais constaté que les Allemands détruisaient les arbres fruitiers et les vergers; j'ai vu même détruire des plants de fraisiers.

J'ai pu retourner à Monchy avant-hier, et je me suis rendu compte que toutes les maisons avaient été incendiées.

En outre, j'ai constaté que des violations de sépultures avaient été commises dans le cimetière; les dalles avaient été soulevées et déplacées dans les chapelles des familles Duparc et Perdry.

Lecture faite, persiste et signe avec nous.

DUBOIS (Edmond), 57 ans, instituteur à Poeuilly (Somme), évacué à Vraignes :

Serment prêté.

J'ai été fait prisonnier civil à Licourt au mois d'octobre 1914 et emmené dans une prison de Saxe, en même temps que trois vieillards de ma région, âgés de soixante-huit, soixante-douze et quatre-vingt-deux ans. J'ai été rapatrié à Poeuilly au mois d'août 1915, et j'ai constaté que les Allemands forçaient au travail tous les habitants de quinze à soixante-dix ans.

Le 15 février dernier, quarante-neuf personnes, hommes et femmes, de quinze à soixante ans, furent dirigées sur l'arrière. Il y avait dans le nombre une jeune fille de quinze ans, Hélène Delacroix, que j'ai vu enlever de force à sa famille et partir en pleurs. Il y avait aussi deux vieilles filles ayant dépassé la cinquantaine, et qui demandaient à rester pour soigner leur père, âgé de quatre-vingts ans; mais on refusa d'accéder à leur demande, et le vieillard décida de partir avec elles.

J'ai vu les Allemands, au moment de leur départ, briser le matériel agricole ou enlever des instruments, et couper les arbres fruitiers.

Tous les habitants ont été fouillés, et j'ai dû donner les marks et l'argent français que j'avais en ma possession. J'avais auparavant remis, sous menace, les coupons échus de mes titres.

Lecture faite, persiste et signe avec nous.

N° 234.

DÉPOSITION reçue, le 30 avril 1917, à AMIENS (Somme), par M. GUENIN, commissaire de police, agissant en vertu d'une commission rogatoire, en date du 26 avril 1917, de M. le sous-lieutenant BARBET, rapporteur près le Conseil de guerre de la Mission militaire française attachée à l'armée britannique.

DIOU (Amanda), femme PETITHOMME, 65 ans, sans profession, demeurant actuellement à Amiens :

Serment prêté.

J'ai vécu pendant trente-deux mois sous la domination allemande à Tertry, où j'ai toujours habité jusqu'au 6 mars dernier. Ce jour-là, les Allemands ont conduit toute la population du village à Vraignes, où nous sommes restés jusqu'au jour où les Anglais nous ont enfin délivrés.

Si je n'ai jamais vu les Allemands se livrer à des violences sur la population de Tertry, je puis dire qu'ils nous ont traités comme de véritables prisonniers. Non contents de s'être implantés dans nos maisons, ils se sont petit à petit emparés de tout ce qui était à leur convenance. C'est tout juste si nous avions un petit coin pour nous retourner dans la maison, tandis qu'ils occupaient nos lits. Depuis leur arrivée et jusqu'au jour où ils ont battu en retraite, il nous a été défendu de manger une seule fois de la viande. Nous n'avions pas le droit de tuer une vache, dont le lait leur était réservé, ni une poule, ni un lapin : tout leur était destiné. Sous prétexte de prendre le cuivre et les métaux dans les maisons particulières, ils se sont comportés en véritables cambrioleurs et ont fait main basse sur tout ce qui était à leur convenance : literie, linge, meubles, vêtements, chaussures, etc. Tous ces vols avaient lieu à l'instigation des chefs.

Je n'ai pas entendu dire qu'ils aient volé des valeurs ou de l'argent à Tertry.

Quelques jours avant qu'ils ne quittent Tertry, les Allemands se sont livrés à un pillage en règle de toutes les maisons. Ils ont emporté les meubles, ou brisé ceux qu'ils n'ont pas pu emporter. Ils ont scié tous les arbres fruitiers de la commune. Enfin, après nous avoir expulsés de chez nous, alors que nous étions à quelques centaines de mètres du village, ils ont détruit toutes les maisons par la mine ou l'incendie. En outre, ils ont détruit les routes et empoisonné les puits en y jetant du fumier.

Il est absolument certain que nos ennemis avaient conçu depuis très longtemps ces plans de dévastation et de destruction systématiques, car je me souviens de leur avoir entendu dire, dès leur arrivée à Tertry, il y a trente-deux mois : « Si nous venons à reculer, nous détruirons tout derrière nous. »

Un jour, où je faisais remarquer à un officier logé chez moi que les soldats allemands se comportaient mal envers les populations, alors que nous ne leur en donnions pas le prétexte, il m'a répondu que si ces soldats exécutaient tout ce qu'on leur commande, ils feraient encore bien pis.

Un jour, dans le courant de janvier, je crois, mon fils, Paul Petithomme, âgé de quarante-deux ans, délégué à la répartition des denrées provenant du ravitaillement hispano-américain, s'est aperçu, avec le maire, que, nuitamment, on s'était introduit dans le local où se trouvaient ces denrées, et qu'on y avait dérobé du lard, de la graisse et du savon. Comme la population civile ne pouvait sortir la nuit, il est hors de doute que le vol a été commis par des soldats allemands.

L'avant-veille de l'arrivée des Anglais à Vraignes, les Allemands nous ont tous obligés à leur remettre les marks et l'argent français que nous possédions; les personnes qu'ils soupçonnaient d'en cacher ont été fouillées par eux.

Lecture faite, persiste et signe avec nous.

N° 235.

DÉPOSITION faite, le 24 avril 1917, à NESLE (Somme), devant la Commission d'enquête.

OBRY (Théodule), 51 ans, greffier de la justice de paix, adjoint faisant fonctions de maire à Nesle :

Je jure de dire la vérité.

Pendant la durée de l'occupation, l'autorité militaire allemande à Nesle s'est montrée exigeante et brutale. Les réquisitions ont été incessantes. Il a été opéré de nombreuses perquisitions dans les domiciles privés, et les menaces ne nous ont pas été épargnées. Fréquemment, du bétail et des chevaux ont été enlevés sans réquisition et sans remise de bons. Au début, la ville a été frappée d'une contribution de treize mille francs en or. En attendant que cette somme pût être versée, j'ai été enfermé dans une cave avec deux conseillers municipaux, MM. Delacroix et Terlez, et un propriétaire, M. Villette. Nous y sommes restés de dix heures du matin jusqu'à quatre heures du soir. En mars ou avril 1915, l'intendance s'est emparée d'une grande quantité de blé, qui était destinée à l'alimentation de la population civile. L'opération s'est faite dans les conditions les plus irrégulières, sans réquisition et sans remise de bons. Ainsi dépossédé de la provision qui nous était si nécessaire, j'ai dû, sur l'invitation qui m'en a été faite, me présenter à l'intendance, où on me remettait une certaine quantité de farine contre argent comptant, à raison de 68 fr. 75 le quintal.

Au mois de septembre 1914, trois soldats, s'étant introduits chez Mme X., ouvrière des plus honorables et mère de sept enfants, l'ont obligée à monter en voiture avec eux et ont abusé d'elle, après l'avoir transportée à cinq kilomètres de là.

Le 10 février dernier, nous avons reçu à la mairie un ordre prescrivant à tous les habitants de dix-sept à soixante ans de s'inscrire à la Kommandantur, à l'exception des femmes ayant des enfants âgés de moins de treize ans; et le 17 du même mois, après injonction individuelle leur ordonnant de se rassembler, cent quatre-vingts femmes et jeunes filles et cent soixante-quatre hommes ont été emmenés. D'après ce que nous a déclaré un soldat allemand, les femmes auraient été internées à Hautmont. Le lieutenant Fey m'a dit à cette occasion : « Je n'ai pas voulu assister au départ, parce que c'était trop triste ».

Le 4 mars, appelé à la Kommandantur, je fus reçu par ce même officier. Il me dit qu'il venait de recevoir un ordre désagréable à faire exécuter, et me renvoya au secrétaire Hoffmann pour en avoir communication. Celui-ci me chargea alors d'inviter la population à venir déposer toutes ses valeurs mobilières; j'ai refusé, et l'affaire n'a pas eu de suites.

Six jours plus tard, on a obligé les habitants des faubourgs à quitter leur domicile et à s'établir à l'intérieur de la ville, sans leur donner même le temps nécessaire pour faire leur déménagement; puis les Allemands, le jour de leur départ de Nesle, ont démoli à coups de hache ou incendié la plupart des maisons de ces faubourgs. Pendant les quinze jours précédents, ils avaient d'ailleurs procédé méthodiquement à l'enlèvement d'un certain nombre de mobiliers, notamment de ceux des maisons dans lesquelles logeaient les officiers supérieurs et les généraux. Du reste, le pillage a été fréquent pendant toute l'occupation. Les coffres-forts des maisons abandonnées ont été fracturés, de même que ceux du percepteur et du notaire, M. Delacroix. Chez ce dernier, tout le numéraire a été pris, et il a été laissé en échange des bons communaux. Dans les établissements industriels : l'usine à gaz, la distillerie Lesaffre, la fabrique de produits chimiques Evence Coppé et la malterie Tabary, tous les appareils ont été brisés : il ne reste que les murs. Dans le magasin du ravitaillement américain, les Allemands ont dérobé, au commencement de mars, trente-cinq kilos de lard et du savon.

En dehors de la contribution de treize mille francs dont je vous parlais tout à l'heure, nous avons eu à en payer d'autres, et aussi des amendes. C'est ainsi que nous avons dû verser trois mille francs à raison de la découverte de quelques vieilles armes de panoplie dans une maison abandonnée, appartenant à Mme de Montbas, et trente mille francs à titre de sanction parce qu'on avait trouvé trois fusils de chasse chez M. Duhamel. D'ailleurs, tout était prétexte à nous pressurer. En 1915, les Allemands ont exigé de nous six mille huit cent quatre-vingt-seize francs pour fourniture de semences et travaux de labour. Or, non seulement nous n'avons pas profité de la récolte, qu'ils se sont entièrement appropriée, mais nous avons été obligés de leur en racheter une partie, pour la nourriture des chevaux de la ville. Pour vous donner une idée de leurs exigences, je vous dirai aussi qu'ils ont eu l'impudence de nous faire payer les frais d'une installation de lumière électrique, faite par eux-mêmes pour la commodité de leurs officiers.

Pour nous mettre en mesure de subvenir à tant de contributions et à l'entretien des troupes, l'autorité allemande nous a contraints à entrer dans un consortium de communes en vue d'émissions de bons. A Réthonvillers, où l'ordre n'avait pas été exécuté de suite, un officier est allé prévenir le maire qu'il serait arrêté avec les notables et leurs familles, pour être déportés en Allemagne, si, dans une heure, le conseil municipal ne s'était pas réuni. Il a bien fallu obéir.

J'ajoute qu'à la fin de leur séjour ici, les Allemands ont coupé un grand nombre d'arbres fruitiers et détruit les instruments agricoles. Ils ont en outre enlevé les tuyaux des grandes orgues de l'église; et après avoir jeté les cloches du haut du clocher, ils en ont emporté les morceaux. Je dois déclarer aussi qu'un certain nombre de puits ont été en partie comblés avec du fumier.

Les dévastations des derniers jours ont été opérées par des hommes appartenant au 6° chasseurs à pied et au 38° d'infanterie (1), sous les ordres du général Hahn, qui commandait la 35° division.

Malgré tout ce que nous avons enduré au cours de cette cruelle période, nous n'avons jamais désespéré. Le conseil municipal se réunissait régulièrement, ainsi qu'en fait foi le registre de nos délibérations, que je mets sous vos yeux.

Après lecture, le témoin a signé avec nous.

———

Nous, membres de la Commission, avons relevé, sous la date du 4 février 1915, une délibération transcrite au registre du Conseil municipal de Nesle, et se terminant comme il suit :

« Avant de lever la séance, le Conseil renouvelle ses vœux ardents pour le succès de nos armes; il compte que le patriotisme des habitants de la ville de Nesle se montrera digne des

———

(1) Ainsi déclaré.

événements actuels et qu'ils conserveront tous une confiance inébranlable au Gouvernement de la République, qui saura faire les efforts nécessaires pour le triomphe de notre juste cause. »

Ont signé les membres présents : Obry, Longuet, Dufresne, Boilet, Rabache, Delacroix, Durez, Terlez et Kaempf.

N° 236.

DÉPOSITION faite, le 24 avril 1917, à NESLE (Somme), devant la Commission d'enquête.

LEROY (Belmire), 53 ans, secrétaire de la mairie à Nesle :

Je jure de dire la vérité.

La ville de Nesle a été exploitée par les Allemands d'une façon tout à fait excessive. Les réquisitions ont été très lourdes, et le total en est approximativement de deux millions de francs. M. le maire a dû d'ailleurs vous dire la rigueur avec laquelle elles ont été pratiquées. Pour avoir protesté contre l'occupation des locaux de l'école, j'ai été emprisonné pendant toute une journée et toute une nuit, la veille de Noël 1915.

Au mois de février dernier, quand a eu lieu l'enlèvement d'une partie de la population, une dizaine de personnes atteintes de maladies chroniques et incapables de tout travail ont été emmenées, malgré leurs protestations appuyées par les autorités municipales.

Après lecture, le témoin a signé avec nous.

N°ˢ 237, 238.

DÉPOSITIONS faites, le 24 avril 1917, à NESLE (Somme), devant la Commission d'enquête.

BRAILLON (Pascal), 66 ans, docteur en médecine à Nesle :

Je jure de dire la vérité.

Pendant environ deux mois, au début de l'occupation, j'ai donné mes soins à de nombreux blessés allemands, d'abord seul, puis avec leurs médecins, à l'hôpital de Nesle. Voici comment j'en ai été récompensé :

J'avais un sauf-conduit permanent pour visiter mes malades. Or, le 14 décembre 1914, sous le prétexte que ce sauf-conduit était périmé et que je m'étais néanmoins rendu à trois kilomètres de la ville, auprès d'une cliente récemment opérée, j'ai été mis en état d'arrestation, et après avoir été emprisonné ici pendant quatre jours, j'ai été transféré d'abord à Saint-Quentin, puis en Allemagne. Je n'ai été renvoyé en France que deux mois et demi plus tard.

Après lecture, le témoin a signé avec nous.

ROUZÉ (Léopoldine), épouse BRAILLON, demeurant à Nesle :

Je jure de dire la vérité.

Restée seule après le départ de mon mari, le docteur Braillon, qui avait été emmené en Allemagne, j'ai eu à loger continuellement chez moi des officiers allemands. Bien qu'ils n'eussent eu à se plaindre de rien, ils ont saccagé ma maison avant de quitter la ville, prenant ce qui leur convenait et détruisant le reste. Les vitres, les glaces, les marbres des meubles ont été brisés; les sièges ont été crevés à coups de couteau; et dans mon jardin, quatre-vingt-dix poiriers et autant de pieds de vigne ont été sciés. Cette besogne a été faite par le cuisinier, le chauffeur, les ordonnances des officiers d'état-major qui étaient mes hôtes, et par les secrétaires du service central téléphonique, qui était installé dans une chambre du haut. A un certain moment, comme je protestais auprès d'un lieutenant contre la destruction des toits de petits bâtiments dépendant de la maison, il me répondit simplement : « C'est un ordre ».

J'ajoute que du fumier a été jeté dans mon puits pour l'infecter.

Après lecture, le témoin a signé avec nous.

Nᵒˢ 239, 240.

DÉPOSITIONS reçues, le 29 avril 1917, à NESLE (Somme), par M. MALIN, brigadier de gendarmerie, agissant en vertu d'une commission rogatoire, en date du 18 avril 1917, de M. le commissaire-rapporteur près le Conseil de guerre de la Mission militaire française attachée à l'armée britannique.

KAEMPF (Georges), 50 ans, boucher, demeurant à Nesle :

Serment prêté.

Le 20ᵉ régiment d'artillerie lourde, le 38ᵉ régiment d'infanterie et le 5ᵉ chasseurs à pied (1), faisant partie de la 35ᵉ division d'infanterie allemande, sous les ordres du général Hahn, cantonnaient à Nesle, au moment de leur retraite, le 18 mars 1917. Ces troupes ont causé des dégâts matériels pendant leur séjour dans la ville; mais la totalité du pillage et la dévastation des habitations et des arbres fruitiers ont été commis par une compagnie d'infanterie dite : « Compagnie des démolisseurs », arrivée à Nesle vers la fin de février dernier.

Je puis certifier que j'ai entendu dire par des soldats allemands qu'ils avaient l'ordre de leur empereur de tout piller, saccager et dévaliser sur leur passage.

Lecture faite, persiste et signe avec nous.

Mᵐᵉ TREFCON (Hélène), née MANTION, 40 ans, domestique à Nesle :

Serment prêté.

Le général Hahn a logé dans une des chambres de mon patron, du 26 août 1916 au 17 mars 1917. Il occupait une chambre comprenant un lit garni et une table de nuit. A son départ, il a fait enlever par des soldats allemands tout le mobilier placé dans sa chambre, ainsi que les tentures et doubles rideaux. Les domestiques de cet officier général ont tout saccagé, pillé et dévalisé les appartements de mon patron; mais je ne puis dire s'ils en avaient reçu l'ordre de leur chef, car aucun d'eux ne me l'a jamais dit. Cet officier général commandait la 35ᵉ division d'infanterie allemande. Je ne puis dire non plus quelle troupe allemande a cantonné à Nesle pendant le séjour de ce général allemand.

Lecture faite, persiste et signe avec nous.

---

(1) Ainsi déclaré.

N° 241.

DÉPOSITION faite, le 24 avril 1917, à Voyennes (Somme), devant la Commission d'enquête.

Dufrène (Philogène), 62 ans, maire de Voyennes :

Je jure de dire la vérité.

Pendant toute la durée de l'occupation, ma commune a été durement exploitée par les Allemands, qui ont enlevé les meubles, le bétail, et ont brisé, au moment de leur départ, beaucoup de choses qu'ils n'avaient pas emportées.

Ici, comme partout, ils ont procédé à l'évacuation des habitants des deux sexes, de seize à soixante ans.

Avant de s'en aller, ils ont contaminé les puits en y jetant du fumier, et ils ont brûlé l'église, dans laquelle ils avaient disposé des bombes, que l'incendie a fait éclater. Dans le courant de mars dernier, ordre a été donné de déposer à la Kommandantur tous les titres et tout le numéraire. Un certain nombre de gens évacués des communes voisines ont obéi et se sont ainsi trouvés dépouillés.

J'ajoute que toutes les machines et tous les instruments agricoles ont été soit emportés, soit brisés.

Après lecture, le témoin a signé avec nous.

N° 242.

DÉPOSITION faite, le 24 avril 1917, à Offoy (Somme), devant la Commission d'enquête.

Dinghuin (Charles), 50 ans, conseiller municipal faisant fonctions de maire à Offoy :

Je jure de dire la vérité.

Pendant toute la durée de leur séjour à Offoy, les Allemands n'ont pas cessé de piller.

Le 13 février dernier, ils ont enlevé les habitants des deux sexes, de seize à soixante ans. Ma fille, âgée de vingt-quatre ans, a été emmenée; je ne sais pourquoi j'ai échappé à cette mesure, alors que j'avais demandé à partir avec mon enfant.

Deux jours avant sa retraite, l'ennemi a consigné dans une partie du village ce qui restait de la population, et les gens évacués d'autres communes; puis, après nous avoir défendu de sortir avant quarante-huit heures, sous peine de mort, il a incendié ou fait sauter les maisons du quartier qui avait été abandonné sur ses injonctions. La minoterie Damay a été également brûlée.

Ordre avait été donné d'apporter les titres et l'argent à la Kommandantur; mais on n'a déposé que des papiers sans valeur.

J'ajoute qu'un grand nombre d'arbres fruitiers ont été coupés, que les puits ont été contaminés avec du fumier et des cendres de carbure, que les archives de la commune, les registres de l'état civil et le plan cadastral ont été emportés.

Après lecture, le témoin a signé avec nous.

N° 243.

DÉPOSITION faite, le 24 avril 1917, à Rouy-le-Grand (Somme), devant la Commission d'enquête.

Havart (Dieudonné), 71 ans, cultivateur et maire de Rouy-le-Grand :

Je jure de dire la vérité.

En septembre 1914, les Allemands ont envoyé en Allemagne vingt-sept hommes et jeunes gens de ma commune. En juin et novembre 1916, ils ont procédé à de nouvelles évacuations, et dans le courant du mois de février dernier, ils ont encore emmené une trentaine de personnes de quinze à soixante ans.

Avant de partir, ils ont coupé les arbres fruitiers, détérioré les instruments agricoles, mis le feu aux fermes, et contaminé beaucoup de puits en les obstruant avec des branchages et du fumier.

Après lecture, le témoin a signé avec nous.

N°ˢ 244, 245.

DÉPOSITIONS faites, le 24 avril 1917, à Rouy-le-Petit (Somme), devant la Commission d'enquête.

Cotret (Marie), 22 ans, fille du maire de la commune, aujourd'hui absent :

Je jure de dire la vérité.

Les Allemands ont beaucoup pillé à Rouy-le-Petit; ils ont pris les matelas, tout le bétail et les instruments agricoles. Au moment de leur retraite, ils nous ont défendu, ainsi qu'aux gens de Douchy, d'Omissy, de Matigny, de Morcourt, de Sancourt et de Villers-Saint-Christophe qu'ils avaient entassés ici, de sortir des maisons sous aucun prétexte. Leur dernière patrouille a quitté le village le 18 mars dernier, à midi. Or, ce jour-là même, à deux heures de l'après-midi, ils nous ont bombardés jusqu'à dix heures, alors qu'il n'y avait encore à Rouy ni un soldat français, ni un soldat anglais. Trois personnes ont été blessées; un homme, une femme et une fillette ont été tués. Les victimes étaient des gens évacués des communes voisines.

J'ajoute que, deux ou trois jours avant le repli allemand, ordre a été donné à tout le monde de déposer les titres et valeurs à la Kommandantur. Beaucoup de personnes ont obéi, et il a été enlevé ainsi pour trois cent trente mille francs de valeurs.

Avant de partir, l'ennemi a coupé tous les arbres fruitiers et a fait contaminer la plupart des puits avec du fumier par les enfants, les hommes s'étant refusés à accomplir cette besogne.

Après lecture, le témoin a signé avec nous.

Chevin (Adelina), 70 ans, domiciliée à Punchy (Somme) :

Je jure de dire la vérité.

Après avoir été d'abord évacuée de Punchy sur Matigny, j'ai été envoyée à Rouy-le-Petit. Là, j'ai malheureusement obéi à l'ordre, donné par la Kommandantur, de déposer les valeurs mobilières. Je me trouve ainsi dépossédée d'un livret de la Caisse d'épargne de Péronne, de deux titres de rente russe 4 o/o représentant un capital de mille francs, d'un titre de mille francs de la Caisse Industrielle de Saint-Quentin, d'un titre de 2.016 francs 4 o/o de Buenos-Ayres et d'un titre de mille francs 5 o/o du Chili (valeur en capital). On m'a remis les deux reçus que je vous présente.

Après lecture, le témoin a signé avec nous.

N°s 246, 247, 248.

DÉPOSITIONS reçues, le 24 mars 1917, à Rouy-le-Petit (Somme), par M. le sous-lieutenant GENTY, commissaire-rapporteur près le Conseil de guerre de la Mission militaire française.

COTRET (Fernand), 62 ans, maire de la commune de Rouy-le-Petit :
Serment prêté.

Au mois de juin 1916, les autorités allemandes ont évacué sur Gouzeaucourt et les environs une trentaine d'hommes âgés de quinze à cinquante-cinq ans. J'avais été emmené avec eux comme otage; mais de Ham, vu mon âge, on m'a rapatrié.

En novembre 1916, une quarantaine de vieillards, de femmes et d'enfants ont été dirigés sur Maubeuge; pas plus que les premiers, aucun de ces habitants n'a été ramené à Rouy.

En février dernier, une quarantaine d'hommes et de femmes âgés de quinze à soixante-deux ans ont été emmenés également; seules de notre famille, deux de mes filles, âgées de quatorze et de dix-neuf ans, ont fait partie de ce convoi. De telle sorte qu'il n'est resté à Rouy que des vieillards et des enfants, ainsi que deux jeunes filles : ma fille Marie, âgée de vingt-deux ans, et une autre jeune fille qui a la charge de ses frères et sœurs en bas âge.

Presque tous les puits de la commune ont été contaminés, et tous les arbres fruitiers, gros ou petits, ont été coupés.

Au moment de leur départ, les troupes ont mis le feu aux fermes et aux granges.

Un officier de la Kommandantur m'a obligé à lui déposer la plus grande partie des archives de la mairie, « pour les mettre en lieu sûr ». J'ai su par les évacués que ces papiers se trouvaient chez un sieur Delorme, de Sancourt.

Lecture faite, persiste et signe avec nous.

MOYAUX (Émile), 59 ans, maire à Omissy (Aisne), évacué à Rouy-le-Petit :
Serment prêté.

A la date du 10 février dernier, la population d'Omissy fut évacuée par l'ennemi. Soixante-dix habitants environ furent dirigés sur Maubeuge, et le reste, soit deux cent quatre-vingt-cinq, sur Rouy-le-Petit.

En passant à la gare de Foreste, on nous fit déposer nos bagages en plein champ, et, sous prétexte qu'on allait les charger, on nous obligea à les laisser. Une partie seulement nous rejoignit à Sancourt, mais dans un état déplorable : la plupart des colis étaient éventrés.

Le dernier départ des Allemands de Rouy-le-Petit s'effectua le dimanche 18 mars, et ce jour-là, dans l'après-midi, alors que les Anglais n'étaient pas encore arrivés, nous fûmes l'objet d'un violent bombardement; les obus tombèrent en plein milieu du village, près de l'église; trois personnes furent tuées et une blessée. Le bombardement ne prit fin que vers vingt et une heures.

Lecture faite, persiste et signe avec nous.

OUARNIER (Édouard), fabricant de sucre à Matigny (Somme), faisant fonctions de maire de cette localité :

Serment prêté.

Il y a environ un mois, ordre fut donné aux habitants de la commune de Matigny de se rassembler sur la place; pendant ce temps, les Allemands se livrèrent au pillage des maisons.

Une sélection fut faite parmi les habitants, et toutes les personnes des deux sexes âgées de quinze à soixante ans furent envoyées sur l'arrière des pays envahis, à l'exception cependant de quelques femmes ou jeunes filles ayant la garde d'enfants en bas âge. Le reste de la population de Matigny fut évacué sur Rouy-le-Petit.

Nous n'avons pu emporter avec nous que quelques bagages de linge et d'effets. J'ai appris, aussitôt après notre départ, que les maisons avaient été visitées et pillées, puis incendiées.

Lecture faite, persiste et signe avec nous.

N° 249.

DÉPOSITION faite, le 24 avril 1917, à BÉTHENCOURT (Somme), devant la Commission d'enquête, avec l'assistance de M. le lieutenant LETORÉ (Georges), officier interprète, commandant la Mission française attachée au IVᵉ Corps britannique, lequel a prêté serment.

Captain NORTON (William), R. E., 282ᵉ Coy, 4ᵉ Armée britannique :

Je jure de dire la vérité.

Je suis à Béthencourt depuis trois semaines, pour la reconstruction des ponts. Avant-hier, à six heures du soir, me trouvant à environ deux cents mètres de l'église, qui, à la différence du reste du village, était demeurée presque intacte, j'ai entendu une explosion et j'ai vu sauter l'église. Les matériaux ont été projetés à une hauteur sensiblement égale à trois fois celle du clocher. J'estime qu'il a dû y avoir au moins cinq cents kilogrammes d'explosifs, et que c'est une bombe à retardement, laissée par les Allemands au moment de leur départ, qui a causé la destruction de l'édifice.

Après lecture et traduction, le témoin a signé avec l'officier interprète et avec nous.

N° 250.

DÉPOSITION faite, le 26 avril 1917, à PÉRONNE, devant la Commission d'enquête.

TIBERGHIEN (Pierre), 36 ans, docteur en théologie, professeur à la Faculté catholique de Lille, adjudant-interprète attaché à la Mission française près la quatrième Armée britannique :

Je jure de dire la vérité.

Les troupes anglaises sont entrées à Péronne le dimanche 18 mars dernier, et elles étaient encore très peu nombreuses le mardi suivant, quand j'y ai été envoyé. Il ne restait dans la ville aucun habitant.

Je me suis rendu compte alors que les Allemands s'étaient établis dans les caves, aménagées avec le mobilier des maisons; mais, avant leur départ, tout avait été brisé : chaises, tables, fauteuils jetés pêle-mêle et souvent hors d'usage; armoires et pianos défoncés; glaces et vaisselle en morceaux, poêles et cuisinières fendus, pots ou bassins de fer troués d'un coup de pique ou écrasés; le tout sens dessus dessous, dans un désordre inexprimable.

Dans les caves utilisées comme chambres à coucher, beaucoup de lits et de tables de nuit ou de toilette étaient brisés; les matelas, laissés en petit nombre, étaient éventrés; beaucoup de sommiers avaient été fendus du haut en bas d'un coup de couteau. On avait nettement l'impression que l'ennemi avait voulu rendre tout ce matériel inutilisable.

Je n'ai pas vu un coffre-fort qui ne fût défoncé. Toutes les machines à coudre, sauf une, étaient brisées; deux ou trois pompes seulement étaient en bon état.

Les archives et les livres de l'hôtel de ville ont été trouvés par moi jetés sur le plancher, bien que les deux salles qui les renfermaient eussent relativement peu souffert; je ne puis m'expliquer cela qu'en admettant qu'on a systématiquement sorti les livres de leurs rayons et les archives des armoires closes.

Dans les maisons, au rez-de-chaussée ou aux étages, les armoires étaient défoncées; le linge et les vêtements, épars sur le plancher, formaient, avec le plâtras humide, un véritable fumier, parsemé de bouteilles cassées. Dans beaucoup d'endroits, les marbres des cheminées avaient été arrachés et, pour la plupart, emportés.

Je tiens d'un inspecteur de la Banque de France que les petits casiers des coffres mis à la disposition des particuliers avaient été forcés.

Il y avait sur la grande place, près du piédestal de la statue de Catherine de Poix (Marie Fouré), un grand tas de débris de bois qui brûlait, et qui aurait mis le feu à ce qui restait de la ville, si le vent n'avait été contraire et si les soldats anglais, avec les gendarmes, n'avaient coupé l'incendie. Il y a eu cependant, sur ce point, une dizaine de maisons brûlées; des immeubles étaient aussi en flammes dans d'autres parties de la ville.

Dans les décombres du toit de la mairie, j'ai trouvé un engin formé de quatre paquets d'explosifs; un autre engin de même nature est encore fixé à une poutre du toit.

Dans les jardins, les arbres fruitiers ont été coupés.

Après lecture, le témoin a signé avec nous.

N° 251.

PROCÈS-VERBAL DE CONSTAT, dressé à PÉRONNE, par la Commission d'enquête.

L'an mil neuf cent dix-sept, les vingt-cinq et vingt-six avril, nous, Georges PAYELLE, Armand MOLLARD, Georges MARINGER et Edmond PAILLOT, membres de la Commission chargée de relever les violations du droit des gens commises par l'ennemi, avons fait à Péronne, où nous nous sommes transportés, les constatations suivantes :

La ville a été fortement éprouvée par les bombardements; mais il est apparent que les Allemands, avant de se retirer, s'y sont livrés à des actes de dévastation systématique. Un grand nombre d'immeubles, dans diverses rues et notamment sur la grande place, ont été détruits par eux au moyen de la mine; les façades sont renversées, et l'on voit encore en plusieurs endroits, sur ce qui subsiste des murs, les traces des entailles longues et étroites qui ont été pratiquées dans la brique pour aider aux effets de l'explosion. Ce travail de préparation est particulièrement visible à l'hôpital de la Maternité, que l'ennemi n'a pas fait sauter, sans doute parce qu'il n'en a pas eu le temps, ayant laissé dans l'établissement ses blessés jusqu'au dernier moment avant son repli.

A l'hôtel de ville, un paquet de matières explosibles, auquel adhèrent encore les fils destinés à provoquer la déflagration, demeure fixé à l'une des poutres du toit, presque entièrement démoli.

A la succursale de la Banque de France, dont il ne reste qu'une partie des murs, nous avons vu trois coffres-forts fracturés; deux d'entre eux sont renversés et portent de larges déchirures; le troisième est resté debout, mais les portes en ont été arrachées. L'église a subi des dégâts irréparables. La façade ouest et la toiture n'existent plus; d'énormes piliers, fracassés au pied et brisés en plusieurs morceaux sur toute leur longueur, gisent à terre.

Sur la grande place, la statue de Catherine de Poix (Marie Fouré) et la plaque de marbre qui en ornait le piédestal ont été enlevées.

(Suivent les signatures.)

N° 252.

PROCÈS-VERBAL DE CONSTAT, dressé dans l'arrondissement de Péronne, à HAUT-ALLAINES, à MANANCOURT et à NURLU, par la Commission d'enquête.

L'an mil neuf cent dix-sept, le 26 avril, nous, Georges PAYELLE, Armand MOLLARD, Georges MARINGER et Edmond PAILLOT, membres de la Commission chargée de relever les actes commis par l'ennemi en violation du droit des gens, avons fait les constatations suivantes :

I. — Sur le territoire de la commune de HAUT-ALLAINES, une écluse longue d'environ cent mètres, dans une dépendance en construction du canal du Nord, a été entièrement détruite par une quantité énorme d'explosifs. Cette destruction ne répond évidemment à aucune nécessité d'ordre militaire et n'a été opérée que dans le but de causer un dommage purement économique, le canal n'étant pas terminé et n'ayant pas encore été mis en eau.

II. — A MANANCOURT, le château est démoli et il n'en reste que quelques pans de mur. Les communs en sont presque intacts, ce qui prouve que l'édifice n'a pas été renversé par l'effet d'un bombardement. Dans les décombres se trouve un coffre-fort, éventré au burin à l'endroit des combinaisons.

Sur la porte du terrain clos qui constitue le cimetière privé de la famille de Rohan, près du cimetière communal, nous relevons l'inscription : « Küche » (cuisine), et dans ce terrain, où ont été enterrés de nombreux soldats ennemis, les Allemands ont aménagé des latrines, dont l'emplacement est indiqué par un écriteau en bois, sur lequel nous lisons le mot : « Abort ». Le mausolée, qui est de dimensions considérables, se compose d'une chapelle et d'une crypte. C'est dans la chapelle qu'a été installée la cuisine; dans la crypte, dont la voûte est presque entièrement démolie, on remarque un lit de fer. Toutes les cases sont ouvertes, à l'exception de deux, et les plaques de marbre qui en recouvraient les entrées sont brisées, sauf celle qui ferme la sépulture de Mme Marie-Philippine de Milly. Devant le premier compartiment du côté gauche, un bloc de marbre, dans le milieu duquel existe une petite excavation, a été jeté sur les décombres. Il porte l'inscription suivante : « Ici repose le cœur de Madame Amélie de Musnier-Folleville, comtesse de Boissy, décédée à Paris le 16 juillet 1830, à l'âge de 32 ans et 10 mois ». Ce bloc est vide, et le morceau de marbre qui s'adaptait à la partie supérieure est resté dans la case. Un lourd cercueil en plomb a été en partie tiré de l'avant-dernière case à droite; le couvercle en a été percé par un coup de ciseau dont l'empreinte est très visible. Un cercueil d'enfant est déplombé, dans l'un des compartiments de gauche. A terre, parmi les gravats, nous trouvons plusieurs cartes à jouer.

III. — A NURLU, la seule chapelle qui existe dans le cimetière a été profanée. C'est la sépulture de la famille Leriche-Douay. La porte est forcée et la serrure, qui a été arrachée, est déposée sur la tablette du petit autel en granit situé au fond du monument. La pierre qui fermait le caveau est fracturée; dans ce caveau, un cercueil est brisé sur une face. Le maréchal des logis-chef interprète Rabache, agrégé de l'Université, qui nous accompagne, nous dit avoir fait replacer lui-même, quelques jours avant notre visite, le couvercle, qui avait été jeté de côté.

(Suivent les signatures.)

N° 253.

RAPPORT de M. RABACHE, maréchal des logis-chef, interprète attaché à l'Armée britannique, sur l'état où l'ennemi a laissé les villages de l'arrondissement de PÉRONNE.

Je soussigné, Georges Rabache, agrégé de l'Université, maréchal des logis-chef, interprète attaché à l'Armée britannique, atteste formellement, sous la foi du serment, avoir constaté les faits consignés dans les rapports — dont copie ci-jointe — adressés par moi à l'officier-interprète attaché à l'état-major du XVe Corps d'armée britannique.

Signé : G. RABACHE.

Aux Armées, le 26 avril 1917.

Je soussigné, Lassailly (François), officier-interprète de 2e classe attaché à l'état-major du XVe Corps d'armée britannique, atteste formellement, sous la foi du serment, avoir constaté les faits consignés dans les rapports ci-joints, le 8 avril courant, en ce qui concerne Manancourt.

L'Officier-interprète de 2e classe, attaché à l'É.-M. du XVth Corps,
Signé : F. LASSAILLY.

Aux Armées, le 27 avril 1917.

Je soussigné, Ewald (Francis), adjudant au 19e escadron du train des équipages militaires, détachement attaché aux Armées britanniques, atteste formellement, sous la foi du serment, avoir constaté les faits consignés dans les rapports ci-joints, le 8 avril courant, en ce qui concerne Manancourt.

Signé : F. EWALD.

Aux Armées, le 27 avril 1917.

MANANCOURT.

État général du village. — Il ne reste plus une seule habitation. Cette destruction est due en grande partie au bombardement. Des traces d'incendie sont visibles partout, sans qu'il soit possible de déterminer quelle en est l'origine.

Il est indubitable que les Allemands ont fait sauter des maisons jusque-là épargnées et tous les puits.

Il ne reste plus trace de mobilier, ni même de simples ustensiles de ménage; quelques fers de lit seulement, mais les matelas ont été jetés dans les jardins et éventrés.

Le château. — Ces remarques générales s'appliquent au château. D'après le témoignage d'un rapatrié (M. Cardon, adjoint au maire du Transloy), le mobilier en aurait été enlevé dès novembre 1914, et l'édifice transformé en hôpital.

J'ai découvert, parmi les ruines, un coffre-fort dont la serrure a été arrachée (au burin d'abord, puis avec un explosif); le parc est d'ailleurs semé de papiers d'affaires et de lettres privées intéressant la famille de Rohan (de Folleville, Rohan-Chabot, prince de Léon, etc.).

Dans le parc, une trentaine de tombes allemandes ornées de gerbes et de couronnes volées à l'église ou au cimetière français.

L'église. — Rien à signaler, sinon que l'église est en ruines et que les objets du culte ont disparu.

Le cimetière. — Un millier de tombes de militaires allemands, ornées d'objets volés au cimetière paroissial, ou de stèles récemment sculptées dans une pierre étrangère au pays.

Au milieu du cimetière allemand, des latrines (« Abort »).

Le mausolée de la famille de Rohan a été saccagé. Il servait de cuisine (ainsi qu'en témoignent une inscription et une chaudière laissée sur place). La crypte, dont la voûte a sauté, servait d'abri (avec lits). Les sépultures ont été presque toutes violées, sauf deux. Seuls sont restés, dans leurs niches ouvertes, les cercueils trop lourds. Encore les poignées et le bois extérieur en ont-ils été arrachés. Un cercueil de plomb porte encore la marque des tentatives d'effraction. Un cercueil d'enfant a été déplombé. Un autre, minuscule, a été ouvert, puis jeté, vide. Le bloc de marbre qui renfermait le cœur de la comtesse de Boissy est vide.

ÉTRICOURT.

Mêmes observations générales que pour Manancourt.

Partout des traces d'incendie, trop nombreuses, me semble-t-il, pour être attribuées au bombardement.

J'ai trouvé dans une maison une porte de coffre-fort arrachée de ses gonds, mais n'ai pu trouver le coffre lui-même.

ÉQUANCOURT.

Mêmes observations que dans les villages précédents. Il ne reste pas trace du mobilier domestique.

Un coffre-fort dont la porte manque a été trouvé près de la boulangerie.

L'église a sauté, le clocher s'écroulant dans la nef même.

Il semble que, dans chaque ferme, la « demeure » ait été détruite, après déménagement, par une explosion provoquée dans la cave, les autres bâtiments étant relativement épargnés.

FINS.

La méthode qui a présidé à la destruction absolue de Fins diffère de celle qui fut mise en œuvre dans les autres villages.

Même perfection dans le déménagement des objets mobiliers; il ne reste pas trace du moindre objet, même de valeur minime, même détérioré.

Peu de traces d'obus. Un nombre relativement restreint de caves sautées; mais toutes les maisons ont été incendiées. On peut en admettre comme preuves :

1° Les traces de combustion plus nombreuses que dans les autres villages;

2° La rareté relative des bois; au lieu des charpentes encore assemblées, tombées à l'intérieur des maisons, on ne voit ici que des fragments à demi consumés.

La préméditation paraît établie :

1° Par la généralité de l'incendie, qui atteint les maisons les plus isolées;

2° Par le fait que le feu semble s'être déclaré au premier étage (ou au grenier), où il y a un parquet; le dessus des poutres maîtresses (sommiers) supportant ce plancher, quand elles subsistent, est plus atteint que la face inférieure.

La recherche des archives municipales est restée vaine.

Je n'ai pu trouver, dans la maison du notaire, la moindre trace du coffre-fort; les papiers ont été éparpillés au vent. La plupart des documents retrouvés m'ont paru dater d'un siècle.

L'église n'est qu'un monceau de ruines; aucune trace des objets du culte. Elle m'a paru détruite par une explosion, qui a ébranlé le cimetière, autrement inviolé. J'ai retrouvé au pied de l'église quatre paquets — d'un kilogramme chacun — d'explosif (perdit).

La sucrerie a été mise hors d'usage; tout le cuivre a été démonté et emporté. La comptabilité a été retrouvée.

NURLU.

J'ai trouvé, dans une des maisons les plus importantes, parmi les ruines de la cave, un coffre-fort dont la face supérieure a été découpée; un angle est enroulé vers l'extérieur.

Tous les arbres fruitiers ont été coupés (avec une hache ou une scie), même dans les jardins enclos, même les espaliers.

Dans l'église, qui a sauté, j'ai découvert, sous des boiseries qui, en s'écroulant, l'ont protégé, un paquet intact de deux cents grammes d'explosif (perdit).

Enfin, dans le cimetière, à signaler un cas très net de violation de sépulture. Le coupable est très probablement entré dans la chapelle funéraire appartenant à la famille Leriche-Douay. Puis il a arraché la serrure, qu'il a déposée sur l'autel. Il a ensuite brisé la dalle du caveau, où il est descendu en se servant d'une vieille porte, prise dans une maison voisine, comme d'une échelle. Il a ensuite brisé un côté du cercueil en longs fragments; le couvercle a été rejeté de côté, et le squelette (de femme, je crois,) est visible.

Signé : G. RABACHE.

N° 254.

RAPPORT de M. le brigadier-interprète DELPON DE VISSEC, sur les profanations commises par l'ennemi dans les cimetières de l'arrondissement de PÉRONNE.

21 avril 1917.

Le brigadier-interprète Delpon de Vissec, O. I. de renseignements, 59ᵉ division, à M. le capitaine, chef du 2ᵉ Bureau, 4ᵉ Armée. — S. C. de M. l'officier-interprète attaché à la 59ᵉ division.

Conformément à la note de service n° 9891/20 du 13 avril 1917, je viens vous rendre compte de quelques faits commis par l'ennemi, que j'ai constatés par une enquête personnelle.

Je me permets d'attirer votre attention d'une façon générale sur l'état des cimetières, et sur le fait que l'ennemi, quand il occupait les villages de ce secteur, a forcé les portes des chapelles d'un grand nombre de sépultures et descellé les dalles, afin de fouiller les caveaux. Cette pratique est très manifeste au cimetière de CARTIGNY, où toutes les chapelles ont été ouvertes, les portes de certaines enlevées, le caveau de l'une d'elles ouvert, les couronnes et les objets d'autel renversés, foulés aux pieds ou volés [1]. Elle peut également se constater au cimetière de ROISEL, où cinq sépultures ont été ouvertes et le caveau de trois d'entre elles descellé ; au cimetière de BOUVINCOURT, où une chapelle de sépulture a été forcée et le caveau de cette sépulture ouvert.

J'ai encore constaté les mêmes faits au cimetière de BERNES, où cinq caveaux ont été ouverts ; mais, dans deux cas, ces faits atteignent un degré plus accusé de sauvagerie, car les cercueils eux-mêmes ont été ouverts :

1° L'ennemi est descendu dans un caveau très profond, qui contient seulement deux cercueils, tout au fond, au même niveau. Les briques murant l'une des cases occupées par ces cercueils ont été abattues ; une ouverture a été pratiquée dans le couvercle de l'un d'eux, et hors de cette ouverture pend une partie du linceul. Il a été impossible d'identifier cette sépulture ;

2° La sépulture dont il s'agit est moins importante et ne contient qu'un cercueil. Elle est complètement ouverte. La pierre tombale a été brisée, mais il est possible qu'elle l'ait été par la chute d'un obus ; quelques morceaux de cette pierre sont tombés au fond du caveau. On remarque à l'intérieur une échelle, que l'ennemi a placée là, et qui lui a permis d'y descendre. L'enveloppe de briques qui entourait le cercueil a été démolie, et le cercueil fracturé dans toute sa longueur à l'aide d'un pic qui se trouve auprès de lui, preuve manifeste de l'acte. L'ouverture ainsi pratiquée permet d'apercevoir le corps d'une jeune fille, qui a été ensevelie tout habillée, et dans une toilette d'une certaine recherche. Les vêtements, déchirés et retirés en partie du cercueil, prouvent que le cadavre a été fouillé avec soin et longuement. En rassemblant les fragments de la pierre tombale, j'ai relevé l'inscription suivante :

Victoria MAZURE
décédée le 18 mai 1913
à l'âge de 14 ans.

Le Brigadier-interprète,
Signé : Lucien DELPON DE VISSEC.

N° 255.

RAPPORT de M. ARNAUD-CESTE, officier-interprète attaché à l'état-major de la 59ᵉ division, sur les profanations commises par l'ennemi dans le cimetière de ROISEL.

21 avril 1917.

O. C. French Mission, 59ᵗʰ Division, à Monsieur l'O. I. de 1ʳᵉ classe, IIIᵉ Corps. H. Q.

Je vous rends compte que les dégâts suivants ont été commis par les Allemands dans le cimetière de Roisel :

Caveau Pion-Cary : Portes enfoncées ; dalles soulevées.
— *Thierry-Leclerc :* Porte enfoncée ; dalles soulevées ; divers objets d'autel enlevés.
— *Gambier-Pouillard :* Porte enfoncée.
— *Coatte et Hocquet :* Porte enfoncée ; objets d'autel détériorés.
Monument « Aux Enfants de Roisel morts au champ d'honneur » : Porte enfoncée ; dalles soulevées. Les Allemands se sont servis de ce caveau comme abri.

---

[1] *Caveaux violés au cimetière de Cartigny :* caveaux des familles Boinet-Dezeaux ; familles Dermigny-Normand et Coquin-Sagnier ; famille Louis Hurrier, familles Rambour-Lefeuvre et Gronnier-Rambour ; famille Miseront-Lipot.

Des couronnes ont été enlevées des tombes civiles et posées sur les tombes allemandes, qui sont au nombre de soixante-dix environ dans ce cimetière. Elles ont conservé leur inscription française : « A mon père », « A mon épouse », etc.

L'Officier-interprète attaché à l'État-Major de la 59ᵉ Division,

Signé : A. Arnaud-Ceste.

N° 256.

PROCÈS-VERBAL DE CONSTAT dressé, le 25 avril 1917, à Champien (Somme), par M. le sous-lieutenant Sadoul, substitut du commissaire-rapporteur près le Conseil de guerre de la ᵉ Armée.

Le cimetière de Champien entoure l'église, qui est entièrement détruite. Il a été l'objet de profanations de la part des Allemands : des tombes ont été brisées, des caveaux éventrés. Il semble que l'on ait choisi de préférence les sépultures appartenant à des familles aisées.

A droite de l'entrée, contre le mur de la rue, la pierre tombale de la famille Massouille-Vaillant a été cassée et enlevée. Caveau Picart-Gelle : le support de gauche de la dalle tumulaire est brisé et déplacé de façon à former ouverture.

Côté droit, faisant face à la partie latérale de l'église, contre le mur du jardin du presbytère :

La chapelle appartenant à une famille dont le nom commence par Pay..... (le nom n'a pu être reconstitué, l'inscription étant brisée), est entièrement saccagée. La pierre fermant le caveau a disparu, laissant celui-ci béant. La chapelle elle-même est en ruines ; à un mètre ou deux de cette chapelle s'ouvre une vaste excavation due à une mine. L'explosion a bouleversé deux tombes, dont celle de la famille Obrey-Thuin ; des ossements ont été mis à jour et projetés dans l'entonnoir. A quelque distance, une autre tombe est endommagée. Au milieu de cette partie du cimetière, un beau conifère a été scié et laissé sur place.

Contre l'église, côté droit :

Le caveau Ferteile-Flamand est ouvert ; au fond, on aperçoit des ossements, un morceau de bois brûlé et divers objets ou débris. Tombe Decise-Picart, dalle tumulaire cassée ; tombe Deschamp-Devaux, endommagée.

Partie gauche :

Au fond, près de l'angle du chœur de l'église, tombe de Mˡˡᵉ Desachy-Méry, inhumée en 1907. La pierre tombale a été enlevée ; le fond du caveau, qui était cimenté, a été ouvert en partie à l'aide d'une pioche qui a été laissée sur place ; le couvercle du cercueil a été défoncé et arraché sur trente centimètres de longueur environ et sur toute sa largeur ; on aperçoit, par cette ouverture, dans le cercueil, des ossements et des débris de chair putréfiée et de vêtements ; une bouteille y a été jetée. Le monument voisin est brisé. Près de ce monument, dans l'angle du mur, un petit bâtiment avait été édifié ; il a dû être habité ; trois fenêtres avaient été percées dans le mur pour l'éclairer.

Côté faisant face à la partie latérale gauche de l'église : un monument renversé. Tombe Augustin-Lapeaumont, croix brisée.

Près de la porte du cimetière, à gauche, contre le mur de la rue : monument Longuet, la pierre tombale est brisée.

Aucune trace de bombardement n'a été relevée.

N° 257.

PROCÈS-VERBAL DE GENDARMERIE dressé, le 30 avril 1917, dans le cimetière de Roisel.

Cejourd'hui, trente avril mil neuf cent dix-sept, à quinze heures trente,

Nous soussignés, PLUSQUELLEC (Yves) et LEMÉTAYER (Jean-Marie), gendarmes à cheval à la prévôté détachée à la 48ᵉ division anglaise, revêtus de notre uniforme, et conformément aux ordres de nos chefs,

Étant en tournée dans notre secteur, nous avons constaté que deux sépultures avaient été violées dans le cimetière de Roisel (Somme).

La première de ces sépultures, faite en souvenir des « Enfants de Roisel », a eu la serrure de sa porte d'entrée fracturée ; la pierre tombale a disparu. Cette sépulture est en forme de chapelle, et à l'intérieur, il y a encore du charbon et des traces de feu ; elle paraît avoir été habitée. Dans le fond du caveau, on distingue un cercueil absolument découvert et une pierre sépulcrale brisée ; il y a, çà et là, des excréments humains.

La deuxième chapelle, sépulture de la famille Pion-Cary, a sa porte d'entrée descellée et enlevée avec ses gonds ; le couvercle en fer du caveau a été enlevé et mis de côté, et dans le fond du caveau, il y a aussi des excréments humains.

En foi de quoi, nous avons rédigé le présent en deux expéditions, destinées l'une au général chef de la mission militaire française attachée à l'armée britannique, l'autre à M. le procureur de la République de Péronne, à Corbie.

Fait et clos au Quartier Général, les jour, mois et an que dessus.

Signé : PLUSQUELLEC. — LEMÉTAYER.

N° 258.

EXTRAIT DU RAPPORT relatif à l'explosion de l'hôtel de ville de BAPAUME, adressé, le 26 mars 1917, par M. le capitaine RENONDEAU, agent de liaison auprès de la Vᵉ Armée britannique, à M. le lieutenant-colonel directeur des services, Mission militaire française attachée à l'armée britannique, Q. G.

Le 25 mars, M. Tailliandier, député d'Arras, se présenta à la S. D. S. de la Vᵗʰ Army à quatorze heures, accompagné de M. Briquet, député d'Arras également, et conseiller général du canton de Vimy ; ce dernier était en tenue de capitaine d'infanterie, croix de guerre, porteur d'un permis de circuler en automobile (permis bleu), sur lequel fut apposée par le P. M. l'autorisation nécessaire.

MM. Tailliandier et Briquet quittèrent la S. D. S. à quinze heures, après avoir fourni au 2ᵉ bureau d'utiles renseignements sur la région de leur circonscription encore envahie. M. Tailliandier manifesta l'intention de revenir le 27 mars, pour fournir au 2ᵉ bureau de la S. D. S. un complément de renseignements.

MM. Tailliandier et Briquet furent reçus à Bapaume par le town-major et par l'interprète stagiaire Humbert, attaché à l'état-major de la 7ᵗʰ brigade.

Le town-major fit des difficultés pour laisser des civils séjourner dans Bapaume ; il s'inclina cependant devant le permis du G. Q. G., qui lui fut mis sous les yeux.

Il offrit alors de faire installer une tente pour la nuit ; mais MM. Tailliandier et Briquet

préférèrent s'installer dans l'hôtel de ville, où déjà campaient une vingtaine de soldats australiens. L'automobiliste militaire demanda à passer la nuit dans sa voiture : c'est à cela qu'il
doit son salut.

A 23 h. 30, une explosion se produisit dans l'hôtel de ville, ensevelissant sous les
décombres les hommes qu'il abritait.

Des travaux de déblaiement furent aussitôt entrepris, sous les ordres du town-major,
avec l'aide des troupes australiennes cantonnées dans Bapaume. Le P. M. de la Vᵗʰ Army se
rendit sur les lieux le 26 mars, dès le matin. Vers midi, les travailleurs entendirent des voix
venant des décombres ; dans le courant de l'après-midi, on parvint à dégager sept soldats
australiens, dont six vivants et un cadavre. Les travaux se poursuivent avec ordre et énergie
sous les ordres du « controller of mines ».

Il est impossible de préciser les causes de l'explosion ; mais il est probable qu'il s'agit
d'une mine laissée par l'ennemi, qui a fait explosion dans des circonstances restées jusqu'ici
inexpliquées.

Une explosion s'est produite le lendemain 26 mars, dans les mêmes conditions, dans le
« dug-out » du H. Q. de la 7ᵗʰ Brigade, ensevelissant deux hommes. Il est à remarquer que
ce « dug-out » était resté tout installé (tables, chaises), comme pour inviter à s'y installer.
Des recherches minutieuses avaient été faites cependant dans tous les abris, avant de laisser
les troupes y pénétrer.

DOCUMENTS PHOTOGRAPHIQUES

Les documents photographiques qui suivent sont extraits des collections annexées aux rapports. La plupart ont été tirés sur des clichés pris, au cours des enquêtes, par la Commission, à laquelle est adjoint un photographe, fonctionnaire du Service géographique de l'Armée. Les nᵒˢ 1 et 2 ont été communiqués par M. Demolière, administrateur de l'Inscription maritime à Boulogne-sur-Mer, dont la déposition figure à la page 42 du présent volume ; le nᵒ 7 par M. le comte Balny d'Avricourt, dont la déposition figure à la page 128 ; les nᵒˢ 6, 20, 21 et 22 par le Ministère de la Guerre (voir en ce qui concerne le nᵒ 6 le procès-verbal de constat du capitaine Vitali, page 128) ; les nᵒˢ 5, 8, 9, 10, 11, 23, 29 et 30 par la Section photographique de l'Armée.

LE SUSSEX. — Aspect du navire après le torpillage du 24 mars 1916.
(Vue prise dans le port de Boulogne-sur-Mer.)

Guerre 1914-1915-1916-1917. — Enquête de la Commission. — T. VI-VII-VIII-IX.

17

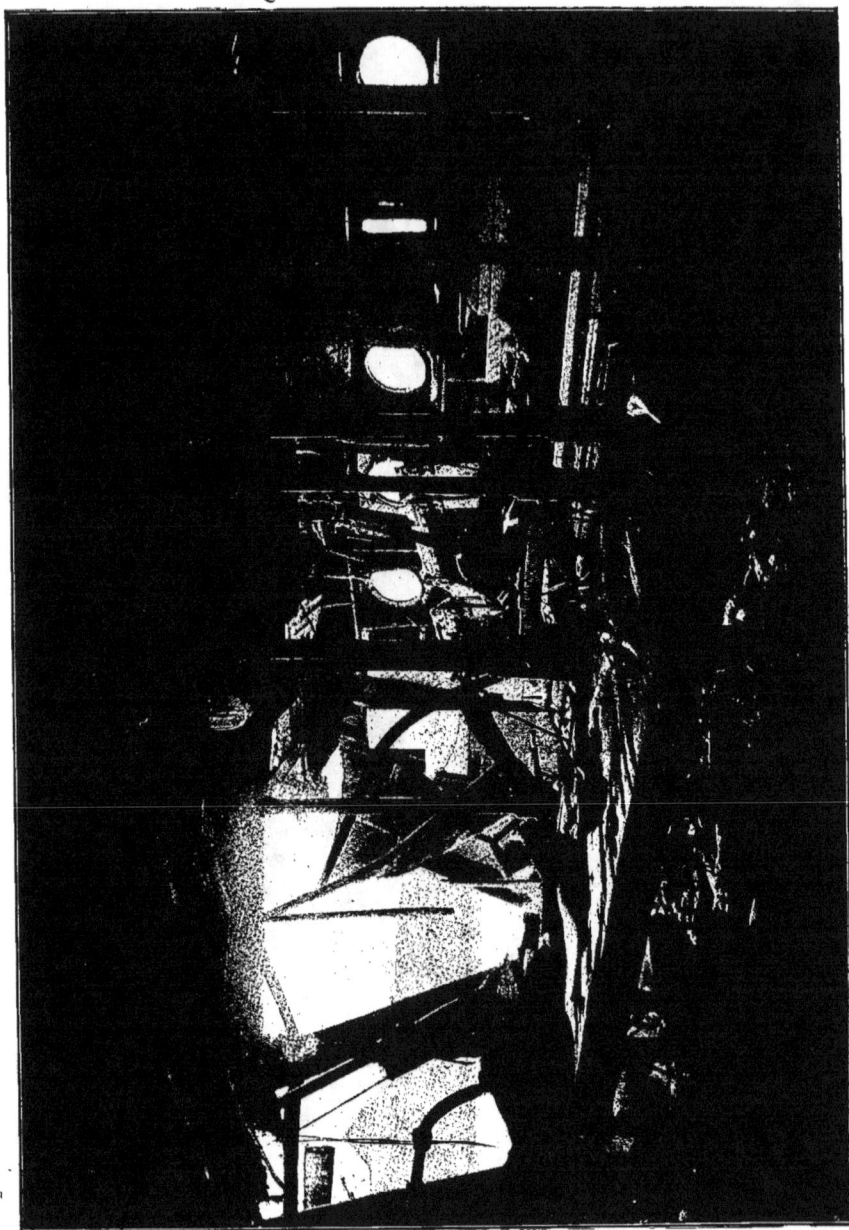

LE SUSSEX. — La salle à manger.

3

ENVIRONS DE NOYON (Oise). — Arbres coupés.

4

ENVIRONS DE NOYON. — Arbres coupés.

5

NOYON. — Intérieur de la Banque Brière. — Coffres-forts particuliers ouverts au chalumeau
et vidés par les Allemands.

6

FRÉTOY-LE-CHATEAU (Oise). — Abri de la salle à manger du prince Eitel-Frédéric
dans les grands appartements du château.

AVRICOURT (Oise). — Le Château avant la guerre

AVRICOURT. — Le Château après la destruction.

MARGNY-AUX-CERISES (Oise). — Appareil allemand en forme de bélier pour la destruction des maisons.

AMY (Oise). — Matériel agricole détruit.

11

CHIRY-OURSCAMPS (Oise). — Ruines de l'Usine.

12

JUSSY (Aisne). — Ruines de l'Église.

13

CHAUNY (Aisne). — Rue du Pont Royal.

14

CHAUNY. — Hôtel de Ville.

15

CHAUNY. — Église Saint-Martin.

16

CHAUNY. — Rue de la Chaussée.

17

CHAUNY.

CHAUNY. — Bureaux de la Société Générale.

CHAUNY. — Intérieur des bureaux de la Société Générale.

Affiche allemande trouvée à AMIGNY-ROUY (Aisne).

5. Léon OUDART, Cultivateur et Maire de Flaignes, parce qui dernier n'a pas porté immédiatement à la connaissance des a rités allemandes les plus proches le séjour connu des sol ennemis.

En vertu du jugement, les condamnés ont été fusillés le 3 1916, à 5 heures 3/4 du matin.

De plus ont été punis :

6. Maurice BOIZARD, cultivateur a La Vallée, de 15 ans de réclusion.

7. Madame Rosa BOIZARD, née CAUM, à La Vallée, de 10 ans de réclusion.

8. René CAGNEAUX, Boulanger a An, de 5 ans de réclusion.

9. Émile LAMBERT, Aubergiste à la Ferme « Mon Idée », de 3 ans de réclusion.

10. Henri BOIZARD, Cultivateur à La Vallée.

11. Marie-Louise LEROL, Ferme de l'Hôpital.

12. Eugène AUBRY, Cultivateur à Olivers, chacun de 3 ans de prison.

Comme dans les Communes de La Vallée et de Flaignes, une grande partie des habitants avaient sans doute connaissance de la conduite criminelle des personnes nommées ci-dessus, la moitié de tous les hommes des Communes de La Vallée et de Flaignes sont en ontre incorporés, pour la durée de la guerre, dans une section de travailleurs.

Signé : v. BOCKELBERG.

Affiche allemande trouvée à AMIGNY-ROUY.

22

1930. D. 948

Holnon, le 20 juillet 1915.

Tous les ouvriers et les femmes et les enfants de
15 ans sont obligés de faire travaux des champs
tous les jours, aussi dimanche de quatre heure
du matin jusque 8 heure du soir (temps français).
Récréation : une demi heure au matin, une heure
à midi et une demi heure après midi.
La contravention sera puni à la manière suivante :

1/ Les fainéants ouvriers seront combinés pendant
la récolte en compagnies des ouvriers dans une
caserne sous inspection des corporaux allemands.
Après la récolte les fainéants seront emprisonnés 6 mois ; le troisième jour la nourriture
sera seulement du pain et de l'eau.

2/ Les femmes fainéantes seront exilées à Holnon
pour travailler.
Après la récolte les femmes seront emprisonnées
6 mois.

3/ Les enfants fainéants seront punis de coups de
bâton.
De plus le Commandant réserve, de punir les
fainéants ouvriers de 21 coups de bâton de tous
les jours.
Les ouvriers de la commune Vendelles sont punis
sévèrement.

Colonel et Commandant

Afficher

Affiche allemande apposée à HOLNON (Aisne).

23

FLAVY-LE-MARTEL (Aisne).

24

FLAVY-LE-MARTEL. — Ruines de l'Usine.

FLAVY-LE-MARTEL. — Ruines de l'Usine.

FLAVY-LE-MARTEL. — Ruines de l'Usine.

ROYE (Somme). — Hôtel de Ville.

ROYE. — Place de l'Hôtel de Ville.

ROYE. — Matériel agricole détruit.

ENVIRONS DE ROYE. — Matériel agricole détruit.

31

HAM (Somme). — Ruines du Château.

32

PÉRONNE. — Place de l'Hôtel de Ville.

PÉRONNE. — Hôtel de Ville.

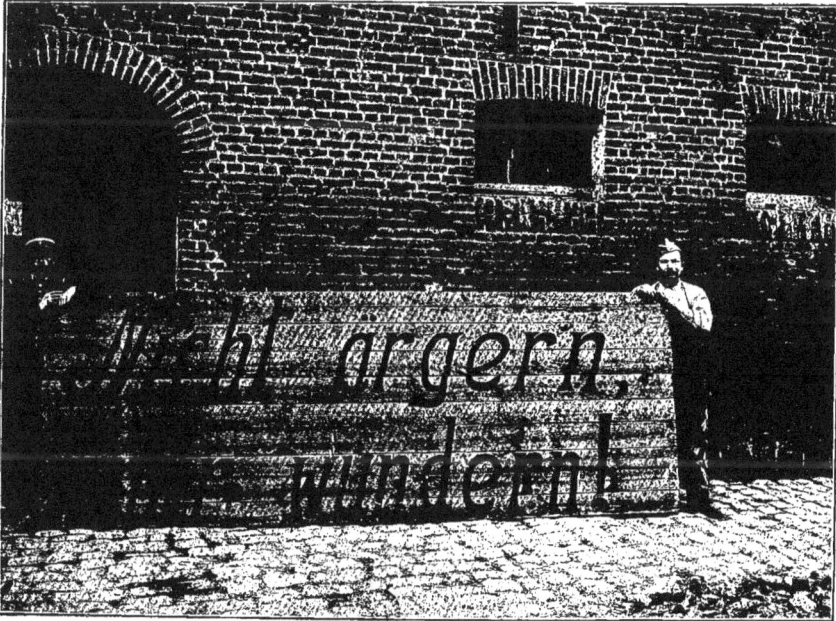

PÉRONNE. — Écriteau placé par les Allemands sur les ruines de l'Hôtel de Ville.

35

PÉRONNE. — Église Saint-Jean.

36

PÉRONNE. — Église Saint-Jean.

MIRAUMONT (Somme).

HAUT-ALLAINES (Somme). — L'Écluse après la destruction.

MANANCOURT (Somme). — Crypte du mausolée de la famille de Rohan-Chabot.

MANANCOURT. — Crypte du mausolée de la famille de Rohan-Chabot.

41

MANANCOURT. — Tombes et latrines allemandes dans le cimetière particulier de la famille de Rohan-Chabot.

42

BAPAUME (Pas-de-Calais). — Place de l'Hôtel de Ville.

TABLE ALPHABÉTIQUE

DES COMMUNES ET LOCALITÉS CITÉES

DANS LES RAPPORTS DES 12 AVRIL ET 24 MAI 1917

ET

DANS LES PROCÈS-VERBAUX D'ENQUÊTE

ET DOCUMENTS DIVERS À L'APPUI.

TABLE DES MATIÈRES

www.ingramcontent.com/pod-product-compliance
Lightning Source LLC
Chambersburg PA
CBHW070802270326
41927CB00010B/2249